Die Zwanziger Jahre in Großbritannien

Die Zwanziger Jahre in Großbritannien

Literatur und Gesellschaft einer
spannungsreichen Dekade

herausgegeben von
Christoph Bode und Ulrich Broich

gnv Gunter Narr Verlag Tübingen

»Generalstreik in der Provinz, eine Demonstration in Crewe, Mai 1926«, in: Asa Briggs (1983), *A Social History of England,* London: George Weidenfeld & Nicolson Limited, S. 267 oben, [©: BBC Hulton Picture Library].

»Freizeit«, in: François Bédarida (1976), *A Social History of England 1851-1975,* London - New York: Methuen, Abb. 19 (ohne Seitenangabe), [©: Popperfoto, London].

Die Deutsche Bibliothek - CIP-Einheitsaufnahme

Die **Zwanziger Jahre in Großbritannien** : Literatur und Gesellschaft einer spannungsreichen Dekade / hrsg. von Christoph Bode und Ulrich Broich. – Tübingen : Narr, 1998
 ISBN 3-8233-5190-7

© 1998 · Gunter Narr Verlag Tübingen
Dischingerweg 5 · D-72070 Tübingen

Das Werk einschließlich aller seiner Teile ist urheberrechtlich geschützt. Jede Verwertung außerhalb der engen Grenzen des Urheberrechtsgesetzes ist ohne Zustimmung des Verlages unzulässig und strafbar. Das gilt insbesondere für Vervielfältigungen, Übersetzungen, Mikroverfilmungen und die Einspeicherung und Verarbeitung in elektronischen Systemen.
Gedruckt auf chlorfrei gebleichtem und säurefreiem Werkdruckpapier.

Satz: Linsen mit Spektrum, Mössingen
Druck: Müller + Bass, Tübingen
Verarbeitung: Geiger, Ammerbuch-Poltringen
Printed in Germany

ISBN 3-8233-5190-7

Vorwort

Das Jahrzehnt nach dem Ersten Weltkrieg ist oft als ›*Jazz Age*‹, ›*Golden Twenties*‹ oder ›*Roaring Twenties*‹ bezeichnet worden; es war unstreitig eine Zeit hektischen Lebensgenusses, sexueller Emanzipation und des erfolgreichen Kampfes der Frauen um das Wahlrecht. Zugleich wurde diese Zeit aber auch geprägt vom unbewältigten Trauma des Weltkriegs und der Angst vor einem neuen großen Krieg, von Kulturpessimismus und apokalyptischen Visionen. Das Jahrzehnt brachte Großbritannien die erste Labour-Regierung, aber auch der Gewerkschaftsbewegung ihre größte Niederlage. Es umfaßt die Gründerjahre der BBC und die erste Hoch-Zeit des Kinos, doch zugleich florierten die Printmedien wie nie zuvor. Am Ende der Dekade sah sich die vergleichsweise stabile Gesellschaft Großbritanniens dem Schock der Weltwirtschaftskrise ausgesetzt, und Intellektuelle und Schriftsteller suchten verstärkt nach politischen Alternativen. In dieser spannungsreichen Zeit wurden die wichtigsten Klassiker des *high modernism* veröffentlicht, es war zugleich aber auch das »Golden Age of the Detective Story«, ein Jahrzehnt nostalgischer wie avantgardistischer Tendenzen.

Als Epoche ist diese Zeit bisher kaum behandelt worden. Diese Lücke möchte das Buch für den Bereich der Anglistik schließen. Sein Ziel ist eine kulturgeschichtlich orientierte Darstellung der Literatur und Gesellschaft Großbritanniens in dieser Dekade, verfaßt von anglistischen Literaturwissenschaftlerinnen und -wissenschaftlern. Im Mittelpunkt der Kapitel des Buches stehen daher nicht Interpretationen einzelner Werke, sondern die sich in Hoch- und Trivialliteratur, aber auch außerhalb der Literatur manifestierenden spannungsreichen Diskurse über die Themen der Zeit.

An Einrichtung und Korrektur sowie Beschaffung von Büchern und Fotografien waren mehrere Münchner Mitarbeiterinnen und Mitarbeiter maßgeblich beteiligt. Für diese zeitraubende und zuverlässige Arbeit sowie für manche kritischen Anregungen sei ihnen – Katharina Blank, Doris Haseidl, Dr. Anton Kirchhofer, Oliver Lobschat und Kai Merten – herzlich gedankt.

Inhalt

1. Die Zwanziger Jahre: ein Jahrzehnt voller Gegensätze
   (ULRICH BROICH/CHRISTOPH BODE) 9

2. Reformen und Krisen: eine geschichtlich-kulturelle Problemskizze
   (BERND LENZ) 29

3. Das Trauma des Großen Krieges
   (ULRICH BROICH) 63

4. Die Großstadt als Alptraum und als Emanzipationsraum
   (ULRICH BROICH) 87

5. *New Women* und *modern girls*: Weiblichkeitsentwürfe und
   Geschlechterdiskurs (EVELINE KILIAN) 107

6. Die Emanzipation der Sexualität und die Entdeckung des Unbewußten
   (INGRID VON ROSENBERG) 133

7. Die Zeitkonzeption der Literatur
   (STEPHAN KOHL) 157

8. »Transformed utterly...«: Politische und literarische Konstellationen im
   Irish Free State (ANTON KIRCHHOFER) 177

9. Die neuen Medien
   (CHRISTOPH BODE/VOLKER BEHRENS) 203

10. Literatur, Kunst, Politik – Übergänge bei Virginia Woolf
    (KLAUS REICHERT) 219

11. Der Blick von außen: Bemerkungen zum Ort der literarischen Moderne
    (CHRISTOPH BODE) 239

12. Ausblick auf die Dreißiger Jahre: von den *Golden Twenties* zu den
    Pink Thirties? (ULRICH BROICH) 267

Zu den Autoren 279

Abbildungsverzeichnis 282

Personen- und Werkregister 283

Kapitel 1

Die Zwanziger Jahre: ein Jahrzehnt voller Gegensätze
von ULRICH BROICH und CHRISTOPH BODE

1.

Schon kurz nach dem Ende des Ersten Weltkriegs, als das Trauma dieser Katastrophe noch keineswegs verarbeitet worden war, schienen Lebensbejahung und Lebensfreude wieder zu ihrem Recht zu kommen. Viele Zeitgenossen – und besonders junge Menschen – waren davon überzeugt, in einer neuen und besseren Zeit zu leben; und Epochenbezeichnungen wie ›*Gay Twenties*‹, ›*Roaring Twenties*‹ oder ›*Jazz Age*‹ haben ihren Ursprung in der Zeit, die sie bezeichnen. Erst recht wurde diese Dekade später im Rückblick durch solche Epochenbezeichnungen nostalgisch verklärt. Die Zwanziger Jahre erscheinen dabei als eine Zeit der Feste und wilder Tänze, als eine Zeit der Befreiung der Jugend von den starren moralischen Normen der Vorkriegsgesellschaft, als Beginn einer offenen Gesellschaft, in der die Frauen zunehmend eine gleichberechtigte Stellung einnahmen.

Zugleich erscheinen die Zwanziger Jahre in der Rückschau als Zeit stürmischer Innovationen und unaufhaltsamen Fortschritts auf den verschiedensten Gebieten. In England und Deutschland wurde ein allgemeines Wahlrecht beschlossen, das auch die Frauen einschloß. Die Gründung des Völkerbunds im Jahre 1919 schien eine Zukunft zu verheißen, in der der Krieg obsolet sein würde. Durch die *Balfour Declaration* von 1926 wurden mehrere große britische Kolonien sowie der 1921 entstandene *Irish Free State* zu souveränen Staaten in einem *British Commonwealth of Nations* – ein erster Schritt auf dem Wege zur Dekolonisierung. Das Auto hatte es zwar schon vor dem Krieg gegeben, es trat seinen eigentlichen Siegeszug jedoch erst jetzt an. Überdies setzten sich neue Massenmedien durch. 1921 wurde in den USA der erste Mittelwellensender in Betrieb genommen, 1922 wurde in England die BBC gegründet. 1927 wurde, ebenfalls in den USA, der erste Tonfilm gedreht, und britische Tonfilme folgten bald.

Auch die bildende Kunst, die Musik und die Literatur wurden von dieser Tendenz zum Bruch mit der Tradition und zur Innovation ergriffen. Kurz hintereinander traten die verschiedensten innovatorischen Bewegungen auf den Plan, die man im Nachhinein mit dem Begriff des ›Modernismus‹ zusammenzufassen suchte. Zwar waren die Bewegungen des Imagismus und Vortizismus bereits vor dem Krieg in England begründet worden, und die Ausstellung ›post-impressionistischer‹ Malerei konfrontierte die Londoner schon 1910 mit neueren Tendenzen der Malerei. Der eigentliche Siegeszug des Modernismus erfolgte jedoch in England erst nach dem Ende des Krieges, und Werke wie James Joyces *Ulysses* (1922), T. S. Eliots *The Waste Land* (1922) oder Virginia Woolfs *Mrs. Dalloway*

(1925) wurden zu epochemachenden Werken des literarischen Modernismus, welche Ezra Pounds berühmte Forderung »Make it New« verwirklichten. Auf diese Weise wuchs der englischen Literatur nach langer Zeit wieder eine internationale Führungsrolle zu.[1] Gleichzeitig mit dieser neuen Literatur bildete sich in England auch eine neue Form der Literaturkritik heraus, die programmatisch als ›New Criticism‹ bezeichnet wurde, deren prominenteste Vertreter I. A. Richards und F. R. Leavis waren und die später auch auf den europäischen Kontinent ausstrahlte.

Trotzdem wäre eine Charakterisierung der Zwanziger Jahre als einer Zeit der Befreiung und der Lebensfreude, der Erneuerung und des Traditionsbruchs höchst einseitig. In dieser Dekade standen vielmehr die unterschiedlichsten Stimmungen und Tendenzen, Geisteshaltungen und Stile neben- und gegeneinander, und es wäre weit angemessener, diese Epoche durch ihre besondere Vielstimmigkeit und Gegensätzlichkeit zu charakterisieren.

So wurden die Zwanziger Jahre keineswegs nur von Lebensfreude und Befreiungseuphorie, sondern auch von Pessimismus und Endzeitstimmung beherrscht. Wenn der Historiker David Thomson in seinem Buch *England in the Twentieth Century* (1965) seinem den Nachkriegsjahren gewidmeten Kapitel keineswegs den Titel »The Gay Twenties«, sondern »Into the Waste Land« gibt, so weist er mit recht nicht nur darauf hin, daß der Weg dieser Dekade in die Weltwirtschaftskrise und die Massenarbeitslosigkeit führte, sondern auch darauf, daß diese Zeit auch von jener pessimistischen Stimmung beherrscht wurde, wie sie aus T. S. Eliots berühmtem Gedicht zu sprechen scheint.

Auch die Zukunft wurde in dieser Zeit höchst unterschiedlich gesehen. Auf der einen Seite repräsentiert H. G. Wells mit seiner monumentalen und populären *Outline of History* (1920) noch die Überzeugung von der notwendigen Evolution der Menschheit zu immer höheren Stufen ihrer Existenz. Immer zahlreicher werden aber auch die Stimmen jener, die in der Zukunft nur noch Niedergang und Untergang sehen konnten. Dies ist etwa in Oswald Spenglers *Untergang des Abendlandes* (1918/20) der Fall, dessen Thesen in England bereits vor dem Erscheinen der englischen Übersetzung unter dem Titel *The Decline of the West* im Jahre 1926 heftig diskutiert wurden. Auch in der Literatur dieser Zeit finden wir immer wieder Weltuntergangs- und Endzeitvisionen, so etwa in dem Gedicht »The Hollow Men« (1925) von T. S. Eliot, das mit folgenden Zeilen endet:

> *This is the way the world ends*
> *This is the way the world ends*
> *This is the way the world ends*
> *Not with a bang but a whimper.* (Eliot 1958, 59)[2]

Auch in einzelnen Bereichen wird der tatsächlich erreichte Fortschritt sehr gegensätzlich beurteilt. Während sich der italienische Futurist Marinetti geradezu hym-

---

[1] Englische Literatur bedeutet hier allerdings nicht notwendigerweise in England geschriebene und publizierte Literatur; vgl. Kapitel 11.
[2] Vgl. dazu Broich (1991).

nisch über das neue Maschinenzeitalter äußert, wird von anderen Zeitgenossen das Fortschreiten der Wissenschaften und der Industrialisierung höchst negativ gesehen. So legt D. H. Lawrence in seinen Romanen einzelnen Charakteren immer wieder längere Reden in den Mund, in denen Technik und Industrialisierung verdammt und für den Niedergang der menschlichen Lebenskraft verantwortlich gemacht werden. Der Maler Mark Rampion in Aldous Huxleys Roman *Point Counter Point* (1928), der in mancher Hinsicht an D. H. Lawrence erinnert, hält nicht nur ebenfalls lange Reden, in denen er den Fortschritt von Technik und Wissenschaft und die damit einhergehende Verkopfung des Menschen verdammt, sondern er zeichnet auch Bilder von der Evolution des Menschen – von den hochgewachsenen Römern und Etruskern bis zu den Menschen der Gegenwart, die zwergenhafte Körper und riesige Köpfe haben und in denen man u.a. führende Wissenschaftler, aber auch H. G. Wells erkennt.

Umstritten ist auch das Konzept des Fortschritts in den politischen Institutionen. Im 19. Jahrhundert hatte in England die auch als ›*Whig view of history*‹ bezeichnete Sicht der Geschichte dominiert, der zufolge die englische Verfassung sich von der Magna Charta über die *Glorious Revolution* bis zu den *Reform Bills* zu immer freiheitlicheren Formen entwickelt hatte. Wenn nun durch die Änderungen des Wahlgesetzes von 1918 und 1928 und die damit erfolgte Gleichberechtigung der Frau in bezug auf das aktive Wahlrecht diese Entwicklung zur Vollendung gelangt zu sein schien, so wurde dieser Prozeß von vielen durchaus begeistert begrüßt. Charakteristisch ist aber, daß exakt zu der Zeit, als es aussah, als ob die freiheitliche Demokratie ihre Vollendung erreicht habe, eben diese Demokratie immer häufiger geschmäht und abgelehnt wurde und daß die Demokratie europaweit in eine tiefe Krise geriet. In Deutschland war diese Abwendung von der auch hier soeben vollendeten Demokratie ein Massenphänomen und ist sicher auch darauf zurückzuführen, daß die Weimarer Demokratie den großen Belastungen, denen sie sich ausgesetzt sah, schon bald nicht mehr gewachsen war. In England dagegen mit seiner langen demokratischen Tradition wandten sich zwar nicht die Massen von der Demokratie ab, wohl aber viele Intellektuelle und insbesondere Schriftsteller. So verachtete etwa Yeats die »vote-counting democracy« (Freyer 1981, 73). G. B. Shaw, der ähnlich dachte, sagte die parlamentarische Demokratie tot: »[...] the democratic idealism of the XIXth century is as dead as a door-nail« (Shaw 1927, 8). T. S. Eliot konstatierte 1928: »It is a commonplace that the increase of the electorate, in Britain, is the destruction of Democracy [...]« (Eliot 1967, 281). Wyndham Lewis erklärte 1928 kategorisch: »No artist can ever love democracy« (zit. nach Carey 1992, 185). Ebenso kategorisch stellte Clive Bell, der Schwager Virginia Woolfs, in seinem Essay »How to make a Civilization« fest: »[...] democracy and civilization are incompatible« (Bell 1973, 156). Und D. H. Lawrence bezeichnete schon 1915 in einem Brief an Bertrand Russell die Demokratie als »enemy« und fuhr fort: »The deadly Hydra now is the hydra of Equality. Liberty, Equality and Fraternity is the three-fanged serpent« (Lawrence 1981, 316).

Diese und andere Schriftsteller dieser Zeit tendierten zunehmend zu autoritären Staatsformen, die sie überwiegend in vergangenen Epochen realisiert sahen, wobei diese reaktionären politischen Konzepte in einem höchst paradoxen Gegensatz zu den innovativen literarischen Konzepten der gleichen Autoren stehen. Dabei wurde der französische und italienische Faschismus für einige von ihnen zu einem positiven Leitbild, andere erhofften vom Faschismus zumindest Unterstützung bei der Beseitigung der verhaßten Demokratie.[3] Nicht so häufig wie in den Dreißiger Jahren sahen die Schriftsteller in dieser Dekade im Leninismus und Stalinismus eine willkommene Alternative zur Demokratie, dafür aber gab es jetzt einige Autoren, für die Lenin und Mussolini *zugleich* Vorbilder und Führerfiguren waren, die eine Ablösung der, wie sie glaubten, dem Untergang geweihten Demokratie bewirken konnten.[4]

Ähnlich umstritten ist die Emanzipation der Frau, die in den Zwanziger Jahre entscheidende Fortschritte machte. Auf der einen Seite schrieb Virginia Woolf mit *A Room of One's Own* 1929 ein feministisches Manifest, das auch heute seine Gültigkeit noch nicht verloren hat; und G. B. Shaw stellt in seinem Drama *Saint Joan* (1923) eine *new woman* in den Mittelpunkt, die er allerdings in die Vergangenheit transponiert. Umgekehrt beklagt Wyndham Lewis eine zunehmende Feminisierung der Welt und lehnt das Weibliche wie auch die Demokratie als verwandte Prinzipien gleichermaßen entschieden ab. John Carey schreibt dazu, »[for Lewis,] the advent of mass democracy had inaugurated a wholesale feminization of Western cultural values, with disastrous results for all true intellectuals« (Carey 1992, 186). Dem entspricht, daß D. H. Lawrence in seinen Romanen dieser Zeit emanzipierte Frauen zunehmend als zwar faszinierend, aber auch für den Mann bedrohlich und destruktiv darstellt.[5]

In der englischen Literatur der Zeit nach dem Weltkrieg stehen aber nicht nur optimistische und pessimistische Stimmungen, progressive und apokalyptische Zukunftsvisionen, demokratische und antidemokratische, feministische und antifeministische Positionen neben- und gegeneinander. Auch die Darbietungsformen und -stile in der Literatur dieser Zeit unterscheiden sich beträchtlich. Auf der einen Seite erreichte die innovative und experimentelle Literatur des Modernismus, die nur einer Minderheit von Lesern verständlich war, mit Werken wie *The Waste Land* und *Ulysses* einen Höhepunkt. Diesen innovatorischen Werken vor allem im

---

[3] Siehe z.B. MacDiarmid (1992), Yeats (1975), Shaw (1927), Eliot (1967), Pound (1935).
[4] Hier sind vor allem G. B. Shaw und Ezra Pound zu nennen. Zu Shaw schreibt Beatrice Webb 1934 in ihrem Tagebuch: »Why does GBS uphold not only Mussolini but also Hitler and Mosley as leaders to be followed? Why does he imply that their leadership is as valuable as Lenin's [...]« (Webb 1985, 334). Bereits 1921 hatte Shaw sein letztes Buch mit einer schmeichelhaften Widmung an Lenin geschickt, was ihn nicht davon abhielt, im gleichen Jahr die »inspired precision« zu loben, »[with which Mussolini] denounced liberty as a putrefying corpse« (zit. nach Hamilton 1971, 271). Hugh MacDiarmid lieferte in »Programme for a Scottish Fascism« (1923) ein seltsames Konglomerat faschistischer und kommunistischer Vorstellungen. Wyndham Lewis schließlich bezeichnete noch 1931 in seinem notorischen Hitler-Buch Hitler, Mohammed, Mussolini und Lenin gleichermaßen als »Propheten« (Lewis 1931, 48).
[5] Ebenso kann die Frauenangst Bertie Woosters in den Romanen von P. G. Wodehouse als Reaktion auf die Frauenemanzipation verstanden werden.

Bereich des Romans und der Lyrik[6] steht in dieser Zeit ein weit konventionelleres Drama gegenüber, was unter anderem damit zu erklären ist, daß die Londoner Theater nicht subventioniert wurden und daher völlig von der Gunst eines konservativen Theaterpublikums abhängig waren. In der gleichen Zeit erschienen aber auch immer noch Romane von Autoren, die Heinz Kosok als die »Überlebenden der Vorkriegsgeneration« bezeichnete (Kosok 1983, 418), also etwa von Arnold Bennett, John Galsworthy und H. G. Wells, die noch weitgehend einem viktorianischen Literaturkonzept verpflichtet waren, die aber trotzdem – oder eben deshalb – weit höhere Verkaufszahlen erreichten als die der modernistischen Neuerer. Wiederum in der gleichen Zeit ist die erste Blütezeit der klassischen Detektivliteratur, *the Golden Age of Detective Fiction*, anzusetzen, das durch Agatha Christies *The Mysterious Affair at Styles* (1920) eingeleitet wird. Diese Romane bilden nur einen kleinen Teil einer Unterhaltungsliteratur, die in England seit dem Ausgang des 19. Jahrhunderts immer größere Zahlen von Lesern erreichte.

Schon dieser kurze und notgedrungen selektive Überblick hat gezeigt, daß die Zeit vom Ende des Ersten Weltkriegs bis etwa 1930 durch eine große Vielstimmigkeit und Gegensätzlichkeit gekennzeichnet ist. Diese Erkenntnis ist allerdings, für sich genommen, banal. Während man früher dazu tendierte, Epochen durch einheitliche Leitkonzepte zu definieren, hat man inzwischen erkannt, daß alle Epochen mehr oder weniger von Gegensätzen und Widersprüchen beherrscht werden. Charakteristisch für die Zwanziger Jahre ist daher nicht, *daß* in dieser Epoche die verschiedensten Ideologien, Stimmungen und Stile nebeneinander stehen, sondern daß es sich um spezifische Gegensätze handelt, die in anderen Epochen nicht in der gleichen Weise auftraten.

Man kann aber noch einen Schritt darüber hinaus gehen. Die Gleichzeitigkeit der verschiedensten Stimmen einer Epoche ist nicht arbiträr und zufällig, vielmehr sind die verschiedenen Stimmen in einer Epoche in der Regel aufeinander bezogen und reagieren aufeinander. Dies gilt auch für die 1920er Jahre.

So lassen sich einige der oben dargestellten Positionen unschwer als Stimmen in einem kontroversen Diskurs über die ›Modernisierung‹ begreifen. Der Fortschritt von Wissenschaft und Technik, das stürmische Wachstum der großen Städte, die Entwicklung neuer Medien, die Vollendung der parlamentarischen Demokratie und die Gleichberechtigung der Frau lassen sich verstehen als Phasen im Prozeß der Modernisierung. Dieser Prozeß scheint in der Zeit nach dem Ersten Weltkrieg eine neue Qualität erreicht zu haben, denn wohl in keiner früheren Epoche haben sich Intellektuelle auf so breiter Front so kritisch gegen diesen Prozeß gewandt und vor einer weiteren Entwicklung in die gleiche Richtung gewarnt. Während es aber schon früher Kritik an der fortschreitenden Technisierung oder an den Ten-

---

[6] Auch andere Textsorten wurden, wenngleich auf eine moderatere Weise, durch den Modernismus verändert. So kann man in dieser Zeit etwa von einer ›Modernisierung‹ der Biographie – z. B. bei Lytton Stracheys *Eminent Victorians* (1918) and *Queen Victoria* (1920) – oder, wenngleich mit einer gewissen Verspätung, von einer ›Modernisierung‹ des Reiseberichts (vgl. dazu Fussell 1980) sprechen.

denzen zur Emanzipation der Frau gab, so scheint es jedoch ein Spezifikum der Zwanziger Jahre zu sein, daß so viele Intellektuelle – in England wie auf dem Kontinent – bei ihrem Kampf gegen die Modernisierung ihr Heil in der Annäherung an totalitäre Ideologien, insbesondere aber an den Faschismus suchten. Diese Tendenzen sollten sich dann in den Dreißiger Jahren noch erheblich verstärken, wobei die Gegensätze sich noch weiter polarisierten. Wichtig ist jedoch, daß die Abwendung von der Demokratie und die Hinwendung zu autoritären und totalitären Staatskonzepten bereits zum geistigen Inventar der Zwanziger Jahre gehörten und sich als Reaktionen auf den fortschreitenden Prozeß der Modernisierung verstehen lassen.

Auch eine andere Haltung, die in der gesellschaftlichen Wirklichkeit und in der Literatur dieser Zeit weit verbreitet ist, läßt sich nur als Reaktion auf diesen Prozeß begreifen: der Versuch, eben diesen Prozeß zu ignorieren und in eine nostalgische Idylle zu fliehen. So spielen viele der Detektivromane in einem idyllischen *Rural England*, in dem die gesellschaftliche Hierarchie der viktorianischen Zeit noch intakt zu sein scheint. Auch der große Erfolg der humoristischen Romane von P. G. Wodehouse – z.B. *The Inimitable Jeeves* (1923) – ist damit zu erklären, daß diese Romane eine zeitlose Welt einer müßiggängerischen Aristokratie, der exklusiven Klubs und der dienstfertigen Butler darstellen und damit an nostalgische Tendenzen ihrer Leser appellieren.

Ganz ähnlich läßt sich auch das Nebeneinander von experimenteller und populärer Literatur, von *modernism* und Detektivliteratur in dieser Zeit besser verstehen, wenn man ihren wechselseitigen Bezug erkennt. Joseph Wood Krutch versucht, diesen Bezug auf folgende Weise herzustellen: »[...] I am wondering if [the detective story] does not commonly exhibit certain of the very elementary virtues of prose fiction which the serious novelist began utterly to despise just about the time that the detective-story writer stepped in to steal a large section of the reading public away from him« (Krutch 1946, 182). Agatha Christie also als Reaktion auf James Joyce? Man könnte den Kausalnexus aber auch genau umgekehrt sehen. So wie sich die Malerei als Reaktion auf den Siegeszug der Photographie, mit der sie nicht konkurrieren konnte, immer mehr von der Mimesis der Wirklichkeit abwandte, so könnte auch die Hochliteratur angesichts des Siegeszugs einer schnell konsumierbaren, massenhaft verbreiteten Unterhaltungsliteratur die inzwischen trivialisierten Erzählmuster aufgegeben und Verfahren entwickelt haben, die den Leser auch jetzt noch zu aufmerksamer und langsamer Lektüre zwangen. Beide Erklärungen mögen einseitig sein. Trotzdem ist nicht von der Hand zu weisen, daß die Gleichzeitigkeit von *The Mysterious Affair at Styles* und *Ulysses*, von *The Inimitable Jeeves* und *The Waste Land* kein Zufall sein kann.

2.

Die bisherigen Ausführungen basierten auf der Voraussetzung, daß die Zwanziger Jahre, genauer: die Zeit vom Ende des Ersten Weltkriegs bis zu den Jahren der

Weltwirtschaftskrise, als Epoche sui generis anzusehen seien. Es ist jedoch zu fragen, ob der Weltkrieg wirklich eine Epochenschwelle bedeutete oder ob nicht alle für die Zwanziger Jahre charakteristischen Phänomene bereits vor dem Krieg anzutreffen sind.

In der Tat scheint manches dafür zu sprechen, eine Epochenschwelle nicht um 1918, sondern schon früher anzusetzen. So ist im geistigen Inventar der Zwanziger Jahre wenig, das nicht schon Jahrzehnte zuvor gedacht und formuliert worden war. Nietzsches »Umwertung aller Werte«, Henri Bergsons Kritik an einer Zivilisation, welche die Zeit einer immer präziseren Messung unterwerfen will, die Forderung nach der Gleichberechtigung der Frau und nach einer Liberalisierung der sexuellen Normen, alle diese Gedanken, denen man in den Zwanziger Jahren auf Schritt und Tritt begegnet, stammen ausnahmslos aus dem ausgehenden 19. Jahrhundert und fanden bereits dort großen Widerhall. Die ersten Schriften von Sigmund Freud erschienen zwar erst seit der Jahrhundertwende, aber Freud konnte durchaus an Vorgänger anknüpfen, die bei ihrer psychiatrischen Arbeit dem Unbewußten bereits auf die Spur gekommen waren.

Auch in bezug auf die Künste markiert das Jahr 1918 keine eigentliche Zäsur. Im Werk der meisten großen Maler, Bildhauer und Komponisten des Modernismus läßt sich eindeutig ein Bruch in den letzten Jahren der ersten Dekade des 20. Jahrhunderts feststellen: Nahezu gleichzeitig wandten sich Maler wie Kandinsky von der gegenständlichen Malerei und Komponisten wie Arnold Schönberg von der Tonalität ab und brachen so auf eine vorher wohl nie dagewesene Weise mit der Tradition. Vielleicht hatte Virginia Woolf diesen Umbruch im Sinn, als sie in ihrem Essay »Mr. Bennett and Mrs. Brown« (1924) schrieb: »[...] in or about December 1910, human character changed« (Woolf 1966, 320). In England erfolgte dieser Umbruch spätestens mit der Begründung des Imagismus im Jahre 1910 und mit dem lautstarken Auftreten der Vortizisten und ihrer Zeitschrift *Blast* im Jahre 1914.

Vieles spräche also dafür, dieses Buch vor dem Ersten Weltkrieg beginnen zu lassen; und hier wird wieder einmal deutlich, wie sehr Epochenbegriffe Konstrukte sind, die je nach der Wahl der Kriterien unterschiedlich ausfallen müssen. In diesem Buch wird jedenfalls von der Überzeugung ausgegangen, daß im Verlauf des 20. Jahrhunderts der Erste Weltkrieg das vielleicht einschneidendste Ereignis war, wohl einschneidender noch als der Zweite Weltkrieg, daß das 19. Jahrhundert eigentlich erst mit dem *Great War* zu Ende ging, daß seither nahezu alles anders war und daß dies auch von vielen Zeitgenossen so gesehen wurde.

Auch in diesem Krieg hatte wieder einmal kein feindlicher Soldat seinen Fuß auf britischen Boden gesetzt. Wenn man von einigen deutschen Luftangriffen und einigen Auswirkungen der deutschen U-Boot-Blockade absieht, wurde das alltägliche Leben in England weit weniger durch den Krieg tangiert als in Frankreich oder Deutschland. Auch daß Großbritannien noch nie so viele Soldaten durch Verwundung oder Tod verloren hatte, erklärt noch nicht, warum zahlreiche Zeitgenossen den Krieg als Epochenbruch empfanden. Einer Erklärung näher kommt man, wenn man sich vor Augen führt, in welchem Maße das 19. Jahrhundert auf dem Glauben an einen unaufhaltsamen Fortschritt aufgebaut war. Wissenschaft und Technik entwickelten sich in einem Maße, wie dies vorher in Jahrtausenden nicht der Fall gewesen war; der zunehmende Wohlstand kam immer breiteren Schichten zugute, wovon auch heute noch die gegen Ende des Jahrhunderts gebauten Wohnviertel in den großen Städten zeugen; Krieg schien es nur noch als Kolonialkrieg, in dem die Überlegenheit der weißen Rasse sich immer wieder bestätigte, zu geben. Dieser Glaube an die ständig zunehmende Beherrschung der Welt durch die europäische Zivilisation wurde jedoch grundlegend in Frage gestellt durch den Krieg, den Europäer gegen Europäer vom Zaun gebrochen hatten, in dem die europäische Zivilisation zutiefst beschädigt und der Glaube an die Fortschrittsfähigkeit des Menschen grundlegend erschüttert wurde.

Für die These, daß der Erste Weltkrieg für die Zeitgenossen einen Epochenbruch bedeutete, daß er aber auch aus der heutigen Rückschau so gewertet werden kann, sollen nun drei Äußerungen angeführt werden, zwei aus dem Jahr 1920 und eine aus unserer eigenen Zeit.

Der Romanschriftsteller H. G. Wells hatte 1920 seine schon zuvor erwähnte *Outline of History* veröffentlicht, ein populäres Geschichtsbuch, das eine Auflage von über 2 Millionen erreichte. In diesem vom Darwinschen Evolutionsgedanken beeinflußten Buch betonte Wells auch nach dem Krieg, daß der Mensch sich notwendig zu immer höheren Formen des Menschseins entwickeln werde. Um so erstaunlicher ist aber angesichts dieses Fortschrittsglaubens, wie Wells den Großen Krieg in sein Entwicklungsmodell einordnet:

> In the past six years there must have been a destruction of fixed ideas, prejudices, and mental limitations unparalleled in all history. Never before can there have been so great and so universal an awakening from assumed and accepted things. Never before have men stood so barely face to face with the community of their interests and their common destiny. We do not begin to realize yet how much of the pre-war world is done with for good and all, and how much that is new is beginning. Few of us have attempted to measure yet the change in our own minds. (Wells 1920, II: 748)

Dies ist natürlich keine pessimistische Sicht des Kriegs und seiner Folgen, und Wells gibt sich überzeugt, daß die Zerstörung »of fixed ideas, prejudices, and mental limitations« eine positiv zu bewertende Kriegsfolge sei. Aber er vermag offensichtlich nicht zu sagen, was an Neuem und Besserem an die Stelle des zerstörten Alten treten wird. Und in dem wiederholten »Never before« wird deutlich, daß für Wells auf jeden Fall mit dem Krieg eine neue Zeit begonnen hatte, wobei unterschwellig durchaus eine gewisse Skepsis gegenüber der Zukunft mitschwingt.

Die zweite zeitgenössische Äußerung stammt von Philip Gibbs, einem Kriegsteilnehmer und Journalisten, der während des Krieges erfolgreiche Kriegsberichte geschrieben hatte und auch nach dem Krieg davon überzeugt war, daß die Werte »*valour, sacrifice, love of country*« ihre Geltung nicht verloren hatten (Hynes 1990, 286). Gleichwohl schreibt Gibbs im Jahre 1920:

> Modern civilization was wrecked on those fire-blasted fields, though they led to what we called ›victory‹. More died there than the flower of our youth and German manhood. The old order of the world died there, because many men who came alive out of that

> conflict were changed, and vowed not to tolerate a system of thought which had led up to such a monstrous massacre of human beings who prayed to the same God, loved the same joys of life, and had no hatred of each other except as it had been lighted and inflamed by their governors, their philosophers, and their newspapers. The German soldier cursed the militarism which had plunged him into that horror. The British soldier cursed the German, as the direct cause of all his trouble, but looked back on his side of the lines and saw an evil there which was also his enemy – the evil of a secret diplomacy which juggled with the lives of humble men so that war might be sprung upon them without their knowledge or consent, and the evil of rulers who hated German militarism, not because of its wickedness, but because of its strength in rivalry, and the evil of a folly in the minds of men which had taught them to regard war as a glorious adventure, and patriotism as the right to dominate other peoples, and liberty as a catchword of politicians in search of power. (Gibbs 1920, 363)

Es ist kein Zufall, daß diese Äußerung im Zusammenhang mit Gibbs' Ausführungen über die Somme-Schlacht steht. In diesem Kontext scheint Gibbs nicht nur den Sinn dieses Krieges in Frage zu stellen, vielmehr markiert auch für ihn der Krieg einen radikalen Bruch: »Modern civilization was wrecked [...]«, »The old order of the world died [...]«. Es dürfte kaum überraschen, daß die entschiedenen Kritiker des Kriegs (vgl. dazu Kapitel 3) sich auch in diesem Punkt noch dezidierter äußerten.

Das dritte Zitat schließlich stammt von Samuel Hynes, dem wir das bisher beste Buch über die Auswirkungen des Großen Kriegs auf die britische Psyche verdanken:

> Out of so many testimonies, out of histories and memoirs, letters and diaries, poems and novels and paintings, a version of post-war England emerges: an England isolated in its moment in history, cut off by the great gap of the war from the traditions and values of its own past. It is a damaged nation of damaged men, damaged institutions, and damaged hopes and faiths, with even its language damaged, shorn of its high-rhetorical top, an anxious fearful bitter nation, in which civilization and its civilities will have to be reinvented. (Hynes 1990, 353)

»A gap in history« – so haben jedenfalls nicht nur Hynes, sondern auch viele Zeitgenossen des Ersten Weltkriegs diesen Krieg gesehen, als Bruch im Kontinuum der Geschichte. In den bildenden Künsten und in der Musik Europas ereignete sich ein solcher »gap in history« zwar, wie schon gesagt, bereits vor dem Krieg. Im Zerbrechen der alten Formen scheint hier der Krieg vorausgeahnt und vorweggenommen worden zu sein. Zumindest in der englischen Literatur erfolgte dieser Bruch jedoch erst später, und man könnte ihn sogar in *einem* Jahr, dem *annus mirabilis* 1922, lokalisieren, in dem nicht nur *Ulysses* und *The Waste Land* publiziert wurden, sondern auch Virginia Woolfs *Jacob's Room*, ihr erster modernistischer Roman, der auf zwei noch eher konventionelle Romane folgte. Daher ist es bei der englischen Literatur in besonderem Maße gerechtfertigt, nach dem Ende des Ersten Weltkriegs eine Epochenschwelle anzusetzen. Ob auch gegen Ende der Dekade eine Zäsur anzusetzen ist, soll im letzten Kapitel erörtert werden.

3.

Der vorliegende Band ist der Versuch einer kulturgeschichtlich orientierten Darstellung und Diskussion der Literatur und Gesellschaft Großbritanniens in der Zeit zwischen diesen Zäsuren, verfaßt von anglistischen Literaturwissenschaftlerinnen und -wissenschaftlern. Kulturgeschichtlich orientiert ist dieser Band, weil er die Texte der Zeit nicht isoliert von ihrem Umfeld, sozusagen ›an sich‹ betrachtet. Er möchte aber auch dem fatalen Eindruck entgegenwirken, literarische Texte seien, einmal von ihrem (gesellschaftlich-historischen) Kontext ›hervorgebracht‹ – also ›Wirkungen‹ außertextlicher ›Ursachen‹ –, bloße Illustrationen von Wahrheiten und Erkenntnissen, die woanders gefunden und gewonnen wurden, also letztlich, wenn auch schön anschaulich, eigentlich überflüssiges Beiwerk.

Diese unfruchtbare Opposition zwischen isolierender Betrachtung einerseits und positivistischem Reduktionismus andererseits soll hier überwunden werden durch einen flexiblen *Diskurs*-Begriff. Unter ›Diskurs‹ verstehen wir das Gesamt einer gesellschaftlichen Redeweise über ein bestimmtes Feld – wie z.B. Sexualität, Psychologie, Krieg o.ä. – als Ensemble diskursiver *Praktiken*, d.h. nicht allein bestimmter Inhalte, sondern auch bestimmter Verfahrensweisen, Vermittlungen, Institutionalisierungen usw. Kurz: Der Begriff soll für die Ermöglichungs- und Kontrollstruktur stehen, in der sich Gesellschaft über einen Bereich (und damit immer auch über sich selbst) verständigt. ›Diskurs‹ umreißt also das, was zu einer bestimmten Zeit in einer bestimmten Gesellschaft *sagbar* ist (wieder gedacht sowohl als Ermöglichung als auch als Einschränkung) im Prozeß einer (kontroversen, doch kanalisierten) ›Verhandlung‹ bestimmter Fragen.

Das hat für den vorliegenden Band drei wichtige Konsequenzen. Die erste betrifft seine Organisation: Im Mittelpunkt der Kapitel stehen nicht etwa Interpretationen einzelner ›Werke‹, sondern die in Hoch- wie Trivialliteratur, in literarischen wie in nicht-literarischen Texten sich manifestierenden Diskurse über einschlägige Themen der Zeit – wobei es sich von selbst versteht, daß ein solches Projekt nicht mit dem Anspruch enzyklopädischer Vollständigkeit auftreten kann: Seine Stärke muß vielmehr und gerade im exemplarischen Nachzeichnen paradigmatischer, für die Epoche konstitutiver ›Verhandlungen‹ der großen soziokulturellen Zeitfragen liegen.

Zweitens: Dieser Diskurs-Begriff ist per definitionem und unabstellbar heterogen. Er umfaßt die interne Vielstimmigkeit und Gegensätzlichkeit jedes einzelnen Diskurses *für sich*, erst recht aber die Vielstimmigkeit und Gegensätzlichkeit des für diese Epoche spezifischen Diskurs-*Geflechts*. Das bedeutet aber auch, daß wir die Signatur dieser Dekade in ebendieser ihrer *spezifischen Gegensätzlichkeit* ausmachen (vgl. oben S. 13) und uns daher gleich doppelt gefeit glauben gegen die Anfechtung, dieses Jahrzehnt erst homogenisieren und dann in der einen oder anderen Richtung angleichen zu wollen. (John Lucas scheint in seinem *The Radical Twenties* die Zwanziger dem überkommenen Bild der ›radikalen‹ Dreißiger annähern zu wollen, Williams und Matthews' *Rewriting the Thirties* entwirft dagegen die Dreißiger als Fortsetzung der ›modernistischen‹ *Twenties*. Beide revisionistischen ›Gleichschaltungen‹ haben aber – ungeachtet der Plausibilität ihrer Argumentation – als unerläßliche Voraussetzung eine ›interne‹ Homogenisierung ihrer jeweiligen Dekade: Der ›Anschluß‹ ist in beiden Fällen Folge einer inneren ›Bereinigung‹.)

Die dritte Konsequenz eines flexiblen Diskurs-Begriffes ist, daß er Raum läßt für die Spezifik literarischer Texte, die als Redeweisen sui generis ihre ›Inhalte‹, Bilder und Algorithmen der Wirklichkeitsverarbeitung und -erzeugung in die übrigen Diskurse einspeisen. Und hier kommt nun zum Tragen, daß dieser Band von *Literatur*wissenschaftlerinnen und *Literatur*wissenschaftlern verfaßt wurde. Das hat nämlich nicht nur zur Folge, daß hier häufiger *literarische* Texte als ›Material‹ herangezogen werden, als es wohl der Fall wäre, wenn Historiker oder Wirtschaftswissenschaftler sich an einem solchen Porträt der Dekade versucht hätten (die historische Beweiskraft literarischer Texte wird von Historikern als eher gering veranschlagt [vgl. Mowat 1971, 145–154, Taylor 1965, 311]). Wichtiger scheint, daß die Eigenart literarischer Texte uns sensibilisiert für das, was eigentlich immer dann vor sich geht, wenn wir eine vergangene Epoche verstehen wollen. Denn wenn literarische Texte auch selbstverständlich, wie alle anderen, einem konkreten gesellschaftlich-kulturellen Umfeld entspringen, so beziehen sie sich doch stärker als diese anderen auf Vorläufer-Texte derselben ›literarischen Reihe‹ (Tynjanov), d.h. sie sind, im Sinne des umfassenden Intertextualitäts-Begriffs von Julia Kristeva, immer auch als Transformationen und als Variationen auf Prä-Texte zu verstehen: Sie referieren, als fiktionale Texte, nicht unmittelbar auf außertextliche Wirklichkeit, wie etwa ein Sachtext. Und dieser an sich banale Umstand leitet zu dem zweiten Merkmal literarischer Texte über, das gleichfalls für die prinzipielle Problematik historischer Rekonstruktion relevant scheint: Literarische Texte sind dekontextualisierte Texte auch in dem Sinne, daß sich ihre Bedeutung nicht in der Bedeutung erschöpft, die sie im Augenblick ihrer Entstehung gehabt haben mögen. Die Bedeutung des *Hamlet*, beispielsweise, ist nicht beschränkt auf die Bedeutung, die dieses Drama im Ursprungskontext von 1601 gehabt hat – dann wäre der Dramentext nichts weiter als ein historisches Dokument wie jedes andere auch –, sondern sie besteht in der Summe all der Realisationen, die dieser Text seitdem erfahren hat. Seine De-Kontextualisierung setzt ihn frei und schickt ihn auf weite Fahrt, deren Ende unabsehbar ist. Oder, um ein Beispiel aus unserer Dekade zu wählen, die Bedeutung des *Waste Land* war 1922 noch gar nicht offenbar – sie stellt sich, wie bei jedem anderen Text, erst im Laufe der Zeit heraus. Umgang mit Literatur sensibilisiert uns dafür, daß die Bedeutung eines Textes, damit aber möglicherweise auch die Bedeutung eines Ereignisses, gar nicht mit seinem Eintreten zusammenfällt. Und vielleicht bietet unser Umgang mit literarischen Texten – diesen Texten, die zwar in ihrer jeweiligen Zeit wurzeln, doch in ihrer Bedeutung nicht auf sie beschränkt sind – uns gar ein allgemeines Modell einer ›sinnvollen‹ Beziehung zur Vergangenheit.

Damit sind wir aber bereits mitten in der Problematik der Rekonstruierbarkeit von Vergangenheit, die nun noch durch eine weitere Überlegung verschärft wird: Immer wieder gerne wird der Historiker G. M. Trevelyan mit der Bemerkung zitiert, »Unlike dates, periods are not facts. They are retrospective conceptions that we form about past events, useful to focus discussion, but very often leading historical thought astray« (zitiert nach Bradbury/McFarlane 1985, 19). Aber wenn unsere Begriffe von der Vergangenheit Konstrukte sind, so lassen sie die in ihnen gesammelten ›Daten‹ nicht unaffiziert. Jedes Füllen eines konzeptuellen Rahmens mit historischen ›Daten‹ folgt ja einer gewissen narrativen Strategie – Geschichte wird gemacht, erzählt (vgl. White 1990 und White 1987) –, und die Bedeutung eines einzelnen Datums läßt sich nun nicht mehr trennen von der Stelle, die es in der Erzählung einnimmt, von der Funktion, die es in diesem Kontext erfüllt. Hinzu kommt: Jeder Entwurf einer Vergangenheit geschieht ja von einem Standpunkt aus, der selbst historisch ist – ein dem deutschen Historismus geläufiger Gemeinplatz –, ist also selbst historisch – und damit wandelbar, veränderlich: In gewisser Weise ist jede ›Vergangenheit‹ eine Funktion der Gegenwart – jede Gegenwart macht sich, auf der Basis der historisch überlieferten Fakten, eine Vergangenheit nach ihrem eigenen Bilde.

Das ist auch ein typisch modernistischer Gedanke. In seinem Essay »Tradition and the Individual Talent« (1919) schreibt T. S. Eliot zunächst, historisches Denken beinhalte sowohl einen Sinn für die Vergangenheit der Vergangenheit als auch einen Sinn für die Gegenwart der Vergangenheit in der Gegenwart, um dann anzuschließen, daß jede neue Hinzufügung zur Tradition *die Vergangenheit verändere*: »Whoever has approved this idea of order, of the form of European, of English literature will not find it preposterous that the past should be altered by the present as much as the present is directed by the past« (Eliot 1984, 39). Indem wir, des Vergangenen eingedenk, Neues hervorbringen, verändern wir die Wirklichkeit dessen, was vorherging, und indem wir uns entwickeln – und als historische Wesen tun wir das unvermeidlich –, verschiebt sich auch unsere Perspektive auf das Vergangene, es erscheint uns anders. Allgemeiner: Das Vergangene ist uns nicht anders vorstellbar denn als konkret Vorgestelltes, das aber schon durch die Vorstellung verändert wird – ein Gedanke, der sich analog in den modernen Naturwissenschaften, nämlich in Heisenbergs Unschärferelation findet: Die Beobachtung verändert das Beobachtete. Das scheint ein für die Moderne charakteristisches Paradigma zu sein: »Heisenberg said that observation alters the phenomenon observed. T. S. Eliot said that studying history alters history. Ezra Pound said that thinking in general alters what is thought about. Pound's formulation is the most general, and I think it's the earliest« (Buckminster Fuller zit. nach Kenner 1973, 62).

Was heißt das für uns? Wären wir, aus systematischen Gründen, prinzipiell unfähig, die ›Wirklichkeit‹ der Zwanziger Jahre zu rekonstruieren, verdammt, die ›Wirklichkeit‹ und Bedeutung der Zwanziger Jahre immer bloß ›für uns‹ zu entwerfen, indem uns vor allem das auffällt, worin wir uns wiederzuerkennen glauben, oder das, was uns auf interessante Weise fremd vorkommt? Müßten wir als Spätgeborene auf immer die Wahrheit der Vergangenheit verfehlen? Es scheint beinahe so. Denn wie ließe sich etwa nachempfinden, welche Bedeutungen für einen Leser des Jahres 1922 allein dadurch angerissen wurden, daß der Protagonist in Virginia Woolfs Roman *Jacob's Room* mit Nachnamen »Flanders« heißt – nur so kurze Zeit, nachdem auf den Feldern und in den Schützengräben Flanderns

Zehntausende junger Engländer einen grausamen Tod gefunden hatten, wie auch der fiktionale Jacob Flanders? Aber auch der entgegengesetzte Fall ist denkbar: Wie könnten wir heute als Leser der *Mrs. Dalloway* bei der Schilderung des Wahnsinns und des Selbstmordes von Septimus Warren Smith unser Wissen tilgen, daß die Verfasserin dieses Romans sechzehn Jahre nach seiner Veröffentlichng selbst vor einem neuen Wahnsinns-Schub in den Freitod ging? Wir können es nicht vergessen – der Leser damals konnte es gar nicht wissen. Wie können wir, um ein letztes Beispiel anzuführen, eingedenk dessen, was nach 1933 auf dem europäischen Kontinent geschah, das faschistoide Schwadronieren eines D. H. Lawrence so lesen wie ein Zeitgenosse?

Das Verstreichen der Zeit macht uns ärmer, weil die Vergangenheit, ›so wie es wirklich war‹, unwiederbringlich verloren ist, doch auch, ohne unser Zutun, schlauer: Als Nachgeborene wissen wir einiges besser (doch nie, so scheint es, für die eigene Zeit...). Doch aus dieser Lage der Dinge, der unhintergehbaren Historizität menschlichen Lebens und Erkennens, speist sich eine Einsicht – und eine Haltung. Die Einsicht könnte lauten, daß die Bedeutung der Vergangenheit möglicherweise – wie oben angedeutet: ganz so wie die Bedeutung eines literarischen Textes – nicht mit ihrem aktuellen Sein zusammenfällt, sondern sich immer erst von einem späteren Zeitpunkt als diese oder jene darstellt. »We had the experience but missed the meaning« (»The Dry Salvages«, Eliot 1958, 133) umschriebe dann nicht individuelles Versagen, sondern, ganz im Gegenteil, die Bedingung der Möglichkeit, daß sich Bedeutung (aber nicht länger: ›THE meaning‹) überhaupt entfaltet und ergibt. Und unser Handicap gegenüber der Vergangenheit – daß sie nicht mehr ›da‹ ist – wäre in Wirklichkeit unsere Chance, sie überhaupt zu begreifen.

Die Haltung, die einer solchen Einsicht entspräche, wäre aber die, die man mangels eines besseren Ausdrucks vielleicht als ›Demut‹ bezeichnen könnte: sich wegen des Konstruktcharakters des eigenen Entwurfs seiner Vorläufigkeit – und damit seiner vorhersehbaren Hinfälligkeit – bewußt zu sein, mitzudenken, daß spätere Generationen unser Porträt der Zwanziger Jahre, sollte es sich so lange halten, wohl als typisch *late twentieth-century* belächeln werden.

Die Bedeutung und die Wahrheit der Vergangenheit lägen dann allemal in der *Vermittlung* zwischen dem Vergangenen und dem Gegenwärtigen, verkürzt gesagt: Die Bedeutung der Vergangenheit liegt in ihrer Gegenwart. Und sie liegt ebenso in der reflektierten Einheit des ständig neu zu vermittelnden Gegensatzes von Unterschied und Gleichheit zwischen heute und damals: Sie liegt darin, daß sie uns als diese konkrete Einheit von Vertraut-Scheinendem und Fremd-Anmutendem präsent ist – und in genau dieser Mischung uns wie ein Echolot über die Reflexion des Anderen eine Vorstellung von unserer eigenen Position vermittelt. Unsere Vorstellung einer *Geschichtlichkeit von Texten* wird so notwendigerweise komplementiert durch die nicht minder wichtige, ihr entsprechende einer *Textualität von Geschichte*, an deren andauernder diskursiver Erzeugung wir beteiligt sind.

4.

Das auf dieses folgende Kapitel skizziert, gleichsam als Ausgangspunkt für die anderen, das Jahrzehnt als eines, das mit Hoffnungen beginnt und in *depression* endet, als Jahrzehnt, das Britannien anfangs als Siegermacht des Ersten Weltkriegs, am Ende aber als eines der Hauptopfer der Weltwirtschaftskrise sieht; zu dessen Beginn das Empire seine größte Ausdehnung hat – und damit das größte Reich darstellt, das die Welt je gesehen hat –, und an dessen Ende es nicht mehr ›Empire‹, sondern, mehr als ein bloßer Etikettenwechsel, nur noch ›Commonwealth of Nations‹ heißen wird. Die Suche nach einer neuen, gerechteren Nachkriegsordnung stellt bestehende Strukturen in Frage, doch spätestens nach dem Generalstreik von 1926 sind Gewerkschaftsbewegung wie die in den Zwanziger Jahren die Liberalen als zweite politische Kraft ablösende Labour Party auf den Weg der (allenfalls langsamen) Reformen verwiesen. Die latente gesellschaftliche Krise läßt einzelne Intellektuelle mit totalitären Alternativen zur parlamentarischen Demokratie liebäugeln, wenn auch diese oft kulturkritisch fundierten Gedankenspiele, anders als auf dem Kontinent, in Großbritannien gesamtgesellschaftlich nie eine größere Rolle spielen: Das System bleibt stabil.

Wohl kaum ein anderes einzelnes Ereignis hatte die bestehende Gesellschaftsordnung so sehr diskreditiert wie der Erste Weltkrieg. Das dritte Kapitel ist den unterschiedlichen Formen der Verarbeitung dieser traumatischen Erfahrung gewidmet. Es zeigt sich hier ein hochinteressantes, weil widersprüchliches Bild, in dem Elemente der Kriegsverherrlichung neben einer eher kriegskritischen Sicht stehen, in dem neben der Thematisierung auch ein vielsagendes Umgehen oder Ausblenden der Thematik (mit Flucht in eine zeitlose Idylle) zu beobachten ist, in dem sich, nicht zuletzt, neben der direkten ›inhaltlichen‹ eine eher verdeckte, doch nicht minder adäquate Behandlung in den Texten der *modernists* findet. Bemerkenswert scheint zudem eine auffällige Verzögerung in der offenen Thematisierung des Krieges – eine Debatte, die am Ende der Dekade schon auf die Gegensätzlichkeit der Diskussion der Dreißiger (*containment* vs. *appeasement*) hinweist.

Kein Ort ist so sehr Ort der diskursiven ›Verhandlung‹ der Vorzüge wie des Preises der Modernisierung der Gesellschaft wie gerade die Großstadt. Kapitel 4 bietet ein höchst differenziertes Panorama des britischen Großstadt-Diskurses, der im Vergleich etwa zum amerikanischen, französischen oder deutschen einerseits abgemildert scheint, doch andererseits auch wirkmächtige Chiffren äußerster Entfremdung in der ›Unwirklichkeit‹ der Metropole bereitstellt. Der britische Großstadt-Diskurs scheint so eine unaufhebbar widersprüchliche Redeweise, in der die Klischees von ›Dekadenz‹ und ›Freiraum‹ parallel aktualisiert werden.

Hier ergibt sich ein interessanter Übergang zum fünften Kapitel, das nach einem Rückblick auf die Vorkriegszeit nachzeichnet, welche Weiblichkeitsentwürfe der Geschlechterdiskurs der Zwanziger Jahre parat hielt, welche Spannungen einerseits zwischen dem progressiv-feministischen Diskurs und den überkommenen Traditionen entstanden, aber andererseits auch zwischen ersterem und der Haltung einzelner Frauen dazu. Über die Schritte ›Emanzipation und Großstadt‹ –

das ist der offensichtliche *link* zum Vorhergehenden – und ›Akzentuierungen eines weiblichen Bewußtseins‹ führt die Argumentation zur Dekonstruktion des patriarchalen Versuchs, die Differenz der Geschlechter biologistisch (also nach *sex*, nicht nach *gender*) festschreiben zu wollen – was spätestens beim Phänomen der Homosexualität zur unverdeckten Widersprüchlichkeit dieses Versuchs einer *closure* führt. Das Kapitel mündet konsequent in den Entwurf eines *gendered modernism*, in dem sich ästhetischer und Geschlechterdiskurs verbinden, in dem aber auch die anhaltende männliche Konfiguration des *high modernism* kritisiert und hinterfragt wird.

Während das fünfte Kapitel Diskurse behandelt, die aufs innigste miteinander verwoben scheinen, wendet sich das sechste zweien zu, von denen man das wohl annehmen könnte, die es aber, wie überzeugend gezeigt wird, real-historisch kaum sind: Es handelt sich um die Diskurse über Sexualität und über das Unbewußte. Der über Sexualität läuft im Großbritannien der Zwanziger Jahre signifikanterweise außer über den Emanzipations-Diskurs vor allem über die Schiene Volksgesundheit, Eugenik und Verhütung. Die Macht des Sexus und der Lust wird entweder, gemeinsam mit der Lehre, die sie zur Grundlage menschlichen Verhaltens erklärt, also der Freudschen Psychoanalyse, negiert und verdrängt – oder aber ins Mystische überhöht (Stopes, Lawrence). Da auch die Auswirkungen der psychoanalytischen Erkundung des Unbewußten auf die Literatur der Moderne weitaus geringer zu sein scheinen, als gemeinhin angenommen, kann wohl gefolgert werden, daß diese drei Diskurse sich auffällig gegeneinander abschotten und jeweils separate Entwicklungsprozesse darstellen, deren starke Verknüpfungsmöglichkeiten erst nach einem weiteren Weltkrieg realisiert werden sollten. Die sexuelle Liberalisierung der Sechziger Jahre, wie sie sich auch und gerade in der Literatur und im Film der Zeit spiegelte, beseitigt schließlich auch die Hindernisse auf dem Weg zu einer ernsthaften, nicht verkürzten Rezeption der Psychoanalyse.

Das siebte Kapitel zeigt, wie die Literatur sich verändernde Konzepte von ›Zeit‹ aufgreift, transformiert und für sich umsetzt. Der dominante Trend scheint, auch in Reaktion auf die populärwissenschaftliche Rezeption von Einsteins Relativitätstheorie, das Infragestellen der Gültigkeit eines ›objektiven‹ Zeit-Begriffs zu sein. Die Literatur reagiert darauf doppelt, um nicht zu sagen zwiespältig: einerseits, unter dem Einfluß Bergsons, durch forcierte Subjektivierung (*time in the mind* vs. *time on the clock*) bis hin zur Hypostasierung des bedeutungsvollen Augenblicks in der Epiphanie (besonders bei Woolf und Joyce), andererseits durch eine Hinwendung zum zeitlos Zyklisch-Mythischen, also in Absage an lineare, chronologische Geschichte. Das Kapitel nimmt aber auch ›Zeit‹-Aspekte wie etwa das Phänomen der Beschleunigung oder die (Re-)Kreation eines ›zeitlosen‹ England mit auf und kann so, in Auffächerung eines heterogenen, doch deshalb nicht ungeordneten oder ineffektiven Diskurses darlegen, wieso die Literatur der Zeit ein wichtiges Feld der diskursiven ›Verhandlung‹ dieses zentralen Problems der Modernisierung sein konnte.

Das achte Kapitel rekonstruiert einen signifikanten Sonderweg, der aber gerade wegen seiner Ex-zentrik die Verhältnisse des britischen Mutterlandes indirekt zu beleuchten vermag: den irischen Diskurs über die national-staatliche Identität

Irlands. Für Irland ist nicht der Erste Weltkrieg, sondern der Osteraufstand von 1916 das einschneidende Ereignis, und indem man die literarisch-dramatische Verarbeitung der Ereignisse, die zum *Free State* führten (also neben dem *Easter Rising* der Unabhängigkeitskrieg [1918–21] und der Bürgerkrieg [1922–23]) in ihrer ganzen Bandbreite verfolgt, wird man Zeuge des spannungsreichen, ja widersprüchlichen Versuchs der Verfertigung einer nationalen Identität in einer (und das macht den Fall paradigmatisch) postkolonialen Situation – eines diskursiven Versuchs, der sich in der Sprache der ehemaligen Herren vollzieht und immer wieder auch die Frage nach dem eigentlichen Adressaten aufwirft.

Der Adressat der neuen Medien Rundfunk und Kino (Kapitel 9) scheint dagegen völlig klar zu sein: Es sind die Massen. Doch verlaufen die Entwicklungen der beiden Medien durchaus unterschiedlich: Das Radio, sprich: die monopolistische BBC, wird in den Zwanziger Jahren noch weitgehend als Institution der Bildungsvermittlung eingesetzt, während der in den Zwanziger Jahren schon fast vollständig dominierende Hollywood-Film reine Unterhaltungssache sein will. In beiden Fällen geht jedoch die literarische Intelligentsia auf Distanz – wenn sie die neuen Phänomene überhaupt wahrnimmt. Besonders am Beispiel des Radios wird deutlich, daß diese Medien – schon vor einer Kritik der von ihnen transportierten Inhalte – einfach suspekt sind, *weil* sie *Massen*medien sind und über die von ihnen präfigurierte kollektive Rezeption (beim Radio im privaten Raum, aber beim Kino auch in situ kollektiv) unaufhaltsam die Gleichschaltung und Entindividualisierung der Gesellschaft sowie die ›Passivierung‹ des Subjekts vorantreiben. Der Hollywood-Film ist darüber hinaus auch die erste Manifestation einer radikal kommerzialisierten Welt-Kultur (amerikanischen Ursprungs), die die zukünftige Tragfähigkeit von Konzepten ›nationaler‹ Kultur radikal in Frage stellen wird.

Während die meisten Kapitel auf jeweils *einen* präparierten Diskurs fokussiert sind oder auch die auffällige Disparatheit mehrerer Diskurse konstatieren, möchte das zehnte, ähnlich wie das fünfte, gerade die *Übergänge* rekonstruieren, in diesem Falle die Übergänge zwischen modernistischer Literatur, moderner Malerei und Politik, und zwar am Beispiel der Virginia Woolf. Hier kann gezeigt werden, welche Probleme und Chancen sich für eine Literatur ergeben, die auf die Krise der Repräsentation produktiv reagiert und Anregungen aus der modernistischen Malerei bezieht, dabei aber nicht die unüberwindlichen Materialunterschiede leugnet und so das Ideal einer selbstbezüglichen Kunst über eine Revolutionierung der literarischen Verfahrensweisen zu verwirklichen streben muß. Wie auch eine solche, die technischen Verfahren in den Vordergrund rückende Schreibweise politisch ›inhaltlich‹ werden kann (abgesehen davon, daß schon die neue Art von Rezeptionsbeziehung selbstverständlich ein Politikum ersten Ranges ist), führt hier ein Beitrag vor, der am Anfang und am Ende jeweils eine Szene *literarischer* Repräsentation von *malerischer* Repräsentation vorstellt und schon dadurch signalisiert, daß er durchgängig Weisen der Aneignung von ›Wirklichkeit‹ behandelt.

Das vorletzte Kapitel schließt hier in mehr als einer Hinsicht an. Es nimmt seinen Ausgang bei dem Phänomen, daß die literarische Moderne in Großbritannien weitgehend von Nicht-Briten initiiert und getragen wird (in diesem wie in anderen

Kapiteln ist mit ›[literarische] Moderne‹ die avantgardistisch-experimentelle Literatur der Zeit zwischen 1880 und 1930 gemeint – also das, was man im Englischen ›modernism‹ nennt – und nicht etwa ›Neuzeit‹. ›Moderne‹ und das rezente Lehnwort ›Modernismus‹ werden also synonym gebraucht). Es erweitert diese Beobachtung dahin, daß eigentlich alle *modernists* aus einer ex-zentrischen Position schreiben, aus Randständigkeit, Außenseitertum – sei es in national-kultureller Hinsicht, in geschlechtlicher Hinsicht, in klassenmäßiger Hinsicht oder im Hinblick auf abweichende sexuelle Orientierung – und verknüpft diesen Umstand der *Differenz* mit zwei anderen Differenz-/Marginalitätsmanifestationen: Der Tatsache, daß die modernistische Literatur im Großbritannien der Zwanziger Jahre unstreitig von marginaler, peripherer Bedeutung ist und, zweitens, daß sie einer literarischen Ästhetik folgt, nach der die Wirkung des Textes sich gerade aus seiner Differenz zur Normalsprache ergibt. Das Kapitel versucht zu zeigen, daß der Zusammenhang all dieser Differenzen kein bloß metaphorischer, sondern ein tatsächlicher und notwendiger ist und daß sich über die Parameter ›Ungleichzeitigkeit‹, ›räumliche Distanz‹, ›mentaler Abstand‹ und ›sprachliche Differenz‹ der Ort der literarischen Moderne in den Zwanziger Jahren recht genau beschreiben läßt.

Der Band endet mit einem Ausblicks-Kapitel, das noch einmal die Periodisierungs-Frage aufwirft, die Frage, »ob die Dreißiger Jahre sich wirklich so grundlegend vom voraufgegangenen Jahrzehnt unterscheiden oder ob nicht doch die Kontinuitäten charakteristischer als die Brüche waren« (S. 267). Wenn am Ende die Möglichkeit angesprochen wird, daß man vielleicht gar, in Anbetracht des folgenden Jahrzehnts, von einem »Scheitern« der Zwanziger Jahre sprechen könne, andererseits aber konstatiert wird, es fände sich nichts im ›geistigen Inventar‹ der Dreißiger Jahre, das nicht in der voraufgehenden Dekade, wenn auch in mehr latenter und weniger radikaler Form, bereits vorhanden gewesen wäre, so verweist diese Einschätzung möglicherweise auf eine (real-?)historische Dialektik, die allemal dafür sorgt, daß das Vergangene vom Folgenden ›aufgehoben‹ wird – wenn auch nur, analog den »*two* cheers for democracy« von E. M. Forster, in zweien der drei von Hegel unterstellten Bedeutungen des Wortes.

Bibliographie

Bell, Clive (1928, 1973), *Civilization and Old Friends*, Chicago–London: University of Chicago Press.

Bradbury, Malcolm, James McFarlane, eds. (1976, 1985), *Modernism 1890–1930*, Harmondsworth: Penguin.

Broich, Ulrich (1991), »Untergang des Abendlandes – Untergang der Menschheit. Endzeitvisionen in der englischen Literatur der Zwanziger Jahre,« in Gerhard R. Kaiser, ed., *Poesie der Apokalypse,* Würzburg: Königshausen & Neumann, 187–202.

Carey, John (1992), *The Intellectuals and the Masses. Pride and Prejudice among the Literary Intelligentsia, 1880–1939*, London: Faber & Faber.

Eliot, T. S. (1958), *The Complete Poems and Plays 1909–1950*, New York: Harcourt, Brace and Company.

Eliot, T. S., ed. (1928/1929, 1967), *The Criterion 1922–1939*, 18 vols., vol. 8: *September 1928–July 1929*, London: Faber & Faber.
Eliot, T. S. (1975, 1984), *Selected Prose of T. S. Eliot*, ed. Frank Kermode, London: Faber & Faber.
Freyer, Grattan (1981), *W. B. Yeats and the Anti-Democratic Tradition*, Dublin: Gill and Macmillan.
Fussell, Paul (1980), *Abroad. British Literary Traveling Between the Wars*, New York: Oxford University Press.
Gibbs, Philip (1920), *Realities of War*, London: Heinemann.
Gillies, Mary Ann (1996), *Henri Bergson and British Modernism*, Montreal–Kingston–London–Buffalo: McGill-Queen's University Press.
Gumbrecht, Hans Ulrich (1997), *In 1926. Living at the Edge of Time*, Cambridge, MA–London: Harvard University Press.
Hamilton, Alastair (1971), *The Appeal of Fascism. A Study of Intellectuals and Fascism 1919–1945*, New York: Macmillan.
Hynes, Samuel (1990), *A War Imagined. The First World War and English Culture*, London: Bodley Head.
Kenner, Hugh (1971, 1973), *The Pound Era*, Berkeley–Los Angeles: University of California Press.
Kosok, Heinz (1983), »Die britische und anglo-irische Literatur,« in *Neues Handbuch der Literaturwissenschaft*, vol. 20: *Zwischen den Weltkriegen*, ed. Thomas Koebner, Wiesbaden: Athenaion, 417–454, vor allem »Die Überlebenden der Vorkriegsgeneration,« 418–421.
Krutch, Joseph Wood (1944, 1946), »Only a Detective Story,« in Howard Haycraft, ed., *The Art of the Mystery Story. A Collection of Critical Essays*, New York: Simon and Schuster, 178–185.
Lawrence, D. H. (1981), *The Letters*, vol. 2: *1913–1916*, ed. George J. Zytaruk, James T. Bolton, Cambridge: Cambridge University Press.
Lewis, Wyndham (1927), *Time and Western Man*, London: Chatto and Windus.
Lewis, Wyndham (1931), *Hitler*, London: Chatto and Windus.
Lucas, John (1997), *The Radical Twenties. Aspects of Writing, Politics and Culture*, Nottingham: Five Leaves.
MacDiarmid, Hugh (1923, 1992), »Programme for a Scottish Fascism,« in H. M., *Selected Prose*, ed. Alain Riach, Manchester: Carcanet Press, 34–38.
Mowat, Charles Loch (1970, 1971), *Great Britain Since 1914* [*The Sources of History. Studies in the Use of Historical Evidence*], Cambridge: Cambridge University Press.
Mowry, George, ed. (1963), *The Twenties. Fords, Flappers & Fanatics*, Englewood Cliffs: Prentice Hall.
Pound, Ezra (1935), *Jefferson And/Or Mussolini. L'Idea Statale. Fascism As I Have Seen It*, New York: Liveright Publishing Corporation.
Shaw, George Bernard (1927), *Bernard Shaw & Fascism*, London: Favil Press.
Spengler, Oswald (1918, 1922), *Der Untergang des Abendlandes. Umrisse einer Morphologie der Weltgeschichte*, 2 vols., München: C.H. Beck; engl.: *The Decline of the West* (1926).
Taylor, A. J. P. (1965), *English History 1914–1945*, Oxford: Oxford University Press.
Thomson, David (1965, 1973), *England in the Twentieth Century*, Harmondsworth: Penguin.
Watson, George (1977), »The Literature of Fascism,« in G.W., *Politics and Literature in Modern Britain*, London: Macmillan, 71–84.
Webb, Beatrice (1985), *Diary*, ed. Norman und Jeanne MacKenzie, vol. 4, Cambridge, MA.: Harvard University Press.
Wells, H. G. (1920), *The Outline of History. Being a Plain History of Life and Mankind*, 2 vols., London: George Newnes.

White, Hayden (1973, 1990), *Metahistory. The Historical Imagination in Nineteenth-Century Europe*, Baltimore–London: Johns Hopkins University Press.
White, Hayden (1987), *The Content of the Form. Narrative Discourse and Historical Representation*, Baltimore–London: Johns Hopkins University Press.
Williams, Keith, Steven Matthews, eds. (1997), *Rewriting the Thirties. Modernism and After*, London–New York: Longman.
Woolf, Virginia (1924, 1966), »Mr. Bennett and Mrs. Brown,« in V. W., *Collected Essays*, ed. Leonard Woolf, vol. 1, London: Hogarth Press, 319–337.
Woolf, Virginia (1929, 1991), *A Room of One's Own*, London: Hogarth Press.
Yeats, William Butler (1924, 1975), »From Democracy to Authority: Paul Claudel and Mussolini – A New School of Thought,« in W. B. Y., *Uncollected Prose*, ed. John P. Fraye, Colton Johnson, vol. 2, London: Macmillan, 433–436.

Kapitel 2

Reformen und Krisen: eine geschichtlich-kulturelle Problemskizze

von BERND LENZ

1. *Old order* und *new order*

Die Zwanziger Jahre lassen sich bei aller gebotenen Vorsicht durchaus als Einheit verstehen (vgl. Kapitel 1), die von markanten Einschnitten begrenzt wird: zum einen vom Ende des Ersten Weltkriegs, mit der Hoffnung auf eine politisch gesichertere und sozial gerechtere Zukunft; zum anderen von der *Great Depression* als Folge einer »post-war dislocation, brought to a head by the Wall Street Crash of 1929« (Mellers/Hildyard 1989, 29). Zwischen diesen beiden Ereignissen liegt ein Jahrzehnt voller Versuche, durch politische und soziale Reformen eine neue Nachkriegsordnung zu schaffen.

Trotz der einschneidenden Weltkriegserfahrung, die auch England zutiefst erschütterte (vgl. Kapitel 3), ist jedoch das Jahr 1918 keineswegs eine Stunde Null, ein völliger Neuanfang, denn der Glaube an die alte Vorkriegsordnung war noch nicht völlig gebrochen. Anläßlich eines Banketts des *Aircraft Production Department* hielt Winston Churchill, damals noch in den Reihen der Liberalen, am 28. Januar 1919 eine Rede, »Let Us Face the Future Together«,[1] in der er Englands glorreiche Vergangenheit beschwor und in ihr auch den Maßstab für die Zukunft sah:

> Let us face the future together. We have come to this table by many different roads, but with one purpose – the true greatness of our country, its long, enduring prowess and honour among the nations of the earth, not in the vulgar domination which the Germans sought to achieve, but in being on the merits the leading nation of the world, leading other nations forward to a better arrangement for all mankind. [...] When I think of the nervous mood which sometimes sweeps across people, which is so quickly reflected in the Press, and which suggests that the majesty of Britain, which has lasted all these hundreds of years, and which has never stood higher than it does this night, is going to collapse before vague eddies of unrest or before Bolshevist impatience, I am certain that these strong forces have only to stand together, to work together, to carry us through all these difficulties and to secure permanently for the generations of the future the triumphs which the British Army has achieved by its struggles in the war. (Churchill 1981, 372)

---

[1] Dabei handelt es sich um eine merkwürdige historische Koinzidenz, denn »Let Us Face the Future«, so lautete bekanntlich auch das Wahlprogramm der Labour Party, mit dem sie 1945 dem damals favorisierten Churchill eine vernichtende Niederlage beibrachte.

Churchills Verklärung der Vergangenheit, deren Werte nun auch für die Nachkriegszeit Geltung haben sollten, wurde keineswegs einhellig geteilt. Einerseits bestand zwar der Wunsch, an die alte Ordnung anzuknüpfen, zur Normalität von 1914 zurückzukehren und, darauf aufbauend, England – das nach Lloyd George »a fit country for heroes to live in« sein sollte (Taylor 1992, 128) – zu reformieren. Andererseits ließ sich nicht leugnen, daß die alte Ordnung schon vor dem Krieg ins Wanken geraten war: Der irische Nationalismus ließ das Empire erbeben; die *new women* mit den Suffragetten als Speerspitzen forderten die patriarchalische Gesellschaft heraus; und die Arbeiterklasse formierte sich in Gestalt der Labour Party zu einer immer stärker werdenden politischen Kraft: »Beneath a social surface that remained glossily intact huge social movements strained and heaved [...]« (Mellers/Hildyard 1989, 8).

Der Erste Weltkrieg hatte jedoch nicht nur die politische und gesellschaftliche Stabilität schwer erschüttert, sondern auch den Glauben an die westliche Zivilisation und Kultur. Zweifel wurden laut, ob die etablierten kulturellen Werte auch weiterhin Gültigkeit beanspruchen konnten, und es mehrten sich die Stimmen, die eine radikale Erneuerung der kranken Kultur forderten. W. B. Yeats' Verse aus dem 1920 erschienenen Gedicht »The Second Coming« greifen diesen Gedanken einer in ihren Grundfesten erschütterten Welt auf:

> [...]
> Things fall apart; the centre cannot hold;
> Mere anarchy is loosed upon the world,
> The blood-dimmed tide is loosed, and everywhere
> The ceremony of innocence is drowned;
> [...].
> (Yeats 1990, 235)

Die künstlerischen Experimente des Modernismus stehen in Einklang mit diesem Versuch, anstelle der zerbrochenen kulturellen Ordnung eine neue zu schaffen (vgl. Berthoud 1989, 78) und in einer fragmentarisierten Welt neuen Sinn zu stiften.

Im Mittelpunkt der Zwanziger Jahre steht deshalb die Suche nach neuen politischen, sozialen und kulturellen Ordnungsvorstellungen. Allerdings vollziehen sich die politisch-gesellschaftliche und die kulturelle Neuorientierung nicht unbedingt im Gleichschritt und in gleicher Richtung. Die politisch-gesellschaftliche Erneuerung knüpft an den schon vor dem Krieg eingeleiteten Reformkurs an und strebt nach mehr Demokratisierung, dem Abbau von Klassenschranken sowie größerer Chancengleichheit. Diese Tendenzen der Modernisierung stimmen mit der Entwicklung einer klassenübergreifenden Massenkultur überein. Im Gegensatz dazu stehen jedoch Auffassungen, die der Demokratie als Leitprinzip mißtrauen, der Massenkultur eine Absage erteilen und statt dessen eine geistige Erneuerung durch die kulturelle Elite propagieren. Eine zentrale Frage ist deshalb die Auseinandersetzung mit den Problemen der modernen Massengesellschaft, mit Sozialismus, Kommunismus und Faschismus, mit Feminismus und Wohlfahrtssystem, mit Gewerkschaften und Parteien.

Die Demokratisierung der Gesellschaft läßt sich exemplarisch an der Klassenproblematik und der Frauenfrage verdeutlichen. Nach dem Krieg wurden zahlreiche Anstrengungen unternommen, um die alte Ordnung von den gröbsten Ungleichheiten zu reinigen und die soziale Lage, vor allem der Arbeiterklasse, zu verbessern. *Housing Acts* sollten neuen und besseren Wohnraum schaffen, das soziale Netz wurde ausgebaut und verfeinert, um die Masse des Volkes gegen Krankheit, Arbeitslosigkeit und Armut zu schützen,[2] und die staatliche Fürsorge für die unteren Schichten avancierte zu einem zentralen Ziel der Politik (vgl. Taylor 1992, 176). All diese sozialpolitischen Schritte sind Vorboten des *welfare state*, an dessen Auf- und Ausbau alle Parteien mitwirkten: die Liberalen, die sich vor dem Krieg als erste der sozialen Frage annahmen; die Konservativen, die sich in den Zwanziger Jahren mit Neville Chamberlain als Gesundheitsminister für den sozialen Fortschritt einsetzten; und schließlich die Labour Party, die nach dem Zweiten Weltkrieg den Schlußpunkt setzte und den *welfare state* zu einem umfassenden System ausbaute.

Die Emanzipation der Frau ist ein weiterer Mosaikstein im Demokratisierungsprozeß der Zwanziger Jahre (vgl. Kapitel 5 und 6). Als 1918 allen Frauen über dreißig das Wahlrecht verliehen wurde, wohl auch als Anerkennung für ihre Leistungen im Krieg, war der Durchbruch zur politischen Emanzipation gelungen, der zehn Jahre später mit dem allgemeinen Frauenwahlrecht – ›one adult, one vote‹ – abgeschlossen wurde. Obwohl sich aus diesen Reformen ein riesiges neues Wählerreservoir an Frauenstimmen ergab, hatte dies keine gravierenden Verschiebungen im parteipolitischen Gefüge zur Folge (vgl. die Wahlergebnisse in Butler/Butler 1986, 224f.); allerdings konnten die Frauen in diesem Jahrzehnt ihre parlamentarische Präsenz immer stärker unter Beweis stellen und auch ihre gesetzliche Gleichberechtigung weiter vorantreiben. Im Jahre 1918 wurde nur eine einzige Frau, die irische *Sinn-Fein*-Abgeordnete Gräfin Markiewicz, gewählt, und pikanterweise konnte sie, da *Sinn Fein* auf seine Sitze in Westminster verzichtete, nicht einmal ins Parlament einziehen. Erst ein Jahr später rückte Lady Astor als Nachfolgerin für ihren in den Adelsstand erhobenen Gatten als erste Frau ins *House of Commons* nach; und Margaret Bondfield wurde 1929 die Ehre zuteil, als erste Ministerin in ein Kabinett berufen zu werden.

Allerdings klafften trotz der politischen Emanzipation der Frau Wunschbild und Wirklichkeit immer noch auseinander, denn die traditionelle Rollenteilung zwischen Mann und Frau war keineswegs überwunden, und nur wenige Frauen schafften es, den Männern ihren gesellschaftlichen Spitzenrang streitig zu machen: »It was hard for a woman to rise to the top. There were never more than twenty women M.P.s. There were no women directors of large companies; no women judges; virtually no women professors at universities« (Taylor 1992, 167). Der lange Kampf der Frauen um ihre Unabhängigkeit war zwar von sichtbaren Erfol-

---

[2] Zu den einzelnen Gesetzesmaßnahmen und der Weiterentwicklung des *Poor Law* vgl. z.B. Mowat (1983), 127–129.

gen gekrönt, doch die in greifbare Nähe gerückte politisch-gesellschaftliche Befreiung harrte noch ihrer Vollendung.

Abbau des sozialen Gefälles, materieller Wohlstand für alle, politische Gleichberechtigung der Frau, Entstehen einer vermeintlich klassennivellierenden Massenkultur – all solche Faktoren scheinen Zeichen einer demokratisierten Gesellschaft zu sein. Daß diese Sicht einseitig ist, läßt sich jedoch am Bildungssystem belegen, das sich sowohl durch Demokratisierungsversuche als auch durch weiterhin bestehende Klassenschranken auszeichnete. Der *Fisher Act* von 1918, vor allem aber R. H. Tawneys programmatische, von der Labour Party zum bildungspolitischen Ideal erhobene Schrift *Secondary Education for All* (1922) verheißen bessere und gerechtere Bildungschancen ungeachtet der Klassenzugehörigkeit. Der *Hadow Report* von 1926, das Ergebnis einer Kommissionsarbeit, an der auch Tawney beteiligt war, zeichnet mit dem Prinzip der Chancengleichheit und dem Ausbau der *secondary education* schon die Entwicklung des Bildungssystems nach dem Zweiten Weltkrieg vor:

> All normal children should go forward to some form of post-primary education. It is desirable, having regard to the country as a whole, that many more children should pass to ›secondary‹ schools, in the current sense of the term. But it is necessary that the post-primary stage of education should also include other types of post-primary schools, in which the curricula will vary according to the age up to which the majority of pupils remain at school, and the different interests and abilities of the children. (Maclure 1986, 185)

Was häufig als Wendepunkt in der Entwicklung des englischen Bildungssystems gilt, ist freilich in Wirklichkeit weit weniger progressiv. Zwar wurde der zuvor bestehende Bruch zwischen *elementary* und *secondary education* beseitigt, doch das hehre Ziel der Chancengleichheit ließ sich geschickt unterlaufen (vgl. Evans 1985, 93f.). Da die gesellschaftliche Elite ihre Kinder auf privilegierte Privatschulen und renommierte Universitäten wie Oxbridge schicken konnte, vertiefte sich nämlich der Klassengraben noch; der Slogan ›Bildung für alle‹ garantierte keineswegs auch eine Gleichheit der Bildung. So entwickelten sich weiterhin zwei qualitativ unterschiedliche Bildungssysteme nebeneinander: »The two systems of education catered for different classes and provided education, different in quality and content, for the rulers and the ruled« (Taylor 1992, 171).

Wenn Mowat zu dem Schluß kommt, »the old order had passed away, the halcyon days of the privileged classes« (Mowat 1983, 201), so kann man folglich dieser These nur bedingt zustimmen. Zwar gab es Phasen, in denen nationales Denken klassenorientiertes Denken überlagerte, doch in manchen Bereichen wurden die Klassengegensätze immer wieder spürbar. Nicht von ungefähr fällt im Kontext der Auseinandersetzungen zwischen den Bergwerksbesitzern und den Bergarbeitern, die im Generalstreik von 1926 gipfelten, immer wieder das Wort Klassenkampf;[3] und auch das neue Programm der Labour Party, 1927 von Tawney entworfen, kann klassenkämpferische Töne nicht verleugnen:

Its Socialism, therefore, is neither a sentimental aspiration for an impossible Utopia, nor a blind movement of revolt against poverty and oppression. [...] It is a conscious, systematic and unflagging effort to use the weapons forged in the victorious struggle for political democracy to the capitalist dictatorship in which democracy finds everywhere its most insidious and most relentless foe. (zit. nach Mowat 1983, 350)

2. Die politische Trias: Liberale – Konservative – Labour

Die Suche nach einer neuen Ordnung erforderte auch ein Überdenken der außen-, innen- und parteipolitischen Positionen. Die Liberalen hätten es sich wohl kaum träumen lassen, daß ihnen in den Zwanziger Jahren die Totenglocke läuten würde. Als Sieger des Krieges und – nach Absprachen – auch als Sieger der ›Coupon‹ Election von 1918[4] war die Regierung unter David Lloyd George, »[t]he Wizard of Wales« (Graves/Hodge 1985, 19f.), der in der Koalition mit den Konservativen seiner liberalen Restpartei unter Asquith eine vernichtende Niederlage zufügte, der neue Hoffnungsträger.[5] Mit Lloyd Georges Rücktritt im September 1922 endete die Ära liberal-konservativer Machtpolitik, und es folgte eine politische Krise mit drei Wahlen in weniger als zwei Jahren, ehe MacDonald und Baldwin eine Phase der Konsolidierung einleiteten. Bis 1929 hielt dann die Hegemonie der Konservativen, vor allem unter Baldwin, an, deren Vorherrschaft nur 1924 für wenige Mo-

---

[3] Einige Kritiker glauben sogar, eine generelle Verschärfung der Klassenunterschiede zu erkennen: »The fundamental rottenness of inter-war Britain was that the political class lacked the will to implement what had already evolved as a logical consequence of nineteenth-century reform: the universal right to the possibility of a decent living standard. The working class was betrayed between the wars not just by Ramsay MacDonald and the trade union leaders, but also by the bourgeois politicians and intellectuals whose apathy allowed the working class to bear the brunt of economic depression« (Mellers/Hildyard 1989, 29).

[4] ›Coupon‹ Election bezieht sich auf den Wahlpakt zwischen den von Bonar Law geführten Konservativen und den Koalitionsliberalen unter Lloyd George. Die konservativen und liberalen Mitglieder des *House of Commons*, die die Regierungspolitik unterstützt hatten, erhielten einen von Lloyd George und Bonar Law unterzeichneten Brief, einen *coupon*, damit sie ohne Gegenkandidaten aus den Reihen der Koalitionsbefürworter blieben.

[5] Für einige Kritiker ist unter den Liberalen und Konservativen Lloyd George der einzige fortschrittliche Politiker von Rang, der leider sein Potential nicht voll ausschöpfen konnte: »Outside the socialist camp the only progressive politician of any vigour, Lloyd George, was first imprisoned in his post-war alliance with the Conservatives, then deliberately and permanently frozen out of office precisely because the Conservative leader, Stanley Baldwin, mistrusted his ›dynamism‹« (Mellers/Hildyard 1989, 28). Vgl. auch das differenziertere Urteil Taylors: »He was the most inspired and creative British statesman of the twentieth century. But he had fatal flaws. He was devious and unscrupulous in his methods. [...] In all his greatest acts, there was an element of self-seeking. Above all, he lacked stability« (Taylor 1992, 192).

nate von MacDonalds Labour-Minderheitsregierung unterbrochen wurde. Trotz des Aufstiegs der Labour Party sind die Zwanziger Jahre daher in erster Linie ein Jahrzehnt der Konservativen.

In der Außenpolitik blieb England seinem klassischen Ideal der *balance of powers*, einer Politik des Gleichgewichts, treu, verlor allerdings dabei die eigenen Interessen keineswegs aus den Augen. Lloyd George verfolgte bei der Konsolidierung Europas einen mäßigenden Kurs und modifizierte auch Präsident Wilsons Vorstellungen vom Völkerbund, ohne verhindern zu können, daß der Bund der Völker zunächst zu einem Bund der Sieger wurde. Englands Politik des Ausgleichs und der Versöhnung, die sich in erster Linie gegen eine Ausbeutung Deutschlands wandte,[6] schlug sich in den für Deutschland günstigeren Reparationszahlungen des Dawes-Plans (1924) und in den Bemühungen der Konferenz von Locarno (1925) um dauerhafte Sicherung des Friedens nieder, führte aber auch zu heftigen Spannungen mit dem französischen Nachbarn. Die Entente begann zu zerbrechen, weil die beiden Länder sowohl in Europa, wo sich England der Besetzung des Ruhrgebiets durch die Franzosen widersetzte, als auch im Nahen Osten in Interessenkonflikte verwickelt wurden. Der neue englisch-französische Gegensatz schlug sich auch in einem überraschenden Umschwung der öffentlichen Meinung nieder: »The feeling against the French extended beyond political circles. Pro-French emotion generally ran down sharply in the mid-twenties, and new sentiments sprang up of friendship and affection towards Germany – sentiments which even the rise of Hitler did not extinguish« (Taylor 1992, 215).

Ein Blick auf die Entwicklung der drei Parteien verdeutlicht, daß es sich bei unserer Trias nicht um gleich starke Konkurrenten handelt, sondern jeweils um ein dominantes Duo mit einer wechselnden Minoritätenpartei. Anfang des Jahrhunderts bestimmen Liberale und Konservative gemeinsam die Politik bis in die Zwanziger Jahre, während die Labour Party nach ihrer Gründung den etablierten Parteien immer gefährlicher wird. Innerhalb von gut zwanzig Jahren steigert sich ihr Anteil von 1,8 Prozent und 2 Sitzen im Jahre 1906 auf 29,5 Prozent und 142 Sitze im Jahre 1922 (vgl. Butler/Butler 1986, 224f.). Dem unverkennbaren Aufschwung der Labour Party steht ein ebenso unverkennbarer Niedergang der Liberalen gegenüber, den Peter Wende mit einem Bild aus der Physik treffend beschreibt. Unter dem politischen Druck scheint es, so meint Wende, »als seien beide mit einem System kommunizierender Röhren verbunden gewesen« (Wende 1985, 294). Im parteipolitischen Kräftespiel verkörpern die Konservativen die Konstante, während die Labour Party die Rolle der zweiten großen Partei von den Liberalen übernimmt und in den Zwanziger Jahren ihre Regierungsfähigkeit unter Beweis stellen kann.

---

[6] Dabei spielte John Maynard Keynes eine wichtige Rolle, denn er war ein Gegner der wirtschaftlich nicht vertretbaren Reparationszahlungen, trat als Sachverständiger bei der Friedenskonferenz 1919 zurück und beeinflußte mit seinem im selben Jahr erschienenen Werk *The Economic Consequences of the Peace* die öffentliche Meinung in starkem Maße.

Man würde es sich zu einfach machen, wollte man den Niedergang der Liberalen allein mit ihrer Spaltung im Jahre 1916 begründen, als Lloyd George, der Führer der nonkonformistischen Liberalen, erfolgreich den Aufstand gegen das liberale Establishment mit Asquith an der Spitze probte. Denn nach der Aufkündigung der Koalition durch die Konservativen im Jahre 1922 schafften es die Liberalen bei den Wahlen von 1923 noch einmal, die Einheit vorübergehend wiederherzustellen und an Stimmen wie auch an Sitzen fast mit der Labour Party gleichzuziehen. Nach diesem kurzlebigen Aufflackern fanden die Liberalen jedoch nie wieder zur alten Stärke zurück. Obwohl sie bei den Wahlen von 1929 etwa genauso viele Kandidaten aufboten wie die Konservativen und Labour, erreichten sie nur 59 Sitze, während die Konservativen mit 260 Sitzen und die Labour Party mit 288 Sitzen klar dominierten.[7] Neben dem innerparteilichen Konflikt ist der wichtigste Grund für den Absturz der Liberalen wohl darin zu sehen, daß sie, die im 19. Jahrhundert unter Gladstone noch als Sammelbecken für die Arbeiter dienten, diese Funktion an die Labour Party verloren. Auch in dieser Hinsicht trifft wieder Wendes Bild von den kommunizierenden Röhren zu. Nach der Wahl von 1929 ist die Liberal Party zwar noch nicht tot, aber bestenfalls eine Partei mit Minoritätenstatus.

Der Vormarsch der Labour Party ist freilich nicht so geradlinig und problemlos verlaufen, wie dies die Wahlergebnisse suggerieren. Die Hauptaufgabe der Labour Party und ihres Führers Ramsay MacDonald bestand in den Zwanziger Jahren darin, der Partei ein neues Profil zu geben und sie für weite Teile der Bevölkerung akzeptabel zu machen.[8] Da die Labour Party eng mit den Gewerkschaften verzahnt war, konnte sie es sich aber kaum leisten, eine gegen die Interessen der Gewerkschaften gerichtete Politik zu betreiben. Unpopuläre Maßnahmen wie etwa Kürzungen im Sozialsystem führten deshalb fast zwangsläufig zu Partei- und Regierungskrisen. Während jedoch unmittelbar nach dem Krieg fast noch alle Abgeordneten aus den Reihen der Gewerkschaften kamen, änderte sich dies Anfang der Zwanziger Jahre grundlegend: »Labour was so changed as to be almost a different party. [...] Now the trade unionists were little more than half (80 out of 142), and middle-class, even upper-class, men sat on the Labour benches for the first time. In composition Labour was thus more of a national party than before and less an interest group« (Taylor 1992, 198).

Ein weiteres Problem der Labour Party war die Abgrenzung vom Kommunismus und Bolschewismus, denn mit Labours Machtzuwachs stieg auch die Angst

---

[7] Natürlich lag das auch am Wahlsystem, denn stimmenmäßig schnitten die Liberalen (5.308.510) im Vergleich zu den Konservativen (8.656.473) und der Labour Party (8.389.512) weitaus besser ab, als die Sitze vermuten lassen (Zahlen nach Butler/Butler 1986, 225). Es ist deshalb nur zu verständlich, daß die Liberalen 1929 für die Einführung des Verhältniswahlrechts plädierten, ein Vorschlag, mit dem sich weder die Labour Party noch die Konservativen anfreunden konnten.

[8] In diesem Zusammenhang muß man auch die von George Lansbury gegründete sozialistische Tageszeitung *Daily Herald* erwähnen, die sich nach mühsamen Anfängen bis zu den Dreißiger Jahren zu einem Massenblatt entwickelte.

weiter Kreise vor einer kommunistischen Unterwanderung. Labour trat zwar für den politischen Ausgleich mit der Sowjetunion ein und erkannte sie 1924 de jure an, verfolgte jedoch trotzdem eine klare eigene Linie, nämlich die des demokratischen Sozialismus. Labour lehnte die Forderung der 1920 gegründeten, politisch meist bedeutungslosen Communist Party of Britain nach Fusion ab und verhinderte durch Säuberungsaktionen eine kommunistische Infiltration. So konnte Labour seine politische Akzeptanz vergrößern und einen Prozeß des Umdenkens einleiten, den auch George V in seinen Tagebucheinträgen dokumentierte: »Today 23 years ago dear Grandmama died. I wonder what she would have thought of a Labour Government! [...] They [the new ministers] have different ideas to ours as they are all socialists, but they ought to be given a chance & ought to be treated fairly« (zit. nach Taylor 1992, 209).

Trotzdem geisterte das Gespenst des Bolschewismus[9] und der Roten Gefahr weiter durch die britische Öffentlichkeit und erhielt durch die Annäherung an die Sowjetunion und die Veröffentlichung des Sinowjew-Briefes im *Daily Mail* (der Brief stellte sich im nachhinein als Fälschung heraus), noch dazu kurz vor den Wahlen im Oktober 1924, neue Nahrung:

> A settlement of relations between the two countries will assist in the revolutionising of the international and British proletariat not less than a successful rising in any of the working districts of England, as the establishment of close contact between the British and Russian proletariat, the exchange of delegations and workers, etc., will make it possible for us to extend and develop the propaganda of ideas of Leninism in England and the Colonies. Armed warfare must be preceded by a struggle against the inclinations to compromise which are embedded among the majority of British workmen, against the ideas of evolution and peaceful extermination of capitalism. (zit. nach Fotokopie in Bennett 1961, 109)

Die Aufdeckung eines angeblichen Komplotts zwischen der Kommunistischen Internationale und revolutionären Bewegungen in England trug jedoch nach Ansicht der Historiker nur wenig oder gar nichts zum nachfolgenden Wahlsieg der Konservativen bei (vgl. Kluxen 1968, 768; Taylor 1992, 219; Mowat 1983, 188–190). Nach ihrem nur kurzen Regierungsgastspiel von Januar bis November 1924 konnte die Labour Party erst von Juni 1929 bis August 1931 endgültig den Nachweis erbringen, daß England von einer sozialistischen Regierung kein Unheil drohte. Ihre Zeit als echte Alternative zu den Konservativen sollte allerdings erst mit Clement Attlees Wahlsieg nach dem Zweiten Weltkrieg kommen.

Die Konservativen, das dritte und damals wichtigste Glied unserer Trias, waren bei allen Wahlen zwischen 1918 und 1931 stimmenmäßig und – mit Ausnahme der Wahl von 1929 – auch nach Sitzen die stärkste Partei. Die Politik der Zwanziger Jahre trug deshalb im wesentlichen ihre Handschrift. Stanley Baldwin, »political colossus of the age« (Mellers/Hildyard 1989, 28), der die Geschicke der Konser-

---

[9] »[...] a term so vague as to include free thinking, vegetarianism, free love, modern literature and the like. The term went into the English language for any kind of trouble maker, hence being ›bolshie‹« (Bloom 1993a, 12).

vativen von 1923–1937 lenkte und drei Kabinette als Premier anführte, war freilich genausowenig ein typischer Vertreter seiner Partei wie sein kompromißfreudiger Konkurrent und Partner MacDonald bei Labour.[10] Da beide ähnliche politische Ansichten vertraten, versuchten sie, Englands Probleme nicht durch Konfrontation, sondern durch Kooperation zu lösen. Nicht von ungefähr gilt Baldwins erste Regierungszeit (1924–1929) trotz der hohen Staatsverschuldung und des Generalstreiks als Phase innerer und äußerer Stabilität, als Ruhe vor dem Sturm, der England ab 1929 heimsuchen sollte.

Im nachhinein konnten sich die Konservativen glücklich schätzen, der Versuchung widerstanden zu haben, auf Lloyd Georges Plan, aus seinem Teil der Liberalen und den Konservativen eine neue Partei mit nationalem Zuschnitt zu schmieden, einzugehen. Während Lloyd Georges Stern und der der Liberalen zu sinken begann, dominierten die Konservativen dank einer flexiblen, sich pragmatisch wandelnden Politik, die sich allerdings der trügerischen Hoffnung hingab, mit Deutschlands Eintritt in den Völkerbund (1926) seien endlich wieder Ruhe und Frieden in Europa eingekehrt. Trotz innerparteilicher Auseinandersetzungen wie im Indienkonflikt, trotz kritischer Stimmen wie der von Churchill, der als Grenzgänger zwischen Liberalen und Konservativen von Parteidisziplin wenig hielt und sich schließlich Anfang der Dreißiger Jahre in den politischen Schmollwinkel zurückzog, manövrierte Baldwin die Konservativen geschickt durch die Zwanziger und den größten Teil der turbulenten Dreißiger Jahre.

Eine weitere charismatische Figur, die sich aber nicht recht in unsere Trias fügen will, darf in unserem politischen Figurenensemble nicht fehlen: Sir Oswald Mosley. Er rückte schon 1918, mit nur 22 Jahren, als Tory-Abgeordneter ins Unterhaus ein, nahm dann wegen der Irlandpolitik der Koalitionsregierung einen radikalen Kurswechsel vor und landete nach einem kurzen parteilosen Zwischenspiel 1924 bei der Labour Party. Dort stieg Mosley, einer der glänzendsten Redner seiner Zeit, im Eiltempo in die Parteispitze auf und bekleidete sogar in MacDonalds Kabinett von 1929 einen Ministerposten. Er konnte sich aber mit seinem reformerischen Programm zur Sanierung der Wirtschaft, dem sogenannten ›Mosley Memorandum‹, nicht gegen die orthodoxen Positionen in der Labour Party durchsetzen.

Aus Mosleys Enttäuschung resultierten die Schatten seiner politischen Karriere, die in den Zwanziger Jahren so hoffnungsvoll begonnen hatte: die Gründung der New Party 1931 und dann vor allem der British Union of Fascists 1932, die zum Sammelbecken der schon in den Zwanziger Jahren existierenden faschistischen Gruppierungen, beispielsweise der *Britons* und der *British Fascisti*, wurde. Mosleys Verschleuderung seines politischen Talents und sein Abstieg in die politische Bedeutungslosigkeit sind bedauerlich, denn er, dessen Motive primär wirtschaftlicher Natur waren, wollte mit unklassischen, aber erfolgversprechenden Ideen die Massenarbeitslosigkeit bekämpfen. Er kritisierte dabei die Hochfinanz, die, von Profit-

---

[10] Taylor meint deshalb ironisch: »It is hard to decide whether Baldwin or MacDonald did more to fit Labour into constitutional life« (Taylor 1992, 205).

gier getrieben, der englischen Wirtschaft zu wenig Impulse gab und sich lieber im Ausland schadlos hielt. Mit seiner Wendung zum Faschismus begab sich Mosley jedoch ins politische Abseits und verspielte all seine Chancen: »[...] der Mann, der 1931 für den künftigen Premierminister gehalten werden konnte, war 1939 nicht viel mehr als ein Bandenführer« (Nolte 1969, 287). Welch seltsamer Zufall, daß Mosleys Amtsnachfolger, Clement Attlee, später tatsächlich Labour-Premier werden sollte, wenn auch erst bei den Nachkriegswahlen von 1945!

3. Vom Empire zum Commonwealth: ein unaufhaltsamer Abstieg?

Als die Dominions und Indien schon im Krieg nach mehr Unabhängigkeit strebten, konnte man ahnen, daß die Zwanziger Jahre zu einem echten Prüfstein für die Existenz des Empire werden könnten. Denn diese Existenz hing nach Ansicht führender Befürworter des Imperialismus vor allem davon ab, inwieweit es England schaffen würde, »[to transform] a motley and heterogeneous collection of dominions, settlements and colonies [...] into a coherent and self-sufficient world state« (Mellers/Hildyard 1989, 6). Aus diesem Grund hatte Joseph Chamberlain schon Ende der Neunziger Jahre die Vision einer »true conception of Empire«[11], einer politischen Großfamilie, in der sich die Mutter England in selbstloser Aufopferung um das Wohl ihrer Empire-Kinder sorgte. Dieser Wunschtraum eines harmonischen Empire unter der Führung Englands war zwanzig Jahre später nur noch Utopie, selbst wenn der Erste Weltkrieg noch einmal die Funktionsfähigkeit des Empire unter Beweis gestellt hatte: England konnte im Namen des Empire Deutschland den Krieg erklären, und Soldaten aus Irland, den Dominions und den übrigen Teilen des Empire kämpften im *Great War* Seite an Seite mit ihren Brüdern aus dem Mutterland.

Die imperiale Einheit wies jedoch schon während des Krieges tiefe Risse auf, die sich in den Nachkriegsjahren noch vertiefen sollten, obwohl England sie zum Teil mit brutaler Gewalt zu kitten versuchte. Im Mittelpunkt stand dabei das Problem des Verhältnisses zwischen einzelstaatlicher Souveränität und zentralstaatlicher Lenkung durch England. Da sich Irland bei der Erfüllung seines jahrzehntelangen Wunsches nach Homerule von England immer wieder vertröstet sah, wagte es 1916 den Aufstand, ein ›Verrat‹, den nach dem Krieg die *Black and Tans*, die englische Spezialtruppe für Irland, gnadenlos bestraften (vgl. Kapitel 8).[12] Dennoch strebten die Iren auch weiterhin mit aller Macht nach Unabhängigkeit. *Sinn Fein*, klarer Wahlsieger der ersten Nachkriegswahlen in Irland, verweigerte sich der

---

[11] »The True Conception of Empire« ist der Titel einer Rede, die Chamberlain am 31. März 1897 am *Royal Colonial Institute* hielt (in Gauger/Metzger 1962, 27–30).

[12] Der führende Labour-Politiker Henderson bezeichnete die Situation als »a disgrace to the human race«; und der ehemalige liberale Premier Asquith meinte im Tenor ähnlich: »Things are being done in Ireland which would disgrace the blackest annals of the lowest despotism in Europe« (beide Zitate nach Taylor 1992, 155).

Reformen und Krisen

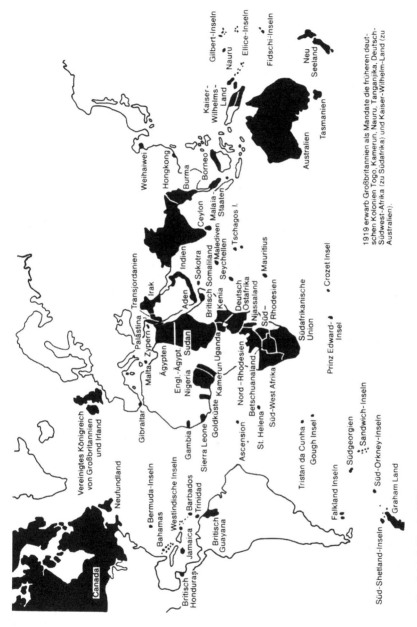

Das Britische Empire 1920.

Mitarbeit in Westminster und gründete ein eigenes irisches Parlament, das *Dail*. Die vorläufige Lösung der irischen Frage durch den *Government of Ireland Act* (1921), der die Abtrennung der nördlichen Provinzen verfügte, und den *Irish Free State Agreement Act* (1922), der Irland zum Dominion erklärte, war letztlich nicht das Werk einer auf Versöhnung zielenden Diplomatie, sondern das Ergebnis politischer Wirren und Schrecken (vgl. Taylor 1992, 160), erzielt auf Kosten einer England noch heute belastenden Teilung Irlands.[13]

Auch Indien war in den Zwanziger Jahren, obwohl immer noch das Herzstück des Empire, zugleich ein permanenter Krisenherd. Das von General Dyer verursachte Massaker von Amritsar im April 1919, das noch im letzten Jahr den Staatsbesuch von Elizabeth II anläßlich des 50. Jahrestags der indischen Unabhängigkeit überschattete, setzte eine nationalistische, von Gandhi initiierte und von England gewaltsam unterdrückte Widerstandsbewegung in Gang, die in der Forderung nach dem Dominion-Status für Indien gipfelte. Einst hatten 250.000 – durchaus effiziente – britische Verwaltungsbeamte 400 Millionen Inder unter Kontrolle (vgl. Wende 1985, 285), doch im Verlauf der Zwanziger Jahre verschärfte sich das alte Problem zwischen britischer Zwangsherrschaft und dem Recht der Inder auf Autonomie in dramatischer Weise. Als Lord Irwin, der Vizekönig von Indien, dem Land im Oktober 1929 den Dominion-Status in Aussicht stellte und damit fortsetzte, was England schon 1917 in seiner Indienerklärung versprochen und durch die umstrittenen Reformen von 1919 ansatzweise eingelöst hatte (vgl. Kulke/Rothermund 1982, 310–312; Kluxen 1968, 750–752), entzweite dies die Engländer, vor allem die Konservativen, von denen etliche den Zeitpunkt der indischen Selbstbestimmung[14] immer noch nicht für gekommen hielten. In der öffentlichen Diskussion erwies sich Churchill als einer der aggressivsten Verfechter imperialer Politik und diffamierte Gandhi mit unglaublicher Arroganz:

> It is alarming and also nauseating to see Mr. Gandhi, a seditious Middle Temple lawyer, now posing as a fakir of a type well-known in the East, striding half-naked up the steps of the Vice-regal palace, while he is organising and conducting a defiant campaign to parley on equal terms with the representative of the King-Emperor. Such a spectacle can only increase the unrest in India and the danger to which white people are exposed. (Churchill 1981, 531)[15]

---

[13] Zum Irlandproblem vgl. insbesondere die ausführliche Darstellung bei Bottigheimer (1985), 159–180.

[14] Die indische Kongreßpartei veröffentlichte im Dezember 1931 sogar eine indische Unabhängigkeitserklärung nach amerikanischem Vorbild, »in whose vindication a boycott of the central and provincial governments and a contingent campaign of civil disobedience and nonpayment of taxes was proclaimed« (Mowat 1983, 377).

[15] Churchills feindselige Haltung in der Indienfrage führte schließlich zu seinem Rücktritt aus dem konservativen Schattenkabinett. Um ihm Gerechtigkeit widerfahren zu lassen, muß man ihm allerdings auch eine für die damalige Zeit erstaunliche Weitsicht bescheinigen, die er in einer seiner zahlreichen Indienreden hinsichtlich der politischen Auswirkungen in die Worte kleidete: »The loss of India would mark and consummate the downfall of the British Empire« (Rede vom 11. Dezember 1930; Churchill 1981, 517f.).

Der Konflikt mit Indien begleitete England in die Dreißiger Jahre, bis Indien nach drei *Round Table Conferences* mit der Verfassungsreform von 1935, dem *Government of India Act*, größere Selbstverwaltung erhielt. Freilich war damit das Indien-Problem keineswegs endgültig gelöst – Indien war nämlich rechtlich den Dominions immer noch nicht gleichgestellt –, sondern nur auf einen späteren Zeitpunkt, den Zweiten Weltkrieg und die Jahre danach, vertagt.[16]

Außer in Irland und Indien gärte es gleichfalls, wenn auch nicht so explosiv, unter den Dominions, auf deren Drängen Premierminister Lloyd George sein Kriegskabinett 1917 zum *Imperial War Cabinet* erweiterte. Der südafrikanische General Jan C. Smuts, der die Dominions im Kriegskabinett vertrat, richtete das Augenmerk nicht nur auf Englands Kriegsstrategie und Kriegsziele, sondern auch auf die Frage der Souveränität der Dominions. Aufgrund ihrer weitgehenden Unabhängigkeit hielt er den Begriff ›Empire‹ für irreführend und verwendete statt dessen zum ersten Mal den Ausdruck ›*British Commonwealth of Nations*‹.

Die Dominions widersetzten sich der außenpolitischen Bevormundung durch das Mutterland und traten schon bei der Pariser Friedenskonferenz und im Völkerbund als unabhängige Verhandlungspartner auf. Daß sich die Dominions 1922 weigerten, Lloyd Georges und Churchills Aufforderung zu militärischer Unterstützung in der Türkenfrage nachzukommen, war ein weiterer Schritt auf dem Weg zu ihrer außenpolitischen Souveränität. Die *Balfour Declaration* von 1926 brachte schließlich das neue Autonomieverständnis der Dominions verfassungsrechtlich auf die schon von Smuts favorisierte Formel des ›*British Commonwealth of Nations*‹:

> They [Great Britain and the Dominions] are autonomous Communities within the British Empire, equal in status, in no way subordinate one to another in any aspect of their domestic or external affairs, though united by a common allegiance to the Crown, and freely associated as members of the British Commonwealth of Nations. (Williams 1965, 278)

Dieser Bund, zu dem damals Kanada, Australien, Neuseeland, die Südafrikanische Union, Neufundland und der irische Freistaat zählten, stellte fortan innerhalb des Empire einen Sonderclub aller weißen Dominions dar, denen mit dem *Statute of Westminster* (1931) weitgehende staatliche Souveränität verliehen wurde. Die Krone war demnach lediglich »the symbol of the free association of the members of the British Commonwealth of Nations«, die, wie schon in der *Balfour Declaration*, nur durch »a common allegiance to the Crown« vereint waren (beide Zitate in Williams 1965, 280); von einer gemeinsamen Politik war da keine Rede mehr. Das *Statute of Westminster* konnte somit das Empire nur mit großer Mühe retten, indem es den Dominions weitgehende Autonomie und eine Sonderstellung gegenüber den Kolonien zugestand.[17]

---

[16] Zu Einzelheiten der politischen Entwicklung Indiens in den Zwanziger Jahren vgl. die Darstellung bei Kulke/Rothermund (1982), 309–321.

[17] Taylor setzt die Akzente etwas positiver: »In 1931 the Statute of Westminster put the finishing touches to the process by which an empire, based on central authority, was

Höhepunkt des Empire und seine ersten Verfallserscheinungen fallen nahezu zusammen. Um 1920 erreichte das Empire seine größte Ausdehnung und bestätigte das geflügelte Wort, wonach im Empire die Sonne nie unterging. Die Monarchie sonnte sich in der Aura des kaiserlichen Glanzes, und die Öffentlichkeit durfte sich 1924–25 an der berühmten *British Empire Exhibition* erfreuen, einem gigantischen Unternehmen, das £ 11 Millionen verschlang und ein Areal von 220 Morgen, darunter das Wembley-Stadion, umfaßte (vgl. Branson 1975, 98f.). Regelmäßig stattfindende *Imperial Conferences* suggerierten die Einheit des Empire, während in Wirklichkeit die Risse in der imperialen Fassade nur mühsam übertüncht werden konnten.

Mit dem irischen und indischen Nationalismus, mit der weitgehenden Souveränität der Dominions verliert das Zentrum England immer mehr an Macht, und es beginnt ein Transformationsprozeß, an dessen Ende die Auflösung des Empire steht. Dieser unaufhaltsame Abstieg ist Ende der Zwanziger Jahre zwar eingeleitet, die endgültige Entscheidung über Empire und Commonwealth jedoch noch nicht gefallen. Beide existieren nebeneinander, aber der ungelöste Indienkonflikt und das Problem der Machtabgrenzung von Einzelstaat und Staatenbund gefährden auf Dauer den Bestand des Empire. Zwar übernimmt das Commonwealth schließlich die Nachfolge des auseinanderbrechenden Empire, doch erreicht der neue Bund auch nicht annähernd die politische Potenz seines Vorgängers:

> Der Lösung der förmlichen Bindungen entsprach zunächst noch auf lange Zeit eine Stärkung der informellen Bande zwischen Großbritannien und seinen ehemaligen Siedlungskolonien. Aus der Rückschau hingegen wird dennoch deutlich, daß mit dem Scheitern einer organisatorischen Zentrierung des Reiches Großbritanniens langer Abschied von der Weltmacht begonnen hatte. (Wende 1985, 275)

Zu dieser Entwicklung einer stufenweisen Auflösung des Empire seit dem Ersten Weltkrieg leisteten die Zwanziger Jahre, auch wenn es politisch nicht so gedacht war, einen entscheidenden Beitrag.

4. *Black Friday*, *Red Friday* und der Generalstreik von 1926

In den Zwanziger Jahren schwebte eine besonders dunkle Wolke über England, und zwar die Massenarbeitslosigkeit, mit der sich das Land zum ersten Mal konfrontiert sah. Krisen, Streiks, *slump*, so heißen die Leitbegriffe in wirtschaftlicher Hinsicht, obwohl England die zunächst dringlichste Aufgabe, die Wiedereingliederung der heimkehrenden Soldaten, erstaunlich gut meisterte: Das revolutionäre Potential entlud sich zwar in etlichen Streiks und Demonstrationen, doch im November 1920 war die Arbeitslosigkeit wieder beträchtlich gesunken (vgl. Graves/Hodge 1985, 28). Der vermeintliche Nachkriegsaufschwung war jedoch nur von kurzer Dauer, die Arbeitslosenzahlen verdoppelten sich innerhalb von nur

---

transformed into a Commonwealth of independent states, cooperating in freedom« (Taylor 1992, 275).

Reformen und Krisen 43

drei Monaten wieder, und *The Economist* nannte 1921 »one of the worst years of depression since the industrial revolution« (Taylor 1992, 145). Zwar entspannte sich im Jahre 1922 die Lage wieder, doch in der Folgezeit schaffte es keine Regierung, das vor dem Krieg zweitrangige Problem der Arbeitslosigkeit wieder in den Griff zu bekommen. Ob liberale oder sozialistische Wirtschaftspolitik, ob freies Spiel der Kräfte oder protektionistische Staatseingriffe, alle Rezepte versagten bei der Arbeitslosigkeit, die in dieser Dekade und noch darüber hinaus eine der brennendsten Fragen blieb.[18] Wenn daher das Etikett ›Depression‹ für die Zwanziger Jahre eine besondere Berechtigung hat, dann vor allem auf wirtschaftlichem Gebiet, wo es sich auch im Schlagwort der ›*Great Depression*‹ verewigt hat.

Der Bergbau, der von allen Industriezweigen am stärksten unter der wirtschaftlichen Entwicklung zu leiden hatte, mag zur Verdeutlichung der Problematik dienen, die wir mit den Polen *Black Friday* und *Red Friday* umschreiben können. Die Nachkriegsregierung unter Lloyd George, auf schwankendem Kurs zwischen Freihandel und Staatskontrolle, verschärfte durch die Rückgabe der Bergwerke an ihre Besitzer die Lage erheblich. Diese weckten mit ihrer Politik der Lohnkürzungen den Widerstand der *Triple Alliance*, des Bündnisses aus Eisenbahnern, Transport- und Bergarbeitern, so daß für den 15. April 1921 ein Generalstreik drohte. Dieser Tag ist als *Black Friday* in die Geschichte eingegangen, weil die Solidarität der Bündnispartner in allerletzter Minute zerbrach und die Bergarbeiter, die allein einen aussichtslosen Kampf führten, diesen Bruch der *Triple Alliance* als Verrat werteten.

Im Gegensatz dazu gilt der *Red Friday*[19], der 31. Juli 1925, als Tag des Triumphs der Arbeiter, die sich im Schulterschluß erfolgreich gegen wiederum drohende Lohnkürzungen zur Wehr setzten. Das Ende der Besetzung des Ruhrgebiets hatte den britischen Kohleexport – und damit auch die Profite der Eigner – rapide sinken lassen, so daß die Bergwerksbesitzer den bestehenden Lohntarif kündigten. Der zuvor funktionierende Waffenstillstand zwischen Arbeitgebern und Arbeitnehmern endete abrupt, die Fronten verhärteten sich, und es drohte wie schon 1921 ein Generalstreik, der nur durch das Eingreifen der Regierung Baldwin abgewendet werden konnte. Sie verpflichtete sich bis zum 1. Mai 1926 zur Zahlung von Subventionen, wodurch der Arbeitskampf zwar verschoben, das grundsätzliche Problem jedoch keineswegs gelöst wurde. Zwar sollte in der Zwischenzeit eine Kommission Lösungsvorschläge unterbreiten, doch schien die Aussicht auf eine alle Seiten zufriedenstellende Einigung eher gering.[20] Am Horizont zeichnete sich

---

[18] Den niedrigsten Stand erreichte die Arbeitslosigkeit im Jahre 1928 mit etwas über einer Million. Im Dezember 1930 waren wieder 2,5 Millionen Menschen arbeitslos, eine Zahl, die 1931 noch weiter anstieg (vgl. Taylor 1992, 252; Mowat 1983, 379f.).

[19] »[...] so dubbed by the *Daily Herald* to distinguish it from the earlier ›Black Friday‹« (Mowat 1983, 293).

[20] Schon 1921 hatte Lord Birkenhead den Bergwerksbesitzern und -arbeitern ein wenig schmeichelhaftes Urteil ausgestellt: »I should call them [the miners' representatives] the stupidest men in England if I had not previously had to deal with the owners« (Taylor 1992, 141f.).

THE BRITISH WORKER

OFFICIAL STRIKE NEWS BULLETIN

Published by The General Council of the Trades Union Congress

| No. 1. | WEDNESDAY EVENING, MAY 5, 1926. | PRICE ONE PENNY |

IN LONDON AND THE SOUTH

Splendid Loyalty of Transport Workers

EVERY DOCKER OUT

"London dock workers are absolutely splendid," said an official of the Transport and General Workers' Union.

"So far as they are concerned, it is a 100 per cent. strike. There is no trouble and everything is going smoothly."

POLICE HELP REFUSED

At Swindon the railwaymen are obeying Mr. Cramp's injunction to remain steady and to preserve order. The Great Western works are, of course, closed, and no trains are running.

It was stated at a mass meeting of the N.U.R. that Mr. Collett (the chief mechanical engineer) had declined the offer of the police and the military to guard the railway works, saying he could rely on the strikers to preserve law and order.

Railway workshops at Wolverton, Crewe, and elsewhere are closed.

CHANNEL SERVICES

At Dover the whole of the tramways staff are out. The cross-Channel boat service is greatly curtailed, and a large number of passengers are awaiting the opportunity to cross.

The General Council suggests that in all districts where large numbers of workers are idle sports should be organised and entertainments arranged.

This will both keep a number of people busy and provide amusement for many more.

NOT ENOUGH!

From 2½ to 3 million workers have ceased work.

The Government announced by yesterday's wireless that 30,000 volunteers had registered, expressing willingness to take the strikers' places. It doesn't seem enough!

Published for the General Council of the Trades Union Congress by Victoria House Printing Company, 2, Carmelite-street, London, E.C.4. Telephone (8 lines): 8210 City.

WONDERFUL RESPONSE TO THE CALL

General Council's Message: Stand Firm and Keep Order

The workers' response has exceeded all expectations. The first day of the great General Strike is over. They have manifested their determination and unity to the whole world. They have resolved that the attempt of the mineowners to starve three million men, women and children into submission shall not succeed.

All the essential industries and all the transport services have been brought to a standstill. The only exception is that the distribution of milk and food has been permitted to continue. The Trades Union General Council is not making war on the people. It is anxious that the ordinary members of the public shall not be penalised for the unpatriotic conduct of the mineowners and the Government.

Never have the workers responded with greater enthusiasm to the call of their leaders. The only difficulty that the General Council is experiencing, in fact, is in persuading those workers in the second line of defence to continue at work until the withdrawal of their labour may be needed.

WORKERS' QUIET DIGNITY

The conduct of the trade unionists, too, constitutes a credit to the whole movement. Despite the presence of armed police and the military, the workers have preserved a quiet orderliness and dignity, which the General Council urges them to maintain, even in the face of the temptation and provocation which the Government is placing in their path.

To the unemployed, also, the General Council would address an earnest appeal. In the present fight there are two sides only—the workers on the one hand and those who are against them on the other.

Every unemployed man or woman who "blacklegs" on any job offered by employers or the authorities is merely helping to bring down the standard of living for the workers as a whole, and to create a resultant situation in which the number of unemployed must be greater than ever.

The General Council is confident that the unemployed will realise how closely their interests are involved in a successful issue to the greatest battle ever fought by the workers of the country in the defence of the right to live by work.

MESSAGE TO ALL WORKERS.

The General Council of the Trades Union Congress wishes to emphasise the fact that this is an industrial dispute. It expects every member taking part to be exemplary in his conduct and not to give any opportunity for police interference. The outbreak of any disturbances would be very damaging to the prospects of a successful termination to the dispute.

The Council asks pickets especially to avoid obstruction and to confine themselves strictly to their legitimate duties.

SOUTH WALES IS SOLID!

Not a Wheel Turning in Allied Industries

'MEN ARE SPLENDID!'

Throughout South Wales the stoppage is complete, and everywhere the men are loyally observing the orders of the T.U.C. to refrain from any conduct likely to lead to disturbance.

So unanimous has been the response to the call of the leaders, that not a wheel is turning in the industries affiliated to the T.U.C.

MONMOUTHSHIRE

Complete standstill of industries in the eastern valleys. Absolute unanimity prevails among the rank and file of the affiliated unions, and not a single wheel is turning in the allied industries.

Monmouth Education Authority—which has a majority of Labour representatives—has arranged to feed the school-children where required.

ABERDARE VALLEY

All railway and bus services are at a standstill. The miners' attitude indicates that they are absolutely loyal to the advice of their leaders to refrain from anything in the nature of riotous behaviour.

NEATH

The workers have unanimously responded to the call in support of the miners, and the stoppage is complete.

With one exception, safety men are remaining at their posts.

The behaviour of the men is splendid.

AMMAN VALLEY

Every industry and almost the entire transport services are at a standstill at Ammanford and throughout the populous Amman Valley.

GLAMORGANSHIRE

The men are obeying implicitly the instructions of their leaders not to create any disturbance. Crowded meetings of miners have registered their unanimous intention to stand by the T.U.C.

ABERTRIDWR

At the Windsor Colliery, Abertridwr, a deputation of the men and the management met and agreed to safety men being allowed to work.

A Trades Council, composed solely of branches affiliated to the T.U.C., has been formed to act as a Lock-out Committee for Abertridwr and Senghenydd.

PORT TALBOT

Perfect order is being maintained at Port Talbot, where all the industries are shut down.

bereits, trotz der gegenteiligen Beteuerungen Baldwins und des TUC, ein weiterer Konflikt, der Generalstreik von 1926, ab.

Für zahlreiche Kritiker ist der *Black Friday* »the day of a great betrayal, when not only was a general strike abandoned, the triple Alliance ruined and the miners sacrificed but the whole structure of united working-class resistance to an expected attack on wages and living standards was demolished at a blow« (Mowat 1983, 123). Solche Wertungen, wie auch umgekehrt die einseitige Deutung des *Red Friday* als Tag des Sieges der Arbeiter, tragen eher zu einer Mythisierung bei, als daß sie der Komplexität des Problems gerecht werden. Taylor sieht deshalb im Zerbrechen der Arbeitersolidarität nicht schlicht ein Zeugnis der Schmach, sondern den Konflikt zwischen alten und neuen Strategien: »Black Friday marked rather a clash between two conceptions of union policy – the old outlook of class war, to be fought with the bullheaded obstinacy of the trenches, and a new unionism, aiming at compromise or even partnership« (Taylor 1992, 146). Eine ähnliche Differenzierung ist auch beim *Red Friday* erforderlich, denn das Glücksgefühl der Arbeiter angesichts des vermeintlichen Sieges sollte nicht darüber hinwegtäuschen, daß die Regierung mit ihrem Manöver Zeit bis zum tatsächlichen Ausbruch des Streiks gewann, ganz davon zu schweigen, daß die unnachgiebige Haltung der Bergwerksbesitzer durch das Einlenken der Regierung eher noch belohnt wurde.[21]

Der Generalstreik, der nach der Aussperrung der Bergarbeiter am 1. Mai schließlich am 4. Mai um 0.00 Uhr begann und neun Tage dauerte,[22] »war der Kulminationspunkt der wirtschaftlichen Depression der unmittelbaren Nachkriegsjahre mit ihrer Arbeitslosigkeit, ihren fallenden Löhnen und den daraus resultierenden Streikunruhen« (Alter 1983, 91). Die fatale Situation der Bergarbeiter macht verständlich, daß sie, die ohnehin am unteren Ende der Lohnskala angekommen waren, keine weiteren Lohnkürzungen oder längere Arbeitszeiten in Kauf nehmen wollten. »Not a penny off the pay, not a minute on the day« (Taylor 1992, 243) lautete deshalb das Motto von A. J. Cook, dem Bergarbeiterführer.

Die Historiker sind sich in der grundsätzlichen Bedeutung des Generalstreiks weitgehend einig: »a unique episode in British history« (Morris 1976, 11), »the great and dramatic event of the mid-twenties« (Mowat 1983, 284), ein »entscheidender Wendepunkt in der britischen Innenpolitik zwischen den Weltkriegen« (Alter 1983, 111), ein traumatisches Erlebnis inmitten der sogenannten ›Goldenen Zwanziger Jahre‹. Weit weniger Einigkeit besteht jedoch hinsichtlich der ideologischen Wertung und der Konsequenzen des Generalstreiks. Systemkritische Stimmen erklären ihn zum »class war in its most brutal and obvious form« (Bloom 1993a, 11) oder

---

[21] Mowat bringt das Grundsatzproblem auf den Punkt: »It was hard for the men to understand why the whole burden of ending the industry's working loss should fall on them, and not demand some effort from the owners to reorganise the industry and improve its efficiency« (Mowat 1983, 293).

[22] Zum Generalstreik liegen zahlreiche Studien vor. Vgl. vor allem die bei Alter (1983), 89 aufgeführte Literatur; vgl. darüber hinaus die einschlägige Monographie von Symons (1957) und die bebilderte Zusammenfassung bei Branson (1975), 234–251.

Ein von Streikenden lahmgelegter Bus wird abgeschleppt.

betrachten es als Baldwins größte ›Leistung‹, »to defeat the working class in the General Strike of 1926« (Mellers/Hildyard 1989, 28). Die Regierung habe den Streik ungerechtfertigt als Verfassungsfrage, als Angriff auf den Staat, aufgefaßt und trotz des Aufrufs des TUC zu friedlichem Verhalten[23] das Feuer weiter geschürt.

Es läßt sich nicht bestreiten, daß die Regierung die Massenmedien, vor allem das neue Medium Rundfunk, einseitig für ihre Zwecke eingesetzt hat. John Reith, der Direktor der BBC, verteidigte seine regierungsfreundliche Haltung mit folgender – absurder – Argumentation: »Assuming the BBC is for the people, and that the Government is for the people, it follows that the BBC must be for the government in this crisis too« (zit. nach Giddings 1993, 160). Trotzdem bleibt unverständlich, warum Reith dem Erzbischof von Canterbury, »certainly no firebrand nor an unfriendly critic of the government« (Mowat 1983, 320), untersagte, einen Appell zur Einigung im Radio zu verlesen. Als Scharfmacher seitens der Regierung fungierte Churchill,[24] der mit der von ihm herausgegebenen *British Gazette* kräftig Regierungspropaganda betrieb.

In Darstellungen des Streiks findet sich häufig auch die Auffassung, hier sei ein ernsthafter Konflikt locker, ja fast freundschaftlich ausgetragen worden. George V konnte deshalb am 12. Mai selbstzufrieden in seinem Tagebuch notieren: »Our old country can be well proud of itself, as during the last nine days there has been a strike in which four million people have been affected; not a shot has been fired and no one killed; it shows what a wonderful people we are« (zit. nach Schultze 1977, 160).

Aus solchem Stoff sind Mythen gestrickt,[25] und so verwundert es nicht, daß das Spiel zu einer Metapher für den Streik wurde, wie etwa in dem – oft zitierten – Beispiel des Fußballspiels zwischen Streikenden und Polizisten in Plymouth. Auch Graham Greene, der während des Streiks als Sonderpolizist im Einsatz war, hebt in seiner Autobiographie *A Sort of Life* diesen Spielcharakter hervor: »On the side of the Establishment it was a game, a break in the monotony of earning a secure living, at its most violent the atmosphere was that of a rugger match played against a team from a rather rough council school which didn't stick to the conventional rules« (Greene 1971, 178). Zum Mythos vom Spiel gesellte sich der Mythos der

---

[23] Dieser Aufruf erschien in der Streikzeitung *The British Worker* und forderte alle Streikenden auf, »not to give any opportunity for police interference« (Schultze 1977, 165).
[24] Churchills Haltung im Streik ist nicht völlig geklärt. Doch selbst wenn er am 3. Mai nicht der eigentliche Anstifter zum Streik gewesen sein sollte, trug er mit seiner tendenziösen Berichterstattung in der *British Gazette* zur Verschlechterung des öffentlichen Klimas bei. Zu Churchills Rolle vgl. Gilbert (1977), 146–165 und, als Korrektur, Addison (1992), 259–268.
[25] »Then and later the nation, through its writers and chroniclers, congratulated itself on the strike, turning it from a disgrace to a minor national triumph: that for nine days the country had been at a standstill, without bloodshed and with all difficulties overcome by the invincible good humour and the sporting instincts of the British people« (Mowat 1983, 329).

Generalstreik in der Provinz, eine Demonstration in Crewe, Mai 1926.

Gewaltlosigkeit, der die – zugegeben wenigen – gewaltsamen Episoden schlicht negierte; und so mutierte der Streik, in der paradoxen Einheit von Klassenkampf und Spiel, zu einem typisch britischen Phänomen: »This was class war, in polite form« (Taylor 1992, 245).

Es steht in Einklang mit solchen Tendenzen zur Mythisierung, daß der Generalstreik gerne als Schlußpunkt der sozialen Krisen in den Nachkriegsjahren (vgl. Mowat 1983, 284), als Höhepunkt und gleichzeitiges Ende des Klassenkampfes gedeutet wird: »The general strike, apparently the clearest display of the class war in British history, marked the moment when class war ceased to shape the pattern of industrial relations« (Taylor 1992, 250). Doch diese harmonisierende Sicht verdeckt die Schattenseiten des Konflikts. Der TUC brach den Streik am 12. Mai ab, ohne dafür gesorgt zu haben, daß die Arbeiter unbehelligt an ihren Arbeitsplatz zurückkehren konnten, während die Bergarbeiter, die sich erneut verraten fühlten, noch etwa sechs Monate weiterstreikten. Der als vorbildlich gepriesene Test der demokratischen Spielregeln endete mit einem Mißklang, denn die Regierung verpaßte den Gewerkschaften, die sich erstaunlich wenig revolutionär gebärdet hatten,[26] mit dem *Trade Disputes Act* von 1927 einen empfindlichen Denkzettel.[27]

Der Generalstreik von 1926 verdeutlicht, wie in diesen von Krisen erschütterten Jahren Klassenkonflikte ausgetragen, aber auch harmonisiert und mythisiert wurden. So gesehen, ist der Streik »a microcosm of the era« (Mellers/Hildyard 1989, 28), ein Sieg der konservativen und eine Niederlage der sozialistischen Kräfte, mit der desillusionierenden Erkenntnis, daß man mit einem Generalstreik keineswegs alles ändern konnte. Deshalb fällt die historische Wertung heute eher negativ aus:

> Aus heutiger Sicht läßt sich nämlich mit guten Gründen argumentieren, daß der große Streik des Jahres 1926 nicht eine längere Phase militanter Arbeitskonflikte abschloß und in eine Periode der Kooperation zwischen den Sozialpartnern überleitete, daß er auch nicht den Anstoß gab für die schrittweise Institutionalisierung eines Systems sozialer Konfliktregelung, sondern daß er schlicht als das zu werten ist, was er in erster Linie war: eine demoralisierende Niederlage der organisierten britischen Arbeiterschaft, die sie auf Jahre hinaus schwächte. (Alter 1983, 113)

Angesichts der eminenten Wirkung des Generalstreiks fällt die Diskrepanz zwischen seiner politischen Bedeutung und seiner Thematisierung in der Literatur besonders ins Auge. Zwar nehmen sich einige traditionelle Schriftsteller wie H. G. Wells (*Meanwhile*), Chesterton (*The Return of Don Quixote*) oder Galsworthy (*Swan Song*) dieses Themas an, doch sind es in der Mehrzahl heute meist vergessene Unterhaltungsromane, die in klarer ideologischer Frontstellung, affirmativ oder aber auch systemkritisch, den Streik literarisch verarbeiten. Weder D. H. Lawrence noch Shaw, schon gar nicht aber die Modernisten, die den Abstieg in die Niede-

---

[26] Das veranlaßte George V zu dem ironischen Kommentar: »That was a rotten way to run a revolution. I could have done it better myself« (zitiert nach Bennett 1961, 150f.).
[27] Zu Einzelheiten dieses Gesetzes, das u.a. Sympathie- und Generalstreiks für ungesetzlich erklärte, vgl. Kluxen (1968), 770 und Mowat (1983), 336.

rungen der Tagespolitik scheuten, griffen jedoch in ihren Werken den Generalstreik auf. Da die Generalstreiksromane bereits ausführlich gewürdigt worden sind (vgl. Schultze 1977, 171–223), wollen wir abschließend lediglich an zwei Romanen, Wells' *Meanwhile* (1927) und Ellen Wilkinsons *Clash* (1929), die Frage der ideologischen Wertung kurz streifen.

In *Meanwhile*, einem künstlerisch weniger gelungenen Roman, spielt der Streik vor allem im zweiten Teil, »Advent«, eine Rolle, denn hier schildert Philip Rylands brieflich seiner in Italien weilenden Frau Cynthia die Vorgänge in England. Rylands' Sicht des Streiks ist ideologisch fest fixiert. Anhänger eines reaktionären Faschismus, »the Winston-Bullace state of mind« (Wells 1927, 194)[28], nutzen den Streik zu einer Hexenjagd auf den Bolschewismus, »the Red Red Witch of the World« (194): »If they can have an Amritsar in Trafalgar Square they will. They want to beat the Reds and then tie up the Trade Unions hand and foot – and trample« (195). Der von den Herrschenden provozierte Streik dient so als Deckmantel, um die Macht der Arbeiter und Gewerkschaften auf Dauer zu brechen (vgl. Schultze 1977, 180). Doch letztlich bleibt der Streik bei Wells ein sinnloses Unterfangen, weil er auf lokaler Ebene globale Probleme zu lösen versucht. Nach Wells' Philosophie kann deshalb nur der Weltstaat Abhilfe schaffen, doch begibt sich Wells mit seiner Idee des aufgeklärten Faschismus auf ein gefährliches Terrain, selbst wenn er zwischen »Fascisti of the Light« und »black Fascists« zu unterscheiden versucht:

> Why are there no Fascisti of the Light to balance the black Fascists? Why are none of us banded together to say »Stop!« all these politicians' tricks, these shams, to scrap all the old prejudices and timidities, to take thought – and face the puzzle of the British position and the real future of England and the world, face it generously, mightily – like men? (Wells 1927, 202)

Im Vergleich zu Wells' einseitig-verzerrender Darstellung des Streiks ist Ellen Wilkinsons *Clash* trotz aller erkennbaren Sympathie für die Arbeiter ideologisch vielschichtiger und glaubwürdiger. Wilkinson, die selbst am Streik teilnahm und vehement gegen die BBC-Propaganda protestierte (vgl. Giddings 1993, 160f.),[29] verwendet in ihrem Roman zwar auch gelegentlich Klischees wie beispielsweise das vom »blighter Churchill« (Wilkinson 1989, 160), aber es gelingt ihr insgesamt überzeugend, am Beispiel ihrer Protagonistin Joan Craig sowohl das Verhältnis von Arbeiterbewegung und herrschender Klasse als auch feministische Fragen zu thematisieren. Im Konflikt zwischen trister Arbeiterwelt und luxuriöser Bloomsbury-Gemeinde, verkörpert durch Joans reiche Freundin Maud Meadowes, wider-

---

[28] Eine Verbindung von Winston Churchill, der auch bei Wells als Scharfmacher auftritt (vgl. Wells 1927, 178 und 199), und einem fiktiven Faschisten im Roman, Captain Bullace.

[29] Ihre Zugehörigkeit zum linken Flügel der Labour Party trug ihr den Spitznamen »Red Nellie Wilkinson« ein. Immerhin zog sie 1924 als einzige Labour-Frau ins Unterhaus ein und bekleidete 1945 in Attlees Kabinett als erste Frau das Amt des *Minister of Education* (vgl. Betty D. Vernon in Wilkinson 1989, o.P. [5]).

steht Joan trotz des enttäuschend verlaufenden Streiks den Verlockungen Bloomsburys und der Vereinnahmung durch eine bürgerliche Welt. Bloomsbury fungiert dabei immer wieder als Chiffre für eine elitäre Welt mit wenig Gespür für die Nöte der Arbeiter, eine Gegenwelt, die sich mit Joans klassenbewußter Haltung nicht vereinbaren läßt (vgl. 82, 86, 94, 147, 239, 262).

Mit der politischen Handlung ist eine – bisweilen romantisierte – Liebesgeschichte verknüpft, in der sich Joan zwischen zwei Männern entscheiden muß: dem trotz seiner Verbindung zu Bloomsbury sympathisch gezeichneten Tony Dacre, nach dessen Meinung Frauen immer noch dem traditionellen Eheleben Priorität vor dem Beruf geben sollten, und Gerry Blair, einem Labour-Gesinnungsgenossen, der Joans Hingabe an ihren Beruf voll akzeptiert. Im Sinne der Ideologie, weniger der Liebe, fällt Joans Wahl auf Gerry, der sich mit ihr zusammen auch in Zukunft für die Belange der Arbeiter einsetzen wird.

Man mag über den künstlerischen Wert des Romans, der viele autobiographische Parallelen zwischen Joan Craig und Ellen Wilkinson aufweist, geteilter Meinung sein, doch ist *Clash* in mehrfacher Hinsicht aufschlußreich: für den Konflikt zwischen Kapital und Arbeit, aber auch für die Frage der Klassenzugehörigkeit und Klassenloyalität. Darüber hinaus bietet gerade eine politisch engagierte, weibliche Hauptfigur, für die »kirk, *kinder*, and kitchen« (180) nicht mehr die einzigen Werte verkörpern, die Gelegenheit, feministische Positionen der Zwanziger Jahre zu exemplifizieren.

5. Hochkultur versus Massenkultur

Auf den ersten Blick mag es paradox erscheinen, daß eine Dekade, die mit James Joyces *Ulysses* und T. S. Eliots *Waste Land* zwei literarische Meisterwerke hervorbrachte und als Blütezeit des Modernismus gilt, gleichzeitig auch der Massenkultur zum Durchbruch verhalf und die Dichotomie zwischen Hochkultur und Massenkultur bzw. *popular culture* auf Dauer festschrieb. Bei näherem Hinsehen läßt sich jedoch dieser scheinbare Widerspruch aus der Spannung verschiedener Diskurse, aus Ambivalenzen und Gegensätzen erklären: Auf der einen Seite begegnen wir einem normativen Elitedenken, auf der anderen Seite hingegen einem Kulturverständnis, das auch den kulturellen Geschmack der niederen Schichten in Betracht zieht.

Die Akzeptanz des Modernismus, insbesondere des *high modernism*,[30] wurde in England zunächst dadurch erschwert, daß zahlreiche Modernisten als fremd emp-

---

[30] Berthoud unterscheidet zwischen »high modernism« und »reactive modernism«: »The latter is the transformation, in the effort of rendering modernity, of writing that retains the traditional task of interpreting reality. [...] High modernism embraces change as a stimulus and an opportunity; it elaborates new forms less to preserve ›the normal‹ than to surpass it« (Berthoud 1989, 78f.). Natürlich sind die Grenzen zwischen beiden flie-

funden wurden, weil sie nicht der einheimischen Tradition entsprangen (vgl. Kapitel 11). Die aus den USA stammenden Eliot und Pound, selbst der Ire Joyce, der vorwiegend in Triest, Zürich und Paris lebte, aber immer wieder an Dublin dachte, sind keine ›typisch englischen‹ Kulturträger, sondern »expatriates in spirit and usually in place as well« (Taylor 1992, 179). Sie ersetzen die traditionelle »reconstruction of the past« durch eine »de-construction of the old world« (Mellers/Hildyard 1989, 36)[31] und verstärken somit eher das Gefühl einer kulturellen Entwurzelung: »[...] modernism itself seemed a ›foreign‹ growth and a strange hothouse flower« (Bloom 1993a, 26).

Darüber hinaus konnte der Modernismus auch deshalb nur schwer in England Fuß fassen, weil seine Ästhetik vor allem den Kunstcharakter von Kultur betonte, jedoch keinen Wert auf die Erfüllung von Massenbedürfnissen legte. Die Programmatik des 1919 von J. C. Squire gegründeten *London Mercury*, einer literarischen Monatsschrift, mit der er die »torch of culture«, natürlich im Sinne der Hochkultur, leuchten lassen wollte, bringt dies deutlich zum Ausdruck: »The *Mercury* will concern itself with none of those issues which are the field of political controversy, save only such – the teaching of English, the fostering of the arts, the preservation of ancient monuments are examples – as impinge directly upon the main sphere of its interests« (zit. nach Graves/Hodge 1985, 54).

Im Spektrum zwischen *life* und *art* siedelte sich der Modernismus vornehmlich am zweiten Pol an, was auch seine auffällige Abstinenz hinsichtlich der Thematisierung konkreter sozialer und politischer Probleme, wie wir sie schon bei der Diskussion des Generalstreiks feststellen konnten, erklärt.[32] Für den Sozialroman oder die ›*condition of England*‹ *novel*, in der viktorianischen Zeit und selbst noch zu Beginn des 20. Jahrhunderts unter Wells, Galsworthy und Forster in voller Blüte, bietet die Ästhetik des Modernismus wenig, wenn nicht gar keinen Raum. Das revolutionäre Potential, das der Modernismus zweifellos in sich barg, entfaltete sich zwar im künstlerischen Bereich, jedoch weniger im gesamtgesellschaftlichen Kontext.

Am Beispiel der *Bloomsbury Group*, eines Kreises von Künstlern und Intellektuellen, die mit ihren neuen Ideen einen wichtigen Teil der Avantgarde repräsentieren, läßt sich die Problematik der kulturellen Elite weiter veranschaulichen. Die Gruppe um Leonard und Virginia Woolf verstand sich keineswegs als »a society for the promotion of élitism« (Beer 1989, 197) oder als »out of touch with the real world« (209), doch machte sie sich durch ihre Exklusivität viele Feinde, die ihr elitäres Denken und ein distanziertes Verhältnis zur Gesellschaft unterstellten. Und der Vorwurf der elitären Egozentrik bzw. eines gesellschaftlich irrelevanten Ästhetizismus hat sich bis heute beharrlich gehalten: »That Bloomsbury [....] was a

---

ßend, doch zählen nach Berthoud Forster und Lawrence zum »reactive modernism«, während Joyce, Eliot, Pound und Woolf das Zentrum des »high modernism« bilden.

[31] Berthoud bezeichnet beispielsweise Hardy und Pound als »opposite poles of the traditionalist-modernist antithesis« (Berthoud 1989, 73).

[32] Dies ist um so erstaunlicher, als sich Modernisten wie Virginia Woolf, Lawrence, Yeats und Pound durchaus politisch und gesellschaftlich engagierten.

hermetic society consciously segregated from mercantile London bears on the nature of the art created in it« (Mellers/Hildyard 1989, 38). Exklusivität läßt sich gut als massenverachtende, ja antidemokratische Haltung deuten, und davon kann man den Modernismus leider nicht freisprechen, wie beispielsweise die von Eliot und anderen geäußerte Klage über die Demokratisierung der Bildung in den Zwanziger Jahren belegt.[33]

Eine Ausnahme scheint Joyce darzustellen, denn sein Leopold Bloom, die Hauptfigur des *Ulysses*, hebt sich erfreulich von anderen fiktiven Massenmenschen ab (vgl. Carey 1992, 19–21), und Joyce selbst »delights in all the fragmentary codes of mass culture – the clichés, idioms, refrains, jokes, superstitions, sentimentalities out of which communal meanings are produced« (Berthoud 1989, 79). Doch auch bei Joyce folgt daraus keineswegs, daß die Masse der Leser sein Werk auch verstehen kann, denn der Massenmensch taugt zwar bei Joyce zum Objekt der Darstellung, nicht aber zum Rezipienten. Joyces *Ulysses*, wie auch andere modernistische Werke, entfalten ihren Sinn nur einer kulturellen Elite: »Modernism's complexity demanded a highly sophisticated reader; if everybody could not make the climb then so be it« (Bloom 1993a, 25). Dadurch mußte sich die Kluft zwischen Hochkultur und Massenkultur zwangsläufig weiter vertiefen. Was Shakespeare einst geschafft hatte, nämlich das aristokratische Publikum und die *groundlings* gleichermaßen zu fesseln, war offensichtlich im frühen 20. Jahrhundert entweder gar nicht mehr oder nur sehr viel schwerer möglich. Allerdings war der Modernismus auch wenig daran interessiert, sich klassenübergreifend verständlich zu machen und dem Publikumsgeschmack entgegenzukommen.[34]

Da sich die Allgemeinbildung und auch die materielle Situation der unteren Schichten in den Zwanziger Jahren erheblich verbesserten, ihre Bedürfnisse von der Hochkultur jedoch nicht befriedigt wurden, konnte sich die Massenkultur, die auch dank des technischen Fortschritts der Zeit und der neuen Massenmedien einen enormen Aufschwung erlebte (vgl. Kapitel 9), rapide entfalten. Die breit gefächerte Palette dieser im wesentlichen auf Unterhaltung ausgerichteten Massenkultur und Massenkommunikation bot dem Publikumsgeschmack vielerlei Abwechslung: der Film, zunächst freilich nur als amerikanischer Import; die ab 1. Januar 1927 operierende BBC[35], »undoubtedly the most powerful single factor in the dissemination of a potentially ›mass‹ culture« (Mellers/Hildyard 1989, 35); die Presse, unter der Ägide von Lord Beaverbrook, mit sensationell aufgemachten

---

[33] Eliots Haltung hinsichtlich der Ausweitung der Bildung ist jedoch nicht frei von Widersprüchen (vgl. Carey 1992, 15f.).
[34] »With these writers [Joyce and Eliot], English literature became more difficult and esoteric just when there were more potential readers than ever before. [...] This was the first time that acknowledged masters were, and remained, unintelligible not only, say, to a coal miner, but to a secondary schoolmaster or a doctor« (Taylor 1992, 179).
[35] Die *British Broadcasting Company* wurde 1922 privat gegründet, zum 1. Januar 1927 in eine Anstalt des öffentlichen Rechts umgewandelt und gleichzeitig umbenannt in *British Broadcasting Corporation*. Vgl. Kapitel 9.

Tageszeitungen; und nicht zu vergessen die *popular fiction*, ein literarisches Feld, wo Agentenromane, Detektivromane und historische Romanzen vorherrschten.

Obwohl F. R. Leavis am Ende des Jahrzehnts in *Mass Civilisation and Minority Culture* (1930) erneut den Versuch unternahm, die Exklusivität der Kultur und den Vorrang überzeitlicher, hochkultureller Werte zu verteidigen, war der Vormarsch der Massenkultur, sosehr er auch von den Kritikern bedauert wurde, nicht mehr aufzuhalten. Doch langfristig wirkte sich das Spannungsverhältnis zwischen Hochkultur und Massenkultur auch befruchtend aus, indem beispielsweise Elemente der *popular culture* in die Hochkultur Eingang fanden und sich ein neues, umfassenderes Kulturverständnis entwickeln konnte: »Thus literary modernism and popular culture fiction, aesthetic theory and mass entertainment in their complex and contradictory ways respond to the pervasiveness, the democratization and relativism of a dynamic new culture« (Bloom 1993a, 27). Diese neue Kultur und auch die daraus resultierenden neuen kulturwissenschaftlichen Ansätze konnten sich allerdings erst nach dem Zweiten Weltkrieg zu voller Blüte entfalten, als sich Kulturkritiker wie Raymond Williams für eine Ausweitung des Kulturbegriffs und, daraus folgend, der Kulturanalyse einsetzten.

6. Gesellschaftspolitische Ordnungsvorstellungen

Der durch den Krieg entstandene Ordnungsverlust war für zahlreiche englische Kulturkritiker und Literaten Anlaß, über neue Ordnungsvorstellungen nachzudenken, die einen erneuten Rückfall ins gesellschaftliche und politische Chaos verhindern sollten. Als Vorbilder dienten dabei entweder altbewährte Traditionen, auf die vor allem konservative Kritiker wie Eliot und Yeats gerne zurückgriffen, und/oder der Blick auf andere Länder, in denen sich alternative Gesellschaftsmodelle entwickelten: Rußland nach der bolschewistischen Revolution und Italien nach Mussolinis Marsch auf Rom.

Die Reaktionen auf diese außerenglischen Vorbilder fallen zwar individuell unterschiedlich aus, verraten jedoch eine generelle Unzufriedenheit mit der gesellschaftlichen Entwicklung im Nachkriegsengland. Trotz der sozialistischen Neigungen, die Yeats unter dem Einfluß von William Morris als junger Mann offenbarte, nimmt er gegenüber dem Kommunismus, den er häufig mit dem Sozialismus gleichsetzt, eine sehr skeptische Haltung ein (vgl. Cullingford 1981, 115f.), während er sich für faschistische Ideen durchaus erwärmen kann. Auch Eliot gesteht, er würde sich, wenn er vor die Wahl gestellt wäre, eher für den Faschismus als für den Kommunismus entscheiden (vgl. Hamilton 1971, 275f.). Shaw hingegen, der Erzfabianer, demonstriert die erstaunliche Vereinbarkeit des scheinbar Unvereinbaren, wenn er sich für Kommunismus und Faschismus gleicherweise begeistern kann, sehr zum Schaden seines Rufs als Prophet der Sozialdemokratie (vgl. Griffith 1993, 243).[36] Nimmt man noch Pound hinzu, so ist bei den englischen Intellektuellen eine deutliche Sympathie für den neuen Gesellschaftsentwurf in Italien zu erkennen.

Die Faszination des Faschismus, von dem sich Eliot und Yeats im Gegensatz zu Pound später wieder distanzierten, läßt sich aus einem gemeinsamen Denkmuster erklären, und zwar der Angst vor einer zügellosen Masse und der Bedrohung des Individuums.[37] Der Faschismus schien dieses Problem zu lösen, indem er Führerkult, aristokratische und individualistische Elemente und Massenbewegung miteinander verband:

> It defied social transformation by its deliberate protection of traditional values and attempted to impose a social structure which, though aristocratic in form, was based on individual merit regardless of social origin. Here was none of the sinister equality offered by the Communists: here was a society where each man was given his due, where he could retain his individuality, where the machine age was attractively draped in myths of mediaeval heroism and chivalry. (Hamilton 1971, xxi)

Die Präferenz für eine wie auch immer geartete Aristokratie und die Verteidigung des Individuums standen in Einklang mit modernistischen Vorstellungen, und es überrascht deshalb nicht, daß solche Aspekte immer wieder in den Gesellschaftsentwürfen der Zwanziger Jahre, z.B. bei Eliot, Yeats, Pound und Lawrence, auftauchen.

Zentrale Merkmale der gesellschaftspolitischen Anschauungen lassen sich exemplarisch an Yeats und Lawrence veranschaulichen, in deren Leben und Werk die Beziehung von Ästhetik und Politik bzw. Gesellschaft eine wichtige Rolle spielt, die beide in ihrer Geschichtsauffassung und Gesellschaftskritik Anklänge an Spenglers Kulturpessimismus verraten (vgl. Hamilton 1971, 277; Hillgärtner 1990, 296) und die gleichfalls beide in starkem Maße durch die Weltkriegserfahrung geprägt sind. Für Lawrence war der Krieg ein traumatisches Erlebnis, das seine gesellschaftspolitischen Vorstellungen in eine neue Richtung lenkte;[38] und Yeats fühlte sich sowohl durch den Krieg als auch durch die bolschewistische Revolution und die Ereignisse in Irland in seiner zyklischen Geschichtsauffassung bestätigt, die er in seinen Briefen, aber auch in Werken wie *A Vision* immer wieder zum

---

[36] Orwell behauptet sogar, für Shaw seien, zumindest eine Zeitlang, »Communism and Fascism [...] much the same thing« gewesen (zit. nach Griffith 1993, 245). Vgl. auch Kapitel 1.

[37] Carey hat in einer eindrucksvollen, wenngleich bisweilen um der Klarheit seiner Thesen willen vergröbernden Studie nachgewiesen, daß die Aversion gegen die Masse die Werke zahlreicher Literaten des frühen 20. Jahrhunderts durchzieht (vgl. Carey 1992, 3–45). Zum Verhältnis des Modernismus zur Masse vgl. im Gegensatz dazu Tratner, der die gewagte, pauschal nicht haltbare These aufstellt: »Modernism was not, then, a rejection of mass culture, but rather an effort to produce a mass culture [...]« (Tratner 1995, 2).

[38] »The war corrupted Lawrence's best instincts; by 1915 he equated Western democracy with everything he loathed or feared: the war itself, jingoism, a mindless greed for money and property, rule by anarchistic masses, and a materialist outlook that precluded art and the growth of the individual« (Scheckner 1985, 15).

Ausdruck bringt. Yeats deutete die Vorgänge in Rußland und Irland als Ende der Demokratie und seiner Sicht der Geschichte zufolge als Übergang vom primären (demokratischen) zum antithetischen (aristokratischen) Zyklus. Auch der Faschismus war für Yeats ein Zeichen für den Beginn des antithetischen Zyklus.[39]

Der Zusammenbruch des Liberalismus und der teilweise anarchische Zustand der Nachkriegswelt ließen Yeats nach einer Synthese von historischen und mythischen Elementen suchen, die seiner zyklischen Geschichtsauffassung und seiner nationalistischen Grundeinstellung entsprach. Die Lösung lag für Yeats in der Rückkehr zur konservativen politischen Tradition Irlands, wie sie Swift verkörpert hatte, und der Wiederherstellung von Frieden und Ordnung. Formaldemokratischen Vorstellungen, »the old vote-counting democracy« (Freyer 1981, 73), erteilte er eine Absage; statt dessen setzte er seine Hoffnung auf eine Stärkung autoritärer – aber nicht willkürlicher – Macht[40] und eine neue aristokratische Elite aus fähigen und gebildeten Männern, »produced by a combination of hereditary privilege with rising talent« (Cullingford 1981, 153).

Yeats sah – fälschlicherweise – viele dieser Vorstellungen in Mussolinis Faschismus verwirklicht, »combining authoritarian leadership, nationalist sentiment, and an appeal to the common people to follow, not to judge« (Freyer 1981, 93). Auch nach Mussolinis Überzeugung war die Zeit für eine neue Führungsschicht, »the *few* and the *elite*«, gekommen: »New kinds of aristocracy are arising, now that we have proof that the masses cannot be protagonists but only the tools of history« (zit. nach Cullingford 1981, 147). Yeats ließ sich von der Ähnlichkeit mancher dieser Vorstellungen mit seinen eigenen blenden und auch von Pound, einem glühenden Apologeten des Faschismus, beeinflussen. Er tendierte auch dazu, die Fakten auf seine eigenen theoretischen Anschauungen hinzubiegen, und übersah beispielsweise, daß Mussolini keineswegs mit einer gebildeten Elite regierte. Zu Yeats' Ehrenrettung muß aber auch erwähnt werden, daß er sich in seiner aktiven politischen Laufbahn als irischer Senator in keiner Weise vom Faschismus beeinflussen ließ, sondern daß er sich erst in den Dreißiger Jahren für kurze Zeit in die Nähe der faschistischen Ideologie der *Blueshirts* begab.

Lawrences Gesellschaftskritik, die er wiederholt in seinen Briefen und Romanen formuliert, richtet sich in erster Linie gegen die zerstörerischen Kräfte des Kapitalismus und des Materialismus, die beide die Entfaltung des Individuums hemmen. Dazu zählt Lawrence auch die neuen Massenmedien und die kommer-

---

[39] Zu Yeats' Geschichtsauffassung im einzelnen vgl. Hamilton (1971), 277; Cullingford (1981), 121–125; Tratner (1995), 147 und 153.

[40] Yeats hatte schon im Krieg den Niedergang der »cultured leisure class« beklagt, die zur Führung der Nation fähig gewesen wäre (vgl. Freyer 1981, 63 und 81). Zum Aspekt der *authority* vgl. z.B. das am 16. Februar 1924 in der *Irish Times* erschienene Interview »From Democracy to Authority« oder die Rede zur Eröffnung der *Tailteann Games* im August desselben Jahres. Dort sagte er: »[...] a dozen generations to come will have for their task, not the widening of liberty, but recovery from its errors: that they will set their hearts upon the building of authority, the restoration of discipline, the discovery of a life sufficiently heroic to live without opium dreams« (zit. nach Cullingford 1981, 148).

zielle Massenunterhaltung, die er als Symptome einer zivilisatorischen Fehlentwicklung begreift. Von diesem kritischen Ansatz aus entwirft Lawrence – keineswegs widerspruchsfreie – gesellschaftspolitische Vorstellungen, »[an] eclectic synthesis of mythological, religious, philosophical, aesthetic and scientific aspects« (Hillgärtner 1990, 291). Diese Vorstellungen haben revolutionäres Potential, denn – so Lawrences Prämisse – das Individuum kann sich in der modernen Gesellschaft erst dann voll entfalten, wenn diese sich radikal verändert hat.[41]

Die Konsequenzen, die Lawrence aus seiner Kritik zieht, decken sich in mancher Hinsicht mit denen von Yeats. Auch Lawrence hegt ein tiefes Mißtrauen gegenüber dem Mob, den er für den Krieg verantwortlich macht (vgl. Scheckner 1985, 13), und hält deshalb nichts von formaldemokratischen Reformen. Schon im Jahr 1915 schreibt er an Lady Morrell: »We will be aristocrats, and as wise as the serpent in dealing with the mob. For the mob shall not crush us nor starve us nor cry us to death. We will deal cunningly with the mob, the greedy soul, we will gradually bring it to subjection« (Lawrence 1962, 312). Demokratie und Republik schrecken Lawrence ab: »Liberty, Equality and Fraternity is the three-fanged serpent« (354); statt dessen setzt auch er seine Hoffnung, wie Yeats, auf eine neue, nicht auf Vererbung beruhende Führungsschicht: »There must be an aristocracy of people who have wisdom, and there must be a Ruler: a Kaiser: no Presidents and democracies« (352).

Die natürliche Aristokratie ist ein zentrales Element in Lawrences Gesellschaftsentwurf. Auch in seinem Roman *The Plumed Serpent* (1926), in dem Lawrence ein utopisches, mit mythischen und mystischen Elementen durchsetztes Gesellschaftsmodell konzipiert, das nicht auf Klassenzugehörigkeit und Besitzqualifikationen basiert, übernimmt die »Natural Aristocracy« eine führende Rolle:

> And the First Men of every people, forming a Natural Aristocracy of the World. One must have aristocrats, that we know. But natural ones, not artificial. [...] Only the Natural Aristocrats can rise above their nation into the upper air, like flowers above the leaves of a tree. And even then, they do not rise beyond their race. Only the Natural Aristocrats of the World can be international, or cosmopolitan, or cosmic. It has always been so. (Lawrence 1987, 248)

Aus der von Lawrence postulierten Verknüpfung von Führerschaft und Elite lassen sich in noch stärkerem Maße als bei Yeats Verbindungen zum Gedankengut des Faschismus herstellen, obwohl Lawrence sich stets kritisch über den Faschismus äußerte.[42]

Der seiner ursprünglichen Klasse entfremdete Lawrence agiert gleichsam als kultureller Messias (vgl. Hillgärtner 1990, 306), dem es allerdings nur bedingt ge-

---

[41] Lawrence steht den Anstrengungen der Arbeiterklasse und auch der Frauenbewegung sehr skeptisch gegenüber, weil beide nur ihren Status innerhalb des Systems verbessern wollen, nicht aber das Individuum generell befreien (vgl. Hillgärtner 1990, 294f.).

[42] »It is the tragedy in the author's life and work that the egalitarian stance in his utopian vision goes along with an authoritarian bias which, at times, may not be incompatible with ideas amalgamated in the cauldron of European fascism« (Hillgärtner 1990, 282).

lingt, die verschiedenen Teile seiner Botschaft — klassenlose Gesellschaft, aristokratische Elite, Betonung des Individuums, mythische Elemente — zu einem einheitlichen Ganzen zu verschmelzen: »Lawrence used myth and mysticism to harmonize the conflicts of class and social revolution, rich and poor, individual and community, church and state, body and spirit, and politics and spiritualism« (Scheckner 1985, 133).

Die in den Zwanziger Jahren entwickelten gesellschaftspolitischen Vorstellungen lassen sich trotz mancher Ähnlichkeiten nicht völlig auf einen Nenner bringen. Selbst die offensichtlichen Anlehnungen an den Faschismus differieren je nach Standort des Autors: Yeats' Konzeption enthält keine antisemitischen Elemente; die antisemitischen Töne von Eliot sind vergleichsweise moderat, während sich Pound am dezidiertesten gegen das Judentum ausspricht. Ähnliches gilt für die Aversion gegen die Massen und die Ablehnung der Demokratie, die unterschiedlich intensiv ausfallen und auch unterschiedlich begründet werden. Am ehesten kann noch die Leitfunktion der Elite als gemeinsames Kennzeichen angesehen werden, die sich freilich auf traditionelle Vorbilder stützt, zum Beispiel auf Carlyle und Arnold; und selbst Lawrences Idee einer natürlichen Aristokratie findet sich schon bei Disraeli. Die gesellschaftspolitischen Vorstellungen vieler Autoren sind somit in starkem Maße konservativ orientiert und stehen in merkwürdigem Kontrast zu den gesellschaftlichen Reformen der Zwanziger Jahre.

7. Aufbruch in die Dreißiger Jahre

Die Zwanziger Jahre präsentieren sich historisch-kulturell als Zeit des Übergangs, als ambivalentes Zwischenspiel, das letztlich jedoch die nach dem Krieg hochgesteckten Erwartungen enttäuschte. Zwar werden soziale Reformen in die Wege geleitet, hausgemachte Krisen wie der Generalstreik von 1926 — obschon nicht ohne Mißtöne — gemeistert und eine Friedensordnung für Europa erfolgreich vorangetrieben, doch mehren sich am Ende der Dekade die Anzeichen, daß trotz aller Anstrengungen keine dauerhafte neue Ordnung entstanden war. Die *Great Depression* kann als Ausdruck des vorerst gescheiterten Versuchs, politische und soziale Krisen durch Reformen zu bewältigen, gewertet werden. Statt *restoration*, *recovery* und *reform* heißen deshalb die neuen Leitbegriffe am Ende des Jahrzehnts Depression und Desillusion.

Zwar sollte man die Trennlinie zwischen einzelnen Dekaden nicht zu eng ziehen, doch ist in historischer Hinsicht durchaus eine Zäsur zwischen den Zwanziger und Dreißiger Jahren zu erkennen:

> September 1931 marked the watershed of English history between the wars. Though any division of time above a year is arbitrary, arising only from our habit of counting with arabic numerals by ten, decades take on a character of their own. [...] The ›twenties‹ and the ›thirties‹ were felt to be distinct periods even at the time, and September 1931 drew the line between them. (Taylor 1992, 298)

Mit MacDonalds *First National Government* erfolgt ein politischer Einschnitt, der als »the great turning point in the twenty years between the two world wars« (Mowat 1983, 400) angesehen werden kann; die Nachkriegszeit wandelt sich fast unmerklich zur neuen Vorkriegszeit.[43]

In den Dreißiger Jahren verstärkt sich die politisch-gesellschaftliche Polarisierung, die Auseinandersetzung zwischen der Rechten und der Linken, die einen Wandel des gesamten Klimas in England zur Folge hat.[44] Auf der einen Seite festigt sich die konservative Grundstimmung der Zwanziger Jahre, die sich als Bollwerk gegen den Faschismus erweisen sollte und zumindest bis zum Ende des Jahrzehnts, wenn nicht sogar bis 1945, anhielt. Auf der anderen Seite entwickelt sich eine sozialistisch und marxistisch ausgerichtete Protestbewegung, eine Art Gegen-Establishment, die die Linke im Angriff auf das konservative Establishment vereint und das kulturelle Klima der Dreißiger Jahre entscheidend prägt. W. H. Auden, Stephen Spender, Christopher Isherwood und George Orwell setzen ihre politische Hoffnung allerdings weniger auf England als auf einen internationalen Sozialismus, der jedoch im Spanischen Bürgerkrieg, dem ideologischen Schlachtfeld zwischen der Linken und der Rechten, seine Anhänger zum Teil bitter enttäuschte.

Im Gegensatz zu den Zwanziger Jahren mit ihrem merkwürdigen Gemisch aus sozialistischen Reformideen und konservativen Ordnungsprinzipien zeichnen sich die Dreißiger Jahre durch einen höheren Grad an politischem Bewußtsein aus. Deshalb werden auch die Prämissen des Modernismus, »faith in the supremacy of art, and a-political concern with modernity as a global phenomenon« (Berthoud 1989, 90), nicht mehr unbesehen akzeptiert. Damit schließt sich der Bogen der geschichtlich-kulturellen Entwicklung Englands im frühen 20. Jahrhundert, denn der Supremat, den die Hochkultur lange Zeit genossen hatte, geriet ins Wanken, und der Vorrang der Ästhetisierung, den der Modernismus noch zum Ideal erheben konnte, wurde in den Dreißiger Jahren vehement in Zweifel gezogen.

Bibliographie

Addison, Paul (1992), *Churchill on the Home Front, 1900–1955*, London: Cape.
Alter, Peter (1983), »Der britische Generalstreik von 1926 als politische Wende,« in Theodor Schieder, ed., *Beiträge zur britischen Geschichte im 20. Jahrhundert*, München: Oldenbourg, 89–116.
Beer, John (1989), »The ›Civilisation‹ of Bloomsbury,« in Ford (1989), 197–211.
Bennett, Richard (1961), *A Picture of the Twenties*, London: Vista Books.
Berthoud, Jacques (1989), »Literature and Drama,« in Ford (1989), 46–99.

---

[43] Einige Kritiker sehen auch in künstlerischer Hinsicht eine Zäsur, da das Erscheinen der *Imagist Anthology* im Jahr 1930 das Ende der »era of experimentalism in modernity« (Bloom 1993a, 24) markiert.
[44] Zur historisch-kulturellen Entwicklung vgl. vor allem das Kapitel »Half-Time« bei Taylor (1992), 298–320; des weiteren Gloversmith (1980).

Bloom, Clive (1993a), »Introduction,« in Bloom (1993b), 1–29.
Bloom, Clive, ed. (1993b), *Literature and Culture in Modern Britain*, vol. 1: *1900–1929*, London–New York: Longman.
Blythe, Ronald (1963, 1983), *The Age of Illusion. Glimpses of Britain Between the Wars, 1919–1940*, Oxford–New York: Oxford University Press.
Bottigheimer, Karl S. (1985), *Geschichte Irlands*, Stuttgart: Kohlhammer.
Bradbury, Malcolm, James McFarlane, eds. (1976, 1985), *Modernism. 1890–1930*, Harmondsworth: Penguin.
Branson, Noreen (1975), *Britain in the Nineteen Twenties*, London: Weidenfeld & Nicolson.
Butler, David, Gareth Butler, eds. (1963, 1986), *British Political Facts*, sixth ed., Basingstoke–London: Macmillan.
Carey, John (1992), *The Intellectuals and the Masses. Pride and Prejudice among the Literary Intelligentsia, 1880–1939*, London: Faber & Faber.
Churchill, Winston S. (1981), *Churchill Speaks. Winston S. Churchill in Peace and War*, Leicester: Windward.
Cullingford, Elizabeth (1981), *Yeats, Ireland and Fascism*, New York–London: New York University Press.
Evans, Keith (1985), *The Development and Structure of the English School System*, London: Hodder & Stoughton.
Ford, Boris, ed. (1989), *The Cambridge Guide to the Arts in Britain,* 9 vols., vol. 8: *The Edwardian Age and the Inter-War Years*, Cambridge: Cambridge University Press.
Freyer, Grattan (1981), *W. B. Yeats and the Anti-Democratic Tradition*, Dublin: Gill & Macmillan.
Gauger, Hildegard, Hermann Metzger, eds. (1962), *Political Speeches and Debates*, Tübingen: Niemeyer.
Giddings, Robert (1993), »John Reith and the Rise of the Radio,« in Bloom (1993b), 146–166.
Gilbert, Martin (1977), *Winston S. Churchill*, vol. 5: *The Prophet of Truth, 1922–1939*, Boston: Houghton Mifflin.
Gloversmith, Frank, ed. (1980), *Class, Culture and Social Change. A New View of the 1930s*, Brighton: Harvester, Atlantic Highlands, NJ: Humanities Press.
Graves, Robert, Alan Hodge (1940, 1985), *The Long Week-End. A Social History of Great Britain, 1918–1939*, London: Hutchinson.
Greene, Graham (1971), *A Sort of Life*, New York: Simon & Schuster.
Griffith, Gareth (1993), *Socialism and Superior Brains. The Political Thought of Bernard Shaw*, London–New York: Routledge.
Halsey, A. H. (1978, 1995), *Change in British Society*, fourth ed., Oxford–New York: Oxford University Press.
Hamilton, Alastair (1971), *The Appeal of Fascism. A Study of Intellectuals and Fascism 1919–1945*, London: Blond.
Hillgärtner, Rüdiger (1990), »David Herbert Lawrence,« in Lange (1990), 281–313.
Isherwood, Christopher (1938, 1982), *Lions and Shadows. An Education in the Twenties*, London: Methuen.
Julius, Anthony (1995), *T. S. Eliot, Anti-Semitism, and Literary Form*, Cambridge: Cambridge University Press.
Kluxen, Kurt (1968), *Geschichte Englands. Von den Anfängen bis zur Gegenwart*, Stuttgart: Kröner.
Kulke, Hermann, Dietmar Rothermund (1982), *Geschichte Indiens*, Stuttgart: Kohlhammer.
Lange, Bernd-Peter, ed. (1990), *Classics in Cultural Criticism*, vol. 1: *Britain*, Frankfurt am Main: Lang.

Lawrence, D. H. (1962), *The Collected Letters of D. H. Lawrence*, ed. Harry T. Moore, vol. 1, New York: Viking Press.
Lawrence, D. H. (1926, 1987), *The Plumed Serpent (Quetzalcoatl)*, ed. L. D. Clark [*The Cambridge Edition of the Letters and Works of D. H. Lawrence*], Cambridge: Cambridge University Press.
Lloyd, T. O. (1984), *The British Empire 1558–1983*, Oxford: Oxford University Press.
Lucas, John (1997), *The Radical Twenties. Aspects of Writing, Politics and Culture*, Nottingham: Five Leaves.
Maclure, J. Stuart (1965, 1986), *Educational Documents. England und Wales, 1816 to the Present Day*, fifth ed., London–New York: Methuen.
Mellers, Wilfrid, Rupert Hildyard (1989), »The Edwardian Age and the Inter-War Years,« in Ford (1989), 2–44.
Morris, Margaret (1976), *The General Strike*, Harmondsworth: Penguin.
Mowat, Charles Loch (1955, 1983), *Britain Between the Wars, 1918–1940*, London: Methuen.
Nicholls, Peter (1984), *Ezra Pound. Politics, Economics and Writing*, London: Macmillan.
Nolte, Ernst (1969), *Die faschistischen Bewegungen*, Lausanne: Editions Rencontre.
Rosenbaum, S. P., ed. (1975, 1995), *The Bloomsbury Group. A Collection of Memoirs and Commentary*, rev. ed., Toronto–Buffalo–London: University of Toronto Press.
Scheckner, Peter (1985), *Class, Politics, and the Individual. A Study of the Major Works of D. H. Lawrence*, London–Toronto: Associated University Press.
Schultze, Bruno (1977), *Studien zum politischen Verständnis moderner Unterhaltungsliteratur*, Heidelberg: Winter.
Stevenson, John (1984), *British Society 1914–45*, Harmondsworth: Penguin.
Symons, Julian (1957), *The General Strike. A Historical Portrait*, London: Cresset Press.
Symons, Julian (1987), *Makers of the New. The Revolution in Literature, 1912–1939*, London: Deutsch.
Taylor, A. J. P. (1965, 1992), *English History 1914–1945*, Oxford–New York: Oxford University Press.
Thomson, David (1981), *England in the Twentieth Century*, with additional material by G. Warner [*The Pelican History of England 9*], Harmondsworth: Penguin.
Tratner, Michael (1995), *Modernism and Mass Politics. Joyce, Woolf, Eliot, Yeats*, Stanford: Stanford University Press.
Wells, H. G. (1927), *Meanwhile. The Picture of a Lady*, London: Benn.
Wende, Peter (1985), *Geschichte Englands*, Stuttgart: Kohlhammer.
Wilkinson, Ellen (1929, 1989), *Clash*, introd. Betty D. Vernon, London: Virago Press.
Williams, E. N. (1965), *A Documentary History of England*, vol. 2: *1559–1931*, Harmondsworth: Penguin.
Yeats, W. B. (1990), *The Poems*, ed. Daniel Albright, London: Dent & Sons.

Kapitel 3

Das Trauma des Großen Krieges

von ULRICH BROICH

1.

Wohl kein anderes Ereignis hat die Zwanziger Jahre so tiefgreifend geprägt wie der Erste Weltkrieg, den die Engländer auch ›The Great War‹ nennen. Zwar waren die Reaktionen auf den Krieg durchaus unterschiedlich; gleichwohl war man sich einig in dem Bewußtsein, daß der Krieg ein im wahrsten Sinne des Wortes epochemachendes Ereignis war, daß also mit dem Krieg eine Epoche zu Ende gegangen war und die Welt nicht wieder sein würde wie zuvor.

Wie in Deutschland war auch in England der Kriegsausbruch 1914 mit einer Begeisterung begrüßt worden, die sich heute nur schwer verstehen läßt. Bei vielen jungen Menschen fand diese Begeisterung zudem eine besondere Begründung, die der Lyriker Rupert Brooke in seinem berühmten Sonett »Peace« (1914) auf folgende Weise artikulierte:

> Now, God be thanked Who matched us with His hour,
> And caught our youth, and wakened us from sleeping,
> With hand made sure, clear eye, and sharpened power,
> To turn, as swimmers into cleanness leaping,
> Glad from a world grown old and cold and weary,
> Leave the sick hearts that honour could not move,
> And half-men, and their dirty songs and dreary,
> And all the little emptiness of love! (Brooke 1944, 111)

Begrüßt wird der Krieg also nicht nur, weil er die Gelegenheit gab, Ehre zu gewinnen, sondern auch, weil er versprach, eine Gesellschaft hinwegzufegen, die als alt, kalt und müde empfunden wurde, und eine neue, reinere und klarere Epoche einzuleiten.

Diese Kriegsbegeisterung schwand in den Jahren 1916 und 1917, als Stellungskrieg und Materialschlachten immer höhere Opfer forderten, ohne daß nennenswerte Geländegewinne erreicht wurden. Die Kriegslyrik dieser Jahre spiegelt diesen Stimmungsumbruch wider, so etwa das 1917 entstandene Gedicht »Dulce et Decorum Est« von Wilfred Owen, in dem die Worte des Horaz nur noch auf eine zutiefst ironische Weise zitiert werden können, weil der Krieg jeden Sinn verloren zu haben scheint.

Das Jahr 1918 brachte dann doch noch den Sieg. Die Achsenmächte waren vernichtend geschlagen, der Rang Englands als Weltmacht war anscheinend erneut bestätigt, und das Empire war – ein letztes Mal – durch weitere Kolonien und Protektorate vergrößert worden. Für diesen Sieg war aber ein hoher Preis gezahlt worden. Von den 5 Millionen Engländern, die als Soldaten am Krieg teilgenommen hatten, waren 750.000 gefallen; noch mehr kamen verwundet, verkrüppelt oder auf lange Zeit durch einen *shell shock* gezeichnet in die Heimat zurück – eine verlorene Generation. Zudem brachte der Sieg England keineswegs einen anhaltenden wirtschaftlichen Aufschwung. Der größere Teil der Zwanziger Jahre wurde durch eine schleichende Rezession mit hohen Arbeitslosenraten bestimmt, und die Dekade endete 1929 mit der größten Krise, die die Weltwirtschaft bis dahin erlebt hatte.

Es entspricht dieser zwiespältigen Situation, daß der Krieg im Bewußtsein der Engländer auf höchst unterschiedliche Weise nachwirkte. Viele Engländer sahen durch den Sieg ihren Glauben an die historische Sendung des *British Empire* und an die traditionellen heroischen Werte bestätigt. Wiederum viele Engländer versuchten, den Krieg zu verschweigen, zu verdrängen und zu vergessen. So schrieb der Lyriker Osbert Sitwell spöttisch, es sei

> Very bad form
> To mention the war. (Sitwell 1923, 57)

Der euphorische Lebenshunger der jungen Generation, der in den Bezeichnungen ›The Golden Twenties‹ und ›The Roaring Twenties‹ für die Zwanziger Jahre zum Ausdruck kommt, war wohl nur möglich, weil man versuchte, das traumatische Ereignis des Kriegs aus dem Bewußtsein zu löschen.[1] Wiederum andere Engländer, überwiegend Frontkämpfer, die überlebt hatten, bemühten sich darum, das Erlebnis des Kriegs im Bewußtsein präsent zu halten und den Sinn eines Kriegs in Zweifel zu ziehen, dessen Ziel, ein »War That Will End War« zu sein[2], sich schon jetzt als verfehlt zu erweisen schien. Die kriegskritische Literatur, die aus diesem Bewußtsein erwuchs, nahm allerdings erst gegen Ende der Dekade ein größeres Ausmaß an und fand auch nur zwischen 1928 und 1930 eine größere Leserschaft. Kriegsbegeisterung, Kriegsverschweigung und Kriegsverdammung – diese zutiefst unterschiedlichen Reaktionen zeigen, daß England in bezug auf das Kriegserlebnis eine gespaltene Nation war, und diese Gespaltenheit ist mitverantwortlich für die Vielstimmigkeit, die die Zwanziger Jahre kennzeichnet.

Diese unterschiedlichen Reaktionen auf den Krieg und ihr literarischer Niederschlag sollen im Folgenden näher untersucht werden.

---

[1] Eine wiederum andere Stimme, eine Stimme völlig sui generis, ist die George Bernard Shaws. Shaw hatte bereits während des Krieges zahlreiche Zeitungsartikel geschrieben, in denen er den Krieg spöttisch und kritisch und gleichsam aus der Perspektive des Neutralen, aber nicht eigentlich pazifistisch kommentiert hatte. Im Kontext des *war-fiction boom* gegen Ende der Dekade gab Shaw diese Aufsätze unter dem Titel *What I Really Wrote about the War* (1931) neu heraus und versah sie, seiner Art entsprechend, mit langen Einleitungen, die wiederum aus einer kritisch-distanzierten, aber nicht pazifistischen Perspektive geschrieben sind.

[2] So der Titel einer Aufsatzsammlung von H. G. Wells aus dem Jahre 1914.

Begeisterte Kriegsfreiwillige, Southwark Town Hall, Herbst 1915.

Ein Gefallener an der französischen Westfront.

2.

Schon in den ersten Jahren nach 1918 war die öffentliche Meinung in England über den Krieg geteilt. Dies läßt sich bereits an der heftigen Diskussion über die Bedingungen des Versailler Vertrags ersehen, der durchaus auch als unnötige Demütigung des Gegners und als Keimzelle für einen neuen Krieg gesehen wurde[3]. Insgesamt überwog aber in dieser Zeit eine Sicht des Ersten Weltkriegs als ruhmreich und sinnvoll. Zahlreiche Kriegsdenkmäler wurden enthüllt, der *Armistice Day*, der 11. November, wurde – und wird heute noch – mit militärischen Paraden begangen[4], und es entstand eine große Zahl heroischer Schlachtengemälde (vgl. Hynes 1990, 269ff.). Viele Geschichtswerke, Chroniken und Offiziersmemoiren zogen eine positive Bilanz. Im Rundfunk wurden Hörspiele über den Krieg gesendet – so 1927 *The White Château* von Reginald Berley, ein *radio* drama über den Stellungskrieg in Frankreich. Auch der Film wurde in den Dienst der Verherrlichung und Mythisierung des vergangenen Krieges gestellt. Sehr erfolgreich waren unter anderem die heroisierenden Dokumentarfilme über den Krieg, die von *British Instructional Films* produziert wurden. Dabei ist es für die sich gegen Ende des Jahrzehnts anbahnende Tendenzwende charakteristisch, daß im Jahre 1927 erstmals ein Labour-Abgeordneter im Unterhaus die staatliche Subventionierung dieser Filme kritisierte (vgl. Hynes 1990, 445).

In manchen Darstellungen erhält man den Eindruck, als ob in der englischen Literatur der Krieg erst in den kriegskritischen Romanen und Autobiographien der späten Zwanziger Jahre zum Thema geworden wäre. Während die deutsche Germanistik seit ihrer ideologiekritischen Phase die den Krieg verherrlichenden Romane etwa eines Werner Beumelburg oder Franz Schauwecker wiederholt ausführlich analysierte, hat die britische Anglistik die diesen entsprechenden englischen Romane häufig mit Nichtbeachtung gestraft und sich ausschließlich mit den kritischen Darstellungen des Kriegs beschäftigt. Aber auch in England erschienen zahlreiche Romane, welche den Krieg auf eine heute kaum erträgliche Weise glorifizierten und reißenden Absatz fanden.

Einer der erfolgreichsten dieser Romane war Gilbert Frankaus *Peter Jackson* (1920), von dem in zwei Jahren 26 Auflagen erschienen und 110.000 Exemplare verkauft wurden. Der enorme Verkaufserfolg dürfte ein Indiz dafür sein, daß der Roman die Erwartungen einer großen Zahl von Lesern in den ersten Nachkriegsjahren erfüllte. Solche Stereotypen werden bereits im Lebensweg des Titelhelden deutlich. Peter Jackson ist natürlich Schüler von Eton; nachdem er sich freiwillig gemeldet hat, wird er sogleich Offizier; nach der Somme-Schlacht erleidet er einen *shell shock*, wird aus der Armee entlassen und kehrt nicht in seinen früheren Beruf,

---

[3] Vgl. dazu das Buch *The Economic Consequences of the Peace* (1920) des englischen Wirtschaftswissenschaftlers John Maynard Keynes, der das Schatzamt bei den Friedensverhandlungen mit Deutschland repräsentierte und 1919 von diesem Amt zurücktrat, als er keine Aussicht auf maßvolle Friedensbedingungen mehr sah.

[4] Es wird also bis heute des Endes des Ersten und nicht des Zweiten Weltkriegs gedacht.

den des Kaufmanns, zurück, sondern – Wunschtraum vieler Engländer – zieht mit seiner Familie in die Idylle des *Rural England*. Auch das Bild des Deutschen in diesem Roman dürfte den Vorstellungen vieler Engländer unmittelbar nach dem Krieg entsprochen haben. Die deutschen Geschäftspartner Peter Jacksons sind unfair und unehrlich. Im Krieg dagegen begegnet Jackson zwar keinem einzelnen Deutschen, dafür wird der Deutsche stets im Kollektiv als »dirty Hun« oder als »the Beast« charakterisiert. So heißt es bei Kriegsausbruch: »Already the Beasts in Gray – murder, rape, and plunder in their swinish eyes – were abroad« (Frankau 1920, 48). Und der Waffenstillstand wird als »civilization's triumph over the Beast« gesehen (382). Dem entspricht es, daß britische Wehrdienstverweigerer als »perverts« (266) und Menschen, die vom Ende aller Kriege träumen, als »softies« (283) bezeichnet werden. Deutsche Kriegsromane dieser Art hatten also durchaus in England ihr Gegenstück!

Auf einen zweiten Kriegsroman, der in seiner Zeit ebenfalls »immensely popular« (Falls 1989, 293) war, und zwar auf Ernest Raymonds *Tell England* (1922), soll im Folgenden etwas ausführlicher eingegangen werden.

Tell England steht in der Tradition viktorianischer Erziehungs- und Schulromane von der Art von Thomas Hughes' *Tom Brown's Schooldays* (1856) und beginnt demgemäß mit einer langen und nostalgisch-verklärenden Darstellung der Zeit, die der Ich-Erzähler Rupert Ray und zwei seiner Freunde auf einer *Public School* verbringen. Wenn in diesem Teil sportliche Wettkämpfe immer wieder mit Kriegsmetaphern und Krieg und Kampf mit religiöser Metaphorik dargestellt werden, so wird klar, daß auf der Schule künftige Soldaten – genauer gesagt: Offiziere – erzogen werden sollen. Explizit wird dies deutlich, als sich die drei Jungen, kaum 18 Jahre alt geworden, freiwillig melden und von einem Oberst mit folgenden enthusiastischen Worten begrüßt werden:

> ›Splendid, perfectly splendid! [...] Eighteen, by Jove! You've timed your lives wonderfully, my boys. To be eighteen in 1914 is to be the best thing in England. [...] Eighteen years ago you were born for this day. Through the last eighteen years you've been educated for it. Your birth and breeding were given you that you might officer England's youth in this hour. And now you enter upon your inheritance.‹ (Raymond 1947, 168)

Hier wird nicht nur die Kriegseuphorie des August 1914 evoziert, sondern auch – ebenfalls ohne jegliche Ironisierung – die Überzeugung einer Klasse, sie sei durch Geburt zum Führen, zur Offizierslaufbahn bestimmt und das Kämpfen und Sterben für das Vaterland sei das Höchste schlechthin (»the best thing in England«).

Ähnlich schlicht und von jedem Zweifel frei ist die Sicht der Kriegsziele. Der deutsche Kaiser, so heißt es, träume »of a towering feudal Castle, broad-based upon a conquered Europe and a servile East«. Die Engländer kämpfen dagegen für »Liberty, International Honour, and many other lovely things«, wobei diese »other lovely things« allerdings nicht weiter spezifiziert werden (159). Eine religiöse Überhöhung findet der Krieg vor allem dadurch, daß der engste Freund der drei Jungen, der sie in ihrer Kampf- und Opferbereitschaft immer wieder bestärkt, ein anglikanischer Geistlicher ist. Als die drei Jungen schließlich in Gallipoli eingesetzt werden, wird der Krieg sogar noch zu einem Kreuzzug hochstilisiert. So sagt etwa der unsägliche Oberst, der schon oben zitiert wurde: »[...] the Gallipoli campaign is a new Crusade. [...] Christendom United fights for Constantinople, under the leadership of the British, whose flag is made up of the crosses of the saints. The army opposing the Christians fights under the crescent of Islam. ›It's the Cross against the Crescent again, my lads‹« (180). Der gleiche Oberst macht aber auch deutlich, daß es für England zu den Kriegszielen gehört, nach Gibraltar und Suez auch die Dardanellen zu kontrollieren (vgl. 159, 179ff.).

Das Unternehmen von Gallipoli endet in einem Desaster, und alle drei Jungen fallen in diesem Unternehmen. Der Autor zieht dabei alle Register, um ihren Tod zu einem Heldentod zu heroisieren und zu ästhetisieren. Er bemüht sogar ihre Mütter, die von der religiösen Notwendigkeit, die eigenen Kinder für die heilige Nation zu opfern, und von der Schönheit der Erinnerung an die gefallenen Söhne sprechen (vgl. 316f.). Dem entspricht die Inschrift auf dem Grabmal eines der drei Jungen, die die Tapferkeit spartanischer Helden evoziert:

> Tell England, ye who pass this monument,
> We died for her, and here we rest content. (273)

Und natürlich wird auch in der Schule der drei Jungen ein Denkmal zur Erinnerung an die Schüler enthüllt, die vor Gallipoli den Heldentod gestorben sind. Ein künftiger Krieg kann demnach keine Schrecken haben, und so spricht der Ich-Erzähler seine Leser an als »my friends who shall fight the next war« (281).

Im Zusammenhang mit den den Krieg glorifizierenden Darstellungen soll schließlich noch ein weiteres Buch kurz erwähnt werden: *The Seven Pillars of Wisdom* von T. E. Lawrence, ein Buch, das 1926 zuerst als Privatdruck, dann 1927 in einer gekürzten Fassung unter dem Titel *Revolt in the Desert* und ungekürzt erst 1935 veröffentlicht und das 1962 Vorlage des Monumentalfilms *Lawrence of Arabia* wurde. Hier handelt es sich nicht um einen Kriegsroman, sondern um die Erinnerungen eines englischen Geheimdienstoffiziers, der ab 1915 hinter den türkischen Linien einen legendär gewordenen Aufstand der Araber gegen die Türkenherrschaft inszenierte. Dieser Aufstand erreichte 1918 mit dem Einzug der Alliierten in Damaskus seinen triumphalen Höhepunkt, mit dem das Buch auch schließt. Dem entspricht, daß Lawrence seinem Buch den Untertitel *A Triumph* gab; und man kann *The Seven Pillars* in der Tat als die Darstellung der heroischen Taten eines Einzelnen lesen, der nahezu im Alleingang und unter ungeheuren Entbehrungen entscheidend zum Sieg der Engländer beitrug. Bei dem Krieg in der Wüste war eine solche heroisierende Darstellung in besonderem Maße möglich, weil hier anders als bei dem durch eine anonyme Kriegsmaschinerie bestimmten Stellungskrieg in Frankreich der Tapferkeit eines einzelnen noch besondere Bedeutung zukam. Allerdings ist dies eine sehr einseitige Lesart dieses Werkes, die durch die Kurzfassung von 1927 befördert wurde, die aber der vollständigen Fassung in keiner Weise gerecht wird. Wir werden daher später auf *The Seven Pillars* noch einmal zurückkommen müssen.

3.

Insgesamt aber wurde die Stimmung der frühen Zwanziger Jahre keineswegs von der Erinnerung an den Krieg beherrscht. Weite Kreise bemühten sich, den Großen Krieg zu vergessen und zu verdrängen, und es scheint sogar, als ob der Erste Weltkrieg wenige Jahre nach seinem Ende in der Erinnerung weniger präsent gewesen wäre als der Zweite Weltkrieg heute über ein halbes Jahrhundert nach seinem Abschluß. Insbesondere die junge Generation, die am Krieg nicht mehr teilgenommen hatte, feierte die Verabschiedung der viktorianischen Normen, die ihnen – und ganz besonders den Frauen – ein von Zwängen freieres Leben ermöglichte. J. C. Trewin konnte daher in seinem bezeichnenderweise *The Gay Twenties* betitelten Buch diese Stimmung wie folgt charakterisieren: »›The Twenties were at least as gay as the Thirties would be overcast. Storms may have battered them, alarums deafened them, governments crumpled round them. But, at this remove, the word must be gay. In the middle of the decade the song was ›I want to be happy‹. At journey's end it was ›Spread a little happiness‹«« (Trewin 1958, 9). Sicher ist es falsch, die Zwanziger Jahre auf diese Weise pauschal durch das Wort ›gay‹ zu charakterisieren. Gleichwohl gehören euphorische Lebensfreude und das Vergessen des Kriegs ebenso wesentlich zu dieser vielstimmigen Epoche wie die Heroisierung des Kriegs oder die Traumatisierung durch den Krieg. Der Amerikaner F. Scott Fitzgerald hat in seinem Roman *The Great Gatsby* (1925) diesem Aspekt der Zwanziger Jahre ein bleibendes Denkmal gesetzt und den Mythos eines *Jazz Age* geschaffen. Ein Beispiel für den Zusammenhang zwischen der Verdrängung des Kriegs und dem Vergnügungstaumel dieser Dekade ist aber auch Myra Viveash aus Aldous Huxleys *Antic Hay* (1923), die sich nach dem Tod ihres Geliebten im Krieg in das Londoner Nachtleben stürzt (vgl. Bode 1979, 94f.).

In ganz besonderem Maße bestimmte dieser Geist die englischen Theater. Die Bühnen wurden beherrscht von Shows, Musicals und Salonkomödien (Trewin 1958, 9f.), und nur ganz selten machte ein Drama den vergangenen Krieg zum Thema. Solche Ausnahmen sind Shaws *Heartbreak House* (1919), Sean O'Caseys *The Silver Tassie* (1929) und R. C. Sherriffs *Journey's End* (1928), von denen nur letzteres – bezeichnenderweise das einzige von einem Engländer verfaßte der drei Dramen – erfolgreich war.

Ähnliches gilt für die Unterhaltungsliteratur. Agatha Christies erster Roman, *The Mysterious Affair at Styles* (1920), der das Goldene Zeitalter der Detektivliteratur einleitete, spielt zwar während des Ersten Weltkriegs: Als der Mord geschieht, kuriert der Ich-Erzähler gerade eine Verwundung aus, die er an der französischen Front erhalten hat; bei einem der Verdächtigen stellt sich heraus, daß er zwar nicht der Mörder, aber deutscher Spion ist; und Hercule Poirot hat nach dem deutschen Überfall auf Belgien in England Asyl gesucht. Die späteren Detektivromane von Agatha Christie spielen dagegen mehr und mehr in einem idyllischen *Rural England*, in dem es einen Großen Krieg anscheinend gar nicht gegeben hat, so wie der Generalstreik von 1926 für keinen dieser Romane ein Thema ist (vgl. Symons 1972, 104).

Dorothy Sayers' erster Detektivroman, *Whose Body* (1923), scheint zwar ebenfalls in einer zeitlosen Welt zu spielen. Als ihr Detektiv Lord Peter Wimsey in einer Intuition die Identität des Mörders erkennt, steigen jedoch in ihm völlig unvermittelt traumatische Erinnerungen an seine Zeit in den Schützengräben Frankreichs auf. Auch in den späteren Romanen von Dorothy Sayers wird dieser *shell shock* noch mehrfach erwähnt. Für die meisten Detektivromane dieser Zeit ist der Krieg allerdings kein Thema.

Auch P. G. Wodehouse, der schon vor dem Krieg einige seiner humoristischen Romane geschrieben hatte, schrieb seine weiteren Romane so, als ob es den Krieg nicht gegeben hätte und als ob die englische Oberschicht mit ihren Landsitzen, ihrem Müßiggang und ihren Butlern noch ohne jede Veränderung fortexistierte. Nur ganz selten wird der Krieg mit einer – durchweg humoristischen – Randbemerkung bedacht, so etwa wenn es von einer vorzüglichen Köchin, der in sieben Jahren »not a single lapse from the highest standard« unterlaufen sei, heißt, nur ein einziges Mal, im Winter 1917, sei ihre Mayonnaise nicht Spitze gewesen – der Grund: »There had been several air-raids about that time [...]« (Wodehouse 1953, 22).

4.

Zumindest auf den ersten Blick bietet auch die experimentelle Hochliteratur der Zwanziger Jahre, die Literatur der großen *modernists*, ein ganz ähnliches Bild.

So ist in den meisten der großen Romane von Virginia Woolf[5] der Erste Weltkrieg, auch wenn er in die Handlungszeit des Romans fällt, auf Spurenelemente reduziert. *Jacob's Room* (1922), ihr erster modernistischer Roman, endet zwar mit dem Tod von Jacob Flanders an der Westfront. Aber im Gegensatz etwa zu Thomas Manns *Der Zauberberg* (1924), der am Ende des Romans seinen Helden Hans Castorp auf einem französischen Schlachtfeld zeigt, beschränkt sich Woolf hier auf Andeutungen, die ein unaufmerksamer Leser sogar überlesen könnte (vgl. Kapitel 10, S. 232f.).[6] In *Orlando* (1928), dessen Handlung sich von der Zeit Elisabeths I. bis zum Jahr 1928 erstreckt, wird dem *Great War* nicht mehr als eine Parenthese gewidmet: » ›Sale bosch!‹ she said (for there had been another war; this time against the Germans)« (Woolf 1949, 271).

In *To the Lighthouse* (1927) schließlich spielt der erste Teil vor und der dritte Teil nach dem Krieg. Das kurze Mittelstück »Time Passes« ist zwar zeitlich während des Kriegs lokalisiert, beschreibt aber überwiegend nur das während des Krieges verlassene Haus der Ramsays auf den Hebriden. Auch hier erhält der Krieg nur eine Parenthese: »[A shell exploded. Twenty or thirty young men were blown up in

---

[5] Eine Ausnahme bildet *Mrs. Dalloway*. Siehe dazu weiter unten.
[6] Diese – unaufdringlichen – Andeutungen dürften allerdings dem damaligen Leser kaum entgangen sein. Auch der Name des Protagonisten ist eine Vorausdeutung darauf, daß er in Flandern fallen wird.

France, among them Andrew Ramsay, whose death, mercifully, was instantaneous]« (Woolf 1992, 114).[7] Schon damals wurde diese weitgehende Ausgrenzung des Krieges in den Romanen von Woolf Gegenstand der Kritik. So schreibt sogar Katherine Mansfield, die als *modernist* in vielen Dingen ähnlich wie Woolf dachte, in einem Brief an John Middleton Murry vom 10.11.1919 kritisch über Woolfs Roman *Night and Day* (1919):

> I don't like it [...] The war never has been, that is what its message is. I dont want G. forbid mobilisation and the violation of Belgium – but the novel cant just leave the war out. There *must* have been a change of heart. It is really fearful to me [to see, U. B.] the ›settling down‹ of human beings. I feel in the *profoundest* sense that nothing can ever be the same that as artists we are traitors if we feel otherwise [...] (Mansfield 1993, 82)

Mansfield fühlte also, daß nichts nach dem Krieg mehr so war wie vorher, und sah es als Pflicht des Schriftstellers an, sich dieser Tatsache zu stellen, auch wenn sie eine Behandlung von Themen wie der Mobilmachung oder des deutschen Überfalls auf Belgien weit von sich weist. Die Mehrzahl der *modernists* hat aber (zumindest scheinbar) den Krieg ›ausgelassen‹ – auch Mansfield. Keiner jedoch hat diese Ausgrenzung des Kriegs aus der Literatur so deutlich wie Yeats begründet, als er in sein *Oxford Book of Modern Verse* keines der großen englischen Kriegsgedichte aufnahm:[8] »I have a distaste for certain poems written in the midst of the great war [...] If war is necessary, or necessary in our time and place, it is best to forget its suffering as we do the discomfort of fever, remembering our comfort at midnight when our temperature fell, or as we forget the worst moments of more painful disease« (Yeats 1955, xxxivf.).

Dies ist gewiß eine höchst problematische Auffassung vom Wesen großer Dichtung, wenn von ihr gefordert wird, Kriege – wie Krankheiten – einfach zu vergessen! Dementsprechend lehnte es Yeats auch ab, selbst ein Kriegsgedicht zu schreiben, und schrieb über diese Ablehnung ein Gedicht:

> On being asked for a War Poem (1916)
>
> I think it better that in times like these
> A poet's mouth be silent, for in truth
> We have no gift to set a statesman right;
>
> He has had enough of meddling who can please
> A young girl in the indolence of her youth,
> Or an old man upon a winter's night.
>   (Yeats 1993, 155f.)

---

[7] Allerdings wird auf indirekte Weise die Wirkung des Kriegs auf England dadurch um so deutlicher, daß in »Time Passes« die Vorkriegswelt des ersten Teils wie weggewischt erscheint.

[8] Yeats nahm dagegen in seine Anthologie je ein Kriegsgedicht von Herbert Read, Julian Grenfell und Edward Shank auf. Diese heute geringer eingeschätzten Gedichte zeichnen sich durch eine positivere, eher heroisierende Sicht des Krieges aus. Dies entspricht der Tatsache, daß Yeats alles andere als ein Pazifist war (vgl. Stanfield 1988, 90–99).

Allerdings hat Yeats mit »An Irish Airman Foresees his Death« (1919) ein Kriegsgedicht geschrieben, in dem der Krieg jedoch aus der Distanz gesehen und der Akzent darauf gelegt wird, daß der irische Sprecher in einem Krieg kämpft, der nicht der seine ist. Yeats' Elegie »In Memory of Major Robert Gregory« (1918) erwähnt dagegen mit keinem Wort, daß Gregory als Pilot im Krieg gefallen ist, sondern stellt den Verstorbenen vor allem als Gelehrten, Maler und Reiter dar.

Insgesamt gibt es nur wenige Werke englischer Modernisten, die den Krieg direkt thematisieren. Hier wäre die Romantetralogie *Parade's End* (1924–1928) des *minor modernist* Ford Madox Ford zu nennen, ferner David Jones' *In Parenthesis* (1937), ein experimentelles Werk, das Mythos und Kriegswirklichkeit, Roman und Epos ineinanderblendet, vor allem aber »E. P. Ode Pour L'Election De Son Sepulcre« aus den Mauberley-Gedichten (1920) des Amerikaners Ezra Pound, der am Anfang der Zwanziger Jahre in London lebte. Hier wird der Sinn des Heldentods ganz ähnlich wie bei Wilfred Owen durch ein ironisches Zitieren des horazischen »dulce et decorum« in Frage gestellt:

> Died some, pro patria,
> non ›dulce‹ non ›et decor‹ ...
> walked eye-deep in hell
> believing in old men's lies, then unbelieving
> came home, home to a lie [...]
> [...]
> There died a myriad,
> And of the best, among them,
> For an old bitch gone in the teeth,
> For a botched civilization [...]   (Pound 1948, 175f.)

Generell gilt aber, daß keiner der großen englischen Modernisten ein großes Kriegsgedicht oder einen großen Kriegsroman geschrieben hat, daß der Krieg in vielen ihrer Werke allenfalls in Parenthese erwähnt und in anderen totgeschwiegen wird. Wie ist dies zu erklären?

Es liegt nahe, nach einer biographischen Erklärung zu suchen. Einige große englische Dichter, die imstande gewesen wären, die Erfahrung des Kriegs auch nach dem Ende des Kriegs literarisch zu verarbeiten, Wilfred Owen, Isaac Rosenberg, T. E. Hulme und Rupert Brooke, waren im Krieg gefallen. Den großen Dichtern des Modernismus dagegen war die Teilnahme am Krieg erspart geblieben: Joyce und Yeats waren Iren, Ezra Pound und T. S. Eliot Amerikaner, Virginia Woolf und Dorothy Richardson Frauen, D. H. Lawrence brauchte wegen eines Lungen- und Aldous Huxley wegen eines Augenleidens keinen Wehrdienst zu leisten. Keiner von ihnen hatte daher eine direkte Erfahrung des Kriegs.

Diese Erklärung ist natürlich vordergründig. Sir Walter Scott und Tolstoj waren in der Lage, große Schlachtszenen zu beschreiben, ohne jemals im Krieg gewesen zu sein. Es könnte daher scheinen, als ob etwas in der Poetik des Modernismus gewesen sei, das sich gegen die direkte Thematisierung oder gar Darstellung des Krieges sperrte. Programmatisch für den englischen Modernismus war gewiß die Wendung nach innen, in das Bewußtsein des einzelnen, von Woolf in die programmatische Forderung »Look within!« gekleidet (Woolf 1966, 106). Eine Darstellung von Kriegen, Feldzügen und Schlachten war mit dieser Forderung kaum vereinbar. Prinzipiell möglich war natürlich auch für die Autoren dieser Richtung die Darstellung des Kriegs als subjektiv erfahrene Realität. Von dieser Möglichkeit machten aber in England – im Gegensatz zu Amerika oder Deutschland – vergleichsweise wenige große modernistische Autoren Gebrauch. Mit der Wendung nach innen ist aber auch tendenziell eine generelle Ausgrenzung des Öffentlichen, des Politischen und der Massen verbunden, eine Tendenz, die John Carey kürzlich zum Anlaß eines Generalangriffs auf die Intellektuellen des Modernismus genommen hat (Carey 1992).[9]

Dennoch ist diese Überlegung einseitig, und eine Löschung des Krieges aus der Literatur der Modernisten findet nur scheinbar statt. Zwei Beispiele sollen dies belegen.

D. H. Lawrence war zwar nicht Kriegsteilnehmer, wurde aber immer wieder mit den Folgen des Kriegs konfrontiert. So wurde er, der mit einer Deutschen verheiratet war, als deutscher Spion verdächtigt; und in London erlebte er einen deutschen Zeppelinangriff, den er mit geradezu apokalyptischen Bildern beschreibt (vgl. Brief an Lady Ottoline Morrell, 9. September 1915, D. H. Lawrence 1981, 389f.). Überhaupt bewirkte der Krieg bei ihm einen Zusammenbruch seines früheren Optimismus und eine Obsession durch Vorstellungen vom Weltuntergang (Broich 1991, 192). Sein zu Beginn des Krieges geschriebener Roman *The Rainbow* (1915) hatte noch mit einem Regenbogen als Zeichen der Hoffnung geendet. 1917 schreibt er jedoch, er sehe »no rainbow in Europe«: »I believe the deluge of iron rain will destroy the world here, utterly: no Ararat will rise above the subsiding iron waters« (Brief an Waldo Frank, 27. Juli 1917, D. H. Lawrence 1984, 142f.). Diese Stimmungen finden in der Fortsetzung von *The Rainbow*, im Roman *Women in Love*, dessen erster Entwurf 1916/17 abgeschlossen wurde, der aber erst 1920 publiziert wurde, einen seltsamen Niederschlag. Im Roman selbst wird nirgendwo deutlich, ob er vor oder nach dem Krieg spielt oder gar ob er – wie Galsworthys *Forsyte Saga* (1906–1920) – vor und nach dem Krieg spielt und den Krieg einfach ausläßt. Zudem wird der Leser in bezug auf die zeitliche Lokalisierung des Romans durch widersprüchliche Hinweise verunsichert. Einerseits ist von einem großen Krieg in der Vergangenheit die Rede, an dem einer der Hauptcharaktere teilgenommen hat; andererseits wird gegen Schluß die berühmte Äußerung des deutschen Kaisers beim Ausbruch des Krieges – auf deutsch! – zitiert:»Ich habe es nicht gewollt« (D. H. Lawrence 1987, 479), ohne daß aber gesagt wird, was Wilhelm II. nicht gewollt hat.

Dies kann aber nur vordergründig so interpretiert werden, als ob Lawrence den Krieg einfach habe löschen wollen. Der Roman schildert vielmehr eine Welt, wie sie von vielen nach dem Ende des Krieges gesehen wurde: eine Welt, in der die alten Normen und Sicherheiten zerbrochen sind, Menschen, die von apokalypti-

---

[9] Bezeichnenderweise erwähnt Carey Virginia Woolfs pazifistische Auseinandersetzung mit dem Krieg in *Three Guineas* (1938) mit keinem Wort. Es war allerdings Woolfs Überzeugung, daß der Roman im Gegensatz zur Essayistik nicht in den Dienst konkreter politischer Ziele gestellt werden dürfe.

schen Stimmungen und von Todessehnsucht beherrscht werden, eine Welt, in der nichts mehr so ist wie vor dem Krieg. Dem entspricht eine Äußerung von Lawrence: »I should wish the time [of *Women in Love*] to remain unfixed, so that the bitterness of the war may be taken for granted in the characters« (»Foreword to *Women in Love*«, D. H. Lawrence 1987, 485). Auch einige Interpreten des Romans haben dies ähnlich gesehen, so etwa Graham Holderness, der feststellte, die Wurzeln des Romans lägen im »gunfire of the Western Front« (Holderness 1982, 199). Daher kann man sagen, daß der Mythos des Großen Krieges in dem Roman omnipräsent ist, auch wenn der Krieg an keiner Stelle direkt erwähnt wird.

In späteren Romanen hat Lawrence den Krieg dann auf weniger umwegige Weise thematisiert, so etwa in *Lady Chatterley's Lover* (1928), wo die beiden männlichen Hauptfiguren, Sir Clifford Chatterley und der Wildhüter Mellors, Kriegsteilnehmer und durch den Krieg gezeichnet sind, wobei die von einer Kriegsverletzung stammende Lähmung und Impotenz Sir Cliffords den Zustand Europas nach dem Krieg symbolisieren soll.

Auch Virginia Woolf hat zwar den Krieg nicht direkt dargestellt, zumindest aber in *Mrs. Dalloway* (1925) die psychischen Kriegsfolgen auf eine eindrucksvolle Weise thematisiert. Die zweite Hauptfigur neben der Titelheldin ist Septimus Warren Smith, der am Stellungskrieg in Frankreich teilgenommen und seinen Freund Evans verloren hat und der das Grauen des Krieges zunächst mit Gleichmut und Tapferkeit durchstand, bei dem dann aber der *shell shock* mit einer Phasenverschiebung ausbricht.

Er wird unfähig zu arbeiten und zu kommunizieren; er lehnt es ab, Kinder in eine Welt zu setzen, in der es einen solchen Krieg gegeben hat; an den Geschlechtsakt kann er nur mit Abscheu denken; immer wieder erscheint ihm in Visionen sein gefallener Kamerad Evans; und immer wieder hört er in seinen Zwangsvorstellungen die Forderung, sich das Leben zu nehmen. Sein Arzt Dr. Holmes, der nicht mit dem Spürsinn seines Namensvetters begabt ist, gelangt zu der Diagnose, daß ihm nichts fehle – symptomatisch für eine Gesellschaft, die die traumatischen Folgen des Krieges nicht zur Kenntnis nehmen und zur Tagesordnung übergehen will. Als Septimus dann doch in ein Pflegeheim eingewiesen werden soll, nimmt er sich das Leben.

Der Roman schildert diese Psychose des Septimus nicht von außen, sondern indem er in dessen Bewußtsein eintaucht und die abrupten Sprünge seiner Zwangsvorstellungen – von der Gegenwart in die Vergangenheit, von der Realität ins Phantastische, von traumatischen zu euphorischen Stimmungen und umgekehrt – von innen nachvollzieht. Dabei wird ein Formprinzip deutlich, das in einer weniger radikalen Form auch die Bewußtseinsvorgänge Clarissa Dalloways kennzeichnet: das der Inkohärenz. Dieses Prinzip ist hier an die Stelle der traditionellen Ordnung des Romans getreten, die durch die lineare Abfolge eines *plot* geprägt war. Es scheint also eine Homologie zu bestehen zwischen einer durch den Großen Krieg erschütterten Welt, dem inkohärenten Bewußtseinsstrom des an einer Kriegspsychose leidenden Septimus und der Form des Romans, der den herkömmlichen Zwang zur Kohärenz verabschiedet.¹⁰ Ein modernistischer Roman wie *Mrs. Dalloway* ist daher durchaus der adäquate Ausdruck einer Welt, die zwar den Krieg aus ihrem Bewußtsein auslöschen will, die aber die tiefen Traumata, die der Krieg hinterließ, noch nicht verarbeitet hat. Und es ist bezeichnend, daß Virginia Woolfs Roman dies leistet, ohne daß auch nur ein einziges Mal ein Kriegserlebnis des Septimus in seiner Erinnerung unmittelbar evoziert worden wäre. Und wenn der *Great War* in *To the Lighthouse*, wie erwähnt, nur in einer Parenthese vorkommt, so wirkt dies nicht wie eine Marginalisierung, sondern wie ein Donnerschlag bei heiterem Himmel.¹¹

Dies läßt sich verallgemeinern: Nur auf der Oberfläche erweckt die Literatur des Modernismus den Eindruck, als ob sie ähnlich wie die Trivialliteratur dieser Zeit den Krieg vergessen und verdrängen möchte. Vielmehr ist sie, ohne daß es einer direkten Darstellung des Krieges bedurfte, die künstlerisch angemessenste Gestaltung des Kriegstraumas (vgl. auch Hynes 1990, 348).

5.

Dennoch wäre der Eindruck falsch, es hätte im England der Zwanziger Jahre keine direkten Darstellungen des Krieges gegeben, die sowohl einen gewissen literarischen Rang erreichten als auch eine kritische Sicht des Krieges zum Ausdruck brachten. In größerer Zahl entstanden diese Werke allerdings erst in zeitlicher Distanz zum Krieg, das heißt vor allem in den letzten Jahren der Dekade, die einen regelrechten *war-fiction boom* erlebten.¹²

Hier sind vor allem die folgenden narrativen Darstellungen zu nennen, die teils fiktional, teils autobiographisch, in der Regel aber beides zugleich sind¹³ (vgl. Broich 1993):

---

10 Zur Homologie zwischen modernistischer Kunst und dem Weltkrieg vgl. auch Booth: »[...] the Great War was experienced by soldiers as strangely modernist and [...] modernism itself is strangely haunted by the Great War« (Booth 1996, 6).
11 Ähnliches gilt für das untergegangene Schiff, das ebenfalls nur en passant erwähnt wird. Wenn es heißt, »[that] there was a purplish stain upon the bland surface of the sea as if something had boiled and bled, invisibly beneath« könnte man dies als Symbol für die Verdrängung des Kriegs, der gleichwohl wieder an die Oberfläche kommt, deuten (Woolf 1992, 114).
12 Nach Hager/Taylor (1981) ergeben sich folgende Zahlen für in Großbritannien erschienene Romane über den *Great War*:
    1918: 117   1923: 7   1928: 20
    1919: 112   1924: 8   1929: 38
    1920: 33   1925: 9   1930: 58
    1921: 14   1926: 12   1931: 17
    1922: 15   1927: 16   1932: 24
13 Auch in anderen Ländern erschienen einige der wichtigsten literarischen Darstellungen des Krieges in diesen Jahren:
    1928 Ernst Glaeser, *Jahrgang 1902*.

1928 Edmund Blunden, *Undertones of War.*
1929 Richard Aldington, *Death of a Hero.*
       Robert Graves, *Good-bye to All That.*
1930 Henry Williamson, *Patriot's Progress.*
       Siegfried Sassoon, *Memoirs of an Infantry Officer.*
       Private 19022 (Frederic Manning), *Her Privates We.*

Auch direkte Darstellungen des Krieges aus der Perspektive von Frauen erscheinen in diesen Jahren, so vor allem der Roman *Not So Quiet* (1930) von Helen Z. Smith (Evadne Price), welcher die Erlebnisse einer Ambulanzfahrerin an der französischen Front erzählt.

Auch die wenigen dramatischen Gestaltungen des Krieges, die literarischen Rang beanspruchen können, erscheinen in diesen Jahren:

1928 R. C. Sherriff, *Journey's End.*
1929 Sean O'Casey, *The Silver Tassie.*

Für diesen *war-fiction boom*, der nach wenigen Jahren ebenso plötzlich aufhörte, wie er begonnen hatte, sind unterschiedliche Erklärungen versucht worden. Bruno Schultze führt dieses Phänomen auf eine vorübergehende Änderung der Politik der englischen Regierung zurück. Diese hätte lange Zeit den Bemühungen um Abrüstung ablehnend gegenübergestanden, diese aber nach dem Wahlsieg der Labour Party 1929 vorübergehend unterstützt. Dies gelte auch für Winston Churchill, der in den ersten Jahren nach 1918 ein entschiedener Abrüstungsgegner war und in seinen Memoiren den Krieg positiv dargestellt hatte, der aber gegen Ende der Dekade eine englische Abrüstung befürwortete und sogar Vorworte für ausgesprochen kritische Darstellungen des Krieges schrieb (vgl. Schultze 1977, 101–109).

Diese Erklärung vermag kaum zu überzeugen. In Deutschland hatten kritische Darstellungen des Krieges genau zeitgleich mit England Konjunktur; das bekannteste Werk dieser Art ist Erich Maria Remarques *Im Westen nichts Neues* (1929), dessen englische Übersetzung im darauffolgenden Jahr auch in England zu einem großen Erfolg wurde. Die politische Konstellation war jedoch in Deutschland eine ganz andere als in England. Hier gab es ein starkes Anwachsen militaristischer und nationalistischer Tendenzen, eine zunehmende Forderung nach Revision des Versailler Vertrags, notfalls auch mit kriegerischen Mitteln; diese Tendenzen hatten eine Stärkung der deutschnationalen und faschistischen Parteien zur Folge. Da auch die Kommunistische Partei einen wachsenden Zulauf hatte, ergab sich eine zunehmende politische Polarisierung, die dann auch zur Konjunktur kriegskritischer Literatur und Filme und zu heftigen Kontroversen über deren Tendenz führte. In England dagegen entstand der *war-fiction boom* in einem ganz anderen politischen Kontext.

       Ludwig Renn, *Krieg.*
1929 Erich Maria Remarque, *Im Westen nichts Neues.*
       Ernest Hemingway, *A Farewell to Arms.*

Eine andere Erklärung geht davon aus, daß die Verfasser der hier diskutierten Werke durchweg selbst Kriegsteilnehmer waren. Sie hätten das Trauma des Krieges zunächst verdrängt, und die Wiederkehr des Verdrängten habe einer zeitlichen Distanz bedurft. So schreibt Walter Benjamin: »[...] die Leute kamen verstummt aus dem Felde [...] Nicht reicher, ärmer an mitteilbarer Erfahrung« (Benjamin 1980, 214). Nur aus zeitlicher Distanz, so könnte man glauben, sei es möglich gewesen »to communicate the incommunicable« (Aldington 1926, 363).

Auch diese Erklärung überzeugt nicht, zumindest was die Verfasser betrifft. Mehrere von ihnen hatten ihre Kriegsbücher schon Jahre zuvor geschrieben, dafür aber keinen Verleger gefunden. Andere wiederum mußten erst von Verlegern aufgefordert werden, ihre Kriegserinnerungen niederzuschreiben, nachdem deutlich geworden war, daß auch kriegskritische Bücher ein Geschäft sein konnten. Wenn das Freudsche Modell vom Vergessen und Verdrängen und von der späteren Wiederkehr des Verdrängten hier überhaupt Gültigkeit hat, dann allenfalls für die Leserschaft, die anscheinend erst, nachdem die *Gay Twenties* fast zu Ende waren, bereit war, sich in größerem Ausmaß auf eine Auseinandersetzung mit dem Trauma des Krieges einzulassen.

Im Folgenden sollen nun vier Werke vorgestellt werden, welche aus der größeren Zahl der kriegskritischen Werke der ausgehenden Zwanziger Jahre herausragen: zwei Dramen und zwei autobiographische Texte. Keines dieser vier Werke steht den experimentellen Werken des Modernismus nahe, sondern sie verwenden traditionelle Formen, die zumindest auf den ersten Blick unverändert scheinen. Es soll daher auch gefragt werden, ob diese Autoren, die den Sinn des Krieges mehr oder weniger problematisieren, ihren Gegenstand in einer eigentlich dazu gar nicht passenden, traditionellen Form darstellten oder ob die Infragestellung des Krieges in diesen Werken nicht doch auch eine Infragestellung herkömmlicher literarischer Verfahren bewirkte.

Das erste hier zu besprechende Werk ist das erfolgreichste englische Drama über den Krieg schlechthin (vgl. Kosok 1993, 354). Es handelt sich um *Journey's End* (1928), das von dem Kriegsteilnehmer R. C. Sherriff verfaßt wurde.

Das Drama spielt im März 1918, kurz vor einem Großangriff der Deutschen, in einem britischen Offiziersunterstand in Frankreich. Die Bühnenhandlung besteht im wesentlichen aus Gesprächen zwischen drei Offizieren. Der eine ist Captain Stanhope, der in der Heimat als Kriegsheld gilt, den die Angst aber neurotisch gemacht hat und der die Fassade des Mutigen nur durch großen Whiskykonsum aufrechterhalten kann. Der zweite Offizier, Hibbard, hat dagegen die Kontrolle über seine Angst verloren und möchte sich vor dem Angriff der Deutschen krank melden, wird aber von Stanhope mit gezogener Pistole gezwungen, im Unterstand zu bleiben. Der dritte, Lieutenant Raleigh, ist in seinem Mut und seiner Kriegsbegeisterung noch ungebrochen. Er ist noch jung und hat sich ausdrücklich darum bemüht, in die Kompanie Stanhopes zu kommen, von dessen Ruf als Held er gehört hat. Raleigh fällt bei einem Stoßtruppunternehmen; und das Drama endet mit dem Beginn der deutschen Offensive, wobei der Offiziersunterstand einen Volltreffer erhält: »Journey's End«.

Es ist bezeichnend, daß das Drama damals von zwei entgegengesetzten Seiten kritisiert wurde. Einigen Kritikern war das Drama zu negativ gegenüber Krieg und Heldentum, anderen wiederum ging es in seiner Kritik nicht weit genug. In der Tat: Der Sinn des Krieges wird in *Journey's End* eigentlich nicht radikal in Frage gestellt; und man kann durchaus in Captain Stanhope einen Helden besonderer Art sehen, weil er tapfer weiterkämpft, obwohl er innerlich von der Angst zerfressen wird.

Dem entspricht auch die eher konservative Form des Dramas. Es hält sich an die drei Einheiten; es hat einen klaren Spannungsaufbau, der im Beginn der deutschen Offensive und im Tod Stanhopes gipfelt. Es ist daher eigentlich ein *well-made play*, dessen Kohärenz durch seinen Gegenstand nicht in Frage gestellt wird. Vielleicht ist dies ein Grund dafür, daß *Journey's End* bei dem allen Experimenten abholden Londoner Theaterpublikum zu einem solchen Erfolg werden konnte.

Ganz anders ist das Drama *The Silver Tassie* des Iren Sean O'Casey. Der erste Akt ähnelt zunächst einem realistischen irischen Volksstück. Die Familie Heegan wartet mit Nachbarn auf die Rückkehr ihres Sohnes von einem Fußballspiel. Dabei gibt es eine Reihe von komischen Szenen mit den aus dem Volksstück bekannten *stock characters*. Die Komik wird jedoch immer wieder auf subtile Weise gebrochen. Harry, der sich freiwillig gemeldet hat, wird am nächsten Morgen an die französische Front zurückkehren. Während des Wartens auf Harry poliert Susie dessen Gewehr und Bajonett und redet dabei ständig von Gott. So sagt sie: »the men that go with the guns are going with God« (O'Casey 1952, 29). Sie meint es ebensowenig ironisch wie der weiter oben erwähnte Feldgeistliche in Ernest Raymonds Kriegsroman *Tell England*, wenn sie immer wieder Gott und das Töten im Krieg in einem Atemzug nennt; die Intention des Textes ist bei O'Casey jedoch zutiefst ironisch. Ein Bruch auf der scheinbar harmlos-komischen Oberfläche des Stückes wird überdies auch dann sichtbar, wenn deutlich wird, welche Spuren der Krieg im Denken und Fühlen der jungen Soldaten hinterlassen hat, so etwa in der Vergewaltigungsmetaphorik der jungen Fußballer, wenn sie von dem zu gewinnenden Pokal, »the silver tassie«, sagen: »we'll rape her in a last hot moment / before we set out to kiss the guns« (29). Der Akt endet mit der Rückkehr der jungen Männer vom Fußballspiel. Sie haben »the silver tassie« gewonnen.

Der zweite Akt stellt im Vergleich dazu einen gewollten Stilbruch dar. O'Casey hatte wohl erkannt, daß sich der Krieg nicht auf die gleiche realistische Weise darstellen ließ, und wählte für den zweiten Akt eine expressionistische Form. Der Akt spielt unmittelbar hinter der Front in Frankreich, und das Bühnenbild, das ins Symbolische stilisiert ist, zeigt eine vom Krieg verwüstete Landschaft, eine Kanone, einen von Granaten beschädigten Jesus am Kreuz und eine Kapelle, in der ein Gottesdienst stattfindet, während an der Front gekämpft wird. Die Schlacht wird dabei nicht durch die Imitation von Geschützlärm, sondern nur durch Lichteffekte symbolisiert. Die Soldaten bleiben anonym, und es bleibt offen, ob sie mit den jungen Männern des ersten Akts identisch sind. Ihre Dialoge sind nicht realistisch, sondern in einem Singsang gehalten, der in den Regieanweisungen als »chant« bezeichnet wird.

Dieser Akt macht die Frage explizit, die im ersten Akt nur in ironischer Form angedeutet wurde: Wie ist der Glaube an Gott mit dem Glauben an den Krieg vereinbar? So sagt einer der Soldaten:

> God, unchanging, heart-sicken'd, shuddering,
> Gathereth the darkness of the night sky
> To mask His paling countenance from
> The blood dance of His self-slaying children. (53)

Im dritten und vierten Akt, in denen O'Casey zur realistischen Darbietungsweise des ersten Aktes zurückkehrt, ist Harry Heegan querschnittgelähmt aus Frankreich nach Irland zurückgekommen – es bleibt offen, ob er einer der Verwundeten des zweiten Aktes ist. Vor einer Operation betet er zu Gott: »God of the miracles, give a poor devil a chance, give a poor devil a chance« (79). Als er feststellt, daß Gott ihn nicht erhört hat und er für den Rest seines Lebens gelähmt bleibt, zerschmettert er »the silver tassie« auf dem Boden.

Im Gegensatz zu *Journey's End* ist *The Silver Tassie* kein *well-made play* mehr, sondern verkörpert den Bruch, den der Große Krieg in die Grundüberzeugungen des christlichen Abendlandes hineintrug, auch in seiner äußeren Form. Es ist daher bezeichnend, daß Yeats das Stück für sein *Abbey Theatre* ablehnte und daß es, im Gegensatz zu *Journey's End*, auch in London kein Erfolg war.[14] Als Kriegsdrama ist O'Caseys Stück in England jedenfalls ein Unikat.

Zum Schluß sollen zwei autobiographische Kriegstexte betrachtet werden. Der erste der beiden, T. E. Lawrences *The Seven Pillars of Wisdom*, wurde oben bereits angesprochen, und zwar als ein Text, der als eine heroisierende Darstellung des Krieges gelesen wurde. Dieses Verständnis wurde dadurch begünstigt, daß in den Zwanziger Jahren nur eine Kurzfassung, *Revolt in the Desert*, einer breiteren Leserschaft zugänglich war, welche sich weitgehend auf die Handlung beschränkte und die langen Passagen des Selbstzweifels wegließ.

Die vollständige Fassung, die zunächst nur als Privatdruck publiziert wurde und nach dem Willen des Verfassers erst nach seinem Tode der Öffentlichkeit zugänglich gemacht werden sollte, bietet dagegen ein anderes Bild. Hier präsentiert sich der Erzähler als ein Intellektueller, dem Handeln und insbesondere Krieg zutiefst fremd sind und der trotzdem die Chance ergreift, im Krieg eine ihm eigentlich fremde Rolle zu spielen: »At last accident, with perverted humour, in casting me as a man of action had given me place in the Arab Revolt, a theme ready and epic [...]« (T. E. Lawrence 1976, 439). Er sieht also seine Tätigkeit als einer der Initiatoren des arabischen Aufstands gegen die Türken nur als eine Rolle (»in casting me«), und zwar als eine epische Rolle, wobei er aber gleich hinzufügt: »The epic mode was alien to me« (439).

In seinen zahlreichen selbstquälerischen Reflexionen gibt der Erzähler drei Gründe an, warum er sich mit der Rolle, die er bei den Arabern spielt, nicht identi-

---

[14] Auch Shaws Kriegsdrama *Heartbreak House* (1919) ist alles andere als ein *well-made play*. Es war daher lange Zeit erfolglos und ist erst in unserer Zeit, deren Stilempfinden es näher steht, häufiger aufgeführt worden.

fizieren kann. Zunächst einmal muß er bei ihnen einen Nationalismus entfachen, an den er selbst nicht glaubt (»[...] I, the stranger, the godless fraud inspiring an alien nationality [...]«, »To man-rational, wars of nationality were as much a cheat as religious wars [...]« [438]). Hinzu kommt, daß er den Arabern im Auftrag der Engländer als Lohn für ihren Aufstand gegen die Türken die politische Unabhängigkeit in Aussicht stellt, aber von vornherein weiß, daß die Engländer die Araber nur als Werkzeuge benützen wollen, um nach dem Krieg die arabischen Länder ihrer eigenen Einflußsphäre zuzuschlagen. Er ist sich also von Anfang an bewußt, daß er den Arabern nicht nur eine Rolle vorspielt, sondern sie betrügt. Dies raubt ihm die Freude über jeden Sieg, und immer wieder lesen wir Bemerkungen wie die folgende: »[...] I bitterly repented my entanglement in the movement, with a bitterness sufficient to corrode my inactive hours, but insufficient to make me cut myself clear of it« (441). *The Seven Pillars of Wisdom* sollten daher nicht als heroischer, sondern eher als zutiefst skeptischer Text gelesen werden, und in der Tat spricht auch Lawrence selbst von »the nihilist attitude in me« (371). Allenfalls kann man von einem heroischen Nihilismus sprechen, einer Haltung, die wir auch im späteren Existenzialismus finden und die vom Menschen fordert zu handeln, obwohl er um die Sinnlosigkeit der Welt weiß.

Das Erlebnis des Krieges läßt Lawrence als gebrochenen, wenn nicht sogar zerbrochenen Menschen zurück, der weder Offizier bleiben noch in seinen Beruf als Archäologe zurückkehren will. Statt dessen wird Lawrence einfacher Soldat – unter einem neuen Namen, um damit gleichsam seine durch den Verrat an den Arabern beschmutzte Identität abzulegen.[15]

Sein Bericht schließt allerdings mit dem Kriegsende und erzählt nicht mehr, wie der durch den Krieg in ihm verursachte Bruch nach dem Krieg fortwirkte. Dies ist anders in dem abschließend zu behandelnden Text, Robert Graves' *Good-bye to All That* (1929), in dem die Darstellung des Kriegserlebnisses nur den Mittelteil bildet und der mit einer Darstellung der Jugend und der *Public-School*-Zeit des Autors beginnt. Dieser Text soll hier stellvertretend für eine Reihe weiterer kritischer Kriegserzählungen aus den letzten Jahren der Dekade stehen.

Graves erzählt zunächst von seiner Kindheit im englischen Bildungsbürgertum mit seiner Prüderie, seinem Klassenbewußtsein und seiner Diskriminierung der Frauen, sodann von seinem Aufenthalt an verschiedenen *Public Schools* mit ihrem Elitebewußtsein, der latenten Homosexualität und ihrer Ausrichtung auf die Erziehung für den Krieg. Es ist die gleiche Welt, wie sie auch in *Tell England* dargestellt wird, nur mit einem zweifachen Unterschied. Zum einen wird diese Welt von Graves nicht nostalgisch verklärt; und er betont, wie er unter dem Geist der *Public Schools* gelitten und sich ihm widersetzt hat. Zum anderen will er nicht zeigen, wie

---

[15] Auch Friedrich von Golßenau, dem Verfasser des kriegskritischen Romans *Krieg*, wurde während des Kriegs seine alte Identität fragwürdig. Er, der aus altem Adel stammte, schilderte in seinem Roman in Ich-Form die Erlebnisse eines einfachen Soldaten namens Ludwig Renn. Bald identifizierte sich Golßenau mit seinem Pseudonym, legte seinen alten Namen ab und lebte fortan als Ludwig Renn.

sich die Werte der *Public Schools* im Krieg bewähren, sondern wie sie sich als anachronistisch erweisen; und er zeichnet die Welt vor dem Krieg als überständig und überlebt, als eine Welt, die unter dem Druck des Krieges zerbricht.

Er meldet sich 1914 freiwillig, ohne eigentlich zu wissen warum und obwohl er weiß, daß einige seiner engsten Verwandten – seine Mutter war Deutsche – auf der deutschen Seite kämpfen. Er geht also bereits als Gespaltener in den Krieg.

Die Darstellung des Kriegserlebnisses selbst scheint dann, zumindest auf der Oberfläche, in keiner Weise von modernistisch-experimentellen Erzählweisen beeinflußt, sondern ist, ganz ähnlich wie in T. E. Lawrences *Seven Pillars*, linear-chronologisch. Gleichwohl hinterläßt die zunehmende Desorientierung und Gespaltenheit des Protagonisten auch in der äußeren Form ihre Spuren.

Ein wesentlicher Unterschied zur Erzählung von T. E. Lawrence besteht zunächst darin, daß Graves konsequent darauf verzichtet, das Kriegsgeschehen in seiner unmittelbaren Umgebung in irgendeinen Bezug zu generellen Kriegszielen oder übergreifenden strategischen Zielen zu setzen. In rigoroser Perspektivierung werden die Ereignisse bei Graves ausschließlich aus der beschränkten Optik des Soldaten dargestellt, der nur den Frontabschnitt überschaut, an dem er sich gerade befindet. Aus dieser Perspektive kommen ihm die Angriffsbefehle, die vom Generalstab an die Front geschickt werden, als fragwürdig oder gar absurd vor, ohne daß die Möglichkeit besteht, sich diesen absurden Befehlen zu verweigern. Auf diese Weise entsteht im Protagonisten das Gefühl einer Desorientierung, wie sie in dieser Form bei T. E. Lawrence, der sich jederzeit über die strategische Bedeutung einzelner Aktionen im klaren war, nicht zu finden ist.

Die Gespaltenheit und Desorientierung des Protagonisten kommt auch in einem häufigen Tonartwechsel zum Ausdruck. So wie der Bericht von T. E. Lawrence zwischen der Darstellung heroischer Aktionen und quälend-zweifelnden Reflexionen hin und her schwankt, so wechselt der Ton bei Graves ständig zwischen Darstellungen des Tötens und Sterbens, bei denen dem Leser nichts erspart wird, und Passagen, in denen das Grauen durch schwarzen Humor gebrochen wird. Dafür nur zwei Beispiele:

> ›Bloke in the Camerons wanted a cushy[16], bad. Fed up and far from home, he was. He puts his hand over the top and gets his trigger finger taken off, and two more beside. That done the trick. He comes laughing through our lines [...] »See, lads,« he says, »I'm off to bonny Scotland. Is it na a beauty?« But on the way down the trench to the dressing-station he forgets to stoop low where the old sniper's working. *He gets it through the head, too. Finee. We laugh, fit to die!*‹ (Graves 1957, 95)

Ebenso makaber ist der Bericht über einen gescheiterten Angriff, nachdem zum ersten Mal Gas eingesetzt worden ist:

> [The officer] whistled the advance again. Nobody seemed to hear. He jumped up from his shell-hole, waved, and signalled ›Forward!‹
> Nobody stirred.
> He shouted: ›You bloody cowards, are you leaving me to go on alone?‹

---

[16] Ein ›Heimatschuß‹.

His platoon-sergeant, groaning with a broken shoulder, gasped: ›Not cowards, sir. Willing enough. But they are all f–ing dead.‹ (131)

Diese Szenen zeigen nicht nur, wie die Soldaten versuchen, mit Hilfe von schwarzem Humor das Grauen zu überleben; in ihrer Massierung lassen sie vielmehr den Krieg zum absurden Theater werden, das sich jeder Sinngebung entzieht. Dies bewirkt im Erzählvorgang eine starke Diskontinuität, der beim Protagonisten eine Fragmentierung seiner Identität entspricht, die sich in dem äußert, was Graves selbst als »caricature scenes« bezeichnet (vgl. Fussell 1975, 203–220). Dafür nur ein Beispiel.

Nach Kämpfen, in denen die meisten seiner Kameraden gefallen sind, wird Graves zu einem Lehrgang abkommandiert. Dort sitzt er wieder in der Schulbank, und ein Ausbilder versucht, den Offizieren klarzumachen, wie ungeheuerlich es sei, wenn Unteroffiziere und Mannschaften einander mit Vornamen anreden: »This is one of those caricature scenes that now seem to sum up the various stages of my life. Myself in faultless khaki with highly polished buttons and belt, revolver at hip, whistle on cord, delicate moustache on upper lip, [...] pretending to be a Regular Army captain; but crushed into that inky desk-bench like an over-grown school-boy« (Graves 1957, 150). Immer wieder finden sich solche Szenen, in denen sich der Protagonist selbst zuschaut, wissend, daß er nur eine Rolle spielt, eine Rolle, die den Charakter einer Karikatur hat und seine Identität in Frage stellt.

Der dritte Teil schildert dann, wie Graves auch nach dem Krieg und in den Zwanziger Jahren seine Identität nicht wiederfindet und sich in das Leben in der Heimat nicht wieder integrieren kann. Er leidet immer noch an Neurosen als Folgen des *shell shock*, und er wird zum Entsetzen seiner Familie zum Sozialisten und Pazifisten, was ihn aber nicht daran hindert, bei einer Kriegsgedenkfeier vor ehemaligen Soldaten eine patriotische Rede über die im Krieg ruhmreich Gefallenen zu halten, »[which] earned loud cheers« (235). Er heiratet eine Feministin und eröffnet mit ihr einen Gemischtwarenladen, aber Geschäft wie auch Ehe scheitern. So bleibt ihm am Schluß nur der Ausstieg – er verläßt England: »Good-bye to all that«.

Ernest Raymond hatte in seinem Roman *Tell England* versucht, eine über den Krieg hinweg andauernde Kontinuität deutlich zu machen: Die Werte der *Public School* bewähren sich im Krieg; daß sie nach dem Krieg weiter gelten, wird bei der Enthüllung eines Kriegerehrenmals in seiner Schule sichtbar – und in der Anrede an die Leser: »my friends who shall fight the next war« (Raymond 1947, 281). Graves zeigt dagegen, wie in den Schützengräben der französischen Front die durch die *Public Schools* verkörperten Werte zerbrechen, daß erst recht nach dem Krieg die Welt und er selbst nicht mehr die gleichen sind und daß er nach dem Krieg seine verlorene Identität nicht wiederfindet. T. E. Lawrence hatte in *Seven Pillars* diese Phase seines Lebens nicht mehr dargestellt, aber aus den Berichten über sein Leben nach dem Krieg wissen wir, daß es ihm ähnlich ergangen sein muß.[17]

---

[17] Auch andere Kriegsteilnehmer, die ähnliche Texte über den Krieg verfaßten, fanden nach 1918 nicht mehr zu einem ›normalen‹ Leben zurück (vgl. Hynes 1990, 386f.).

6.

Nicht nur kriegskritische Romane und Autobiographien hatten in den Jahren von 1928 bis 1930 Konjunktur, sondern auch kriegskritische Filme, die zu den ersten Tonfilmen gehörten und von denen die amerikanische Verfilmung von Remarques *Im Westen nichts Neues* am bekanntesten wurde (vgl. Hynes 1990, 447). Diese kritischen Darstellungen des Krieges lösten eine öffentliche Diskussion über den Ersten Weltkrieg und über den Krieg überhaupt aus, wie es sie in England seit dem Ende des Krieges nicht gegeben hatte und die als *War Book Controversy* bezeichnet worden ist. Diese Kontroverse ist durchaus mit dem sogenannten ›Historikerstreit‹ im Deutschland der Achtziger Jahre zu vergleichen, der in noch größerem zeitlichen Abstand von seinem Gegenstand einsetzte.

Die Kritiker warfen den kritischen Kriegsbüchern vor, die Wahrheit über den Krieg verfälscht zu haben. Sie kritisierten, daß diese Bücher einseitig das große Sterben und nicht den Alltag an der Front, die Angst und nicht die Tapferkeit der Soldaten, die Fehler der englischen Führung und nicht den schließlichen Sieg betont hätten. So tadelte etwa der Sprachwissenschaftler Eric Partridge »that appalling inaccuracy and that ridiculous lack of proportion which invalidate the claims made for so many books that they ›tell the truth about the War‹« (Partridge 1930, 63). 1930 veröffentlichte der Historiker und ehemalige Offizier Cyril Falls ein Buch mit dem Titel *War Books*, in dem er historische, autobiographische und fiktionale Darstellungen des Krieges alphabetisch auflistete und kurz charakterisierte. Dabei hob er diejenigen Bücher, die dem, was er als die ›Wahrheit über den Krieg‹ ansah, am nächsten kamen, durch ein bis drei Bädeker-Sternchen besonders hervor. So erhielt Ernst Jüngers den Krieg letztlich heroisierendes Buch *In Stahlgewittern* (1920) ebenso zwei Sternchen wie der zu Beginn dieses Kapitels erwähnte Roman *Peter Jackson* von Gilbert Frankau; Graves' Autobiographie *Good-bye to All That* wird zwar »real historical value« zugesprochen, und sie erhält deshalb immerhin einen Stern, das Werk hinterlasse aber wegen seiner Tendenz »a disagreeable impression« (Falls 1989, 202). Hemingways *A Farewell to Arms* schließlich, so erklärt Falls, habe bei ihm Widerwillen und Zorn hervorgerufen, und er habe den Roman deshalb nicht zu Ende lesen können; ihm wird deshalb ein Stern vorenthalten (278f.). Noch polemischer als das Buch von Falls ist Douglas Jerrolds *The Lie about the War* (1930), in dem die kritischen Darstellungen des Kriegs generell der Lüge bezichtigt werden.

Man kann versuchen, diese *War Book Controversy* primär aus den britischen Verhältnissen zu erklären, und wird sie dann in Verbindung zu der heftigen Diskussion über die Abrüstung in den letzten Jahren der Dekade setzen. Dabei würde man aber übersehen, daß in Deutschland unter ganz anderen Verhältnissen in den gleichen Jahren eine noch heftigere Diskussion über Kriegsbücher und -filme ausbrach. Diese Diskussion wurde vor allem durch die Verfilmung von *Im Westen nichts Neues* ausgelöst, die zu Demonstrationen und Verboten führte (vgl. Schrader 1992). Auf der einen Seite standen Deutschnationale und Nationalsozialisten, die in den kritischen Darstellungen des Krieges eine Verunglimpfung der deutschen

Frontsoldaten und eine Herabsetzung heroischer Werte sahen, während Liberale und Linke die kriegskritischen Darstellungen begrüßten, weil sie davon überzeugt waren, daß sie dazu beitrügen, den Krieg für immer zu ächten.

Trotz der großen Unterschiede zwischen den Verhältnissen in England und Deutschland war jedenfalls beiden Ländern gemeinsam, daß der Krieg gegen Ende der Zwanziger Jahre mehr als in den ersten Jahren nach dem Krieg zum Thema wurde und auf eine gespaltene Öffentlichkeit traf. Die eine Seite wollte trotz des Erstarkens von Faschismus und Kommunismus daran festhalten, daß es ›Nie wieder Krieg‹ geben dürfe und daß der *Great War* ein »War That Will End War« bleiben müsse. Die andere Seite dagegen äußerte offener als zuvor die Überzeugung, daß trotz der Fürchterlichkeit des letzten Krieges Kriege nach wie vor führbar und vielleicht sogar unvermeidbar seien.

Nach 1930 kam der *war-fiction boom* ebenso abrupt zum Stillstand wie die *War Book Controversy*, ohne daß ein Konsens erreicht worden wäre, und die öffentliche Diskussion verlagerte sich auf andere Themen. Damit ging zugleich die Nachkriegszeit in eine neue Vorkriegszeit über, und ein neuer Krieg rückte näher, der im nachhinein den Großen Krieg zum Ersten Weltkrieg werden ließ.

Bibliographie

Aldington, Richard (1926), »Books of the Quarter: *In Retreat*. By Herbert Read,« *The Criterion* 4, 363–367.
Benjamin, Walter (1977, 1980), »Metaphysisch-geschichtsphilosophische Studien,« in W. B., *Gesammelte Schriften*, vol. 2,1, ed. Rolf Tiedemann, Hermann Schweppenhäuser, Frankfurt/Main: Suhrkamp, 89–233.
Bergonzi, Bernard (1965), *Heroes' Twilight. A Study of the Literature of the Great War*, London: Constable.
Bode, Christoph (1979), *Intellektualismus und Entfremdung. Das Bild des Intellektuellen in den frühen Romanen Aldous Huxleys*, Bonn: Bouvier.
Booth, Allyson (1996), *Postcards from the Trenches. Negotiating the Space between Modernism and the First World War*, New York: Oxford University Press.
Broich, Ulrich (1991), »Untergang des Abendlandes – Untergang der Menschheit. Endzeitvisionen in der englischen Literatur der Zwanziger Jahre,« in Gerhard R. Kaiser, ed., *Poesie der Apokalypse*, Würzburg: Königshausen und Neumann, 187–202.
Broich, Ulrich (1993), »World War I in Semi-Autobiographical Fiction and in Semi-Fictional Autobiography – Robert Graves and Ludwig Renn,« in Franz Karl Stanzel, Martin Löschnigg, eds., *Intimate Enemies. English and German Literary Reactions to the Great War 1914–1918*, Heidelberg: Winter, 313–325.
Brooke, Rupert (1915, 1944), *The Collected Poems*, introd. George Edward Woodberry, New York: Dodd, Mead & Co.
Carey, John (1992), *The Intellectuals and the Masses. Pride and Prejudice among the Literary Intelligentsia, 1880–1939*, London: Faber & Faber.
Falls, Cyril (1930, 1989), *War Books. An Annotated Bibliography of Books about the Great War*, London: Greenhill Books.
Frankau, Gilbert (1920), *Peter Jackson, Cigar Merchant. A Romance of Married Life*, London: Hutchinson.
Fussell, Paul (1975), *The Great War and Modern Memory*, New York: Oxford University Press.

Graves, Robert (1929, 1957), *Good-bye to All That*, Harmondsworth: Penguin.
Hager, Philip E., Desmond Taylor, eds. (1981), *The Novels of World War I. An Annotated Bibliography*, New York: Garland.
Holderness, Graham (1982), *D. H. Lawrence. History, Ideology and Fiction*, Dublin: Gill and Macmillan.
Hynes, Samuel (1990), *A War Imagined. The First World War and English Culture*, London: Bodley Head.
Jerrold, Douglas (1930), *The Lie about the War. A Note on Some Contemporary War Books*, London: Faber & Faber.
Klein, Holger, ed. (1976), *The First World War in Fiction. A Collection of Critical Essays*, London: Macmillan.
Kosok, Heinz (1983), »Die britische und anglo-irische Literatur,« in Thomas Koebner, ed., *Zwischen den Weltkriegen. Neues Handbuch der Literaturwissenschaft*, vol. 20, Wiesbaden: Athenaion, 417–454.
Kosok, Heinz (1993), »Aspects of Presentation, Attitude and Reception in English and Irish Plays about the First World War,« in Franz Karl Stanzel, Martin Löschnigg, eds., *Intimate Enemies. English and German Literary Reactions to the Great War 1914–1918*, Heidelberg: Winter, 343–364.
Lawrence, D. H. (1981), *The Letters*, vol. 2, ed. George J. Zytaruk, James T. Boulton, Cambridge: Cambridge University Press.
Lawrence, D. H. (1984), *The Letters*, vol. 3, ed. James T. Boulton, Andrew Robertson, Cambridge: Cambridge University Press.
Lawrence, D. H. (1920, 1987), *Women in Love*, ed. David Farmer, Lindeth Vasey, John Worthen, Cambridge: Cambridge University Press.
Lawrence, T. E. (1926, 1976), *Seven Pillars of Wisdom. A Triumph*, London: Cape.
Mansfield, Katherine (1993), *The Collected Letters*, ed. Vincent O'Sullivan, Margaret Scott, vol. 3, Oxford: Clarendon Press.
Mowry, George, ed. (1963), *The Twenties. Fords, Flappers & Fanatics*, Englewood Cliffs: Prentice-Hall.
O'Casey, Sean (1928, 1952), *The Silver Tassie*, in S. O'C., *Collected Plays*, vol. 2, London: Macmillan, 1–111.
Onions, John (1990), *English Fiction and Drama of the Great War 1918–39*, Basingstoke: Macmillan.
Partridge, Eric (1930), »The War Continues,« *The Window* 1, 62–85.
Pound, Ezra (1928, 1948), *Selected Poems*, ed. T. S. Eliot, London: Faber & Faber.
Raitt, Suzanne, Trudi Tate, eds. (1997), *Women's Fiction and the Great War*, Oxford: Clarendon Press.
Raymond, Ernest (1922, 1947), *Tell England*, London: Cassell.
Rutherford, Andrew (1978), *The Literature of War. Five Studies of Heroic Virtue*, London: Macmillan.
Schultze, Bruno (1977), »Der englische Kriegsroman in den Zwischenkriegsjahren,« in B. S., *Studien zum politischen Verständnis moderner englischer Unterhaltungsliteratur*, Heidelberg: Winter, 94–159.
Schrader, Bärbel, ed. (1992), *Der Fall Remarque. Im Westen nichts Neues. Eine Dokumentation*, Leipzig: Reclam.
Sitwell, Osbert (1923), »The War-Horse Chants,« in O. S., *Out of the Flame*, London: Grant Richards, 57.
Stanfield, Paul Scott (1988), *Yeats and Politics in the 1930s*, Basingstoke, London: Macmillan.
Symons, Julian (1972), *Bloody Murder. From the Detective Story to the Crime Novel: A History*, London: Faber & Faber.
Trewin, John C. (1958), *The Gay Twenties. A Decade of the Theatre*, London: Macdonald.
Turner, John, ed. (1988), *Britain and the First World War*, London: Unwin Hyman.

Vondung, Klaus, ed. (1980), *Kriegserlebnis. Der Erste Weltkrieg in der literarischen Gestaltung und symbolischen Deutung der Nationen*, Göttingen: Vandenhoeck & Ruprecht.
Wodehouse, P. G. (1924, 1953), *The Inimitable Jeeves*, Harmondsworth: Penguin.
Woolf, Virginia (1925, 1966), »Modern Fiction,« in V. W., *Collected Essays*, vol. 2, ed. Leonard Woolf, London: Hogarth Press, 103–110.
Woolf, Virginia (1927, 1992), *To the Lighthouse*, ed. Susan Dick, Oxford: Blackwell.
Woolf, Virginia (1928, 1949), *Orlando. A Biography*, London: Hogarth Press.
Yeats, William Butler, ed. (1936, 1955), *The Oxford Book of Modern Verse 1892–1935*, Oxford: Clarendon Press.
Yeats, William Butler (1983, 1993), *The Collected Poems. A New Edition*, ed. Richard J. Fineran, Basingstoke: Macmillan.

Kapitel 4

Die Großstadt als Alptraum und als Emanzipationsraum
von ULRICH BROICH

1.

Die Kultur der Zwanziger Jahre war noch mehr als die Kultur früherer Epochen eine Kultur der Metropolen. Die großen Städte erlebten in diesem Zeitraum einen erneuten Wachstumsschub, und sie übten eine besondere Anziehungskraft auf junge Menschen aus, die erkannt hatten, daß das von ihnen ersehnte freiere Leben jenseits der traditionellen gesellschaftlichen, moralischen und sexuellen Bindungen auch nach dem Ersten Weltkrieg nur in der Großstadt möglich war. Wenn wir heute diese Dekade als ›*Gay Twenties*‹ oder ›Goldene Zwanziger‹ bezeichnen, meinen wir damit eine Lebensform, die es eigentlich nur in der Großstadt gab. Schließlich war auch der sogenannte ›Modernismus‹ dieser Zeit ein typisches Produkt der Metropolen und spiegelte allein schon in seiner Form die Diskontinuität der Großstadtwahrnehmung wider. Malcolm Bradbury konnte daher mit Recht sagen: »[...] Modernism found its natural habitat in cities [...]« (Bradbury/McFarlane 1986, 95).

Dies gilt auch für England. London war nicht nur – weit mehr als etwa Berlin in Deutschland – das Zentrum des gesamten kulturellen Lebens des Landes, wo nahezu alles, was in England an Theatern, Museen, Verlagen, Zeitungen usw. zählte, seinen Sitz hatte. Es war vielmehr darüber hinaus – und das bereits seit den 90er Jahren – der große Magnet für avantgardistische Denker und Künstler nicht nur aus dem Inland, sondern auch aus dem Ausland. T. S. Eliot und Ezra Pound kamen von Amerika nach London, wobei Pound dort allerdings nur bis 1921 verweilte, um der noch größeren Anziehungskraft der Metropole Paris nachzugeben. Wyndham Lewis, der die kulturelle Szene Londons in dieser Zeit so stark prägte und 1914 dort den *vorticism* begründete, war auf der Yacht seines amerikanischen Vaters vor der kanadischen Atlantikküste geboren; die meisten anderen Vortizisten waren aus dem Ausland nach London gekommen. Auch der Ire O'Casey siedelte, von seinem Dubliner Publikum enttäuscht, 1926 von Irland nach London über. Zugleich war London schon seit der ersten Dekade des Jahrhunderts Ort der avantgardistischen Gruppenbildung, wo über eine neue Kunst und Literatur diskutiert wurde, so etwa in der bereits seit 1905 bestehenden *Bloomsbury Group* oder im Vortizismus. Auch andere europäische Metropolen wurden in den Zwanziger Jahren zu Zentren avantgardistischer Gruppen.

Diese Entwicklung hatte in vielen Ländern die Entstehung einer Reihe von miteinander verbundenen Großstadtdiskursen zur Folge, in denen versucht wurde, die Großstadt und ihre Wirkung auf das Leben und die Wahrnehmung der Menschen zu beschreiben, aber auch die Problematik dieser Lebensform sichtbar zu machen. So entstanden in den Zwanziger Jahren Filme, in denen der einzelne Mensch in den Hintergrund trat und in denen die Großstadt zum eigentlichen Protagonisten wurde, wie etwa *Metropolis* (1926) von Fritz Lang, *Berlin, die Sinfonie einer Großstadt* (1927) von Walther Ruttmann und Sergej Eisensteins *Oktober* (1928) (vgl. Minden 1985). Die Malerei hatte im 19. Jahrhundert das Thema Großstadt eher gemieden; seit dem Beginn des Modernismus wurden Großstadt und Großstadterfahrung jedoch zunehmend Gegenstand von Bildern, die im Gegensatz zur ›*landscape*‹ als ›*cityscape*‹ bezeichnet wurden. Hier sind etwa die apokalyptischen Stadtlandschaften Ludwig Meidners oder die Stadtbilder von Emile Delaunay und Umberto Boccioni zu nennen (vgl. Whitford 1985). Schließlich entstand in den Zwanziger Jahren – nach dem Vorbild von Andrej Belyjs *Peterburg* (1913) – eine besondere Form des Romans, in dem nicht primär die Schicksale einzelner Charaktere erzählt wurden, sondern in der die Großstadt zugleich Protagonist und eigentliches Thema war und überdies das Formprinzip lieferte. Die bekanntesten dieser Großstadtromane sind John Dos Passos' *Manhattan Transfer* (1925) und Alfred Döblins *Berlin Alexanderplatz* (1929).

Auch außerhalb der Künste beschäftigten sich die verschiedensten Diskurse in wachsendem Maße mit der Großstadt. Bekannt sind die enthusiastischen Äußerungen des italienischen Futuristen Tommaso Marinetti über die Großstadt als traditionsbrechenden, der futuristischen Kunst kongenialen Lebensraum wie z.B. die folgende:

> [...] Beschleunigung des Lebens, das heute einen raschen Rhythmus hat. [...] Vielseitige und gleichzeitige Bewußtseinslagen in ein und derselben Person. [...] Liebe zum Neuen, zum Unvorhergesehenen. [...] Begeisterung für die Stadt. Überwindung der Entfernungen und der sehnsüchtigen Einsamkeit. Verspottung der *himmlischen Ruhe im Grünen* und der unantastbaren Landschaft. [...] Gewöhnung an die verkürzten Ansichten und optischen Synthesen, die von der Geschwindigkeit der Züge und Autos erzeugt werden, [...] Liebe zur Geschwindigkeit, zur Abkürzung und zum Resümee. »Erzähl mir schnell alles, *in zwei Worten*.« (Marinetti 1972, 120ff.)

Auch Döblin hat sich immer wieder positiv zur Großstadt als Lebensform geäußert. So schreibt er etwa im Jahre 1924:

> Die Städte sind Hauptorte und Sitze der Gruppe Mensch. Sie sind der Korallenstock für das Kollektivwesen Mensch. Hat es da einen Sinn, Land und Stadt gegenüberzustellen. Man kann an den Städten manches schwach oder gefährlich finden, man kann in dem Streit der Triebe, die in den Städten arbeiten, Partei ergreifen. Man kann aber nicht die Städte selbst, die Brennpunkte des Gesellschaftstriebes, ablehnen, oder überhaupt bewerten. (Döblin 1989, 180f.)

Die Großstadt als Alptraum und als Emanzipationsraum

Umberto Boccioni, »La strada entra nella casa« (»Die Straße dringt ins Haus«).

In den Zeitungen entwickelte sich in den Zwanziger Jahren so etwas wie eine Großstadtreportage, in der die Verfasser versuchten, anhand von Berichten über ein bestimmtes Thema etwas von der Faszination, dem Tempo, dem Kontrastreichtum, aber auch der Inhumanität der Großstadt als Lebensraum einzufangen. Als Beispiel mögen hier die Reportagen dienen, die Joseph Roth, Bernard von Brentano und Siegfried Kracauer in den Zwanziger Jahren für die *Frankfurter Zeitung* in Berlin und über Berlin schrieben (vgl. Prümm 1988). Auch in der Soziologie entsteht in dieser Zeit eine Teildisziplin, die bald als ›urban sociology‹ bezeichnet wurde. Schon vor der und um die Jahrhundertwende hatten sich deutsche Soziologen mit dem Thema Großstadt beschäftigt. Auch über Deutschland hinaus einflußreich wurde Georg Simmels wegweisender Aufsatz »Die Großstädte und das Geistesleben« (1903), der den Versuch machte, jenseits von Großstadtverdammung oder -euphorie die typischen Strukturen urbanen Lebens und Erlebens wissenschaftlich zu beschreiben. In den Zwanziger Jahren entstand dann in den USA die Stadtsoziologie als eigene Teildisziplin, wobei die Schule von Chicago die Führung übernahm.

Im Gegensatz dazu bildete sich gleichzeitig ein kulturkritischer Diskurs heraus, in dem Kulturphilosophen die Großstadt als Lebensraum diskutierten und eine zunehmend negative Bilanz zogen. Hier gingen starke Einflüsse – weit über Deutschland hinaus – von Nietzsche aus. Nietzsche steht sicher auch im Hintergrund des in den Zwanziger Jahren am meisten diskutierten kulturphilosophischen Buches: Oswald Spenglers *Der Untergang des Abendlandes* (1918/22), in englischer Übersetzung unter dem Titel *The Decline of the West* (1926). Diesem Buch liegt bekanntlich die These zugrunde, daß Kulturen den gleichen Wachstumsgesetzen unterworfen sind wie organische Wesen und daß in Kulturen die Phasen Frühzeit – Blütezeit – Niedergang – Untergang ebenso mit Notwendigkeit aufeinander folgen wie die Jahreszeiten und die Lebensphasen in der Natur. Dabei ist Spengler vor allem an den Phasen des Nieder- und Untergangs interessiert. Er analysiert die Spätstufen mehrerer älterer Kulturen wie den Hellenismus und die späte Kaiserzeit in Rom, stellt dabei diesen Stufen gemeinsame Symptome des Niedergangs heraus und findet diese in der abendländischen Kultur wieder. Als wichtigste Symptome erscheinen hier die Herausbildung der Riesenstädte und die in ihrem Gefolge auftretende Vermassung. So wie die Entwicklung von Megastädten wie des spätantiken Roms oder Alexandrias für Spengler ein Zeichen des kulturellen Niedergangs und des bevorstehenden Untergangs der antiken Kultur ist, so sieht er auch in den großen Metropolen seiner Zeit mit ihren nomadenhaften, parasitären Menschenmassen ein Symptom dafür, daß der Untergang des Abendlandes bevorsteht und sich mit gesetzlicher Notwendigkeit ereignen wird. So schreibt Spengler:

> Der Steinkoloß ›Weltstadt‹ steht am Ende des Lebenslaufes einer jeden großen Kultur. [...] Jetzt beginnen die alten gewachsenen Städte [...] sich in das verödende Land hineinzufressen, das ehrwürdige Antlitz der alten Zeit durch Umbauten und Durchbrüche zu zerstören. [...] Ich sehe – lange nach 2000 – Stadtanlagen für zehn bis zwanzig Millionen Menschen, die sich über weite Landschaften verteilen, mit Bauten, gegen welche die größten der Gegenwart zwerghaft wirken, und Verkehrsgedanken, die uns heute als Wahnsinn erscheinen würden.

[...]
Damit findet die Geschichte der Stadt ihren Abschluß. Aus dem ursprünglichen Markt zur Kulturstadt und endlich zur Weltstadt herangewachsen, bringt sie das Blut und die Seele ihrer Schöpfer dieser großartigen Entwicklung und deren letzter Blüte, dem Geist der Zivilisation zum Opfer und vernichtet damit zuletzt auch sich selbst. (Spengler 1922, vol. 2, 117–119, 127)

Dem gleichen kulturkritischen Diskurs dieser Zeit gehört José Ortega y Gassets in Europa vieldiskutiertes Buch *La rebellión de las masas* (*Der Aufstand der Massen*) an, von dem Teile seit 1926 in Zeitungen erschienen und das 1930 in Buchform publiziert wurde. Zwar geht es Ortega nicht primär um die Großstadt als Ganzes, sondern um die durch sie bewirkte Vermassung; überdies ist seine Sicht nicht so apokalyptisch und pessimistisch wie die Spenglers. Aber auch dieses Buch ist charakteristisch für eine europaweit immer negativer gewordene Sicht des Phänomens Großstadt in den Zwanziger Jahren.

Diese und andere Texte zeigen, daß in dieser Dekade im Gefolge von Kulturphilosophen wie Spengler und Bergson der *grand récit* von Aufklärung, Fortschritt und Demokratie – das heißt: die Modernisierung – zunehmend in Frage gestellt und die Sicht der eigenen Zeit zunehmend kritischer wurde. Solche negativen Visionen von einer durch Industrialisierung und das Wuchern der Metropolen ruinierten und durch die Massen beherrschten Welt stehen in dieser Zeit unvermittelt neben euphorischen Visionen dieser Zeit als ›Goldene Zwanziger‹ oder ›Roaring Twenties‹.

2.

Man könnte sich hier fragen, warum die bisher genannten Namen von Romanautoren, Regisseuren, Malern, Journalisten, Soziologen[1] und Kulturphilosophen durchweg nicht die Namen von Engländern waren. Darauf ist zunächst zu antworten, daß es im England der Zwanziger Jahre keine so genialen Großstadtfilme wie Langs *Metropolis*, keine so obsessiv vom Thema Großstadt beherrschten Romane wie Dos Passos' *Manhattan Transfer* und keine so apokalyptischen Verdammungen der Großstadt wie Spenglers *Untergang des Abendlandes* zu geben scheint. Bedeutet dies, daß in der so außerordentlich stark von der Großstadt geprägten

---

[1] In Großbritannien gab es zwar seit Anfang des Jahrhunderts vielfältige Überlegungen zur menschenwürdigen Planung von Großstädten, die sich etwa in der *Garden City*-Bewegung oder in dem damals wegweisenden Buch des Schotten Patrick Geddes, *Cities in Evolution* (1915) niederschlugen. Aber erst der Amerikaner Lewis Mumford, ein Schüler von Geddes, verband den stadtplanerischen mit dem stadtsoziologischen Diskurs. Bezeichnend für die Verdüsterung der Weltsicht nach dem Ersten Weltkrieg ist, daß Mumfords *The Culture of Cities* (1938) weit kritischer gegenüber der Großstadt und gegenüber den Möglichkeiten menschlicher Planung ist als das vor dem Krieg verfaßte Buch seines Lehrers Geddes.

englischen Kultur der Zwanziger Jahre die Großstadt selbst gleichwohl kaum zum Thema und zum Problem wurde?

Es spricht einiges dafür, daß die Situation in England anders war als in anderen Ländern. London hatte die größten Wachstumsschübe schon seit geraumer Zeit hinter sich, während andere Metropolen auch in den Zwanziger Jahren noch stürmisch wuchsen. So hatte London im Jahre 1901 4.536.000, im Jahre 1920 4.484.500 Einwohner (*Brockhaus* 1955, vol. 7, 310), Zahlen, aus denen allerdings das Wachstum von *suburbia* rund um London herum nicht deutlich wird. New York City wuchs dagegen von 4.767.000 im Jahre 1910 auf 6.929.000 Einwohner im Jahre 1930 (vol. 8, 370), Berlin von 1.907.000 im Jahre 1919 auf 4.339.000 im Jahre 1939 (vol. 2, 22) und Rom von 590.000 im Jahre 1910 auf mehr als eine Million im Jahre 1931 (vol. 10, 52). Vielleicht ist die höhere Wachstums- und Veränderungsgeschwindigkeit der Hauptstädte auf dem europäischen Kontinent und New Yorks mit ein Grund dafür, daß die Thematisierung der Großstadt bei Dos Passos und Döblin, bei Marinetti und Spengler soviel massiver und zentraler als in England war. Es spielt aber sicher auch eine Rolle, daß das London der Zwanziger Jahre nicht durch den gleichen Gegensatzreichtum und die gleiche anarchische Vitalität gekennzeichnet war wie die Großstadtkultur New Yorks oder auch Berlins.

Trotzdem ist zu fragen, ob der Großstadtdiskurs in England, statt einfach auszufallen, nicht vielleicht auf eine andere, vielleicht auch auf eine verdecktere Form erfolgte. Dieser Frage soll im Folgenden näher nachgegangen werden.

3.

Zwischen der großen Stadt und dem großen Krieg gibt es erstaunliche strukturelle Homologien. Auf sie weist Lewis Mumford hin, wenn er in seinem Buch *The City in History* (1961) schreibt: »These vast urban masses are comparable to a routed and disorganized army, which has lost its leaders, scattered its battalions and companies, torn off its insignia, and is fleeing in every direction« (Mumford 1961, 541). Mumford bezieht diese Analogie nur auf eine große Armee auf der Flucht. Wenn wir aber an die Ausführungen im dritten Kapitel dieses Buches über das Erleben des *Great War* durch viele Teilnehmer denken, so läßt sich Mumfords Analogie erweitern: Dezentrierung, Diskontinuität, Anonymität und Ordnungsverlust, wie sie das Erlebnis der modernen Großstadt kennzeichnen, sind genauso kennzeichnend für das Erleben des Großen Krieges bei Autoren wie Graves oder Sassoon. Es liegt auf der Hand, daß Krieg und Großstadt wiederum Strukturhomologien zu der Kunst und Literatur des Modernismus aufweisen.

Daher ist auch die Reaktion mancher Autoren auf den Großen Krieg und auf die Großstadt ganz ähnlich. Besonders extrem ist die Reaktion von Yeats. In Kapitel 1 war eine Äußerung von Yeats zum Krieg als Gegenstand von Erinnerung – und Dichtung – zitiert worden: »If war is necessary, or necessary in our time and place, it is best to forget its suffering [...]« (Yeats 1955, xxxivf.). Ganz ähnlich hat

Yeats auch die Großstadt als Gegenstand der Dichtung abgelehnt. In den Dreißiger Jahren kritisierte er junge Dichter, »[who] are determined to express the factory, the metropolis, that they may be modern« (Yeats 1961, 525); und er fährt fort: »When I stand upon O'Connell Bridge in the half-light and notice that discordant architecture, all those electric signs, where modern heterogeneity has taken physical form, a vague hatred comes up out of my own dark [...]« (Yeats 1961, 526). In der Tat hat wohl kein anderer der großen modernistischen Dichter die verhaßte Großstadt als Gegenstand der Dichtung so konsequent gemieden wie Yeats.[2]

Eine ganz ähnliche Großstadtvermeidung finden wir aber auch in weiten Bereichen der Trivial- und Unterhaltungsliteratur der Zwanziger Jahre. Wie für viele dieser Texte der Große Krieg nie geschehen war, so spielen sie auch mit Vorliebe in einem *Rural England*, wo die Natur und die soziale Hierarchie noch intakt sind. Viele der Detektivromane dieser Zeit zeichnen das Bild einer ländlichen *gentry*, deren Mitglieder es immer noch nicht nötig haben, ihren Lebensunterhalt selbst zu verdienen, und denen das umfangreiche Dienstpersonal jeden Handgriff abnimmt; nur der Zug nach London, der mehrmals am Tag in der kleinen Station des Dorfes hält, erinnert daran, daß es noch eine andere Welt gibt.

Diese Abwendung von der Großstadt, wie wir sie in der Literatur dieser Zeit allenthalben finden, haben viele Schriftsteller auch in ihrem wirklichen Leben vollzogen, und für diese Autoren ist die Flucht aus der Großstadt paradoxerweise ebenso charakteristisch wie die am Anfang dieses Kapitels erwähnte Bewegung nach London.

Yeats floh vor der Großstadt in seinen einsamen Turm im County Galway an der irischen Westküste. Auch D. H. Lawrence war ständig auf der Flucht vor einer durch Urbanisierung, Industrialisierung und Verkopfung bestimmten Welt und auf der Suche nach ursprünglicheren Lebensformen, die er in Etrurien, Australien, Neuseeland und New Mexico suchte. Ganz ähnlich führte Aldous Huxley sein unstetes Wanderleben u.a. nach Frankreich, Italien, Neuseeland, New Mexico und nach Zentralamerika, bis er sich schließlich in Kalifornien niederließ.

Auch in den Werken dieser Autoren wird die Flucht aus der Großstadt – und aus England – sowie die Suche nach alternativen, nichturbanen Lebensräumen immer wieder thematisiert. Bei Yeats ist dieses Thema geradezu eine Konstante in seiner gesamten Dichtung. Schon sein frühes Gedicht »The Lake Isle of Innisfree« (1890) ist einem Sprecher in den Mund gelegt, der »on the pavements grey« einer Großstadt steht, aber mit seiner Imagination in die alternative Welt der irischen Natur flieht:

I will arise and go now, and go to Innisfree,
And a small cabin build there, of clay and wattles made:
Nine bean-rows will I have there, a hive for the honey-bee,
And live alone in the bee-loud glade.
And I shall have some peace there, for peace comes dropping slow [...] (Yeats 1993, 39)

---

[2] Von London sagte Yeats: »I have never liked London« (Yeats 1955, 322). Nach Spears war Yeats von einem »hatred of the literal city« besessen (Spears 1970, 75).

Auch in Yeats' Gedichten aus den Zwanziger Jahren findet sich diese Flucht der Imagination, so etwa in seinen beiden Byzanz-Gedichten. Allerdings flieht der Sprecher in »Sailing to Byzantium« (1927) mit Hilfe seiner Imagination nicht in einen Naturraum, sondern in eine Metropole. Aber dieses antike Byzanz mit seiner hieratisch-statischen Kunst und seiner hierarchischen Gesellschaftsordnung kann durchaus als Gegenraum nicht nur zur Natur, sondern auch zur modernen Großstadt mit ihrer anarchischen Vitalität und als Verkörperung einer von Yeats als chaotisch angesehenen modernen Demokratie betrachtet werden. Auch die irische Mythologie und das Reich des Okkulten sind solche Fluchträume in der Lyrik von Yeats.

Während Yeats in seiner Lyrik die Großstadtflucht mit Hilfe der Imagination thematisiert, läßt D. H. Lawrence in seinen Romanen und Kurzgeschichten seine Charaktere diese Flucht immer wieder tatsächlich vollziehen. Als ein Beispiel, das für viele andere Texte von Lawrence stehen kann, möge hier die Kurzgeschichte »Sun« (1926) dienen. Protagonistin ist eine junge Frau namens Juliet, die durch ihr Leben in der »East Forty-Seventh« von Manhattan (Lawrence 1960, 40) und durch die Ehe mit einem New Yorker Geschäftsmann krank geworden ist und der die Ärzte einen längeren Sizilienaufenthalt empfohlen haben. Die Geschichte erzählt nun ausführlich, wie Juliet die ursprüngliche sizilianische Natur erlebt, wie sie sich immer wieder nackt der Sonne, die hier das männliche Prinzip verkörpert, aussetzt und wie sie auf diese Weise regeneriert wird: »She was like another person. She was another person« (32). Bezeichnend ist dabei, daß nur der Gegenraum Sizilien, nicht aber New York dargestellt wird. Repräsentiert wird die Großstadt lediglich durch Juliets Haß auf sie und durch ihren Ehemann, der sie in Sizilien besucht und der durch folgende Attribute charakterisiert wird: »dark grey suit and pale grey hat« (39), »grey city face« (41), »good [...] but not a man« (38). Auf diese Weise ist die Großstadt, obwohl nie durch Beschreibungen vergegenwärtigt, in der Erzählung ständig als Gegenpol zur Natur Siziliens präsent. Juliets Flucht vor ihrem Mann und vor der Stadt, die er verkörpert, scheitert allerdings, und sie, die gern ein Kind von einem sizilianischen Bauern empfangen hätte, fügt sich schließlich resigniert in die Erkenntnis, daß auch ihr nächstes Kind das Kind ihres New Yorker Ehemanns sein wird.

4.

Trotz der Tendenz der englischen Autoren der Zwanziger Jahre, die Großstadt – ähnlich wie den Großen Krieg – zu marginalisieren oder gar auszuklammern, haben sie sich jedoch durchaus, wenn auch in der Regel weniger zentral und weniger häufig als Autoren auf dem Festland, zum Thema ›Großstadt‹ geäußert. Diese Äußerungen sind zwar in mancher Hinsicht den Großstadtdiskursen anderer Länder ähnlich, und zwar insbesondere dann, wenn deren Sicht der Großstadt kritisch war, aber sie haben darüber hinaus auch eine eigene Qualität, die vielleicht auch mit den spezifisch englischen Verhältnissen erklärt werden kann.

Betrachten wir als ein Beispiel einen Essay von D. H. Lawrence, der den charakteristischen Titel »Dull London« (1928) trägt. In diesem Essay charakterisiert Lawrence ohne Scheu vor Redundanzen London immer wieder als »dull«: »It is dull! It is all dull!« (Lawrence 1968, 559) und kontrastiert dann das London der Vorkriegszeit mit dem London der Gegenwart:

> Twenty years ago London was to me thrilling, thrilling, thrilling, the vast and roaring heart of all adventure. [...] But now all the adventure seems to me crushed out of London. [...] The traffic of London used to roar with the mystery of man's adventure on the seas of life, like a vast sea-shell, murmuring a thrilling, half-comprehensible story. Now it booms like monotonous, far-off guns, in a monotony of crushing something, crushing the earth, crushing out life, crushing everything dead. (560)

Während das London der Jahrhundertwende also durchaus als »thrilling« und lebendig erscheint, wird das London der Zwanziger Jahre, das, wie wir gesehen haben, nicht mehr nennenswert wuchs, als »dull« und als »dead« gekennzeichnet (und bezeichnenderweise mit dem Krieg assoziiert). Dabei verweigert Lawrence jegliche Beschreibung dieser ›toten‹ Stadt. Dem entspricht auch ein Vergleich zwischen London und amerikanischen Großstädten, der sich in Lawrences Essay »On Coming Home« (1923) findet: »Landing in San Francisco gave me the feeling of intolerable crackling noise. But London gives me a dead muffled sense of stillness, as if nothing had any resonance. Everything muffled, or muted, and no sharp contact, no sharp reaction anywhere. As if the traffic went on deep sand, heavily, straining the heart, and hushed« (Lawrence 1988, 178). Wenn Lawrence London auf diese Weise charakterisiert, würde man kaum auf den Gedanken kommen, daß für andere Zeitgenossen London den Geist der *Roaring Twenties* verkörperte! Im Gegensatz dazu steht das Bild New Yorks in Dos Passos' *Manhattan Transfer* und das Bild Berlins in Döblins *Berlin Alexanderplatz* oder in den Reportagen von Joseph Roth, das Bild von lauten, rapide expandierenden und sich verändernden, lebendigen Metropolen, die zwar auch – und vor allem bei Dos Passos – kritisch gesehen werden, die aber alles andere als »dull« sind und die den Autoren auch eingehende Beschreibungen wert sind.

Weiter oben war darauf hingewiesen worden, daß die Einwohnerzahl im eigentlichen Stadtgebiet von London – im Gegensatz zu anderen Metropolen – in den Zwanziger Jahren nicht mehr nennenswert wuchs, daß dafür aber der Gürtel von Vorstädten außerhalb des Stadtgebiets immer weiter in die *home counties* hineinwucherte. Auch dieses *suburbia* wird von den englischen Autoren dieser Zeit immer wieder kritisch angesprochen (vgl. Carey 1992, 46–70). Als Beispiel diene eine Stelle aus dem satirischen Roman *Vile Bodies* (1930) von Evelyn Waugh, der auch als Großstadtroman sui generis bezeichnet werden kann. Als Nina und Ginger auf ihrer Hochzeitsreise London in einem Flugzeug verlassen, bietet sich ihnen der Vorortgürtel der Stadt folgendermaßen dar: »Nina looked down and saw inclined at an odd angle a horizon of straggling red suburb; arterial roads dotted with little cars; factories, some of them working, others empty and decaying; a disused canal; some distant hills sown with bungalows; wireless masts and overhead power cables. [...] ›I think I'm going to be sick,‹ said Nina« (Waugh 1949, 192f.).

Solche Ansätze zu mimetischen Beschreibungen der Stadtlandschaften finden sich allerdings bei englischen Autoren dieser Zeit selten, ganz im Gegensatz zu den Großstadtromanen des 19. Jahrhunderts. Dies wird besonders deutlich in Aldous Huxleys *Point Counter Point* (1928). Dieser Roman kann in mancher Hinsicht durchaus als Großstadtroman bezeichnet werden. Der größte Teil der Handlung spielt in London, bei der Mehrzahl der Charaktere handelt es sich um Großstadtintellektuelle, und überdies spiegelt der Roman auch in seiner Struktur die Struktur der modernen Großstadt wider: Es handelt sich – wie bei *Manhattan Transfer* – um einen Roman ohne Zentralfigur, und der Fokus wechselt mit harten Schnitten immer wieder von einer Figur zur anderen. Mit dieser polyphonen Struktur (auf die sich auch der Titel des Romans bezieht) versucht Huxley ganz ähnlich wie Dos Passos, die Flüchtigkeit und Oberflächlichkeit menschlicher Beziehungen im großstädtischen Raum sichtbar zu machen. Mit Dos Passos – und Spengler – gemein hat Huxleys Roman schließlich auch die kritische Sicht der Großstadtzivilisation: Diese Menschen, so zeigt der Roman, sind nur noch Kopf, sie sind unfähig zu kommunizieren und zu leben, sie repräsentieren eine Zivilisation vor ihrem Untergang. Sprachrohr dieser apokalyptischen Sicht der Großstadt innerhalb des Romans ist der Maler Mark Rampion, der bekanntlich in mancher Hinsicht D. H. Lawrence nachgebildet ist. Ein entscheidender Unterschied zu Großstadtromanen wie denen von Döblin oder Dos Passos besteht jedoch darin, daß die Figuren fast nur im Gespräch vorgeführt werden und daß die physische Präsenz der Großstadt kaum jemals sichtbar oder fühlbar wird.

Ein wenig anders ist dies in D. H. Lawrences *Women in Love* (1920), obwohl dieser Roman nur in wenigen Kapiteln in London spielt. In diesen Kapiteln wird nicht nur die Londoner Boheme dargestellt, eine Welt junger Männer und Frauen, die, befreit von traditionellen Bindungen, mit neuen Formen der Kunst und der Sexualität experimentieren und die am ehesten das verkörpern, was wir heute mit Epochenbegriffen wie ›*Gay Twenties*‹ oder ›*Roaring Twenties*‹ assoziieren. Hier finden wir darüber hinaus aber auch Passagen, welche die physische Präsenz der Großstadt greifbar werden lassen.

Als Beispiel soll eine Stelle dienen, an der erzählt wird, wie Rupert Birkin und Gerald Crich mit dem Zug nach London hineinfahren:

> The evening was falling. They had passed Bedford. Birkin watched the country, and was filled with a sort of hopelessness. He always felt this, on approaching London. His dislike of mankind, of the mass of mankind, amounted almost to an illness.
> ›»Where the quiet coloured end of evening smiles
> Miles and miles —«‹
> he was murmuring to himself, like a man condemned to death. [...]
> Gerald also looked now at the country. And Birkin, who, for some reason, was now tired and dispirited, said to him:
> ›I always feel doomed when the train is running into London. I feel such a despair, so hopeless, as if it were the end of the world.‹
> ›Really!‹ said Gerald. ›And does the end of the world frighten you?‹
> Birkin lifted his shoulders in a slow shrug.
> ›I don't know,‹ he said. ›It does while it hangs imminent and doesn't fall. [...]‹

> In a few minutes the train was running through the disgrace of outspread London. [...] At last they were under the huge arch of the station, in the tremendous shadow of the town. [...]
> ›Don't you feel like one of the damned?‹ asked Birkin [...] (Lawrence 1961, 66f.)

Zwar wird auch hier die Großstadt nicht wirklich beschrieben, aber ihre physische Präsenz wird auf bedrückende Weise fühlbar, und zwar aus der Perspektive von Birkin, während sich Gerald diesem Eindruck zu entziehen vermag.

Dabei assoziiert Birkin die Großstadt auf eine für die Zwanziger Jahre typische Weise mit der verhaßten »mass of mankind« und sieht sie als Symptom des bevorstehenden Untergangs – nicht, wie bei Spengler, des Untergangs des Abendlands, sondern des »end of the world«. Eine Hoffnung auf ein neues Leben nach der Apokalypse könnte allerdings implizit in dem Gedicht »Love among the Ruins« von Robert Browning enthalten sein, aus dem Birkin hier zitiert. Dieses Gedicht schildert die Ruinen einer untergegangenen Stadt, die zum Teil bereits wieder von der Natur zurückerobert worden sind, und in diesen Ruinen ein Liebespaar, das anscheinend ein neues Leben führen wird. Dem entspricht es, daß Birkin und seine Freundin Ursula am Ende des Romans überleben, aber das dem Untergang geweihte England verlassen wollen, während der gegenüber Birkins apokalyptischen Visionen blinde Gerald am Schluß zugrunde geht (vgl. Broich 1991).

Als letztes Beispiel für eine apokalyptische Sicht der modernen Großstadt möge schließlich T. S. Eliots *The Waste Land* dienen, das häufig als *city-poem* charakterisiert worden ist.[3]

The Waste Land ist ein Gedicht, das auch heute noch den unvoreingenommenen Erstleser durch seine Polyphonie und Heterogenität verwirrt und schockiert. Die ›Strophen‹ und Zeilen sind von unterschiedlicher Länge, gereimte stehen neben ungereimten Partien, Alltagssprache wechselt ab mit poetischer Sprache, und in das Englische sind Zitate in französischer, deutscher, italienischer, lateinischer Sprache und Sanskrit (im ersten der beiden Motti auch zwei griechische Sätze) einmontiert. Das Gedicht ist überdies ein Mosaik von Zitaten aus Kinderliedern, Ragtime und Hochliteratur, wobei die verschiedensten Texte zu Objekten intertextueller Anleihen werden: Wagners *Tristan und Isolde*, Dantes *Divina Commedia*, die Bibel, mittelalterliche Romanzen, Shakespeare, Baudelaire und Gérard de Nerval sowie die Upanishaden und viele andere. Auch die Sprecher im Gedicht wechseln ständig: Mal ist das Ich, das spricht, eine junge Frau aus Litauen, die sich in Deutschland aufhält, mal eine junge Frau in einer Londoner Kneipe, mal ein Sprecher unbestimmten Geschlechts, den ein Kaufmann aus Smyrna verführen möchte, mal ein Mann, der an einem verschmutzten Kanal angelt, aber einen König, der aus Shakespeares *Tempest* stammt, zum Bruder zu haben scheint, mal der blinde Seher Tiresias aus der antiken Mythologie und zum Schluß der Donner. Es ist verlockend, aber auch verfälschend, aus dieser Vielstimmigkeit durch Hierarchisie-

---

[3] So schreibt beispielsweise Hugh Kenner, daß *The Waste Land* »[...] was to be an urban poem, a London poem; and it was to be a poem of firm statements and strong lines, traceable to the decorums of urban satire« (Kenner 1973, 27).

rung der Stimmen Ordnung schaffen zu wollen. Dies gilt selbst für T. S. Eliots eigenen Versuch, in seinen »Notes« zu *The Waste Land* im nachhinein Tiresias zum zentralen Bewußtsein des Gedichts – und dieses auf diese Weise verständlicher – zu machen.[4]

Vielfältig sind auch die Schauplätze. Neben Schauplätzen im zeitgenössischen London stehen hier unter anderem der Münchner Hofgarten und der Starnberger See, das Ägypten Kleopatras, eine wasserlose Wüste, die Welt der Artus-Sage und der Heilige Berg Himavant im Himalaya. Es wäre ebenfalls eine Verkürzung der Polyphonie des Gedichts, die Stadt zum dominanten Schauplatz zu machen und es nur als *city poem* zu lesen.

Aber auch wenn *The Waste Land* weit mehr als ein *city poem* ist, so ist doch unbestreitbar, daß die Großstadt – und ganz besonders das moderne London – darin eine große Rolle spielen. So sind nicht nur besonders zahlreiche, sondern auch besonders eindrucksvolle Szenenfragmente in der Großstadt lokalisiert, so etwa die Schilderung der Massen, die morgens über London Bridge zur Arbeit gehen (Eliot 1954, vv. 60ff.); das Gespräch in einem Pub, in dem von Abtreibung und Liebesverlust in der Ehe die Rede ist (vv. 139ff.); die Darstellung der verschmutzten Themse (vv. 173ff.) oder der lieblose Geschlechtsakt zwischen einer »typist« und einem »young man carbuncular« (vv. 215ff.).

Dabei werden mit der Stadt London immer wieder bestimmte Attribute assoziiert. Dazu gehören vor allem die Kommunikations- und Lieblosigkeit ihrer Bewohner und das Überhandnehmen des Mülls, aber auch die Unwirklichkeit der Stadt. Dreimal kehrt das Motiv der Unwirklichkeit an verschiedenen Stellen des Gedichts wieder und gewinnt dabei die Bedeutung eines Leitmotivs:

> Unreal City,
> Under the brown fog of a winter dawn,
> A crowd flowed over London Bridge, so many,
> I had not thought death had undone so many. (vv. 60–63)

> Unreal City
> Under the brown fog of a winter noon
> Mr. Eugenides, the Smyrna merchant
> Unshaven, with a pocket full of currants
> C.i.f. London: documents at sight [...] (vv. 207–211)

> What is the city over the mountains
> Cracks and reforms and bursts in the violet air
> Falling towers
> Jerusalem Athens Alexandria
> Vienna London
> Unreal (vv. 371–376)

Wie erklärt sich diese so beharrlich betonte Unwirklichkeit der Großstadt London? Sicher zum einen durch die ›Unwirklichkeit‹ seiner Bewohner, die wie Untote

---

[4] Eliot selbst schreibt: »Tiresias, although a mere spectator [...], is yet the most important personage in the poem, uniting all the rest« (Eliot 1954, 80).

morgens zur Arbeit gehen und selbst beim Liebesakt nicht ›leben‹; zum anderen aber daraus, daß diese Stadt dem Untergang geweiht ist. Während die apokalyptische Sicht der Stadt Eliots Gedicht mit D. H. Lawrence, Dos Passos und Spengler verbindet, verweist ihre so stark betonte Unwirklichkeit bereits auf die Großstadtromane der Postmoderne. Auch bei Thomas Pynchon oder Peter Ackroyd erscheint die Großstadt nicht als Realität, sondern als Text, unter dem viele andere (Großstadt)texte liegen, ein Text, der aber letztlich nicht mehr ›lesbar‹ ist. Ganz ähnlich gestaltet Eliot seine Totenstadt London nicht durch mimetische Beschreibung, sondern durch das Zitieren anderer Texte, wobei die Großstadtlyrik Baudelaires und die Totenwelt in Dantes Inferno eine besondere Rolle spielen (vgl. Crawford 1987).

The Waste Land ist also weit radikaler als etwa *Manhattan Transfer* oder *Berlin Alexanderplatz* und scheint jede mimetische Darstellung der Großstadt zu verabschieden. Aber eben durch seine fragmentarische, dezentrierte, diskontinuierliche, eigentlich nicht mehr ›lesbare‹ Form spiegelt das Gedicht die Struktur der diskontinuierlichen, dezentrierten, nicht mehr ›lesbaren‹ Großstadt unserer Zeit wider. Schon Ezra Pound erkannte dies, als er in einem Kommentar zu *The Waste Land* schrieb: »The life of the village is narrative [...] In a city the visual impressions succeed each other, overlap, overcross, they are cinematographic« (zit. nach H. Williams 1973, 15). Seine tiefe Ablehnung der Großstadt führte Eliot später zu der Forderung, daß die Mehrzahl der Menschen auf dem Land, und zwar in kulturell und religiös möglichst homogenen Gemeinschaften, leben sollten, in denen für die Juden, die für Eliot die wurzellose Großstadtgesellschaft repräsentierten, kein Platz war.[5]

5.

Abschließend soll von zwei Autoren die Rede sein, deren Großstadtdarstellung zwar auch mit den Sätzen Ezra Pounds charakterisiert werden kann, aber nicht in gleicher Weise von einer apokalyptischen Verdammung geprägt ist.

Bei dem ersten dieser beiden Autoren, James Joyce, war die Großstadt Dublin auch in seinen früheren Werken weit mehr als nur Schauplatz und Hintergrund gewesen. So werden die Kurzgeschichten in der Sammlung *Dubliners* (1914) dadurch zusammengehalten, daß ihr eigentliches Thema Dublin ist. Dabei erscheint das »Dublin der Gegenwart [als] ein Reich der Toten« (Rauter 1973, 142). Und Joyce selbst bemerkt dazu in einem seiner Briefe: »I chose Dublin for the scene because that city seems to me the centre of paralysis«, das Zentrum einer Paralyse, die seiner Meinung nach ganz Irland befallen hat (Joyce 1966, 134). Damit wäre

---

[5] Vgl. z.B. *After Strange Gods* (Eliot 1934, insb. 20). In diesen Vorstellungen wurde Eliot bekanntlich von den *Southern Agrarians*, aber auch vom französischen Faschismus beeinflußt.

Joyces Sicht der Großstadt sehr ähnlich der von T. S. Eliot oder D. H. Lawrence, bei denen London ebenfalls als eine Stadt der Toten – oder Untoten – erscheint.

Wie *Dubliners* und *A Portrait of the Artist as a Young Man* spielt dann auch *Ulysses* (1922) in Dublin und schildert die ›Irrfahrten‹ des modernen Odysseus Leopold Bloom in eben dieser Stadt. Dabei ist es sicher nicht ohne Bedeutung, daß Joyce den Roman nicht in der Gegenwart, sondern im Jahre 1904 spielen läßt, als Dublin, an Größe ohnehin nicht mit London vergleichbar, kleiner als im Jahre 1922[6] und noch nicht die Metropole eines souveränen Staates war.

Da hier nicht der Platz ist, die Bedeutung von Dublin für den gesamten Roman zu analysieren, wollen wir uns auf das Kapitel ›Wandering Rocks‹ (»Irrfelsen«), das gegen drei Uhr nachmittags spielt, beschränken. Dieses Kapitel schildert, wie eine Vielzahl von Menschen durch das nachmittägliche Dublin wandert, und es tut dies nicht in Form einer zusammenhängenden Erzählung, sondern durch die Montage einzelner Momentaufnahmen, in deren Mittelpunkt jeweils eine Figur steht, worauf ein Schnitt erfolgt und anschließend eine andere Figur in den Mittelpunkt tritt. Hier wird etwas von der Vielstimmigkeit und Dezentriertheit der modernen Stadt deutlich, und zwar in einer Struktur, welche die diskontinuierliche Großstadtdarstellung in *Manhattan Transfer* vorwegnimmt.

Neben diesen zentrifugalen Elementen enthält das Kapitel aber auch zentripetale Elemente. Die Wege der einzelnen Figuren überkreuzen sich immer wieder; und während die Wege von Leopold Bloom und Stephen Dedalus sich zwar überschneiden, die beiden sich aber nicht treffen, treffen andere Figuren immer wieder aufeinander, grüßen sich, reden miteinander, so daß man den Eindruck erhält, daß Dublin nichts von der Anonymität einer modernen Großstadt hat. Überdies werden in diesem Kapitel zwei ›Wanderungen‹ privilegiert. Hier handelt es sich zum einen um den Gang des Geistlichen Father Conmee durch die Straßen Dublins. Dieser Gang wird nicht nur besonders ausführlich geschildert, vielmehr erscheint Father Conmee auch in den meisten Passagen, die anderen ›Wanderern‹ gewidmet sind. Zentripetal wirkt Father Conmee überdies auch dadurch, daß er nahezu jeden kennt und immer wieder gegrüßt wird. Zum anderen wird das Kapitel zusammengehalten durch die Fahrt des englischen *Lord Lieutenant* durch die Straßen von Dublin, die von allen anderen Charakteren gesehen und kommentiert wird. Indem auf diese Weise dem Vertreter der geistlichen und dem der weltlichen Macht in Dublin besondere Bedeutung gegeben wird, erfolgt geradezu eine – allerdings ironisch gemeinte – Hierarchisierung der Figuren. Als weitere zentripetale Motive können Blooms Zettel, der den Liffey hinunterschwimmt und mehrfach erwähnt wird, sowie die wandernde Reklame angesehen werden.

Das Dublin in *Ulysses* ist mithin in diesem Kapitel keine Großstadt, die durch Unübersichtlichkeit, Anonymität und Ordnungslosigkeit gekennzeichnet ist, son-

---

[6] Dublin City hatte 1901 290.638 und 1926 316.693 Einwohner. Demnach wuchs Dublin in den ersten 25 Jahren dieses Jahrhunderts leicht, während die Einwohnerzahl Irlands insgesamt zurückging. Aber dieses Wachstum bleibt weit hinter dem etwa von New York, Paris, Berlin oder Rom zurück (Ireland. *Census* 1934, 15).

dern eine zumindest für den Erzähler und den Leser überschaubare, ja sogar provinzielle Stadt. Das Bild der großen Stadt ist also hier ein ganz anderes als in *Women in Love* oder *The Waste Land* und hat keineswegs alptraumhafte Züge. Dies ist gewiß nicht nur damit zu erklären, daß das Dublin des Jahres 1904 eine weitaus kleinere Stadt als das London der Zwanziger Jahre war, sondern auch damit, daß Joyce ein anderes, letztlich positiveres Verhältnis zur Stadt hatte als Yeats, D. H. Lawrence, T. S. Eliot oder auch John Dos Passos.

Man könnte dies auch in Joyces Lebensweg bestätigt sehen. Zwar kehrte er seiner Heimatstadt Dublin dauerhaft den Rücken und war wie die meisten Modernisten ein Heimatloser, der sein Domizil häufig wechselte. Dabei suchte er allerdings keineswegs wie Yeats oder D. H. Lawrence die von der urbanen und industriellen Zivilisation noch nicht zerstörte Natur, sondern ließ sich immer wieder in Städten nieder – bezeichnenderweise allerdings nicht nur in einer Metropole wie Paris, sondern auch wiederum in Städten mit einer geringeren Größe und einer gewissen Provinzialität: in Zürich und in Triest.

Auch Virginia Woolf, die den größten Teil ihres Lebens in London verbrachte, war durch und durch Großstädterin. Und so spielen auch mehrere ihrer Romane in London, in besonderem Maße natürlich *Mrs. Dalloway* (1925).

In *Mrs. Dalloway* ist die Großstadt zwar nicht Protagonist und Thema wie etwa in *Manhattan Transfer*, und Virginia Woolf geht es in diesem Roman auch nicht darum, ein mimetisches Bild Londons zu liefern. Im Mittelpunkt des Romans stehen vielmehr die Handlungen, Gedanken und Gefühle der Protagonistin Clarissa Dalloway. Trotzdem weist der Roman schon in seinem Kompositionsprinzip weit über die Titelheldin hinaus. Wie *Ulysses* spielt *Mrs. Dalloway* an einem einzigen Tag und in einer einzigen Stadt; und indem der Roman den Wanderungen nicht nur Clarissas, sondern auch denen zahlreicher anderer Charaktere durch London folgt, wobei zahlreiche Straßen, Parks, Geschäfte, Restaurants und Privathäuser in den Blick kommen, entsteht durchaus so etwas wie ein ›Bild‹ Londons (in dem allerdings die Arbeiter- und Industrieviertel bezeichnenderweise fehlen). In diesem impressionistischen Bild wird immer wieder etwas von der Farbigkeit, Leuchtkraft und Vitalität dieser Stadt sichtbar. Zwar sind manche Menschen einsam und empfinden, daß ihr Schicksal der Stadt unendlich gleichgültig ist: »London has swallowed up many millions of young men called Smith; thought nothing of fantastic Christian names like Septimus with which their parents have thought to distinguish them« (Woolf 1996, 64). Zugleich ist London aber auch ein Ort der Kommunikation und der menschlichen Verbundenheit. So empfindet Clarissa eben diese Verbundenheit mit Septimus Warren Smith, als sie von seinem Selbstmord erfährt, obwohl sie ihm nie begegnet ist. Und während Septimus sich vor der Stadt immer wieder in die Welt seiner wahnhaften Imagination zurückzieht, ist Clarissa offen für die Faszination Londons. Hier eine Passage aus ihrem ersten Gang durch London zu Beginn des Romans, in der ihre Impressionen staccatohaft aufeinanderfolgen: »Bond Street fascinated her; Bond Street early in the morning in the season; its flags flying; its shops; no splash; no glitter; one roll of tweed in the shop where her father had bought his suits for fifty years; a few pearls; salmon on an iceblock«

(10). Und als sie von ihrem Rundgang zurückkehrt, hat die Stadt sie in eine geradezu euphorische Stimmung versetzt: »[She] felt blessed and purified, saying to herself [...] how moments like this are buds on a tree of life [...]« (24).

Noch positiver ist das Großstadterlebnis der Titelheldin des Romans *Orlando* (1928). Orlando ist im Zeitalter Königin Elisabeths als Mann geboren, mutiert ein Jahrhundert später zur Frau und beurteilt von da an jede Epoche, die sie durchlebt, danach, welche Möglichkeiten, als Frau ohne geschlechtsbedingte Zwänge zu leben, sie ihr bietet. Am schlechtesten kommt dabei natürlich das 19. Jahrhundert weg. Der Schluß, der im Veröffentlichungsjahr 1928 spielt, zeigt dagegen, wie euphorisch eine *new woman* der Nachkriegsjahre ihre neugewonnene Freiheit genießt. Diese Euphorie prägt auch ihr Erlebnis Londons:

> The Old Kent Road was very crowded on Thursday, the eleventh of October 1928. People spilt off the pavement. There were women with shopping bags. Children ran out. There were sales at drapers' shops. Streets widened and narrowed. Long vistas steadily shrunk together. Here was a market. Here a funeral. Here a procession with banners upon which was written ›Ra–Un‹, but what else? Meat was very red. Butchers stood at the door. Women almost had their heels sliced off. Amor Vin– that was over a porch. A woman looked out of a bedroom window, profoundly contemplative, and very still. Applejohn and Applebed, Undert–. Nothing could be seen whole or read from start to finish. (Woolf 1992, 292f.)

Dies sind die Impressionen, die sich Orlando bei der Fahrt mit dem Auto durch London – »she was an expert driver« (292) – darbieten. Die Geschwindigkeit des neuen Fortbewegungsmittels bewirkt eine Beschleunigung und Fragmentarisierung der Eindrücke, und dies schlägt sich auch in der Sprache nieder: Der Absatz besteht aus einer Vielzahl von kurzen, parataktischen Sätzen, die in keinem Fall durch Konjunktionen in eine logische oder kausale Beziehung zueinander gesetzt werden, und manche Wörter – »Ra–Un«, »Amor Vin–«, »Undert–« – erscheinen nur in fragmentierter Form. Der auf diese Weise bewirkte Verlust an Ordnung, Einheit und Totalität der großstädtischen Wirklichkeit schlägt sich auch im Bewußtsein der wahrnehmenden Frau nieder:

> After twenty minutes [of driving] the body and mind were like scraps of torn paper tumbling from a sack and, indeed, the process of motoring fast out of London so much resembles the chopping up small of identity which precedes unconsciousness and perhaps death itself that it is an open question in what sense Orlando can be said to have existed at the present moment. Indeed we should have given her over for a person entirely disassembled were it not that here, at last, one green screen was held out on the right, against which the little bits of paper fell more slowly [...] (293)

Hier könnte der Eindruck entstehen, als ob die Protagonistin – und die Autorin – die durch die Großstadtwahrnehmung verursachte Dissoziierung des Ich (die übrigens bei der Ankunft auf dem Lande verschwindet) als negativ empfinden würden. Der Kontext macht jedoch deutlich, daß das Gegenteil der Fall ist. Wenn Orlando erkennt, »[that] she had a great variety of selves to call upon, far more than we have been able to find room for« und »[that she was] changing her selves as quickly as she drove« (294f.), so erlebt sie auch diese für die Welt der Gegenwart charakteristische Pluralisierung ihres Ich als Lust- und Freiheitsgewinn. Dabei ist gewiß von Bedeutung, daß Orlando sich immer schon der Festlegung auf eine einzige Geschlechterrolle widersetzt und versucht hat, verschiedene Geschlechterrollen auszuleben, und daß sie erkennt, daß dies in der gegenwärtigen Welt am besten möglich ist. Die Gefahr einer irreversiblen Spaltung oder Auflösung ihres Ich in der Art etwa von Dr. Jekyll und Mr. Hyde sieht Orlando dagegen nicht, denn sie ist felsenfest davon überzeugt, daß hinter ihren vielen Ichs ein »true self« steht, das sie zusammenhält: »[...] the true self [...] is [...] compact of all the selves we have it in us to be; commanded and locked up by the Captain self, the Key self, which amalgamates and controls them all« (296).[7] Hier wird aber zugleich auch deutlich, daß nicht nur ein Zusammenhang zwischen Großstadtwahrnehmung und Ichbewußtsein besteht, sondern daß die auf diese Weise erlebte Großstadt eine besondere Bedeutung für die nach Autonomie strebende Frau dieser Zeit hat: Nur in der Großstadt, so zeigt *Orlando* implizit, kann sich eine Frau von den traditionellen geschlechtlichen Rollenzwängen befreien;[8] wie schon im Mittelalter kann auch hier – jetzt von der Frau – gesagt werden: »Stadtluft macht frei.«

6.

Es hat sich gezeigt, wie eng die Modernisierung des Lebens, wie sie besonders in der Großstadt zum Ausdruck kommt, und die Modernisierung in Kunst und Literatur, wie sie durch den Modernismus repräsentiert wird, miteinander zusammenhängen. Gleichwohl ist die Reaktion der Autoren dieser Zeit auf diese doppelte Modernisierung keineswegs einheitlich.

Bei manchen modernistischen Autoren findet sich die bezeichnende Paradoxie, daß ihre Werke zwar durch Traditionsbruch und Innovation gekennzeichnet waren, daß sie der Modernisierung des Lebens aber mit abgrundtiefer Ablehnung gegenüberstanden. Diese rückwärtsgerichtete Haltung äußert sich nicht nur in ihrer Ablehnung einer dem Untergang geweihten Großstadt, sondern auch in der bei vielen Autoren zu findenden Verdammung der Demokratie[9] und in ihrer Annäherung an den Faschismus und an die verschiedensten Formen des Okkultismus (vgl. Surette 1993).

---

[7] Vgl. Broich (1998).
[8] Susan M. Squier gelangt in ihrer Arbeit über Virginia Woolfs Sicht der Großstadt sogar zu dem Ergebnis, Woolf habe London zunächst als Verkörperung einer männlich-patriarchalischen Zivilisation abgelehnt, um die Stadt dann zunehmend als idealen Raum für die Schaffung einer freiheitlich-feministischen Gesellschaft zu bejahen (Squier 1985). Siehe dazu auch Kapitel 5.
[9] Siehe dazu Kapitel 1; dort auch Literatur zu diesem Thema; vgl. ferner das Schlußkapitel. – Diese Tendenzen, die in den Zwanziger Jahren noch eher verdeckt waren, werden bei Yeats und T. S. Eliot, insbesondere aber bei Ezra Pound und Wyndham Lewis in den Dreißiger Jahren manifest und gehen mit einer mehr oder weniger großen Annäherung an faschistoide Denkmuster Hand in Hand.

Es ist aber ebenfalls deutlich geworden, daß es falsch wäre, diese Diagnose auf alle Autoren des englischen Modernismus auszudehnen. So wie die Zwanziger Jahre insgesamt eine kontrast- und gegensatzreiche Dekade waren, so gibt es auch in bezug auf die Großstadt andere ›Stimmen‹. Es ist kein Zufall, daß gerade bei weiblichen Autoren – und ganz besonders bei Virginia Woolf, die sich in dieser Zeit mit am wirkungsvollsten für die Interessen der Frau einsetzte – die Großstadt eben nicht als Alptraum, sondern als Freiheitsraum erscheint.

Bibliographie

Bradbury, Malcolm, James McFarlane, eds. (1976, 1986), *Modernism. 1890–1930*, Harmondsworth: Penguin.
Der Große Brockhaus (^{15}1955), Wiesbaden: F. A. Brockhaus.
Broich, Ulrich (1991), »Untergang des Abendlandes – Untergang der Menschheit. Endzeitvisionen in der englischen Literatur der Zwanziger Jahre,« in Gerhard R. Kaiser, ed., *Poesie der Apokalypse*, Würzburg: Königshausen & Neumann, 187–202.
Broich, Ulrich (1998), »Kult und Zerfall des Subjekts als Thema der englischen Literatur am Ausgang des 19. Jahrhunderts,« in Reto L. Fetz, Roland Hagenbüchle, Peter Schulz, eds., *Geschichte und Vorgeschichte der modernen Subjektivität*, 2 vols., Berlin–New York: de Gruyter, vol. 2, 1020–1038.
Buchwald, Dagmar (1992), »Act so that there is no Use in a Centre! Gertrude Steins Komposition der Stadt,« in Smuda (1992), 199–216.
Carey, John (1992), *The Intellectuals and the Masses. Pride and Prejudice among the Literary Intelligentsia, 1880–1939*, London: Faber & Faber.
Crawford, Robert (1987), *The Savage and the City in the Works of T. S. Eliot*, Oxford: Clarendon Press.
Döblin, Alfred (1924, 1989), »Der Geist des naturalistischen Zeitalters,« in A. D., *Schriften zu Ästhetik, Poetik und Literatur*, Olten–Freiburg: Walter, 168–190.
Eliot, T. S. (1922, 1954), *The Waste Land*, in T. S. E., *Collected Poems 1909–1935*, London: Faber & Faber, 59–84.
Geddes, Patrick (1915, 1968), *Cities in Evolution. An Introduction to the Town Planning Movement and to the Study of Civics*, London: Benn.
Ireland. Department of Industry and Commerce (1934), *Census of Population 1926. General Report*, Dublin.
Jameson, Fredric (1979), *Fables of Aggression. Wyndham Lewis, the Modernist as Fascist*, Berkeley: University of California Press.
Joyce, James (1966), *Letters*, vol. 2, ed. Richard Ellmann, London: Faber & Faber.
Kenner, Hugh (1973), »The Urban Apocalypse,« in A. Walton Litz, ed., *Eliot in His Time*, Princeton: Princeton University Press, 23–49.
Kermode, Frank, ed. (1958), *Modern Essays*, London: Collins.
Klotz, Volker (1969), *Die erzählte Stadt. Ein Sujet als Herausforderung des Romans von Lesage bis Döblin*, München: Hanser.
Lawrence, D. H. (1920, 1961), *Women in Love*, Harmondsworth: Penguin.
Lawrence, D. H. (1923, 1988), »On Coming Home,« in Michael Herbert, ed., *Reflections on the Death of a Porcupine and Other Essays*, Cambridge: Cambridge University Press, 177–183.
Lawrence, D. H. (1926, 1960), »Sun,« in D. H. L., *The Woman Who Rode Away and Other Stories*, Harmondsworth: Penguin, 26–44.

Lawrence, D. H. (1928, 1968), »Dull London,« in D. H. L., *Phoenix II. Uncollected, Unpublished and Other Prose Works*, ed. Warren Roberts, Harry T. Moore, London: Heinemann, 559–561.
Marinetti, Filippo Tommaso (1913, 1972), »Distruzione della sintassi – Immaginazione senza fili – Parole in libertà«, dt. »Zerstörung der Syntax Drahtlose Phantasie Befreite Worte Die futuristische Sensibilität,« in Umbro Apollonio [ed.], *Der Futurismus. Manifeste und Dokumente einer künstlerischen Revolution 1909–1918*, Köln: DuMont Schauberg, 30–36.
Minden, Michael (1985), »The City in Early Cinema. *Metropolis*, *Berlin* and *October*,« in Timms (1985), 193–213.
Mumford, Lewis (1938, 1970), *The Culture of Cities*, New York: Harcourt, Brace & World.
Mumford, Lewis (1961), *The City in History. Its Origins, Its Transformations, and Its Prospects*, New York: Harcourt, Brace & World.
Ortega y Gasset, José (1930, 1984), *La rebelión de las masas*, dt. *Der Aufstand der Massen*, Reinbek: Rowohlt.
Prümm, Karl (1988), »Die Stadt der Reporter und Kinogänger bei Roth, Brentano und Kracauer,« in Scherpe (1988), 80–105.
Rauter, Herbert (1973), »James Joyce. The Dead,« in Karl Heinz Göller, Gerhard Hoffmann, eds., *Die englische Kurzgeschichte*, Düsseldorf: August Bagel, 137–146.
Scherpe, Klaus R., ed. (1988), *Die Unwirklichkeit der Städte. Großstadtdarstellungen zwischen Moderne und Postmoderne*, Reinbek: Rowohlt.
Simmel, Georg (1903, 1957), »Die Großstädte und das Geistesleben,« in G. S., *Brücke und Tür. Essays des Philosophen zur Geschichte, Kunst, Religion und Gesellschaft*, ed. Margarete Susman, Michael Landmann, Stuttgart: Koehler, 227–242.
Smuda, Manfred, ed. (1992), *Die Großstadt als ›Text‹*, München: Fink.
Spears, Monroe K. (1970), *Dionysus and the City. Modernism in Twentieth-Century Poetry*, New York: Oxford University Press.
Spengler, Oswald (1922), *Der Untergang des Abendlandes. Umrisse einer Morphologie der Weltgeschichte*, vol. 2, München: C. H. Beck; engl.: *The Decline of the West* (1926).
Squier, Susan M. (1985), *Virginia Woolf and London. The Sexual Politics of the City*, Chapel Hill–London: University of North Carolina Press.
Surette, Leon (1994), *The Birth of Modernism. Ezra Pound, T. S. Eliot, W. B. Yeats and the Occult*, Montreal–London–Buffalo: McGill-Queen's University Press.
Timms, Edward, David Kelley, eds. (1985), *Unreal City. Urban Experience in Modern European Literature and Art*, New York: St. Martin's Press.
Waugh, Evelyn (1930, 1949), *Vile Bodies*, London: Uniform.
White, Morton, Lucia White (1962), *The Intellectual Versus the City. From Thomas Jefferson to Frank Lloyd Wright*, Cambridge, Mass.: Harvard University Press.
Whitford, Frank (1985), »The city in painting,« in Timms (1985), 45–64.
Williams, Helen (1968, 1973), *T. S. Eliot: The Waste Land*, London: Edward Arnold.
Williams, Raymond (1973), *The Country and the City*, London: Chatto & Windus.
Woolf, Virginia (1925, 1996), *Mrs. Dalloway*, ed. Maurice Beja, Oxford: Blackwell.
Woolf, Virginia (1928, 1992), *Orlando. A Biography*, Oxford: Oxford University Press.
Yeats, William Butler, ed. (1936, 1955), *The Oxford Book of Modern Verse 1892–1935*, Oxford: Clarendon Press.
Yeats, William Butler (1937, 1961), »A General Introduction for My Work,« in W. B. Y., *Essays and Introductions*, London: Macmillan, 509–526.
Yeats, William Butler (1983, 1993), *Collected Poems. A New Edition*, ed. Richard J. Finneran, Basingstoke: Macmillan.

Kapitel 5

New Women und *modern girls*:
Weiblichkeitsentwürfe und Geschlechterdiskurs
von EVELINE KILIAN

Pausing on the century's threshold,
    With her face towards the dawn,
Stands a tall and radiant presence;
    In her eyes the light of morn,
On her brow the flush of knowledge
    Won in spite of curse and ban,
In her heart the mystic watchword
    Of the brotherhood of Man.
(D. B. M. [1894] in Gardiner 1993, 14)

All men whose opinion is worth having prefer the simple and genuine girl of the past, with her tender little ways and pretty bashful modesties, to this loud and rampant modernization, with her false red hair and painted skin, talking slang as glibly as a man, and by preference leading the conversation to doubtful subjects. [...] all we can do is to wait patiently until the national madness has passed, and our women have come back again to the old English ideal, once the most beautiful, the most modest, the most essentially womanly in the world.
(E. Lynn Linton [1883] in Gardiner 1993, 60)

Mrs. Woolf [...] lived at a transition period. [...] When she wrote of women, she wrote of a generation as adventurous in its exploration of experience as the Elizabethan men had been in their exploration of the globe. The women whom Mrs. Woolf knew were exploring the professional world, the political world, the world of business, discovering that they themselves had legs as well as wombs, brains as well as nerves, reason as well as sensibility.
(Holtby 1932, 90 f.)

Wer diese Weiber mit Bubikopf oder sonst verwegener Frisur, kurzem Rock und überschlagenem Bein, Rauchringel in die Luft blasend und Zeitung lesend, sieht, den packt der Ekel wider willen, und er wird sich entmutigt sagen, daß, solange dieser Typ im Wachsen statt im Aussterben ist – an ein Neuland mit dem Weibe als starker Beispielsmacht nicht zu denken ist.
(Meyer 1924, 102)

1.

Die Weiblichkeitsentwürfe der Zwanziger Jahre, die Diskussion um die gesellschaftliche Rolle der Frau, um ihr ›Wesen‹ und ihre Bestimmung sind ohne die vor allem von der Frauenbewegung des 19. Jahrhunderts vorangetriebenen Veränderungen nicht zu denken. In ihrer ideologischen Ausprägung stehen sie zudem, wie die sich wiederholenden Kontroversen – angedeutet in den eingangs gegenübergestellten Zitaten – zeigen, unter dem Einfluß der in den 1880ern und 1890ern vehement geführten Diskussion um die *New Woman*[1] und sind in mehrfacher Hinsicht ein Weiterdenken dieses Frauenbildes. Diese Kontexte werden in den folgenden Ausführungen mitberücksichtigt, um Anknüpfungspunkte und Verbindungslinien nachvollziehbar zu machen.

Nach einigen einleitenden Bemerkungen zu den für die Frauenfrage wichtigen gesellschaftlichen Veränderungen und ihrer Verzahnung mit dem kulturellen Geschlechterdiskurs werden eine Reihe von literarischen Konstellationen in den Blick genommen, anhand deren verschiedene Weiblichkeitsmuster ver- und erarbeitet werden, insbesondere die Thematisierung von alten und neuen Frauenbildern als Generationenkonflikt, die Verbindung von emanzipiertem Lebensstil und Großstadt, das Heranziehen extensiver Bewußtseinsdarstellung zum Explorieren weiblicher Selbstfindungsprozesse, aber auch die ambivalenten Reaktionen auf die ›neue Frau‹ von männlicher Seite. Eine solche Betrachtungsweise impliziert eine Reflexion über das Verhältnis von literarischem und gesellschaftlich-kulturellem Geschlechterdiskurs, das am Beispiel der Auseinandersetzung mit den Schriften der Sexologen, insbesondere zur Homosexualität, erörtert wird. In einem letzten Schritt wird schließlich das Eingreifen des Geschlechterdiskurses in die Ausformulierung ästhetischer Prinzipien dargelegt.

2.

Die Emanzipationsbestrebungen der Frauen und ihre Forderung nach größerer Unabhängigkeit und Selbstbestimmung schlugen sich in einer Reihe von Reformen und Gesetzesänderungen nieder, die ihnen mehr Rechte im politischen und sozialen Leben einräumten. Zunächst einmal erfuhr das Ehe- und Scheidungsrecht im Laufe des 19. Jahrhunderts eine zunehmende Liberalisierung (Gardiner 1993, 146–148). Außerdem verbesserte sich im Zuge der allgemeinen Bildungsreform in der zweiten Hälfte des 19. Jahrhunderts auch die Bildung an den Mädchenschulen,

---

[1] Der Terminus ›*New Woman*‹ wurde in einer Auseinandersetzung zwischen den beiden Schriftstellerinnen Sarah Grand und Ouida in der *North American Review* im Frühjahr 1894 in die Diskussion eingeführt und fand rasche Verbreitung, nicht zuletzt durch das wiederholte parodistische Aufgreifen dieses Begriffs in *Punch*, wo der neue Frauentypus immer wieder karikiert wurde (Jordan 1983).

und die Universitäten öffneten sich, wenn auch sehr zögerlich, für Frauen.² Insgesamt konnten sie also eine qualifiziertere Ausbildung für diejenigen Berufe erwerben, die ihnen offenstanden. Im 19. Jahrhundert waren dies fast ausschließlich Tätigkeitsfelder im Gesundheits- und Sozialbereich sowie im Unterrichtswesen (Vicinus 1985). Das Bild ändert sich um die Jahrhundertwende und in den ersten Dekaden unseres Jahrhunderts. Obwohl ein Großteil der berufstätigen Frauen auch noch in den 1920er Jahren als Krankenschwestern oder Lehrerinnen beschäftigt war, läßt sich doch eine sukzessive Zunahme der für Frauen zugänglichen Berufszweige konstatieren. Sie arbeiteten nun auch als Büroangestellte, in staatlichen Ämtern, im Einzelhandel, in Restaurants, als Friseurinnen und Kosmetikerinnen oder auch als Journalistinnen (Horn 1995, 73–97). Eine zentrale Rolle in dieser Entwicklung spielte der Erste Weltkrieg, denn während dieser Zeit wurden

---

2   Die weiterführende Bildung (*higher education*) für Frauen begann mit der Gründung von Queen's College (1848), das sich der Ausbildung von *governesses* widmete und dem weitere folgten. Eine Statistik des *Women's Institute* aus dem Jahre 1897 nennt neun Colleges (Girton und Newnham in Cambridge, Somerville, Lady Margaret Hall, St. Hugh's Hall und St. Hilda's Hall in Oxford, Bedford College, Westfield College und Royal Holloway in London) mit insgesamt 784 Studentinnen. Der Zugang zu den einzelnen Fächern und den Examina war unterschiedlich geregelt, eine annähernde Gleichstellung mit den männlichen Studierenden erfolgte jedoch erst nach und nach (vgl. dazu Vicinus 1985, 121–162).

Frauen aufgrund der Abwesenheit der Männer und der Erfordernisse der Kriegsindustrie stärker als bisher ins öffentliche Arbeitsleben eingebunden und betätigten sich auch in bislang typisch männlichen Domänen, was ihnen größere finanzielle Eigenständigkeit und Bewegungsfreiheit im öffentlichen Raum gewährte – letzteres auch ganz wörtlich durch die neue und bequemere Kleidermode, die auf einengende Korsetts verzichtete, das nach unten spitz zulaufende, die Beinfreiheit extrem einschränkende *hobble skirt* der 1910er hinter sich ließ und stattdessen ausgestellte Röcke favorisierte (Laver 1986, 213–230). Nach dem Ende des Krieges ist insofern eine Trendwende zu beobachten, als vor allem verheiratete Frauen von ihren Arbeitsstellen verdrängt werden, um den heimkehrenden Männern Platz zu machen, und insgesamt die traditionelle Rolle der Frau wieder stärker propagiert wird. Auf der anderen Seite öffnet etwa das Gleichstellungsgesetz von 1919 (*Sex Disqualification* [*Removal*] *Act*) den Frauen zumindest prinzipiell weitere Bereiche, insbesondere das gesamte Justizwesen. Der zähe Kampf um das Wahlrecht, der bereits in den 1860ern aufgenommen und ab 1897 mit der Gründung eines Dachverbandes, der *National Union of Women's Suffrage Societies*, in organisierter Form fortgeführt, mit dem Beginn des Ersten Weltkriegs allerdings vorübergehend ausgesetzt wurde, führte 1918 durch die Erteilung des Wahlrechts für Frauen über 30 zu einem Teilerfolg; das allgemeine Wahlrecht mit 21 folgte 1928. Insbesondere die Aktionen der Suffragetten – ihre Petitionen, der Verkauf ihrer Zeitschrift *Votes for Women* auf der Straße, ihre öffentlichen Reden und Auftritte – demonstrierten auf signifikante Weise ihre Inanspruchnahme des bisher Männern vorbehaltenen Raumes und damit ein Aufbrechen der Dichotomie von öffentlicher/männlicher und privater/weiblicher Sphäre (vgl. Vicinus 1985, 262–268).

Vor allem in den 1880er und 1890er Jahren erreichte die Diskussion der Frauenfrage einen Höhepunkt, wobei die *New Woman* als »personification of the woman question« (Heilmann 1996, 197) schlechthin gesehen werden kann. Sowohl die Selbst- als auch die Fremddefinitionen der *New Woman* positionierten sie im krassen Gegensatz zur *Victorian Woman*. Während jedoch aus der Sicht der modernen Frau erstere als »free creature« tituliert wird (Arabella Kenealy in Gardiner 1993, 27) und letztere aufgrund ihrer Fremdbestimmtheit als »poor puppet« und als »the poor doll they call a normal woman« erscheint (C. Morgan-Dockrell in Gardiner 1993, 19), sieht die Einschätzung von antifeministischer Seite ganz anders aus. Für die Pfarrerstochter und Schriftstellerin E. Lynn Linton etwa, die in der viktorianischen Frau den Inbegriff der Weiblichkeit sieht, ist »the Girl of the Period« nichts anderes als die schlechte Kopie einer Kokotte, deren auffälliges, vergnügungssüchtiges und unmoralisches Verhalten sich gegen ihre Natur – ein sehr beliebtes Argument – und letztendlich auch gegen ihre eigenen Interessen richte (in Gardiner 1993, 55–60). Insbesondere die von der *New Woman* geführten Debatten über Sinn und Funktion der Ehe, über *companionate marriage*, weibliche Sexualität und *free union* sowie ihr Infragestellen des viktorianischen Familienideals, des unabdingbaren Grundpfeilers für das Funktionieren der gesamten Gesellschaft, stießen auf vehemente Kritik und provozierten eine Reihe von Karikaturen der »educated, sport-playing, cigar-smoking, marriage-hating woman of the 1890s«

(Jordan 1983, 21). Das Bild des sogenannten *flapper* der 1920er Jahre, »a young woman who went to parties without a chaperone, smoked cigarettes, used lipstick, drove cars, spoke in slang, discussed ›free love‹ and even swore« (Williams 1989, 36), trägt noch deutlich die Züge der *New Woman* der 1890er.

Diese Neupositionierung der Frau im gesellschaftlich-kulturellen Gefüge brach die strikte Trennung der Geschlechter auf und führte, zumindest teilweise, zu einer Überschreitung der Geschlechtergrenzen und zu einer Annäherung bzw. Vermischung der bisher deutlich separierten Kategorien (Showalter 1992, 3 und 9; Dowling 1996, 55), was sich auch an dem für die Zwanziger Jahre charakteristischen Kurzhaarschnitt für Frauen und an der veränderten Kleidermode ablesen läßt, die die Konturen des weiblichen Körpers nicht mehr betonte und so ihre Figur androgynisierte (Laver 1986, 230–233). In Einzelfällen reichte dieser Trend bis zum sexuell ambivalenten *cross-dressing*, das sich in der zeitgenössischen Literatur und Kunst großer Beliebtheit erfreute (Gilbert/Gubar 1989, 324–376). Obwohl sich die Diskussion in den 1890er und in den 1920er Jahren offenkundig auf die ›Frauenfrage‹ konzentrierte, impliziert die Verschiebung innerhalb der Geschlechterkonstellation natürlich auch eine Verunsicherung im Hinblick auf die bestehenden Männlichkeitsentwürfe, so daß Elaine Showalter mit Recht nicht nur von »a battle *between* the sexes« sprechen kann, sondern auch von »a battle *within* the sexes« (Showalter 1992, 9; vgl. dazu auch Schabert 1997, 604). Wie die Literatur der Zwanziger Jahre mit diesem neuen Rollenverständnis umgeht und welche Möglichkeiten sich dadurch für den literarischen Diskurs ergeben, wird in den folgenden Abschnitten zu erörtern sein.

3.

Der Geschlechterdiskurs ist bereits zentrales Thema der Literatur der 1880er und 1890er Jahre, vor allem der sogenannten *New-Woman novels*,[3] aber auch etwa der Dramen von Ibsen oder G. B. Shaw, und wird von ihr in wesentlichem Maße mitgeprägt. Viele dieser Texte enthalten ausführliche Erörterungen der Frauenfrage – man denke etwa an Lyndalls lange und passionierte Rede über die gesellschaftlich produzierte Geschlechterdifferenz und ihre fatalen Folgen für die weibliche Entwicklung in Olive Schreiners *Story of an African Farm* (1883) (Schreiner 1993, 183–199). Sie experimentieren mit neuen Geschlechterrollen und unterschiedlichen Beziehungsformen, entwerfen Utopien eines gleichberechtigten Zusammenlebens von Frauen und Männern und unterziehen die Institution der Ehe einer radikalen Kritik. Die von ihnen behandelten Themen wie weibliche Sexualität (vor allem George Egerton und Olive Schreiner), Prostitution, Vergewaltigung, Ehebruch, Scheidung oder die Probleme alleinerziehender Mütter trugen wesentlich zur Erweiterung des in der Literatur Darstellbaren bei (vgl. Showalter 1992),

---

[3] Nach Ann L. Ardis' Schätzung wurden zwischen 1883 und 1900 mehr als 100 *New-Woman*-Romane geschrieben (Ardis 1990, 4).

und damit partizipieren sie auch an der Diskussion um die möglichen und erlaubten Gegenstandsbereiche der Literatur, wie sie vor allem im Kontext des naturalistischen Dramas und Romans geführt wurde.[4]

Auch für die Literatur der Zwanziger Jahre ist die Geschlechterfrage nach wie vor ein ergiebiges Thema. Insgesamt läßt sich sagen, daß der literarische Diskurs eine Reihe von Möglichkeiten eröffnet, die verschiedensten Aspekte weiblicher Entwicklung und Lebensentwürfe auszuloten, sowohl neue Freiheiten und Potentiale als auch Verunsicherungen, Ängste und Schwierigkeiten relativ unabhängig von einer stringenten argumentativen Linie zu explorieren und im Rahmen des Fiktionalen auszutesten. Auffallend ist, daß eine ganze Anzahl von Texten die neuen Rollenmuster in expliziter Abgrenzung zur viktorianischen Wertewelt entwirft, nämlich als Generationenkonflikt zwischen Kindern und Eltern, spezifischer zwischen Tochter und Mutter, seltener zwischen Tochter und Vater, und damit das Gegensatzpaar *New Woman* vs. *Victorian Woman* aus den 1890ern wieder aufgreift. In den Romanen Virginia Woolfs spielt diese Auseinandersetzung immer wieder eine zentrale Rolle. Woolf selbst hat das Spannungsverhältnis zwischen den Generationen viel später in ihrer autobiographischen Schrift »A Sketch of the Past« (1939/40) am Beispiel ihrer eigenen Familie und des Konflikts mit ihrem Vater und mit ihrem um 16 Jahre älteren Stiefbruder George Duckworth auf den Punkt gebracht:

> Two different ages confronted each other in the drawing room at Hyde Park Gate. [...] But while we [V. W. und ihre Schwester Vanessa] looked into the future, we were completely under the power of the past. Explorers and revolutionists, as we both were by nature, we lived under the sway of a society that was about fifty years too old for us. [...] We were living say in 1910; they were living in 1860. (Woolf 1989, 160f.)

An dieser Passage wird bereits deutlich, daß es bei einer Neuorientierung offensichtlich nicht so sehr um eine kategorische Abgrenzung von alten Werten geht, sondern vielmehr um eine unauflösbare Interdependenz der beiden Generationen und ihrer Vorstellungen, die zu ganz unterschiedlichen Entwicklungen führen kann. In Woolfs *Night and Day* (1919) konzentriert sich dieser Konflikt auf Katharine Hilbery, die einzige Tochter einer der traditionsreichsten und angesehensten Familien Englands, deren Aufgabe darin besteht, im elterlichen Haus die perfekte Gastgeberin zu spielen und ihre Mutter bei der Abfassung einer Biographie ihres Großvaters, eines bedeutenden Dichters, zu unterstützen. Dieses rückblickende literarische Unterfangen steht für die viktorianische Welt, der sich die Familie verbunden sieht, und wird kontrastiert mit Katharines großer Passion, der Mathematik, der sie nur heimlich in ihrem Zimmer nachgehen kann, nicht nur wegen »the unwomanly nature of the science« (Woolf 1978, 40), sondern auch, weil sie sich damit der Familientradition widersetzt (41). Ihre Verlobung mit Ralph Denham am Ende des Romans markiert eine prekäre Balance zwischen der Schaffung neuer Freiräume und den Ansprüchen internalisierter Konventionen, die etwa in

---

[4] Vgl. dazu z.B. die folgenden Stellungnahmen in Greiner/Stilz (1983): Zola 1889, 42; Dokumente zum Vizetelly-Prozeß 1888/1889, 79–91; und Hardy 1890, 168–172.

der geplanten Heirat mit Ralph trotz ihrer prinzipiellen Vorbehalte gegen die Ehe (vgl. Kap. 33) zum Ausdruck kommen. Katharine reagiert auf die Vereinnahmungstendenzen ihrer Familie mit der Schaffung einer imaginären Gegenwelt, die allerdings durch »this perpetual disparity [...] between the life of solitude and the life of society« (306) die Gefahr einer völligen Abspaltung von sozialen Bezügen in sich birgt. Damit sind Katharines zukünftige zwischenmenschliche Beziehungen bereits mit einer schweren Hypothek belastet, denn sie sollen einerseits diese Kluft überbrücken, müssen ihr andererseits aber die Möglichkeit zur inneren Distanz gewähren (306). Der Rückzug in ihre Innenwelt bleibt auch in der Beziehung mit Ralph ein wichtiges Moment zur Wahrung ihrer Individualität. Allerdings kann Ralph dieses Bedürfnis nicht wirklich akzeptieren, und sein Wunsch, Katharine ganz für sich zu besitzen und ihre ganzen Gedanken zu besetzen,[5] indiziert bereits einen potentiellen Konflikt und eine Bedrohung für ihren inneren Freiraum. Im Fazit zeigt der Roman, daß das persönliche Umfeld und die über die Elterngeneration vermittelten Werte die weitere Entwicklung der Protagonistin mitbeeinflussen und sich nicht völlig ausblenden lassen. Sie fordern Kompromisse und markieren die relativ engen Grenzen, innerhalb deren sich neue Lebensformen herausbilden können. Dementsprechend ist der Tenor in *Night and Day* eher verhalten, was z.B. in der folgenden Unterredung zwischen Katharine und ihrer Mutter zum Audsruck kommt: »›We have to have faith in our vision,‹ Mrs Hilbery resumed [...]. She cast a lightning glance into the depths of disillusionment which were, perhaps, not altogether unknown to her. [...] They looked together into the abyss, and, as the elder of the two, she recovered herself first« (439). In literarhistorischer Hinsicht modifiziert Woolf mit diesem etwas anderen *marriage plot* natürlich auch die traditionelle Handlungsstruktur des Romans des 19. Jahrhunderts, ohne sich gänzlich davon zu lösen, so daß sich auf dieser Ebene die eher zaghafte Vorwärtsbewegung der Protagonistin gewissermaßen wiederholt.

In *To the Lighthouse* (1927) wird das viktorianische Wertesystem in erster Linie von Mr. und Mrs. Ramsay repräsentiert. An Mr. Ramsay wird eine deutliche Kritik des viktorianischen Patriarchen vollzogen, der einerseits absolute Autorität für sich in Anspruch nimmt und andererseits einen Ausbund an geradezu infantiler Hilflosigkeit und Inkompetenz darstellt. In seiner unproduktiven, sterilen Intellektualität, »the fatal sterility of the male« (Woolf 1992, 43), bedarf er, von Versagensängsten geplagt, ständig der Rückversicherung seiner Frau und zieht ihre Energie, »this fountain and spray of life« (43), ab, um sein seelisches Gleichgewicht zu erhalten. Mrs. Ramsay hingegen ist eine weitaus schillerndere Figur. Dadurch, daß sie in mehrfacher Hinsicht das Zentrum des Romans darstellt und nicht nur eine Nebenfigur ist, die als Negativfolie für die sich davon abhebende Protagonistin dient,

---

[5] Z.B.: »every second he was away from her he imagined her slipping farther and farther from him into one of those states of mind in which he was unrepresented. He wished to dominate her, to possess her« (443).

wird sie in all ihrer Vielschichtigkeit[6] und von ganz unterschiedlichen Blickpunkten aus beleuchtet. Durch ihr rollenkonformes Verhalten, durch die aufopfernde Aufmerksamkeit und Zuwendung, die sie vor allem ihrem Mann und ihren männlichen Gästen zukommen läßt – »she had the whole of the other sex under her protection« (10) –, erwirbt sie sich zwar die für ihr inneres Gleichgewicht notwendige Anerkennung (10), stützt aber auch die bestehende Ordnung, die es den Frauen verwehrt, ihre eigenen Bedürfnisse zu erforschen und nach ihnen zu handeln. Durch ihre festgefügten Erwartungen übt sie in der ihr eigenen Autorität auf ihre Töchter einen lähmenden Einfluß aus, dem diese sich kaum entziehen können:

> She was now formidable to behold, and it was only in silence [...] that her daughters – Prue, Nancy, Rose – could sport with infidel ideas which they had brewed up for themselves of a life different from hers; in Paris, perhaps; a wilder life; not always taking care of some man or other; for there was in all their minds a mute questioning of deference and chivalry, of the Bank of England and the Indian Empire, of ringed fingers and lace [...]. (10f.)

Gleichzeitig, und diese beiden Komponenten sind nicht voneinander zu trennen, verfügt Mrs. Ramsay aber auch über die Fähigkeit, unvergessene Momente der Harmonie und Zusammengehörigkeit zu schaffen – etwa durch die *Dinner Party* in Kapitel I.17 –, die allen Beteiligten ungeteilte Achtung abfordern und es schlechterdings unmöglich machen, sie selbst und das, was sie repräsentiert, kategorisch abzulehnen. Dementsprechend ist auch das Verhältnis der Malerin Lily Briscoe, der näher ausgestalteten Gegenfigur der jüngeren Generation, ihr gegenüber gebrochen und ambivalent. Lily fühlt sich in ihrer eigenen Situation als ungebundene Künstlerin zunächst unsicher und isoliert. Diese Selbstzweifel sind motiviert durch ihr beständiges Ringen um die angemessene ästhetische Form für das Bild, an dem sie gerade arbeitet, durch die Einschätzung eines Teils der Öffentlichkeit »that [...] women can't paint, can't write«, hier verkörpert durch die Stimme Charles Tansleys (174), die Frauen einen eigenständigen professionellen Status abspricht, und durch Mrs. Ramsays hervorstechende Souveränität als traditionelle Ehefrau und Mutter, eine Rolle, in der sie auch die Frauen in ihrer näheren Umgebung sehen möchte, wie ihre diversen Heiratspläne für ihre Gäste belegen. Lily gelingt es im Laufe des Romans, und damit wird sie zu einer positiven Leitfigur, sowohl ihren eigenen Weg zu gehen als auch die Wertschätzung, die sie für Mrs. Ramsay vor allem wegen ihrer emotionalen Qualitäten empfindet, zu integrieren. In einer Augenblickserfahrung in I.17 offenbart sich ihr plötzlich, wie die Formen in ihrem Bild organisiert sein müssen, und diese Erkenntnis bestätigt ihren Lebensweg: »[I]t had flashed upon her that she would move the tree to the middle, and need never marry anybody, and she had felt an enormous exultation. She had felt, now she could stand up to Mrs. Ramsay« (191). Strukturell wird ihre Nähe zu Mrs. Ramsay

---

[6] Die Komplexität Mrs. Ramsays wird durch die folgende Überlegung Lily Briscoes verdeutlicht: »Fifty pairs of eyes were not enough to get round that one woman with, she thought« (214).

durch zwei Aspekte hervorgehoben: zum einen durch die Tatsache, daß sich ihr Erkenntnismoment während der *Dinner Party*, dem von Mrs. Ramsay geschaffenen Höhepunkt, ereignet und die beiden Augenblicke so als zwei Formen gleichberechtigter, wenn auch unterschiedlicher Kreativität gesehen werden können; und zum andern dadurch, daß Mrs. Ramsay das Sujet von Lilys Bild darstellt, also unmittelbar in ihre Kunst mit eingeht. Das Weiterwirken Mrs. Ramsays und der Werte, für die sie steht, auch über ihren Tod hinaus, kommt im dritten Teil von *To the Lighthouse* durch ihre ständige Präsenz in der Erinnerung der Figuren zum Ausdruck, für die sie nach wie vor das einende Zentrum darstellt. Es wird aber auch konterkariert durch Entwicklungen, die sich deutlich gegen ihre projektierten Wünsche durchsetzen – z.B. findet die von ihr anvisierte Heirat zwischen Lily Briscoe und William Bankes nicht statt[7] – und die den Spielraum für Neues markieren.

Eine Reihe von zeitgenössischen Texten thematisiert allerdings nicht nur die Schwierigkeiten der jüngeren Generation, sich von überkommenen Konventionen zu lösen, sondern auch ihr Scheitern. Dies geschieht immer wieder am Beispiel der Tochter, die auf ihr Elternhaus fixiert bleibt, schließlich die Betreuung der Mutter oder des Vaters übernimmt, eine Pflicht, die im 19. Jahrhundert traditionellerweise der unverheirateten Tochter zufiel, und die so ihr Leben im Schoße der Familie ereignislos verstreichen sieht. In Kombination mit einem kritischen Hinterfragen weiblicher Selbstaufopferung, einer der weiblichen Kardinaltugenden im viktorianischen Wertesystem, wird diese Konstellation unter veränderten Prämissen und mit neuer Blickrichtung vor allem in Hinblick auf ihre fatalen Konsequenzen für die weibliche Selbstentfaltung noch einmal aufgearbeitet bzw. neu bearbeitet (dazu auch Würzbach 1996, 380–384). In Katherine Mansfields Erzählung »The Daughters of the Late Colonel« aus dem Jahre 1922 wissen die beiden verschrobenen Schwestern Josephine und Constantia nichts mit ihrer neu gewonnen Freiheit anzufangen. Ihr Vater, den sie jahrelang gepflegt haben, lastet auch nach seinem Tode noch als bedrohliche Omnipräsenz auf ihnen, und ihre einstigen Sehnsüchte sind inzwischen so verblaßt, daß sie sich nicht einmal mehr genau an sie erinnern können. Die Protagonistinnen in May Sinclairs *Mary Olivier. A Life* (1919) und *The Life and Death of Harriet Frean* (1922) wachsen in der zweiten Hälfte des 19. Jahrhunderts auf (die Handlung des ersten Romans ist zwischen 1865 und 1910, die des zweiten zwischen etwa 1844 und 1912 angesiedelt) und bleiben ebenfalls in der Ideologie ihrer Zeit gefangen. Beide Romane demonstrieren die vielschichtigen psychologischen Verstrickungen zwischen Mutter und Tochter, innerhalb deren die Selbstaufgabe der Tochter auf perverse Weise die egoistischen Bedürfnisse der Mutter befriedigt und die den zunächst von außen eingeforderten

---

[7] In III.5 reflektiert Lily diese Veränderungen: »We can over-ride her wishes, improve away her limited, old-fashioned ideas. [...] one would have to say to her, It has all gone against your wishes. They're happy like that; I'm happy like this. Life has changed completely. At that all her being, even her beauty, became for a moment, dusty and out of date« (190).

Tribut des Verzichts auf die eigenen Wünsche sukzessive zu einem internalisierten Selbstverhinderungsmechanismus werden lassen. Beide Male wird die Pflichterfüllung der Tochter im krassen Gegensatz zu ihrer persönlichen Entwicklung, ja als Negierung ihres eigenen Selbst gesehen,[8] und darüber kann auch die innerhalb der psychischen Ökonomie der Töchter notwendige und plausible Stilisierung der Entsagung als höchste Befriedigung nicht hinwegtäuschen. In *Harriet Frean* wird diese Ideologie durch Mona Hilton demontiert, die Nichte Robin Hiltons, Harriets einstiger großer Liebe, der sie, »her parents' idea of moral beauty« (Sinclair 1980a, 148) folgend, entsagte. Die jüngere Kontrastfigur hingegen ist in einer ganz ähnlichen Situation fest entschlossen, ihren eigenen Gefühlen zu folgen, ohne daß dieses Handeln im Roman allerdings weiter verfolgt würde. Zumindest aber ist damit ein Durchbrechen traditioneller Verhaltensmuster angezeigt. In Radclyffe Halls Roman *The Unlit Lamp* (1924) wird im letzten Kapitel ein Fortschrittsgedanke formuliert, und zwar in Form einer Charakterisierung des neuen, selbstbewußten Frauentyps der Zwanziger Jahre, der immer häufiger zu sehen sei:

> Active, aggressively intelligent women, not at all self-conscious in their tailor-made clothes, not ashamed of their cropped hair; women who did things well, important things; women who counted and who would go on counting; smart, neatly put together women, looking like well-bred young men. They might still be in the minority and yet they sprang up everywhere [...]. (Hall 1981, 284)

Der Roman selbst allerdings zeichnet die Geschichte einer Frau, die, ganz ähnlich Sinclairs Protagonistinnen, ihre Chance auf ein selbstbestimmtes Leben zugunsten ihrer Mutter aufgegeben hat und die sich selbst bezeichnet als »the forerunner who had failed, the pioneer who had got left behind, the prophet who had feared his own prophecies« (Hall 1981, 284). Diese Gegenüberstellung indiziert ein Spannungsverhältnis zwischen dem progressiven feministischen Diskurs der Zeit und dem Verhältnis einzelner Frauen zu diesem Diskurs, ein Bezug, der eine ganze Bandbreite von denkbaren Lebensgeschichten eröffnet, die in der Literatur, wie die obigen Beispiele gezeigt haben, exploriert werden. Diese Diskrepanz kann auch erklären, warum in der Literatur der Zwanziger Jahre nach wie vor Konfigurationen wie etwa das Los der über Jahrzehnte hinweg an die Familie gefesselten Tochter verhandelt werden, die in den zeitgenössischen feministischen Diskussionen bereits überholt zu sein scheinen.

4.

Weiterhin charakteristisch, speziell für die literarischen Texte von Autorinnen, ist die Verbindung von emanzipiertem Lebensstil und Großstadt. Das urbane Milieu bietet mehr Handlungsspielraum und -anreiz vor allem für Frauen, und gerade das

---

[8] In einem ihrer luziden Momente kommt Mary Olivier zu dem Schluß: »It's your *real* self she [Mrs. Olivier] hates« (Sinclair 1980b, 249f.). Und Harriet Frean muß nach dem Tod ihrer Mutter erkennen: »Through her absorption in her mother, some large, essential part of herself had gone« (Sinclair 1980a, 108).

Moment der Anonymität konnotiert Freiheit, Ungebundenheit und relatives Losgelöstsein von der Kontrolle einschränkender Normen. In der Großstadt hat das organisierte politische Engagement für das Frauenwahlrecht seinen Platz (*Night and Day*), sie ist der Ort, wo private und öffentliche Veranstaltungen den politischen und literarischen Austausch fördern (*Night and Day*, Dorothy Richardsons *Pilgrimage* [1915–1967]) und wo z.B. Homosexuellenclubs oder das Künstler- und Halbweltmilieu einen Kontext bereitstellen für unkonventionellere Lebensformen (Radclyffe Hall, *The Well of Loneliness* [1928], die Romane von Jean Rhys). In Halls *The Unlit Lamp* stehen London und die Wohnung, die Joan Ogdens Freundin und frühere Erzieherin ihr dort anbietet, für die Unabhängigkeit, die sie durch ihr Verharren bei ihrer Mutter in der Provinz nie erreichen wird. Für Mary Datchet in *Night and Day* und für die Protagonistin in *Pilgrimage* stellt London ein stimulierendes Umfeld für ein kreatives Sich-Versenken in ihre eigene Innenwelt dar. Besonders im Falle von Miriam Henderson verbindet sich London mit einer Reihe von Augenblicken intensiver Bewußtseinserweiterung, die für ihr späteres Schreiben konstitutiv sind, und wird somit zu einem signifikanten Erlebnisraum, ein Umstand, der einen Kritiker und Verehrer Richardsons dazu veranlaßte, sie als »a Wordsworth of the city of London« (Powys 1974, 19) zu bezeichnen. Die Großstadttexte der Moderne bringen neue literarische Frauentypen hervor, z.B. den des weiblichen Flaneurs – man denke etwa an Mrs. Dalloway in Virginia Woolfs gleichnamigem Roman – oder den der vor allem in den Werken von Jean Rhys vertretenen ›Vagabundin‹. Rhys' Texte sind auch insofern interessant, als sie das großstädtische Ambiente eher ambivalent aufladen. Marya Zellis Streifzüge durch die Straßen von Paris (*Quartet* [1928]) fungieren einerseits als Stimulans für neue Erfahrungen, andererseits aber auch als Möglichkeiten zur Flucht vor ihren vielschichtigen Ängsten. Paris ist eine Stadt, in der sie sich sowohl zu Hause als auch unbehaust und isoliert fühlt. In *After Leaving Mr. Mackenzie* (1930) führt Julia Martin ein psychisch und finanziell prekäres Dasein in Paris. Sie schlägt sich durch mit dem Geld von Männern, die bereit sind, sie eine Zeitlang auszuhalten. Damit lebt sie trotz ihrer Bewegungsfreiheit in einer Abhängigkeit, die ihr auf lange Sicht zum Verhängnis werden muß, da ihre Ware Körper mit zunehmendem Alter unattraktiver wird und damit an Wert verliert. Diese Art von Schutzlosigkeit und Ausgeliefertsein kennzeichnet auch das Leben der jungen Anna Morgan in Rhys' *Voyage in the Dark* (1934), die versucht, im Londoner Halbweltmilieu Fuß zu fassen und die, in einen hoffnungslosen Kreislauf verfallend, auf ähnliche Weise ihren Lebensunterhalt verdient wie Julia Martin, wobei die geschlechtsspezifische Note dieses freizügigen sexuellen Umgangs mit Männern sehr deutlich zum Ausdruck gebracht wird durch Annas ungewollte Schwangerschaft und gefährliche Abtreibung. Trotz dieser durchaus problematischen Seiten des Großstadtlebens ist der urbane Raum in den Texten von Frauen doch aufgrund seiner größeren Freiräume überwiegend positiv besetzt, so daß sich hier ein deutlich anders gelagerter Großstadtdiskurs als bei den männlichen Autoren der Moderne ergibt.[9]

---

[9] Vgl. dazu auch das 4. Kapitel in diesem Band.

5.

Die größere Bewegungsfreiheit der *New Woman* in der Außenwelt findet ein Pendant in der extensiven Beschäftigung mit dem weiblichen Bewußtsein in all seinen Verästelungen, ein Interesse, das natürlich auch in Zusammenhang mit den spektakulären wissenschaftlichen Erkenntnissen über die Funktionsweise der menschlichen Psyche zu sehen ist. Ein guter Teil der Literatur der Moderne ist gekennzeichnet durch eine Konzentration auf die Innenwelt des Subjekts und durch das Experimentieren mit erzähltechnischen Mitteln zur adäquaten Darstellung von Bewußtseinsvorgängen.[10] Das in unserem Zusammenhang eindrucksvollste Beispiel ist sicherlich Dorothy Richardsons Romanzyklus *Pilgrimage*, für dessen Erzähltechnik May Sinclair den aus der Psychologie William James' stammenden Begriff des »stream of consciousness« verwendete (Sinclair 1918, 6). *Pilgrimage* zeichnet in 13 Bänden über einen Zeitraum von etwa 18 Jahren die innere Entwicklung der Protagonistin Miriam Henderson nach, die als hauptsächliche Fokalisierungsinstanz fungiert und deren Gefühls- und Vorstellungswelt mit Hilfe des *free indirect discourse* und des inneren Monologs dargestellt wird. Gleichzeitig sind psychische Prozesse wie Wahrnehmungs- und Erinnerungsvorgänge, Transzendenz- und Identitätserfahrungen sowie die Beschaffenheit der verschiedenen Bewußtseinsschichten selbst zentrale Themen des Romans (dazu Körner 1995; Kilian 1997). Die über 2000 Textseiten bieten ausreichend Raum, die Protagonistin die einer *New Woman* offenstehenden Möglichkeiten ausprobieren zu lassen und ihren Selbstfindungsprozeß, der hier gänzlich im Vordergrund steht, in faszinierenden Detailanalysen nachzuvollziehen. Miriam bewegt sich in unterschiedlichen gesellschaftlichen Kreisen und beruflichen Feldern – von der Lehrerin und *governess* über die Zahnarzthelferin bis zur Journalistin und schließlich zur Schriftstellerin; sie muß sich mit den für ihre Begriffe restriktiven Geschlechtsrollenzuschreibungen vor allem ihrer männlichen Freunde auseinandersetzen, die im Roman einen wichtigen Bestandteil des Spannungsverhältnisses zwischen Individualität und sozialer Rolle ausmachen; sie erlebt in verschieden intensiven persönlichen Beziehungen mit Männern und mit Frauen Momente von Nähe und Distanz; und letztendlich faßt sie den Entschluß, sich weitgehend aus sozialen Bezügen zurückzuziehen, weil ihr nur im Alleinsein Augenblicke authentischer und unverstellter Erfahrung zugänglich sind. Sie widmet sich der schriftstellerischen Umsetzung ihrer Bewußtseinsprozesse und -inhalte, was gleichzeitig eine permanente Fortsetzung der Auseinandersetzung mit sich selbst bedeutet. Dem Problem der sozialen Isolation, der Kehrseite eines Lebens in Zurückgezogenheit, das wie in *Night and Day* auch in diesem Text eine zentrale Rolle spielt und das sich hier auf einen Konflikt zwi-

---

[10] Zu nennen sind hier neben Dorothy Richardson natürlich Marcel Proust, Virginia Woolf und James Joyce sowie als einschlägige literaturtheoretische Äußerungen Woolfs Essay »Modern Fiction«, in dem sie in der zeitgenössischen Literatur eine deutliche Interessenverlagerung hin zu »the dark places of psychology« (Woolf 1994, 162) feststellt und den Schwerpunkt der erzählerischen Vermittlung in einer Aufzeichnung der »atoms as they fall upon the mind in the order in which they fall« (161) sehen möchte.

schen Schreiben und Leben zuspitzen läßt, versucht Miriam dadurch entgegenzuwirken, daß sie indirekt an Erfahrungen anderer, ihr nahestehender Personen teilhat, in die sie persönlich nicht involviert sein kann oder möchte. Gerade an *Pilgrimage* wird deutlich, daß für manche Protagonistin die Innenwelt einen mindestens ebenso wichtigen, wenn nicht sogar bedeutsameren Erfahrungsraum darstellt als die Außenwelt.

6.

Von den männlichen Autoren ist D. H. Lawrence sicherlich derjenige, der den Geschlechterkonflikt am eingehendsten thematisiert. In seinem Werk ist er Teil einer generellen Zivilisationskritik, die sich gegen den durch die fortschreitende Industrialisierung vorangetriebenen Prozeß der Entmenschlichung und Entfremdung des Individuums von sich selbst und von der Natur richtet, welcher unvermittelte Spontaneität unterbinde, eine zunehmende Spaltung von Intellekt und Gefühl produziere und eben auch die Beziehung zwischen den Geschlechtern pervertiere. In diesem Kontext wird die Auseinandersetzung zwischen Mann und Frau buchstäblich zu einem Kampf auf Leben und Tod, der sich in *Women in Love* (1920) etwa in Hermione Roddices plötzlichem Impuls äußert, ihren abtrünnigen Geliebten Rupert Birkin mit einem Briefbeschwerer zu erschlagen, und in Gerald Crichs Versuch, seine ihn verlassende Partnerin Gudrun Brangwen zu erwürgen, sowie in seinem eigenen Tod in den österreichischen Alpen am Ende des Romans, der nicht nur das tragische Scheitern der Liebesbeziehung anzeigt, sondern auch für das Ende einer todgeweihten, erstarrten Ordnung steht, die im Zuge einer Erneuerung der Verhältnisse überwunden werden muß. Lawrences Vorstellung einer natürlichen und unhintergehbaren Polarität der Geschlechter läßt die *New-Woman*-Figuren in einem ambivalenten Licht erscheinen, das, aus einem anderen Blickwinkel betrachtet, zugleich eine Verunsicherung in bezug auf das neue Frauenbild anzeigt. Seine zwiespältige Haltung gegenüber diesem emanzipierten Frauentyp vermischt sich zum Teil mit seiner Zivilisationskritik und wird durch sie überblendet. Als Antagonistinnen traditioneller Werte gehören die »modern girls« (Lawrence 1960, 8) einerseits zu den potentiellen Erneuerern, andererseits sind sie aber auch ein Produkt der fortschreitenden Zivilisation und damit untrennbar mit dieser verbunden. Hermione Roddice ist eine Figur, die diesen Zwiespalt repräsentiert. Sie ist »a woman of the new school, full of intellectuality« (17), gleichzeitig aber auch »nerve-worn with consciousness« (17) und geplagt von »a terrible void, a lack, a deficiency of being within her« (18). Ihr Problem besteht darin, daß sie mit dem Intellekt und der bewußten Willenskraft Leidenschaftlichkeit und Spontaneität erzwingen will, also genau die Dinge, die der rationalen Kontrolle diametral entgegenstehen (44–46). Darüber hinaus wird sie zu einer *femme fatale* und damit zu einer vernichtenden Gefahr für die Männer stilisiert und mit dem Adjektiv »demoniacal« (23) belegt, das an anderer Stelle auch auf Ursula Anwendung findet, nämlich in der Beschreibung ihrer »subtle, feminine, demoniacal soul« (142). Im

Kontext dieses Unbehagens läßt sich Rupert Birkins Konzept einer der »legal marriage« entgegengesetzten »mystic marriage« (398), einer quasi-mystischen Vereinigung der Geschlechter »beyond responsibility« (162) und jenseits gewohnter Begegnungsformen, einer »mutual union in separateness« (299) im Reich des »primal desire« (163), auch als Flucht aus der Realität, in der die alltäglichen Machtverhältnisse auszuhandeln sind, lesen, eine Vermutung, die sich in Ruperts ungewollt komischer Formulierung »I want a woman I don't see« (164) bestätigt.

Lawrences Insistieren auf einem eindeutig männlich orientierten, phallischen Prinzip[11] als regenerierender Kraft der Gesellschaft (Scott 1990, 221) impliziert auch eine Abwehr gegen exklusiv frauenbezogene Verbindungen.[12] So wird Ursula Brangwens kurze Beziehung zu Winifred Inger, »a fearless-seeming, clean type of modern girl« (Lawrence 1989, 311), in *The Rainbow* (1915) als eine durch die Abreise ihres in den Burenkrieg ziehenden Geliebten Skrebensky verursachte Verirrung gesehen, von der sie sich nach einiger Zeit angeekelt abwendet. Ihre Abkehr von »the perverted life of the elder woman« (319) findet schließlich durch die Identifikation Winifred Ingers mit dem korrupten, entmenschlichenden Maschinenzeitalter, das Ursulas eigenem Lebenshunger entgegensteht, eine weitere Rechtfertigung, allerdings wird dieser Konnex durch die Präsentation Winifreds im Roman nicht gedeckt. Auch die Beziehung zwischen Banford und March in Lawrences *The Fox* (1923) wird als eine unerfüllte präsentiert. Insbesondere Marchs Sehnsucht versinnbildlicht sich in dem wildernden Fuchs, der sie in seinen Bann zieht und der zumindest im ersten Teil der Erzählung eindeutig als Symbol für männliche Sexualität fungiert. So identifiziert sie ihn selbst sofort mit dem jungen Henry, der in das Leben der beiden Frauen einbricht und ihr fast gewaltsam ein Heiratsversprechen abringt. Allerdings tut sich auch in der späteren heterosexuellen Verbindung zwischen March und Henry eine unüberbrückbare Distanz auf, die nicht zuletzt auf Henrys Festhalten an traditionellen Männlichkeits- und Weiblichkeitsvorstellungen beruht, so daß hier auch die Krise des Männlichkeitsideals in einer Zeit sich verändernder Geschlechterrollen thematisiert wird. March wird ihr langjähriges Transgredieren der Geschlechtergrenzen zum Verhängnis – in ihrem Zusammenleben mit Banford war sie »the man about the place« (Lawrence 1992, 7), »an independent woman with a man's responsibility« (70) –, denn nun kann sie sich nicht mehr auf die ganz anderen Bedürfnisse Henrys einlassen. Und Henrys auf Unterwerfung ausgerichtetes Dominanzverhalten – »He wanted to take away her consciousness, and make her just his woman« (70) – ist nicht mit ihrer Disposition vereinbar. *The Fox* endet in einer ausweglosen Situation. In *Women in Love* hingegen

---

[11] Selbst in der sexuellen Begegnung zwischen Ursula und Rupert, die als »mystically-physically satisfying« (354) bezeichnet wird und bei der sie »a full mystic knowledge of his suave loins of darkness« (358) erreicht und »the phallic source« (354) zu transzendieren meint, ist letztere doch ganz offenkundig involviert.

[12] Die Konzentration auf das phallische Prinzip erklärt auch, warum tiefen Beziehungen zwischen Männern, etwa der zwischen Rupert und Gerald, der Status einer »eternal union« (541) zukommt, ein Transzendenzanspruch, dem enge Verbindungen zwischen Frauen in Lawrences Werk nicht gerecht werden können.

dramatisiert Lawrence den Geschlechterkonflikt als Kampf mit hohem Einsatz und ungewissem Ausgang – »a fight to the death [...] or to new life« (Lawrence 1960, 159).

7.

Ambivalente Reaktionen auf das Verwischen traditioneller Geschlechtergrenzen und das »*rapprochement* between the sexes« (Carpenter 1984, 189) lassen sich auch im psychologisch-medizinischen Diskurs der Zeit nachweisen und werden durch diesen gestützt. Obwohl etwa Havelock Ellis die Gleichberechtigung von Mann und Frau anerkennt und zudem eine zunehmende Mischung von männlichen und weiblichen Eigenschaften innerhalb der beiden Geschlechter feststellt,[13] ist sein Denken doch von der Vorstellung einer prinzipiellen und naturgegebenen Differenz der Geschlechter geprägt. Diese bildet den Ausgangspunkt seiner Studien zur männlichen und weiblichen Sexualität[14] (Ellis 1927/28, I: ix, III: vii) und veranlaßt ihn, eine Reihe von ›organisch bedingten‹ weiblichen Charakteristika, wie etwa Schamgefühl (I: 1–84), Heuchelei (VI: 415) oder besondere Leidensbereitschaft und einen Hang zur Unterwerfung, als Pendant zum männlichen Dominanzverhalten (III: 66–188), herauszuarbeiten. Seine geradezu rhapsodischen Ausführungen zu Schwangerschaft (V: 205–229) und Mutterschaft (VI: 1–43) legen mit derselben Argumentation die Frau auf eine ganz traditionelle Rolle fest, und Reformbewegungen, die diese ›Naturgesetze‹ mißachten, werden prompt kritisiert (VI: 68). Diese Beispiele machen deutlich, auf welche Weise nicht nur Stereotype, sondern auch gesellschaftliche Machtverhältnisse durch physiologische und biologischevolutionistische Begründungsversuche gefestigt werden.

Selbst die von den Sexologen entwickelte Zwischenstufentheorie (Hirschfeld 1920, 348–369 und Hirschfeld 1984) wird paradoxerweise von der Vorstellung einer absoluten Polarität der Geschlechter bestimmt. Sie basiert auf der Annahme menschlicher Zweigeschlechtlichkeit und bietet eine wissenschaftliche Erklärung der verschiedenen Mischungsverhältnisse männlicher und weiblicher Merkmale in einem Individuum. Damit wird eine Möglichkeit eröffnet, den »Dualismus der Geschlechter« (Hirschfeld 1910, 4) zu überwinden. Dieses Potential wird allerdings wieder unterlaufen in einer strikten Festlegung idealtypischer Geschlechtsmerkmale, den sogenannten »vollmännliche[n] oder vollweibliche[n] Formationen« (Hirschfeld 1920, 365), die, in Oppositionspaaren aufgefächert, praktisch alle Seins- und Lebensbereiche umfassen und auf eine physische Grundlage zurückführbar sind, so daß eine asymmetrische Bestimmung der Geschlechter erhalten

---

[13] »The modern man of ideas recognizes that, as a matter of principle, his wife is entitled to equality with himself [...]. And, moreover, while the modern man has to some extent acquired feminine qualities, the modern woman has to a corresponding extent acquired masculine qualities« (Ellis 1927/28, VI: 405).

[14] Zu diesem Komplex vgl. das 6. Kapitel in diesem Band.

bleibt und durch das Postulat einer biologischen Fundierung noch weiter zementiert wird.[15]

Ein ähnliches Feld von Widersprüchlichkeiten tut sich im Hinblick auf die Homosexualität auf. In der zweiten Hälfte des 19. Jahrhunderts beginnt im Zuge der Verlagerung des Diskurses über Sexualität in den medizinisch-wissenschaftlichen Bereich mit den frühen Studien von Karl Heinrich Ulrichs und Carl Westphal in den 1860er und 1870er Jahren auch eine systematische Erforschung der Homosexualität, die sich kontinuierlich in den Untersuchungen von Ellis, Hirschfeld und Carpenter fortsetzt. Einerseits bot sich homosexuellen Frauen damit ein Erklärungsmodell für ihre Disposition an, andererseits erfolgte dadurch aber auch eine Sexualisierung und Stigmatisierung von engen Frauenbeziehungen (Faderman 1981, 239–253 und 297–331; Walkowitz 1993, 397f.; Smith-Rosenberg 1989) oder von von der Norm abweichendem Verhalten überhaupt. So wurden sowohl im öffentlichen Bewußtsein als auch in den Schriften der Sexologen (Ellis 1927/28, 261f.) die emanzipatorischen Züge der *New Woman* mit dem Moment der sexuellen Perversion in Verbindung gebracht und damit diskreditiert oder zumindest pathologisiert. Darüber hinaus werfen die Untersuchungsergebnisse selbst einige Probleme auf. Erstens handelt es sich dabei um androzentrisch geprägte Theorien in zweifacher Hinsicht: Sie sind ausschließlich von männlichen Wissenschaftlern konzipiert, und die Ausführungen konzentrieren sich überwiegend auf den männlichen Homosexuellen, wobei die Fälle weiblicher Homosexualität in Analogie zu den männlichen erklärt werden. Zweitens basieren auch sie auf der Annahme einer naturgegebenen Geschlechterdifferenz, die sich in verschiedenen Bereichen auswirkt und die bei Homosexuellen in einigen Punkten gewissermaßen ›verkehrt‹ ist, was an der häufig verwendeten Formel einer konträrgeschlechtlichen Seele im falschen Körper augenfällig wird. Damit wird auch die homosexuelle Anziehung wiederum auf ein simples Oppositionsschema männlich-weiblich reduziert, und das heißt in letzter Konsequenz auf ein im Prinzip heterosexuelles, so daß die lesbische Frau als eine maskuline Frau definiert wird mit » ›a male soul in a

---

[15] So ergibt sich aus der physischen Konstitution der Frau für Hirschfeld gewissermaßen zwanglos eine Reihe von weiteren Eigenschaften und Verhaltensformen, die ihr Dasein von dem des Mannes wesentlich unterscheidet: »In Übereinstimmung mit ihrem Körperbau, der der Empfängnis, der Aufbewahrung und Ernährung des Kindes so vortrefflich angepaßt ist, erscheint auch im Geschlechtsleben die Frau der empfangende, aufnehmende und mehr passive Teil, welcher dem Manne als dem zeugenden, inkumbierenden und mehr aktiven Partner entgegenstrebt. [...] Aber nicht nur im Liebesleben, auch im sonstigen Geistesleben ist die Frau empfänglicher, empfindsamer, gemütvoller, unmittelbarer als der Mann, während ihr die streng abstrakte, schürfend-grübelnde oder auch rein schöpferisch tätige Seite der menschlichen Psyche weniger liegt. [...] Wenn manche Vertreterinnen der Frauenbewegung [...] behaupten, der Mangel an genialischen Leistungen und epochalen Schöpfungen käme daher, weil den Frauen zu ungestörter Entfaltung ihrer Entwicklungsmöglichkeiten bisher keine Gelegenheit gegeben sei, so bin ich mit [...] anderen der Meinung, daß ›die systematische Unterdrückung von seiten der Männer‹ hier weniger in Betracht kommt, als die natürliche Beschaffenheit der Frauen an und für sich« (Hirschfeld 1920, 355).

female body«« (Carpenter 1984, 195).¹⁶ Drittens entwickelten die Sexologen ungeheuer ausgefeilte und detaillierte Einteilungsschemata, mit denen sie alle nur möglichen Variationen homosexuellen Verhaltens in ihre Theorien einzureihen versuchten (z.B. Hirschfeld 1920, 305–307; Krafft-Ebing/Moll 1924, 76–78). Dieser ungeahnte Kategorisierungsdrang verrät nicht nur eine deutliche Angst vor dem Nicht-Klassizierbaren, dem man mit dem Entwurf einer »natürlichen Ordnung der Unordnung« (Foucault 1991, 59) zu begegnen sucht, sondern konstituiert auch eine Definitionsmacht, die keinen Spielraum mehr für andersartige Erfahrungen läßt. Und in diesem Sinne impliziert der psychologisch-medizinische Diskurs eben auch ein Limitieren der Formen des weiblichen Begehrens und der Möglichkeiten weiblicher Selbstdefinition.

In diesem Spannungsfeld von emanzipatorischem Impetus und einschränkender Reglementierung situieren sich auch die literarischen Texte, die sich mit den Konstruktionen von Geschlecht und Sexualität auseinandersetzen. So lehnt sich Radclyffe Hall in *The Well of Loneliness* sehr stark an die Theorien der Sexologen an, die sie über ihren Roman einem breiteren Publikum zugänglich machen wollte (Baker 1985, 188). Die Schriften von Ulrichs und Krafft-Ebing finden im Text explizite Erwähnung und dienen als Erklärungs- und Identifikationsmodell für die Protagonistin und ihre homosexuelle Disposition. Sie gehört zu denjenigen »who stand mid-way between the sexes« (Hall 1982, 81). Sie hat den Körper einer Frau, bevorzugt aber bereits als Kind Jungenkleidung und -beschäftigungen und würde am liebsten »a man's life« (100) führen. Ihre Lebensgefährtin Mary Llewellyn ist als eindeutig weiblicher Gegenpart konzipiert, »she was perfect woman« (318), so daß ihre Beziehung in bezug auf die Rollenverteilung nach einem typisch heterosexuellen Muster funktioniert. Die Feststellung ihrer Hauslehrerin und späteren Begleiterin: »you're as much a part of what people call nature as anyone else; only you're unexplained as yet« (153), impliziert die Hoffnung, daß die wissenschaftliche Erforschung der Homosexualität wichtige Aufklärungsarbeit im Hinblick auf die Akzeptanz von der Norm abweichenden Sexualverhaltens leisten könnte. So übernimmt Hall auch die von den Experten fast durchgängig vertretene Lehre von der angeborenen Homosexualität,¹⁷ denn sie entkräftet individuelle Schuldzuweisungen und Vorwürfe moralischer Verderbtheit und erlaubt es stattdessen, den homosexuellen Menschen als »outlaw« (108) und als Opfer seiner Veranlagung

---

[16] Diese Vorstellung, so fährt Carpenter weiter fort, »helps us to understand how it might be possible for her to fall *bona fide* in love with another woman« (195). – Wie groß das Bedürfnis nach einer solchen Dichotomisierung der Geschlechtscharaktere ist, zeigt Ellis' in der Essenz wenig schlüssige Zurückweisung einer Beobachtung Hirschfelds, daß es auch homosexuelle Frauen gebe, die sich äußerlich von heterosexuellen nicht unterscheiden: »This is not an observation I am able to confirm. It appears to me that the great majority of inverted women possess some masculine or boyish traits, even though only as slight as those which may occasionally be revealed by normal women« (Ellis 1927/28, 251).
[17] Die Protagonistin handelt »in accordance with the dictates of her nature« (145).

sowie als »victim of social hostility« (Ellis 1927/28, II: 338) in den Blick zu nehmen. In diesem Sinne setzt Radclyffe Hall die fiktional gestalteten Theorien der Sexologen als Plädoyer für die gesellschaftliche Anerkennung von Homosexualität ein – allerdings um den Preis einer ausgesprochen klischeehaften Figurendarstellung.

Virginia Woolfs *Orlando* (1928) hingegen ist ein Text, der Vorstellungen von Weiblichkeit und Männlichkeit kritisch hinterfragt. Es handelt sich dabei um die Biographie einer Figur, die ungefähr 350 Jahre britischer Kultur- und Literaturgeschichte durchläuft, dabei selbst aber nur um 20 Jahre älter wird, die sich im dritten Kapitel von einem Mann in eine Frau verwandelt und die so das Leben beider Geschlechter über einen langen Zeitraum gewissermaßen am eigenen Leib nachvollziehen kann. Eine solche Konstellation eignet sich dazu, sich wandelnde Geschlechterverhältnisse aufzuzeigen, sie also in ihrer historischen Verfaßtheit zu beleuchten und damit als gesellschaftlich-kulturelle Konstrukte zu entlarven. In gleicher Weise unterliegt im Roman auch die Frage der sexuellen Anziehung den Konventionen. Wenn Orlando sein Begehren Sasha gegenüber zügelt, weil er zunächst fälschlicherweise annimmt »that the person was of his own sex« (Woolf 1993, 26), aber einige Zeit später die Erzählerin für seine plötzliche Leidenschaft für den als Frau verkleideten Archduke Harry »the natural sympathy which is between the sexes« (81) als mögliche Erklärung anführt, so kann diese Bemerkung nur als ironischer Kommentar zu der Vorstellung einer biologisch fundierten Anziehung der Gegensätze verstanden werden. *Orlando* demontiert die Auffassung angeborener Geschlechtscharaktere sowie von vornherein festgelegter sexueller Orientierung und unterminiert so die Grundlagen des zeitgenössischen wissenschaftlichen Geschlechterdiskurses. Stattdessen postuliert der Text in Übereinstimmung mit Woolfs Androgyniekonzept eine frei verfügbare Mischung aus weiblichen und männlichen Anteilen in einer Person, die sich in einem komplexen Zusammenspiel verschiedener persönlicher und kontextbedingter Kräfte immer wieder verändern kann (dazu auch Kilian 1998). In pointierter Form kommt dies gerade im Moment des Geschlechtswandels zum Tragen, der Orlandos Identitätserleben zunächst in keiner Weise tangiert. Der Kommentar der Erzählerin »[that] in future we must, for convention's sake, say ›her‹ for ›his,‹ and ›she‹ for ›he‹« (98) deutet auf die sprachliche Konstitution und Konstruktion der Geschlechterdifferenz und ihrer spezifischen Ausprägung, und diese wiederum wird von den gesellschaftlichen und kulturellen Konstellationen und damit auch von der literarischen Produktion wesentlich mitbestimmt.

»Love, the poet has said, is woman's whole existence. [...] Surely, since she is a woman, and a beautiful woman, and a woman in the prime of life, she will soon [...] begin at least to think of a gamekeeper (and as long as she thinks of a man, nobody objects to a woman thinking)« (187). Diese Passage enthält, in Anspielung auf *Lady Chatterley's Lover* (1928), eine unzweideutige Kritik an D. H. Lawrence als Repräsentanten einer Reihe von Schriftstellern, deren Frauenporträts in erster Linie Projektionen männlicher Wunschvorstellungen darstellen, welche, wie Woolf in *A Room of One's Own* (1929) noch weiter expliziert, dazu dienen, »the figure of man at twice its natural size« zu reflektieren (Woolf 1977, 35). Mit diesen Ausführungen schreibt sie der Literatur eine wichtige Funktion in der Verhandlung und Gestaltung von Geschlechtercodes sowie von Weiblichkeits- und Männlichkeitsentwürfen zu, eine Funktion, die sie u.a. in *Orlando* selbst nutzt, um gängige Vorstellungsmuster ins Wanken zu bringen und zudem den Einfluß der Geschlechterkonstruktionen auf unsere Wahrnehmung der Realität zu reflektieren.

8.

Der Geschlechterdiskurs greift auch noch auf andere Weise in den literarischen Diskurs ein. Auffällig ist etwa, daß die Protagonistinnen in einer ganzen Reihe von Romanen Künstlerinnen, meist Schriftstellerinnen sind oder es werden und daß anhand dieser Figuren, wie auch im männlichen Künstlerroman, das Potential der Literatur selbst und damit die möglichen Formen einer modernistischen Ästhetik ins Bild rücken. Die in der Forschung bereits für die 1890er Jahre konstatierte Verschränkung von *New Woman* und innovativen literarischen Formen (Cunningham 1978, 3; Bjørhovde 1987, 6–16, 129–132, 170–174; Ardis 1990, 29–58) kann auch für die 1920er Jahre geltend gemacht werden. Im Hinblick auf den Großstadtdiskurs haben wir bereits deutlich andere Akzentsetzungen der Autorinnen im Vergleich zu ihren männlichen Kollegen gesehen. Ein weiteres Beispiel ist Dorothy Richardsons Beitrag zur zeitgenössischen Realismusdebatte, die durch die Suche nach neuen Formen zur Darstellung einer veränderten Realitätsauffassung, nach »a new method of viewing and expressing life« (Arthur C. Benson [1912] in Greiner/Kemmler 1997, 173; ebenso Woolf 1994, 161 und 162) geprägt ist. Richardsons erklärte Absicht, mit *Pilgrimage* »a feminine equivalent of the current masculine realism« (Richardson 1979, I: 9) zu schaffen, bezieht sich vor allem auf ein Ausdifferenzieren der Möglichkeiten der Bewußtseinsdarstellung und des unpersönlichen Erzählens. Ihre Position läßt sich aus ihren literarkritischen Essays und den in *Pilgrimage* erarbeiteten ästhetischen Prinzipien erschließen. Ihre Bemerkungen zu Flauberts Schreibweise sind hier signifikant. Sie kritisiert, daß er trotz seines Plädoyers für ein unparteiisches Schreiben seinen Figuren wertend gegenübertrete und zudem seine eigene Kunstfertigkeit und technische Brillanz in den Vordergrund rücke, so daß sich sowohl zwischen der Figur und der Erzählinstanz als auch zwischen dem Textgegenstand und dem Rezipienten eine störende Distanz aufbaue (Richardson 1990b und 1959). In *Pilgrimage* läßt sich eine solche Haltung mit dem korrelieren, was sie als »a man's consciousness« (Richardson 1979, II: 27) bezeichnet, welches unter anderem durch Selbstdarstellung, einen Hang zum Definieren und Kategorisieren und durch »thinking in propositions« (I: 443) und »making statements« (II: 10) gekennzeichnet ist. Demgegenüber steht ihre Vorstellung vom »feminine consciousness« (III: 327), das mit einem ganzheitlichen, unvoreingenommenen Sehen konnotiert ist, was ein wertfreies Sich-Hineinversetzen in den Gegenstand der Betrachtung ermöglicht und in der literarischen Umsetzung auch dem Rezipienten idealerweise einen freien und unvermittelten Blick auf das im Text Dargestellte gewährt (dazu auch Kilian 1997, 285–305). Mit anderen Worten: Für Richardson ist »feminine consciousness« eine unabdingbare Voraussetzung für *impersonal narration*.[18] In *Pilgrimage* charakterisiert diese Position des unverstellten Sehens die Augenblicke privilegierter Wahrnehmung der Protagonistin, des weiteren geht sie in ihre Überlegungen zu ihrem eigenen Schreiben ein, und sie materialisiert sich in der Erzählhaltung des Romanzyklus selbst, der, ähnlich Prousts *A la recherche du temps perdu* (1913–1927), eben den Text darstellt, den die Protagonistin am Ende des Romans zu schreiben beginnt.

Richardsons Ausführungen zum unparteilichen »synthetic consciousness of woman« (Richardson 1990a, 406) erinnern an Virginia Woolfs in *A Room of One's Own* entwickeltes Androgyniekonzept, das ebenfalls durch Verzicht auf emotionale Voreinstellungen gekennzeichnet ist, und zwar ganz speziell durch das Ablegen von »sex-consciousness« (Woolf 1977, 98), also von den Geschlechterkonflikt reflektierenden Einfärbungen; und dieses Abstandnehmen ist grundlegend für »the freedom to think of things in themselves« (39). Es handelt sich dabei um ein Modell literarischer Kreativität, welches auf der Vorstellung eines harmonischen Zusammenspiels der weiblichen und männlichen Komponenten im Dichtersubjekt basiert (93f. und 99), das die geistigen Kräfte freisetzt und erst zu ihrer vollen Entfaltung bringt. Woolf verweist in diesem Zusammenhang auch auf die materiellen Bedingungen, die erfüllt sein müssen, um eine solche unvorbelastete Haltung einnehmen zu können, und die besonders für schreibende Frauen immer wieder zu einem Hindernis werden: ein von den Anforderungen des Alltags abgeschirmter Rückzugsort, »a room of her own« (51), und finanzielle Unabhängigkeit. Dieses ästhetische Prinzip ist, wie auch dasjenige Richardsons, der Dichtungstheorie der englischen Romantik verpflichtet, es beinhaltet allerdings eine wichtige Verschiebung insofern, als die Kategorie ›Geschlecht‹ sowohl in ihren geistigen als auch in ihren materiellen Auswirkungen ein zentrales Element des Modells bildet.

Das Herausarbeiten solcher literarischer Positionen, die hier nur ansatzweise zum Zuge kommen konnten, erlaubt es, von *gendered Modernism* zu sprechen, und dies in zweifacher Hinsicht: erstens, wie oben dargestellt, mit Bezug auf *gender* als integralen Bestandteil ästhetischer Theorien und zweitens im Hinblick auf eine traditionelle Vorstellung modernistischer Ästhetik, die als »unconsciously gendered masculine« (Scott 1990, 2) bezeichnet werden kann, weil sie sich auf die Texte »[of] a small set of its male participants« (Scott 1990, 2) stützt und die Beiträge einer ganzen Reihe von Autorinnen ausblendet, deren Berücksichtigung das Bild der Moderne verändern und anders akzentuieren würde. Hier setzt die Literaturwissenschaft ein Ausschlußverfahren fort, das die männlichen Vertreter der englischen Moderne bereits in ihrer Literaturkritik und in ihren ästhetischen Theorien vorgeführt haben. Aufschlußreich sind in diesem Zusammenhang etwa Ezra

---

[18] Richardsons Anerkennung etwa für Henry James macht deutlich, daß der Begriff »feminine consciousness« nicht zwingend an das biologische Geschlecht einer Person gebunden ist, sondern vielmehr eine bestimmte Haltung oder Einstellung bezeichnet, die gleichwohl, und das zeigen die Beispiele in *Pilgrimage*, bei Frauen häufiger anzutreffen ist.

Pounds Lektüreempfehlungen in »How to Read« (1928) und vor allem in seinem *ABC of Reading* (1934). Da es ihm in diesen beiden Texten auch darum geht, Möglichkeiten aufzuzeigen, die literarische Spreu vom Weizen zu trennen – »[t]he weeder is supremely needed if the Garden of the Muses is to persist as a garden« (Pound 1951, 17) – und »great literature« (Pound 1954, 23; Pound 1951, 36) zu identifizieren, haben wir es hier auch mit einer Form der Kanonbildung zu tun. Signifikanterweise enthält die beträchtliche Liste von Namen bedeutender Autoren von der Antike bis zur Gegenwart, die sich aus den 200 Seiten zusammentragen läßt, insgesamt nur zwei Schriftstellerinnen: Sappho und Jane Austen. Mit anderen Worten: Die in *ABC of Reading* implizierte literarische Tradition entpuppt sich bei näherem Hinsehen als eine nahezu exklusiv männliche. Hinzu kommt die gegenseitige Lobpreisung der *high modernists*. Eliot bescheinigt »that Pound's literary criticism is the most important contemporary criticism of its kind« (Pound 1954, x), Pound hält Eliots Werke für die besten »since the death of Jules Laforgue« (Pound 1954, 418), und Wyndham Lewis vergleicht er mit Dostojewskij (424). Diese Festigung einer männlichen Schreibtradition ist von feministischer Seite als Abwehr gegen die zunehmende weibliche Konkurrenz auf dem Feld der Literatur gewertet worden und als Indiz dafür »that the female imagination was [...] a central problem for modernist men« (z.B. Gilbert/Gubar 1986, 9; ebenso Gilbert/Gubar 1988, 156). Hesse, Knight und Pfister nennen eine weitere Reaktion der Dichter der Moderne auf die »Verunsicherung der Geschlechternormen«, die »Exorzierung« des Weiblichen (Hesse/Knight/Pfister 1984, 14f.). Dieser Mechanismus läßt sich zum Beispiel an T. E. Hulmes Identifikation der modernen Dichtung mit dem männlichen Prinzip nachvollziehen, in seiner Gegenüberstellung von »virile thought« und »sentimentality« (Hulme 1955, 69), eine Eigenschaft, die die letzten Ausläufer einer im Niedergang begriffenen Kunstform kennzeichnet. Diese Opposition konkretisiert er an anderer Stelle als »classical«, dem die Attribute »dry and hard« zukommen (Hulme 1936, 126), versus »romantic«, apostrophiert als »damp« (127) oder gar als »moaning or whining about something or other« (126), und sie bildet den Kern seiner anti-romantischen Haltung, die er mit Pound und Eliot teilte. In dieser Konstellation ist also auch das Avantgardistische männlich konnotiert, das Degenerierte, das überwunden werden muß, hingegen implizit weiblich.

9.

Die vorangegangenen Ausführungen haben gezeigt, daß die Weiblichkeitsentwürfe der Zwanziger Jahre noch in enger Verbindung mit der *New-Woman*-Debatte der 1890er Jahre stehen. In den literarischen Texten der Zwanziger Jahre werden die Möglichkeiten weiblicher Selbstentfaltung auf unterschiedliche Weise verhandelt. Die Bandbreite des Dargestellten reicht dabei von zukunftsweisenden Neuorientierungen bis hin zur Präsentation mißlungener Emanzipationsversuche. Der Literatur kommt im Kontext des Auslotens von Geschlechterrollen durchaus die Funktion zu, die ihr Hans Robert Jauß ganz allgemein zuschreibt, nämlich die, noch unverwirklichte Möglichkeiten zu antizipieren und »Wege zukünftiger Erfahrung« zu eröffnen (Jauß 1970, 202), allerdings tut sie dies eher behutsam und vorsichtig. Das liegt sicherlich nicht zuletzt daran, daß der Großteil der hier vorgestellten Texte stärker darauf bedacht ist, das Individuum am Schnittpunkt verschiedener, zum Teil konkurrierender Diskurse zu zeigen und so den Prozeß des Ineinandergreifens traditioneller Prägungen und fortschrittlicher Positionen zu beleuchten. Des weiteren kristallisierten sich einige von den besprochenen Texten präferierte Konfigurationen und Merkmale heraus. Erstens wird das Aufeinanderprallen alter und neuer Frauenrollen, das den bereits in den 1890ern diskutierten Gegensatz zwischen *New Woman* und *Victorian Woman* wieder aufgreift, wiederholt als Generationenkonflikt thematisiert. Dadurch erscheint diese Auseinandersetzung als gewissermaßen natürliche Progression, in deren Verlauf das Neue das Alte ablöst, andererseits erlaubt der Bezug auf ein Generationenmodell aber auch, den Konflikt im Kontext eines menschlichen Beziehungsgeflechts zu entfalten und damit sowohl die Rolle der Figuren als Vermittler kultureller Werte hervorzuheben als auch ihre psychischen Abhängigkeiten untereinander hervortreten zu lassen. Zweitens kristallisierte sich die Großstadt als bevorzugter Handlungs- und Erfahrungsraum der modernen Frau heraus, der ihrer individuellen Entfaltung besonders zuträglich ist. Ein dritter Schwerpunkt lag in der erzählerischen Ausfaltung von Bewußtseinsvorgängen, die die komplexen Prozesse weiblicher Entwicklung in den Vordergrund rücken und zudem den Innenraum selbst als wichtigen Rückzugsort für die Protagonistinnen ausweisen.

In den Schriften der Sexologen ließ sich eine Reihe von Paradoxien und Ambivalenzen in bezug auf den zeitgenössischen Geschlechterdiskurs ausmachen, die im Kern darauf zurückzuführen sind, daß das emanzipatorische Potential ihrer Theorien im Hinblick auf das Aufbrechen einer starren Geschlechterdichotomie gerade durch die Annahme von biologisch fundierten und daher vorgegebenen Geschlechtscharakteren konterkariert wird. Die Texte von D. H. Lawrence sowie Radclyffe Halls *The Well of Loneliness* zeigten beide auf unterschiedliche Weise, wie auch literarische Texte in diese Art von Widersprüchlichkeiten impliziert sein können. Virginia Woolfs *Orlando* erwies sich hingegen als Beispiel für die Möglichkeiten des literarischen Diskurses, kulturelle und wissenschaftliche Konzepte im Rahmen des Mediums der Fiktion kritisch zu hinterfragen und ihnen eine Komplexität und Dynamik entgegenzusetzen, die ihre Prämissen außer Kraft setzt. In einem letzten Schritt eröffnete sich schließlich noch eine weitere Verbindung von literarischem und Geschlechterdiskurs, und zwar in Form von ästhetischen Prinzipien, die selbst mit der Kategorie *gender* operieren und die es erlauben, von *gendered Modernism* zu sprechen, eine Formulierung, die außerdem auf den selektiven und stark männlich geprägten Kanon der Moderne anspielt.

Die geschlechtsspezifische Voreingenommenheit, die sowohl die Urteilsbildung der männlichen Vertreter der Moderne als auch diejenige nachfolgender Literaturwissenschaftler bestimmte und eine Abwertung des Weiblichen und weitreichende Ausgrenzung der Werke von Frauen aus dem literarischen Kanon zur Folge hatte, aber auch die alten und neuen Bestrebungen, diese Epoche aus einem feministischen Blickwinkel zu erschließen und einseitige Einschätzungen zu revidieren, bestätigen die These von Gilbert und Gubar »[of] an ongoing battle of the sexes that was set in motion by the late nineteenth-century rise of feminism and the fall of Victorian concepts of ›femininity‹« (Gilbert/Gubar 1988, xii).

Bibliographie

Ardis, Ann L. (1990), *New Women, New Novels. Feminism and Early Modernism*, New Brunswick–London: Rutgers University Press.
Baker, Michael (1985), *Our Three Selves. A Life of Radclyffe Hall*, London: GMP.
Banks, Olive (1981, 1986), *Faces of Feminism. A Study of Feminism as a Social Movement*, Oxford: Blackwell.
Bjørhovde, Gerd (1987), *Rebellious Structures. Women Writers and the Crisis of the Novel 1880–1900*, Oslo: Norwegian University Press.
Boumelha, Penny (1982), *Thomas Hardy and Women. Sexual Ideology and Narrative Form*, Brighton: Harvester Press.
Carpenter, Edward (1912, 1984), *The Intermediate Sex*, in E. C., *Selected Writings*, vol. 1: *Sex*, ed. David Fernbach, Noël Greig, London: GMP, 185–244.
Cunningham, Gail (1978), *The New Woman and the Victorian Novel*, London–Basingstoke: Macmillan.
Dowling, Linda (1979, 1996), »The Decadent and the New Woman in the 1890s,« in Lyn Pykett, ed., *Reading Fin de Siècle Fictions*, London–New York: Longman, 47–63.
Ellis, Havelock (1927/28), *Studies in the Psychology of Sex*, 7 vols., Philadelphia: F.A. Davis.
Faderman, Lillian (1981, n.d.), *Surpassing the Love of Men. Romantic Friendship and Love Between Women from the Renaissance to the Present*, London: Junction Books.
Foucault, Michel (1976, 1991), *Sexualität und Wahrheit*, vol. 1: *Der Wille zum Wissen*, übers. Ulrich Raulff, Walter Seitter, Frankfurt/M.: Suhrkamp.
Gardiner, Juliet, ed. (1993), *Women's Voices 1880–1918. The New Woman*, London: Collins & Brown.
Gilbert, Sandra M., Susan Gubar, eds. (1986), *The Female Imagination and the Modernist Aesthetic*, New York: Gordon and Breach.
Gilbert, Sandra M., Susan Gubar (1988), *No Man's Land. The Place of the Woman Writer in the Twentieth Century*, vol. 1: *The War of the Words*, New Haven–London: Yale University Press.
Gilbert, Sandra M., Susan Gubar (1989), *No Man's Land. The Place of the Woman Writer in the Twentieth Century*, vol. 2: *Sexchanges*, New Haven–London: Yale University Press.
Greiner, Walter, Fritz Kemmler, eds. (1997), *Realismustheorien in England (1692–1919). Texte zur historischen Dimension der englischen Realismusdebatte*, Tübingen: Narr.
Greiner, Walter, Gerhard Stilz, eds. (1983), *Naturalismus in England 1880–1920*, Darmstadt: Wissenschaftliche Buchgesellschaft.
Hall, Radclyffe (1924, 1981), *The Unlit Lamp*, London: Virago.
Hall, Radclyffe (1928, 1982), *The Well of Loneliness*, London: Virago.
Heilmann, Ann (1996), »The ›New Woman‹ Fiction and *Fin-de-Siècle* Feminism,« *Women's Writing* 3, 197–216.
Hesse, Eva, Michael Knight, Manfred Pfister (1984), *Der Aufstand der Musen. Die ›Neue Frau‹ in der englischen Moderne*, Passau: Haller.
Hirschfeld, Magnus (1923, 1984), »Die intersexuelle Konstitution,« in Wolfgang Johann Schmidt, ed., *Jahrbuch für sexuelle Zwischenstufen. Auswahl aus den Jahrgängen 1899–1923*, Frankfurt/M.–Paris: Qumran, 9–26.

Hirschfeld, Magnus (1920), *Die Homosexualität des Mannes und des Weibes*, Berlin: Louis Marcus.
Hirschfeld, Magnus (1910), *Die Transvestiten. Eine Untersuchung über den erotischen Verkleidungstrieb mit umfangreichem casuistischen und historischen Material*, Berlin: Alfred Pulvermacher.
Holtby, Winifred (1932), *Virginia Woolf*, London: Wishart & Co.
Horn, Pamela (1995), *Women in the 1920s*, Stroud: Sutton.
Hulme, T. E. (1938, 1955), »A Lecture on Modern Poetry,« in T. E. H., *Further Speculations*, ed. Sam Hynes, Minneapolis: University of Minnesota Press, 67–76.
Hulme, T. E. (1924, 1936), *Speculations*, ed. Herbert Read, 2nd ed., London: Routledge and Kegan Paul.
Jalland, Pat (1986), *Women, Marriage and Politics 1860–1914*, Oxford: Clarendon.
Jauß, Hans Robert (1970), *Literaturgeschichte als Provokation*, Frankfurt/M.: Suhrkamp.
Jordan, Ellen (1983), »The Christening of the New Woman: May 1894,« *Victorian Newsletter* 63, 19–21.
Kilian, Eveline (1997), *Momente innerweltlicher Transzendenz. Die Augenblickserfahrung in Dorothy Richardsons Romanzyklus* Pilgrimage *und ihr ideengeschichtlicher Kontext*, Tübingen: Niemeyer.
Kilian, Eveline (1998), »Zwischen Exzentrizität und wissenschaftlicher Vereinnahmung. *Cross-dressing* im psychologischen und literarischen Diskurs der Moderne,« in Aleida Assmann, Monika Gomille, Gabriele Rippl, eds., *Sammler – Bibliophile – Exzentriker*, Tübingen: Narr (im Druck).
Körner, Werner (1995), *Psychologische Grundlagen, Inhalte und Funktion der Bewußtseinsdarstellung in Dorothy Richardsons Romanzyklus* Pilgrimage, Diss. Univ. Köln.
Krafft-Ebing, Richard von (1924), *Psychopathia Sexualis*, 16./17. Aufl., ed. Albert Moll, Stuttgart: Ferdinand Enke.
Laver, James (1986), *Costume and Fashion. A Concise History*, London: Thames and Hudson.
Lawrence, D. H. (1923, 1992), *The Fox*, in D. H. L., *The Fox, The Captain's Doll, The Ladybird*, ed. Dieter Mehl, Cambridge: Cambridge University Press, 7–71.
Lawrence, D. H. (1915, 1989), *The Rainbow*, ed. Mark Kinkead-Weekes, Cambridge: Cambridge University Press.
Lawrence, D. H. (1920, 1960), *Women in Love*, Harmondsworth: Penguin.
Meyer, Emanuele L. (1924), *Das Weib als Persönlichkeit*, Zürich: Grethlein.
Pound, Ezra (1934, 1951), *The ABC of Reading*, London: Faber and Faber.
Pound, Ezra (1954), *Literary Essays of Ezra Pound*, ed. T. S. Eliot, London: Faber and Faber.
Powys, John Cowper (1931, 1974), *Dorothy Richardson*, London: Village Press.
Quadflieg, Helga (1988), *Die Short Story der Nineties. Narrative Kurzprosa im Spannungsfeld zwischen Ästhetizismus und Naturalismus*, Frankfurt/M.: Lang.
Richardson, Dorothy (1951, 1959), »Data for Spanish Publisher,« ed. Joseph Prescott, *The London Magazine* 6: 6, 14–19.
Richardson, Dorothy (1915–1967, 1979), *Pilgrimage*, 4 vols., London: Virago.
Richardson, Dorothy (1917, 1990a), »The Reality of Feminism,« in Scott, 401–407.
Richardson, Dorothy (1923, 1990b), »Talent and Genius,« in Scott, 407–411.
Schabert, Ina (1997), *Englische Literaturgeschichte. Eine neue Darstellung aus der Sicht der Geschlechterforschung*, Stuttgart: Kröner.
Schreiner, Olive (1883, 1993), *The Story of an African Farm*, London: Penguin.
Scott, Bonnie Kime, ed. (1990), *The Gender of Modernism. A Critical Anthology*, Bloomington–Indianapolis: Indiana University Press.
Showalter, Elaine (1991, 1992), *Sexual Anarchy. Gender and Culture at the* Fin de Siècle, London: Virago.
Sinclair, May (1922, 1980a), *The Life and Death of Harriett Frean*, London: Virago.
Sinclair, May (1919, 1980b), *Mary Olivier. A Life*, London: Virago.
Sinclair, May (1918), »The Novels of Dorothy Richardson,« *The Little Review* 5: 12, 3–11.

Smith-Rosenberg, Carroll (1989), »Discourses of Sexuality and Subjectivity. The New Woman, 1870–1936,« in Martin Bauml Duberman, Martha Vicinus, George Chauncey, Jr., eds., *Hidden from History. Reclaiming the Gay and Lesbian Past*, New York: New American Library, 264–280.
Vicinus, Martha (1985), *Independent Women. Work and Community for Single Women 1850–1920*, London: Virago.
Walkowitz, Judith R. (1993), »Dangerous Sexualities,« in *A History of Women in the West*, vol. 4: *Emerging Feminism from Revolution to World War I*, ed. Geneviève Fraisse, Michelle Perrot, Cambridge, MA–London: The Belknap Press of Harvard University Press, 369–398.
Westphal, C[arl] (1870), »Die conträre Sexualempfindung, Symptom eines neuropathischen (psychopathischen) Zustandes,« *Archiv für Psychiatrie und Nervenkrankheiten* 2, 73–108.
Williams, Betty (1989), *Portrait of a Decade: the 1920s*, London: Batsford.
Woolf, Virginia (1919/1925, 1994), »Modern Fiction,« in *The Essays of Virginia Woolf*, vol. 4: *1925–1928*, ed. Andrew McNeillie, London: Hogarth, 157–165.
Woolf, Virginia (1985, 1989), *Moments of Being*, ed. Jeanne Schulkind, 2nd ed., London: Grafton.
Woolf, Virginia (1925, 1976), *Mrs. Dalloway*, London: Granada.
Woolf, Virginia (1919, 1978), *Night and Day*, London: Grafton.
Woolf, Virginia (1928, 1993), *Orlando*, ed. Brenda Lyons, London: Penguin.
Woolf, Virginia (1929, 1977), *A Room of One's Own*, London: Granada.
Woolf, Virginia (1927, 1992), *To the Lighthouse*, ed. Stella McNichol, London: Penguin.
Würzbach, Natascha (1996), »The Mother Image as Cultural Concept and Literary Theme in the Nineteenth- and Twentieth-Century English Novel. A Feminist Reading within the Context of New Historicism and the History of Mentalities,« in Rüdiger Ahrens, Laurenz Volkmann, eds., *Why Literature Matters. Theories and Functions of Literature*, Heidelberg: Winter, 367–391.

Kapitel 6

Die Emanzipation der Sexualität und die Entdeckung des Unbewußten

von INGRID VON ROSENBERG

1.

Die Tabuisierung der Sexualität in der viktorianischen Zeit ist notorisch, wenn sie auch beileibe nicht mit einem allgemeinen Verzicht auf sämtliche Freuden verwechselt werden sollte. Doch fanden diese diskret abgeschirmt von aller Öffentlichkeit statt, und die Frauen und Mädchen der Bürgerschicht hatten möglichst von derlei nichts zu wissen. »I was told nothing whatever about sex, not even where babies came from. The books on anatomy and physiology, which did exist in the school library, had certain dangerous pages stuck fast together. I really did not know the full facts about sex and reproduction until I was in my twenties« (Russell 1978, 24). So beschreibt Dora Russell, Sozialreformerin, Schriftstellerin und Ehefrau des Philosophen Bertrand Russell, geboren 1894, ihre Sexualerziehung oder besser das völlige Fehlen einer solchen. Daß sie kein Einzelfall war, sondern ihre Erfahrung eher die Regel bei Mädchen der bürgerlichen Schichten ihrer Generation, beweisen zahlreiche weitere Selbstzeugnisse.[1] Bei vielen Frauen führte, was uns heute nicht mehr wundert, diese Ahnungslosigkeit zu einer leidvollen Lebensgeschichte, gezeichnet von Neurosen und Frustrationen. Unzählige Männer wiederum litten unter Schuld- und Angstgefühlen, die von Schreckensmären über die Spätfolgen von Masturbation und nächtlichem Samenerguß ausgelöst waren. Dora Russell war eine derjenigen, die sich aktiv für die Änderung dieser Zustände engagierten und damit zur Emanzipationsbewegung, die so charakteristisch für die Zwanziger Jahre war, entscheidend beitrugen: Tatsächlich brachte das Jahrzehnt einen Schub der Enttabuisierung, der in seiner Vehemenz nur mit dem der Sechziger Jahre zu vergleichen ist. Das gilt nicht nur für Großbritannien, sondern für ganz Europa, besonders Deutschland und Rußland nach ihren jeweiligen Revolutionen, sowie für die Vereinigten Staaten. Eine Organisation, die im Zuge der weltweiten Bemühungen um neue Einstellungen zur Sexualität entstand, war die *World League for Sexual Reform*, die vom 8. bis 14. September 1929 in London ihren Dritten Weltkongreß abhielt. Dora Russell, Sekretärin der engli-

---

[1] Marie Stopes berichtete z.B.: »In our home human sex was never spoken of at all« (R. Hall 1977, 22).

schen Sektion, fungierte neben dem Vorsitzenden, dem Arzt Norman Haire, als Hauptorganisatorin.²

An dem Kongreß beteiligten sich 350 Wissenschaftler und Intellektuelle, nach dem Urteil von Wilhelm Reich die progressivsten Sexualreformer und Sexologen der Welt, die Mehrzahl davon aus Großbritannien, Deutschland und Rußland (Weeks 1990, 138). Abgehalten 1929, erscheint der Kongreß wie der symbolische Abschluß der Bemühungen um die Befreiung der Sexualität im hier zur Verhandlung stehenden Jahrzehnt. Und in der Tat wirft er in mehrfacher Hinsicht Schlaglichter auf den bis dahin erreichten Stand der Entwicklung. Daß das viktorianische Schweigen, speziell in Großbritannien, auch am Ende der Zwanziger Jahre trotz der engagierten Bemühungen der Versammelten noch immer ein Problem darstellte, geht aus der Begrüßungsrede von Norman Haire hervor: »We English are so backward in respect of the free discussion of sexual problems, so notorious for sexual prudery and hypocrisy that the organization of this Congress was embarked on with great hesitation« (Haire 1930, xvi). Erst die offizielle Unterstützung durch prominente Literaten und Intellektuelle wie H. G. Wells, Arnold Bennett, Hugh Walpole und Bertrand Russell bewog genügend Interessierte zur Teilnahme, so daß der Kongreß stattfinden konnte: »Once we got their names as supporters, other people were less hesitant in supporting openly what they believed in privately« (xvi). Noch in anderer Hinsicht war der Kongreß symptomatisch, nämlich in dem Anspruch, Wissenschaftlichkeit und sozialreformerisches Ethos miteinander zu verbinden. Norman Haire zitierte aus dem Gründungspamphlet von 1928: »The League aims at establishing sexual ethics and sociology on a scientific biological and psychological basis instead of, as at present, on a theological basis« (xvii). In der Tat war diese Kombination charakteristisch für den Sexualitäts-Diskurs der Zwanziger Jahre und überhaupt erst die Voraussetzung für eine breite Akzeptanz von Befreiungsbemühungen, wie im Verlauf der folgenden Darstellung deutlich werden wird.

Was die verhandelten wissenschaftlichen Fragen angeht, so ordnete sie Präsident Magnus Hirschfeld in seiner Eröffnungsrede vier Bereichen zu: sexuelle Biologie, sexuelle Pathologie, sexuelle Ethnologie und sexuelle Soziologie. In der Tat lassen sich die 107 Beiträge fast vollständig mit diesen Kategorien erfassen. Auffällig ist, daß ein Bereich weitgehend fehlt und auch von Hirschfeld nicht benannt wird, obwohl man ihn auf einem solchen Kongreß in prominenter Position erwartet hätte: der Bereich der Psychoanalyse. Das entspricht jedoch den britischen Diskussionsverhältnissen. Roy Porter und Leslie Hall schreiben: »It is far from clear that psychoanalysis made much real contribution to the elucidation of sexual matters« in Britain, outside strictly analytical circles« (Porter/Hall 1995, 189).

---

2 Die Weltliga, initiiert von Magnus Hirschfeld, wurde auf dem eigentlich ersten, später als zweiter gezählten Kongreß 1928 in Kopenhagen gegründet (als erster galt später eine internationale Tagung 1921 in Berlin). Die Liga, die bis 1935 bestand, zählte auf ihrem Höhepunkt 190.000 Mitglieder, von denen ein Drittel der britischen Sektion angehörte (Dose 1993).

Sexualität wurde im Großbritannien der Zwanziger Jahre im Rahmen anderer Diskurse verhandelt: Im Vordergrund der öffentlichen Diskussion standen Fragen des allgemeinen gesellschaftlichen Interesses, d.h. der demographische Diskurs (Fragen des Bevölkerungswachstums), der biologisch-medizinische (Volksgesundheitszustand, Geschlechtskrankheiten, sexuelle Störungen) und der sozialreformerische (Fragen des Scheidungsrechts, Probleme der Prostitution, Zensur usw.). Daneben gab es freilich noch einen weiteren Diskurs, der letztlich die allgemeine Einstellung zur Sexualität noch nachhaltiger verändern sollte: Das ist der über das persönliche Glück, besonders auch der Frauen, ein eher auf philosophisch-ethischer Ebene geführter Diskurs, der z.T. sogar pseudoreligiöse Züge annahm. Die impulsgebenden Medien waren die sogenannten *marriage manuals*, die seit der Jahrhundertwende entstanden, in den Zwanziger Jahren massenweise auftraten und oft zu Bestsellern wurden. Aber auch die Literatur nahm an diesem Diskurs teil. Bevor wir uns aber näher mit den verschiedenen Facetten der Sexualitätsdiskussion befassen, sei zunächst der Frage nachgegangen, warum die Rezeption der Psychoanalyse sich auf diese Diskussion kaum auswirkte.

2.

Hauptgründe mögen das Beharrungsvermögen viktorianischer Moralvorstellungen einerseits, andererseits aber auch der Wunsch der britischen Psychoanalytiker nach breiter gesellschaftlicher Akzeptanz gewesen sein. Das Zusammentreffen beider Kräfte führte zu einer verzerrenden Rezeption von Freud, die gerade die sexuellen Aspekte herunterspielte oder ganz auszusparen suchte.

Dabei wurde Freuds Arbeit relativ früh in England bekannt. 1912 erschien ein erster informierender Band *Papers on Psycho-Analysis* von Ernest Jones, der mit Freud jahrelang eng zusammengearbeitet hatte, und ab 1913 begann mit der Übersetzung der *Traumdeutung* und der *Psychopathologie des Alltagslebens* 1914 die Geschichte der englischen Textausgaben. Von 1924 bis 1939 brachte die von Leonard Woolf betriebene Hogarth Press dann laufend alle neuen Publikationen Freuds und nach dessen Tod eine Gesamtausgabe heraus. Einer Rezeption durch breite Schichten standen allerdings von vornherein zwei handfeste Umstände entgegen: zum einen der hohe Preis der Bücher (sie kosteten zwischen 3 Shilling und Sixpence und 12 Shilling, während erst ein Preis zwischen 1 und 2 Shilling einem Buch einen großen Markt garantierte), zum anderen der Umstand, daß die ersten Bände nur an Ärzte, Juristen, Wissenschaftler und Geistliche abgegeben werden durften (Rapp 1990, 220). Jedoch hätten die zentrale Bedeutung, die Freud bei seiner Erforschung des Unbewußten dem Sexualtrieb zugeschrieben hatte, besonders aber seine Theorien von der kindlichen Sexualität, unter allen Umständen ein schweres Hemmnis dargestellt. Orthodoxe Freudianer wie Jones, der 1919 die *British Psychoanalytical Society* mit 15 Mitgliedern gründete, hatten nie eine breite Gefolgschaft in Großbritannien, und auch Melanie Klein, die einen Aggressionstrieb schon im Kleinkind entdeckte und Analysemethoden für Kinder entwickelte, fand Anerkennung nur in Fachkreisen (Hearnshaw 1964, 238, 240). Selbst ein Intellektueller wie Robert Graves reagierte noch 1940 in seiner klassischen Beschreibung der Kultur der Zwanziger und Dreißiger Jahre mit nervösem Spott auf die Lehre vom Ödipuskomplex: »a most fantastic thesis. [...] [it] made a male child want to kill his father and enjoy his mother« (Graves/Hodge 1995, 102). Dagegen stießen auf eine relativ breite positive Resonanz die sogenannten Eklektiker der *British Schools of Psychoanalysis*, Psychologen wie Hugh Crichton-Miller, Ian Suttie und W. H. R. Rivers. Sie wählten aus Freuds Lehren das heraus, was nicht anstößig erschien, und verbanden es mit anderen Elementen. Was dabei von Freuds Theoremen übrig blieb, waren hauptsächlich die Lehren vom dynamischen Unbewußten, die Mechanismen der Verdrängung und Sublimierung und die Betonung von Konflikten, alles möglichst gereinigt von Hinweisen auf den Sexualtrieb. Ian Suttie z.B. ersetzte in seinem Buch *The Origins of Love and Hate* (1935), das sehr populär wurde, den infantilen Sexualtrieb durch »a need for company, moral encouragement, attention, protectiveness, leadership etc.«, ein Bedürfnis, das sich zuerst auf die Mutter richte (zitiert nach Brown 1994, 64). Er ersetzte also den Sexus als Primärkraft durch die soziale Liebe. Über diese und andere Adaptationen urteilt Jeffrey Weeks: »It was indeed in a fairly bowdlerised form that Freudianism made its main penetration into Britain« (Weeks 1997, 155). Anders als Freuds Theorien wurden die seiner ehemaligen Schüler und der späteren Abweichler C. G. Jung und Adler, bei denen die Sexualität eine geringere Rolle spielt, positiver und weniger verstümmelt aufgenommen. Einen wesentlichen Beitrag zu dieser spezifisch britischen Rezeption der Psychoanalyse leistete offensichtlich auch die Laienpresse: Sie rezensierte meist die Werke Jungs und Adlers sowie die der Eklektiker ausführlich und mit Sympathie, diejenigen Freuds dagegen seltener und oft geradezu mit Abscheu (Rapp 1988 und 1990). So verdammte etwa ein Kritiker Freuds Trauminterpretationen als »very superfluity of naughtiness and filthiness«; ein anderer bezeichnete das Konzept des Ödipuskomplexes als »monstrous absurdity« (zit. nach Rapp 1988, 195). Trotzdem – oder gerade wegen des aufregenden Hauchs von Anstößigkeit, von dem sie umgeben waren? – verbreitete sich die Kenntnis von Freuds Theorien in verkürzter, verballhornter Version rasant, und Schlagworte wie ›complex‹, ›fixation‹, ›sublimation‹ und ›repression‹ wurden schon vor dem Ersten Weltkrieg als gängige Münze herumgereicht, so daß die Presse 1920 über »a popular craze« klagte (Rapp 1988, 191) und D. H. Lawrence angewidert schrieb: »The Oedipus complex was a household word, and the incest motive a commonplace tea-table chat« (Lawrence 1961a, 197). Angeblich begrüßte man sich gar auf Parties mit der Frage: »Have you been ›psyched‹?« (Rapp 1988, 192; vgl. Graves 1995, 103).

Es gab allerdings einen Bereich, in dem Freuds Lehren und Methoden ernstgenommen wurden, freilich einen, der wenig mit Sexualität zu tun hat: Das war die Behandlung der Traumata, die viele Teilnehmer am Grabenkrieg des Ersten Weltkriegs erlitten hatten, sogenannte ›shell shock cases‹, mit Hilfe der Traumanalyse. Erfolge auf diesem Gebiet trugen viel dazu bei, Freud überhaupt in Großbritannien akzeptabel zu machen.

Der erstaunlichste Aspekt dieser hindernisreichen Freud-Rezeption war aber vielleicht, daß sich nicht einmal jene großen britischen Autoren des Modernismus, die ihrerseits den Tiefenschichten der Psyche schreibend auf die Spur zu kommen versuchten, von Freuds Entdeckungen zur Strukturierung des Unbewußten sonderlich beeinflussen ließen. Die Zwanziger Jahre waren auch das Jahrzehnt, in dem in bahnbrechenden experimentellen Romanen zum ersten Mal die Techniken des *stream of consciousness*, des Bewußtseinsstroms, angewandt wurden, insbesondere in James Joyces *Ulysses* (1922) und Virginia Woolfs *Mrs. Dalloway* (1925), *To the Lighthouse* (1927) und *The Waves* (1931). Freilich präsentiert sich der *stream of consciousness* in den Romanen dieser beiden Autoren (und ihrer Kollegen wie Nachfolger) keineswegs als eine einheitliche Methode; vielmehr ist er eine Art Sammelbegriff, der sich für sehr unterschiedliche narrative Methoden eingebürgert hat, denen nur eins gemeinsam war: die Absicht, intimste Gedanken und psychische Vorgänge wiederzugeben.[3]

3.

Literarische Versuche, neben einer äußeren Wirklichkeit auch Psychisches zu erfassen, hatte es bereits in der Literatur des 19. Jahrhunderts, also vor Entwicklung einer Tiefenpsychologie, gegeben. Die Bandbreite reichte schon von Jane Austens Einfall, Gedanken ihrer Protagonisten durch erlebte Rede direkt und ohne auktoriale Vermittlung zu präsentieren, bis zur poetischen Umsetzung von Trauminhalten, etwa bei Coleridge (»The Rhyme of the Ancient Mariner«, »Kubla Khan«) oder Mary Shelley (*Frankenstein*) und von Drogenhalluzinationen, z.B. auch bei Coleridge oder bei de Quincey (*Confessions of an English Opium Eater*). Joyce selbst nannte als sein Vorbild den französischen Romancier Edouard Dujardin, der in seinem Roman *Les lauriers sont coupés* (1887) als erster versucht hatte, Gedanken so assoziativ wiederzugeben, wie sie im Halbbewußtsein entstehen, und der sein Verfahren auch theoretisch begründet hatte. Der ›Innere Monolog‹, wie Dujardin seine Methode taufte, will in die intimsten Gedanken einer Figur einführen, in jene, die dem Unbewußten am nächsten liegen und deshalb noch ohne logische Organisation und ohne syntaktische Ordnung sind (Hoffman 1977, 126).

Ganz so ungeordnet, wie das klingt, geht es freilich weder bei Dujardin noch bei Joyce oder Woolf zu. Joyce und Woolf geben beide ihren Romanen zunächst eine übergeordnete sinngebende Struktur: Im *Ulysses* entsprechen die Episoden des einen dargestellten Tages, die alle wichtigen Lebensstationen von Geburt bis Tod thematisch berühren, den Büchern der *Odyssee*; in *Mrs. Dalloway*, das auch nur einen Tag umfaßt, strukturiert der Glockenschlag von Big Ben das Geschehen und erinnert an das Vergehen der Zeit. In diese Strukturen sind die Bewußtseinsströme

---

[3] Zum *stream of consciousness* allgemein s. Humphrey (1954), Friedman (1970). Zur Verwendung bei Woolf s. u.a. Richter (1973); Naremore (1991); Auerbach (1992). Zu Joyce s. u.a. Fischer (1973), Smuda (1981).

verschiedener Figuren eingelagert, die gleichzeitig in einen bedeutsamen Bezug zueinander gesetzt werden. Schon das erfordert eine Auswahl der Gedanken und schließt völlig freies Schweifen aus. Joyce gestaltete die Art des Gedankenflusses überdies unterschiedlich nach Maßgabe des Charakters der drei Hauptfiguren: Leopold und Molly Bloom, ein einfaches Ehepaar in mittleren Jahren, haben nicht nur alltäglichere Gedankeninhalte als der jesuitisch gebildete junge Stephen Dedalus, sondern unterscheiden sich von ihm auch in Sprache und Rhythmus des Gedankenflusses, der sich überdies noch mit der Situation wandelt (staccatohafte Bruchstücke bei Leopolds Tageseindrücken, vollkommenes Fließen bei Molly in der Phase vor dem Einschlafen). Virginia Woolf dagegen benutzt den Bewußtseinsstrom nicht zur Personencharakterisierung. Für sie ist er vielmehr eine Möglichkeit, zwischen der lebendigen Empfänglichkeit der Seele einerseits und der Welt andererseits zu vermitteln, wobei unter ›Welt‹ nicht nur die Alltagswelt, der Bereich des *non-being*, zu verstehen ist, sondern auch etwas schwer zu benennendes Transzendentes, das hinter den Erscheinungen liegt, »some real thing behind appearances«, das sie gern auch metaphorisch mit *pattern* bezeichnet (Woolf 1989, 81). Da alle Menschen grundsätzlich Zugang zu diesem verborgenen *pattern* hinter der *cotton wool* der Erscheinungen haben, ist es auch möglich, über Personengrenzen hinweg Bezüge zwischen den Bewußtseinsinhalten verschiedener Figuren herzustellen. Eine stilistische Ausdifferenzierung je nach Charakter der Person wäre konterkarierend. Der Bewußtseinsstrom ist bei Woolf vielmehr ein Mittel, zwischen dem Persönlichen und dem Universalen zu vermitteln. Das wird besonders deutlich in ihrem Roman *The Waves*, in dem die ineinander verflochtenen Bewußtseinsströme von sechs Jugendfreundinnen und -freunden in einem ununterscheidbaren rhythmischen Stil geschrieben sind, wie von einem lyrischen Geist, an dem alle teilhaben. Darüber hinaus eignet sich der Bewußtseinsstrom auch, um das Wirken des Vergangenen in der Gegenwart deutlich zu machen (vgl. Dick 1983): So durchziehen und verbinden z.B. Erinnerungen an gemeinsame Jugenderlebnisse auf dem Landsitz Bourton die Gedanken mehrerer Figuren in *Mrs. Dalloway*. Dieses Wirken des Vergangenen in der Gegenwart ist ein Gedanke, zu dem Woolf, vielleicht über die Lektüre von Prousts *A la recherche du temps perdu* (Erzgräber 1993, 70), von Henri Bergson angeregt wurde: In seiner Lehre von der *durée*, der fließenden Zeit des Erlebens im Gegensatz zur meßbaren Zeit der Physik, spielt dieser Gedanke eine große Rolle.[4] Auch Woolfs Vorstellung von der Intuition als Instrument, die wahre Wirklichkeit zu erfassen, mag durch Bergson Bestätigung gefunden haben, selbst wenn sie ihn nirgends erwähnt. Doch kann hier auch der Einfluß des englischen Philosophen G. E. Moore zum Tragen gekommen sein, der im Bloomsbury-Kreis verkehrte und ebenfalls der Intuition große Bedeutung als Erkenntnisinstrument zuschrieb.

---

[4] Stephan Kohl deutet im 7. Kapitel dieses Buches die Abkehr von der Chronologie bei Woolf etwas anders, nämlich als Voraussetzung für die Auflösung des Konzepts ›Charakter‹.

Die Beispiele deuten bereits an, daß diese narrativen Vorstöße in den Bereich des Unbewußten unabhängig von der Psychoanalyse vorgenommen wurden, ja deren systematisch-mechanistischen Ansätzen zum Teil geradezu widersprachen. Joyce, der vermutlich während seiner langen Aufenthalte in Zürich, Triest (beides Zentren der psychoanalytischen Bewegung) und Paris mit dem Freudianismus in Berührung kam, hat zwar gewisse Parallelen zwischen dem Verfahren des *Ulysses* und dem der Analyse zugegeben, jede direkte Beeinflussung aber brüsk abgestritten. Ellmann zitiert ihn folgendermaßen: »›I have recorded, simultaneously, what a man says, sees, thinks, and what such seeing, thinking, saying does, to what Freudians call the subconscious – but as for psychoanalysis,‹ he broke off, consistent in his prejudice, ›it's neither more nor less than blackmail‹« (Ellmann 1959, 538). Trotzdem liegt zumindest für das sogenannte ›Circe‹-Kapitel, in dem Bloom und Stephen das Bordell der Bella Cohen aufsuchen, der Verdacht eines Freud-Einflusses nahe. In den Halluzinationen der beiden berauschten Hauptfiguren dominieren mit den Vater-Sohn-Obsessionen, den jeweiligen Schuldkomplexen, den sado-masochistischen Phantasien und Inversionswünschen Blooms freudianische Themen, die hier allerdings höchst effektvoll in Form eines Psychodramas, nicht im *stream of consciousness*, gestaltet sind. Die erotischen Gedanken der schläfrigen Molly Bloom im letzen Kapitel dagegen haben, wie Hoffman mit Recht feststellt, wenig mit psychoanalytischen Entdeckungen zu tun, sind vielmehr an tatsächlich vergangenen und künftig möglichen Erlebnissen höchst empirisch orientiert (Hoffman 1977, 139), wenn auch eine neuere Interpretation darin verräterische Spuren von Mollys Unbewußtem zu entdecken meint (Schwab 1982). Im *Ulysses* finden sich also zahlreiche Darstellungen unbewußter Vorgänge und einige freudianische Motive; doch hängt beides offenbar keineswegs so eng zusammen, wie es zunächst scheinen könnte.

Im Falle von Virginia Woolf war die Distanz zu Freud eher noch größer. Sie hat sich fast bis zum Ende ihres Lebens geradezu geweigert, ihn zu lesen. Das erscheint merkwürdig, stand doch der Bloomsbury-Kreis als Ganzes Freuds Gedanken eher aufgeschlossen gegenüber: Ausgerechnet Virginias Mann verlegte, James und Alix Strachey übersetzten seine Werke, und Virginias eigener Bruder Adrian Stephen wurde Analytiker. Die Erklärung scheint etwas mit Virginias eigener Krankheit und ihrem gestörten Verhältnis zur Sexualität zu tun zu haben, doch kann hier nicht näher darauf eingegangen werden (vgl. Goldstein 1974).

Betrachtet man Freuds Bedeutung für die britische Literatur insgesamt, so ist eines der erstaunlichsten Phänomene vielleicht seine leidenschaftliche Ablehnung durch D. H. Lawrence. Auf den ersten Blick scheinen die Werke beider Autoren besonders große Ähnlichkeiten aufzuweisen in der Betonung der Rolle des Unbewußten und der Sexualität im Leben des Menschen. Doch unterscheiden sie sich in Motivation und Herangehensweisen so fundamental, daß Lawrence sich nicht nur in vielen Briefen, sondern auch in zwei längeren polemischen Texten, *Psychoanalysis of the Unconscious* (1921) und *Fantasia of the Unconscious* (1923) mit dem, wie er meinte, verderblichen Einfluß psychoanalytischer Lehren ausführlich auseinandergesetzt hat. Sein Hauptvorwurf war, daß Freud zu zersetzend rational mit dem

Unbewußten umging, das Lawrence gerade als die aller zerstörerischen Rationalität entgegengesetzte Quelle des lebendigen Prinzips, der *life force*, sah. Auch Freuds nüchtern-wissenschaftlichen Umgang mit Sexualität lehnte Lawrence ebenso ab wie leichtfertige Erlebnisse um der reinen Lust willen: Sexualität war für ihn ein mystischer Vorgang, »a moment of vital human experience« (Hoffman 1977, 173), in dem der Mensch, durch Zivilisation und Industriegesellschaft von den Quellen des Lebens abgeschnitten, wieder Verbindung mit ihnen aufnehmen kann, um daraus die Kraft für schöpferische Aktivität zu gewinnen.[5]

4.

Zwischen der Literatur des Modernismus und der öffentlichen Diskussion um die Sexualität läßt sich also eine bemerkenswerte Parallelität feststellen: In beiden Fällen intensivierte sich das Interesse an Sexualität, in der Literatur auch an anderen Vorgängen des Unbewußten, weitgehend unabhängig von Freudschen Einflüssen. Was die öffentliche Diskussion über die Sexualität angeht, so ist es eine immer wieder vorgebrachte und plausible Vermutung, daß der Erste Weltkrieg mit all seinen Erschütterungen auch die diesbezüglichen Diskurse intensiviert, zum Teil sogar erst hervorgebracht hat. Zunächst einmal hatte sich die repressive Sexualmoral angesichts des vielfach drohenden Todes faktisch von selbst gelockert, zu Hause wie im Feld. Sogar die Militärführung stellte sich darauf ein, indem sie in Frankreich sogenannte *maisons tolerées* einrichtete (Porter/Hall 1995, 233). Die Syphilis wuchs sich zu einem medizinischen Massenproblem aus: Einer von fünf Soldaten steckte sich an, so daß Siegfried Sassoon in dem Gedicht »›They‹«, das typische Soldatenschicksale beklagt, auch dieses Elends gedenkt mit den Worten: »Bert's gone syphilitic« (Sassoon 1947, 24). Im Urlaub zu Hause drohte die Gefahr weniger von den gesundheitlich kontrollierten Prostituierten als von den sogenannten *flappers*, jungen Mädchen, die einerseits eine neue Unabhängigkeit durch ihre Arbeit in kriegswichtigen Industrien erlebten, andererseits unter dem Männermangel litten. 60% der Ansteckungen werden diesem Weg zugeschrieben (Porter/Hall 1995, 234). Das massenhafte Auftreten der Syphilis führte zu einem nüchterneren Umgang mit der Krankheit, die immer weniger als moralische Schande und immer mehr als medizinische Aufgabe angesehen wurde. Diese Tendenz zur Entmythisierung verstärkte sich zweifellos dadurch, daß seit der Entdeckung des Erregers 1905, der Entwicklung des Wassermanntests sowie von Salvarsan, einem arsenhaltigen Mittel, relativ wirksame Behandlungsmethoden zur Verfügung standen. Auch abgesehen vom Sonderproblem der Geschlechtskrankeiten hatte der Krieg neomalthusianischen und eugenischen Überlegungen, die seit der Publikation von Darwins Evolutionstheorie diskutiert wurden, vornehmlich in den Zirkeln der *Malthusian League* (gegründet 1877) und der *Eugenics Society* (gegründet 1908), ein

---

[5] Vgl. dazu Hoffman (1977), 151–176; Schneider (1984); Fernihough (1993), 61–82; zu Lawrences Stil der Darstellung von Sexualität s. Abschnitt 7.

wesentlich breiteres Forum verschafft. Sorgen um den quantitativen Bevölkerungsstand wie um den qualitativen Zustand ihrer Gesundheit, ursprünglich entstanden im Zuge der imperialistischen Konkurrenz, hatten neue Nahrung erhalten. Bei der Massenrekrutierung von Freiwilligen 1916 mußten landesweit etwa 40% der jungen Männer als untauglich zurückgewiesen werden (1936 sogar 62%) (Marwick 1986, 229). Vielen von malthusianischen und eugenischen Ängsten Geplagten schien es, daß die untüchtigen Teile der Bevölkerung (*the unfit*) sich rasant vermehrten, während der Anteil der Fähigsten und Kräftigsten abnehme (tatsächlich begannen die Geburtenzahlen in der Mittelschicht seit den Siebziger Jahren merklich zu sinken). *Negative eugenics* waren vor den bösen Erfahrungen mit Nazideutschland ein beliebtes Thema, d.h. die Frage, wie man die Weiterreichung von ›negativen Erbguts‹ zugunsten des ›guten‹ verringern könne. Sexualität gewann von daher eine neue Bedeutung, in den Worten der Biologen und Soziologen Patrick Geddes und J. Arthur Thomson als »cardinal fact of life and one of the prime movers of progress« (Geddes/Thomson 1914, 196).

Doch nicht nur die faktisch freier gelebte Sexualität, die zunehmende Verwissenschaftlichung der Einstellung zu Sexualproblemen und die Sorge um Zahl und Gesamtgesundheitszustand der Bevölkerung beeinflußten den sexuellen Diskurs nach dem Krieg: Hinzu kam noch die veränderte Position der Frauen. Ihre Leistungen in den kriegswichtigen Industrien und militärischen Hilfsorganisationen hatten ihnen ein neues Selbstbewußtsein vermittelt, auch wenn zwei von den 7,3 Millionen, die im Krieg gearbeitet hatten – eine Million davon zum ersten Mal –, ihre Stellungen im Zuge der schnell wachsenden Arbeitslosigkeit nach 1921 wieder verloren (Marwick 1986, 87). Ihre Fähigkeit zur Arbeit und Teilnahme am öffentlichen Leben stand grundsätzlich nicht mehr in Frage: Das Frauen ab 30 Jahren 1918 gewährte Wahlrecht ist Ausdruck dieser Überzeugung. Die Forderung auch nach sexueller Selbstbestimmung, die nun verstärkt erhoben wurde, lag in der Logik der Entwicklung.

Alle diese unterschiedlichen Diskurse liefen schließlich in einem gemeinsamen Schnittpunkt zusammen: Das ist die Bewegung zur Geburtenkontrolle, die fast unmittelbar nach dem Krieg einsetzte und in den Zwanziger Jahren zu einem der öffentlich meistdiskutierten Themen wurde.

Verhütung als solche war nichts Neues. Abgesehen davon, daß schon Kontrazeptionsmittel aus der Antike bekannt sind, wurde in Großbritannien bereits seit den Dreißiger Jahren des 19. Jahrhunderts, verstärkt seit den Siebzigern, verhütet, um die Kinderzahl zu senken, zunächst in der Mittelschicht, dann auch in der Arbeiterklasse (McLaren 1994, 218). Diese Verhütung fand fern der öffentlichen Diskussion im Stillen statt und bediente sich vor allem vorindustrieller Methoden: Coitus interruptus, völlige Abstinenz, die Beachtung der sogenannten ›sicheren Zeiten‹ (die allerdings vor der Entdeckung der Knaus-Ogino Methode 1929 alles andere als sicher waren) und Abtreibung waren die gängigsten Methoden. Kondome, schon seit dem 19. Jahrhundert aus Gummi, waren, besonders auch bei Soldaten, ebenfalls in Gebrauch, galten aber wegen des vorwiegenden Verkaufs in schmuddeligen sogenannten ›*rubber goods shops*‹ in armseligen Gegenden und wegen der Assoziation mit Prostitution als anrüchig. Was in den Zwanziger Jahren neu war, war das Einsetzen eines massenhaftes Gebrauchs mechanischer oder chemischer Verhütungsmittel oder einer Kombination von beiden. Manche von ihnen waren eben entdeckt, andere dagegen, wie z.B. die Portiokappe, die bereits um 1830 erfunden worden war, schon länger bekannt. Zunächst war es nur eine Minderheit aus der gebildeten Mittelschicht, die sich der neuen Methoden bediente, während Arbeiterpaare, wenn sie denn überhaupt verhüteten, sich weiter an die überkommenen Strategien hielten. Abtreibung, ausgeführt oft von älteren Nachbarinnen und Verwandten, war dabei nicht die ungewöhnlichste: Eine Schätzung von 1914 beläuft sich auf 100.000 im Jahr (Stevenson 1990, 153). McLaren berichtet, daß gerade in der Zwischenkriegszeit die Zahl nicht nur der Aborte, sondern auch der Todesfälle dabei erschreckend in die Höhe stieg (McLaren 1994, 227). Obwohl Abtreibung seit 1861 verboten war, fehlte, so meint McLaren, Frauen aus der Arbeiterklasse das Unrechtsbewußtsein für Aborte in den ersten drei Monaten, weil traditionell die ersten Kindesbewegungen als Beginn des Lebens angesehen wurden. Gängige Redewendungen wie »to make herself regular« oder »to restore her menses« verraten diese Einstellung (230). Erst allmählich verbreitete sich das Wissen um die neuen Methoden bis in die unteren Schichten: Benutzte 1900 nur 1% der Ehepaare aus der Arbeiterklasse künstliche Verhütungsmittel, so war der Anteil bis 1930 auf immerhin 28% (gegenüber 40% der Mittelklassepaare) gestiegen (235).

5.

Die Geschichte der öffentlichen Propagierung und massenhaften Verbreitung solcher Mittel und überhaupt einer öffentlichen Diskussion über Fragen der Geburtenkontrolle, Verhütung und der sexuellen Lust beginnt in Großbritannien mit einer Frau, deren Bedeutung kaum überschätzt werden kann, auch wenn ihre Persönlichkeit umstritten ist und die feministische Sexualforschung manches an ihr auszusetzen hat: Marie Stopes. Ihr erstes Buch *Married Love* (1918) schätzt z.B. Samuel Hynes ein als »the most popular and influential of post-war books on sex« und »one of the documents that shaped post-war imaginations« (Hynes 1992, 366 und 369). Und die renommierte Sexualforscherin Leslie Hall urteilt: »It can be accurately described as a book that genuinely changed lives« (L. Hall 1993, 121).[6] Stopes' Motiv, sich für sexuelle Aufklärung zu engagieren, war – wie bei Dora Russell und auch bei Marie Stopes' amerikanischer Kollegin Margret Sanger – ein persönliches: Ihre erste Ehe wurde nach sechs Jahren geschieden wegen Nichtvollzugs, ein Umstand, den Stopes wegen völligen Fehlens sexueller Aufklärung im

---

[6] Bei einer Umfrage unter amerikanischen Akademikern über die 25 einflußreichsten Bücher der Weltliteratur der letzten 50 Jahre fand sich *Married Love* auf Platz 16 vor Einsteins *Relativitätstheorie*, Freuds *Traumdeutung* und Hitlers *Mein Kampf*, wenn auch nach Marx' *Kapital* und Havelock Ellis' *Studies in the Psychology of Sex* (R. Hall 1977, 122).

Elternhaus jahrelang nicht bemerkt hatte. In *Married Love* schreibt sie: »In my own marriage I paid such a terrible price for sex-ignorance that I feel that knowledge gained at such a cost should be placed at the service of humanity« (Stopes 1995, 31). *Married Love*, ein schmales Bändchen, das sich an einem Abend durchlesen ließ, wurde über Nacht zum Bestseller: »It crashed into English society like a bombshell« (Jackson 1994, 131), wie die Autorin später selbstbewußt schrieb. In den ersten vierzehn Tagen wurden 2.000 Exemplare verkauft, im ersten Jahr 17.000; 1925 waren es schon eine halbe Million, 1955 1.032.250 (L. Hall 1993, 123; Jackson 1994, 129). Das Thema Verhütung wurde darin allerdings noch am Rande behandelt. Hauptgegenstand und Herzensanliegen der Autorin nämlich war, den Weg zu befriedigender Sexualität in der Ehe, vor allem für die Frauen, aufzuzeigen (dazu mehr weiter unten). Die Trennung von Fortpflanzung und Sexualität war dazu Voraussetzung. Noch im selben Jahr ließ Stopes einen Band mit praktischen Ratschlägen zur Verhütung folgen: *Wise Parenthood*, das ebenfalls zu einem Bestseller wurde, von dem bis 1924 300.000 Exemplare verkauft wurden. Im Laufe der folgenden Jahre verfaßte sie nicht nur eine Reihe weiterer Bücher, allesamt Kassenerfolge, und Artikel in populären Zeitschriften wie *The Bull*, sondern entwickelte auch eine ausgedehnte Korrespondenz mit Ratsuchenden aus allen Schichten, die schließlich Tausende von Briefen umfaßte und heute eine Fundgrube für Sexualgeschichtler darstellt: Marie Stopes war zu einer Institution geworden.[7]

Inzwischen hatte sie 1921 auch – nach holländischem Muster – die erste *Birth Control Clinic* in England gegründet, die *Mothers' Clinic for Constructive Birth Control* auf der Londoner Holloway Road, eine Beratungsstelle vor allem für ärmere Frauen. Sie konnten sich dort über die modernen Verhütungsmethoden informieren – Stopes' Lieblingsmethode war die Portiokappe, die mit einer spermiziden Creme bestrichen wurde –, aber auch, und darauf legte Stopes immer großen Wert in der Auseinandersetzung mit ihren konservativen Kritikern, bei Kinderlosigkeit über Wege zur Schwangerschaft. Ein Jahr später setzte auch die *Malthusian League* den schon länger gehegten Plan zu einer solchen Klinik um und eröffnete die *Walworth Women's Welfare Clinic*. Es folgten weitere, bis 1927 schließlich zwölf in England und Schottland arbeiteten, alle in ärmeren Gegenden (Peel 1964, 140). Widerstände gegen die Geburtenkontrollbewegung kamen, wie zu erwarten, vor allem von Seiten der katholischen und der anglikanischen Kirche. Doch nachdem der königliche Leibarzt Lord Dawson vor dem Kirchenkongreß in Birmingham 1921 eine Rede zur Verteidigung der Geburtenkontrolle aus sozialen und gesundheitspolitischen Gründen gehalten hatte, war ein wesentliches Hindernis, wenn nicht beseitigt, so doch geschrumpft.

Marie Stopes brachte einige gute Voraussetzungen für ihre selbstgewählte Aufgabe mit. Bei Beginn ihres Engagements war sie bereits eine Wissenschaftlerin von

---

[7] Marie Stopes' Korrespondenz befindet sich in der *British Library, Department of Manuscripts*, und im *Contemporary Medical Archives Centre, Wellcome Institute for the History of Medicine*, beide in London.

Eine mobile Birth Control Clinic von Marie Stopes, im Vordergrund eine Mitarbeiterin Stopes'.

internationalem Ruf, freilich weder Medizinerin noch Psychologin, sondern Paläontobotanikerin, die in München promoviert, in Japan geforscht und als erste Frau an der naturwissenschaftlichen Fakultät der Universität Manchester gelehrt hatte. Ihr Ruf als seriöse Wissenschaftlerin war sehr wichtig für die Akzeptanz ihrer Ideen zu Sexualität und Verhütung, und so vergaß sie denn auch nie, auf den Titelblättern ihrer Schriften alle ihre akademischen Grade und Auszeichnungen aufzuführen. Die Gewohnheit wissenschaftlichen Arbeitens war eine wichtige Voraussetzung für die systematischen Recherchen zum sexuellen Verhalten, auf die sich ihre Bücher stützten. Darüber hinaus besaß Stopes auch ein gewisses schriftstellerisches Talent – sie schrieb auch Theaterstücke, Lyrik und einen Roman –, das sie befähigte, auf nüchterne Informationen Passagen mit hochfliegend idealistischer Prosa folgen zu lassen, was die Lektüre für viele angenehmer und die Botschaft moralisch verdaulicher machte. Ideologisch stand sie anfangs eugenischen Gedanken nahe, wie schon der Name der in ihrer Klinik vertriebenen Portiokappe *Pro-Race* verrät. Gelegentlich führte das zu heute befremdlich arrogant klingenden Äußerungen: »Apart from the needs of the individual patients, a word should be said of the national, indeed the racial position. For want of contraceptive measures the low-grade stocks are breeding in an ever-increasing ratio in comparison to the high-grade stocks, to the continuous detriment of the race«

(Stopes 1925, 9). Doch blieben solche Bekundungen vereinzelt und wurden bald, vermutlich durch die Konfrontation mit dem tatsächlichen Elend vieler allzu kinderreicher Arbeiterfrauen, von Äußerungen sozialreformerischen Engagements abgelöst.

6.

Die medizinische Forschung zur Geburtenkontrolle in jenen Jahren wurde nicht etwa von der medizinischen Zunft getragen, die im Gegenteil der Verhütung eher feindlich gegenüberstand (Peel 1964; L. Hall 1985 und 1994). Die Gründe scheinen eine Mischung aus konservativer Moral und fachlicher Arroganz gewesen zu sein: Das Gebiet galt als wissenschaftlich unergiebig und überdies leicht anrüchig. Die Folge war eine erschreckende Ignoranz der Ärzte, die durch eine Fragebogenaktion von Marie Stopes unter praktischen Ärzten 1928 bestätigt wurde (L. Hall 1985, 568).

Tatsächlich vorangetrieben wurde die Forschung von anderen Disziplinen, vor allem von der Biologie. Wichtige Anstöße kamen von amerikanischen Forschern, die wegen der liberaleren britischen Gesetzgebung ihre experimentelle Arbeit nach Großbritannien verlegten. Die einheimische britische Forschung begann mit der Gründung des *Birth Control Investigation Committee* (*BCIC*) 1927. Das erste von ihm initiierte Großprojekt war der Suche nach einem möglichst sicheren Spermizid gewidmet, das das weibliche Gewebe möglichst wenig angreifen sollte. Durchgeführt wurde es in Oxford unter Leitung des Zoologen [!] John Baker. Das Ergebnis war Volpar, ein Mittel, das Phenol-Quecksilber-Acetat enthielt und bis in die Siebziger Jahre benutzt wurde. Daneben liefen auch schon die ersten Forschungen zur hormonellen Verhütung, nachdem in den späten Zwanziger Jahren die Sexualhormone isoliert und der Zyklus der Frau erforscht worden waren (vgl. Peel 1964; Borrell 1987).

7.

Doch als einschneidender noch für eine Veränderung der Einstellung zur Sexualität als alle sozialreformerischen und medizinisch-biologischen Diskussionen um die Verhütung erwies sich schließlich der Diskurs über das persönliche sexuelle Glück, der von Marie Stopes in *Married Love* eröffnet und in einer schnell wachsenden Zahl von Ratgebern für eheliches Glück, den *marriage manuals*, fortgesetzt wurde.[8] Es handelt sich, so will es scheinen, um nichts Geringeres als eine Neu-

---

8 Andere relativ weit verbreitete *marriage manuals* waren Dr. G. Courtenay Beales *Wise Wedlock* (1922), Isabel Elmslie Huttons *The Hygiene of Marriage* (1923) und Helena Wrights *The Sex Factor in Marriage* (1930). An Stopes' Erfolgsquoten kam freilich nur *Ideal Marriage* (dt.: 1926, engl.: 1928) des Holländers Henry Van de Velde heran: Die englische Übersetzung erlebte bis 1962 39 Auflagen.

Marie Stopes in romantischer Pose.

Marie Stopes: Die moderne Wissenschaftlerin.

konstruktion von Sexualität. Dabei wäre es zu viel der Ehre, Stopes als alleinige Erfinderin hinzustellen. Sie hatte Vorläufer, denen sie stark verpflichtet war, vor allem Edward Carpenter und Havelock Ellis, den berühmtesten englischen Sexologen. Die Popularisierung des neuen Denkens aber war weitgehend ihr Verdienst (einer breiten Rezeption von Ellis standen schon Umfang und Preis seines Hauptwerks entgegen).

Ellis hatte 1901 im ersten Band seines siebenbändigen Monumentalwerks *Studies in the Psychology of Sex* die im Viktorianismus vorherrschende Ansicht, gesunde, nicht nymphomane Frauen hätten keinen Sexualtrieb, zurückgewiesen und durch einen breit angelegten gelehrten Rückgriff auf eine Vielzahl von Kulturen die Natürlichkeit des weiblichen Verlangens nachzuweisen versucht. Seiner biologisch-deterministischen Überzeugung gemäß, daß der Sexualtrieb dem Menschen angeboren sei, und zwar – anders als Freud es sah – in geschlechtsgebundener Form, sprach er diesen auch allen Frauen grundsätzlich zu. Hier konnte Stopes ansetzen. War weibliche Lust bisher etwas offiziell Verpöntes gewesen, das mit Prostitution und loser Moral assoziiert wurde, machte Stopes sie sozusagen gesellschaftsfähig, indem sie sie zu einer heiligen Aufgabe der Ehe erklärte. Ihr Buch mit dem programmatischen Titel *Married Love* wendet sich an junge Ehemänner und solche, die es werden wollen, und verrät ihnen, wie sie ihre Frauen glücklich machen können. Der historische Augenblick war günstig, um einer Forderung Gehör zu verschaffen, die vor Stopes auch schon von einigen der *New Woman*-Autorinnen in fiktionaler Form, aber relativ wenig beachtet, geäußert worden war, z.B. von Olive Schreiner in *The Story of an African Farm* von 1883 und von George Egerton in dem Erzählungsband *Keynotes* von 1893. Durch die Kriegserschütterungen war es zu einem Anstieg der Scheidungsrate gekommen, und dieser Trend sollte sich durch ein neues Gesetz von 1923 noch verschärfen, das die Scheidung erleichterte und Frauen dabei juristisch besserstellte. Die Familie als Institution schien in Gefahr, und viele waren beunruhigt. In einer für sie charakteristischen Verschränkung von konservativen und progressiven Argumenten propagierte nun Stopes den glücklichen Sex in der Ehe als sowohl befreiend für die Individuen als auch gut für die Gesellschaft:

> The happiness of a perfect marriage, which enhances the vitality of the private life, renders one not only capable of adding to the stream of the life-blood of the community in children, but by marriage one is also rendered a fitter and more perfect instrument for one's own particular work, the results of which should be shared by society as a whole [...] (Stopes 1995, 131)

Zehn Jahre später in *Enduring Passion* argumentierte sie immer noch: »I am convinced, that the more *happy*, child-bearing and *enduringly* passionate marriages there are in a State, the more firmly established is that State« (Stopes 1928, xf.). Auch bei ihren konkreten Vorschlägen für ein glückliches Sexualleben, von denen Stopes manche ebenfalls Ellis zu verdanken hatte, mischen sich konservative und progressive Züge. So betont sie die Wichtigkeit eines einfühlsamen Vorspiels, der »*Art of Love*« (in Ellis' Terminologie: er widmet dieser Kunst das 11. Kapitel des zweiten Bandes seiner *Studies*), und sie scheut sich auch nicht, die physiologischen Vorgänge genauestens zu beschreiben. Doch wie Ellis, der die Lehre von den durch die Biologie fixierten Geschlechtsfunktionen von Geddes und Thomson übernommen hatte – sie hatten den Frauen eine »anabolische«, will sagen eine bewahrende, passive Natur bescheinigt, den Männern eine »katabolische«, d.h. aggressiv-aktive –, geht auch Stopes dabei noch ganz selbstverständlich von der überkommenen Rollenverteilung aus. Dem Mann wird allein die Rolle des Aktiven zugesprochen, damit aber auch die ganze Verantwortung: »The supreme law for husbands is: Remember that each act of union must be tenderly wooed for and won« (Stopes 1995, 79). ›Wooing‹ ist ein immer wiederkehrendes Stichwort – bei Ellis war es ›courting‹ –, hinter dem sich die alte Vorstellung vom verfolgenden Mann und der zu erobernden Frau verbirgt. In diesem Punkt ist Stopes von feministischer Seite heftig kritisiert worden (vgl. Jackson 1994, 135ff.). Selbst Leslie Hall wirft ihr »lack of attention to existing gender-power relations« vor (L. Hall 1993, 130). Andererseits aber entwickelte Stopes eine feministisch anmutende Theorie, die wiederum Ellis von ihr übernahm (im 4. Kapitel des 6. Bandes der *Studies* von 1928): Das ist die Theorie vom natürlichen Rhythmus des weiblichen Begehrens, nach dem sich – so Stopes' Forderung – die Männer mit ihren Annäherungen richten sollten. Zweimal im Monat sah sie das Begehren der Frauen auf einem Höhepunkt: 2–3 Tage vor der Periode und in der Mitte des Zyklus. Hielten sich die Männer an diese *crests*, seien die Voraussetzungen für gemeinsames Glück optimal. Das kam der Wahrheit schon sehr nah; andere Lieblingstheorien von Stopes wirken dagegen heute abstrus, z.B. die von der segensreichen wechselseitigen Absorption der Säfte des Paares während des Liebesaktes und in der – möglichst langen – Ruhepause danach. So überzeugt war sie von deren Richtigkeit, daß sie für Zeiten langer Trennung und für Alleinstehende die Einnahme von Kapseln mit tierischen Drüsenextrakten empfahl.

Doch vermutlich wären alle ihre Vorschläge und Theorien, wenn nicht auf taube Ohren, so doch auf ähnlich prüde Ablehnung gestoßen wie Freuds Lehren, hätte sie nicht gerade in ihrem ersten Buch alle ihre Teilanliegen einem Hauptdiskurs eingeschrieben, der offenbar einem Zeitbedürfnis entsprach: Das war die mythische Erhöhung der sexuellen Liebe zu einer Art Religionsersatz. Sheila Jeffreys schreibt: »Stopes made a religion of sexual intercourse« (Jeffreys 1983, 157). Auch in diesem Punkt konnte Stopes den Spuren von Ellis und Carpenter folgen. Carpenter, den Stopes in der Zeit der Verunsicherung über ihre Ehe mit großer Aufmerksamkeit las, hatte z.B. in »Love's Coming-of-Age« (1896) geschrieben: »Sex is the allegory of love in the physical world« (Carpenter 1984, 106). Und Ellis urteilte: »The sexual activities of man and woman belong not to the lower part of our nature which degrades us to the level of the ›brute‹, but to the higher part which raises us towards all the finest activities and ideals we are capable of« (Ellis 1928, 130). In Stopes' Version des Hymnus auf die sexuelle Liebe sind die pseudoreligiösen Obertöne besonders deutlich, z.B. wenn sie den Orgasmus mit dem Erleben religiöser Mystiker vergleicht:

> The half swooning sense of flux which overtakes the spirit in that eternal moment at the apex of rupture sweeps into its flaming tides the whole essence of the man and woman,

and as it were, the heat of the contact vaporises their consciousness so that it fills the whole of cosmic space. For the moment they are identified with the divine thoughts, the waves of eternal force, which to the Mystic often appear in terms of golden light. (Stopes 1995, 106f.)

Das war nicht nur geschrieben, um ihren Text akzeptabler zu machen. Hier drückt sich vielmehr, wenn auch schwülstiger, der gleiche begeisterte Glaube an die Kraft des Sexus aus, der sich auch bei D. H. Lawrence findet. Besonders in seinem letzten Roman *Lady Chatterley's Lover* (1928), zehn Jahre nach Stopes' Text geschrieben, ging Lawrence auch ähnlich weit wie diese in der expliziten Beschreibung von Sexualakten (und setzte sich damit dem Vorwurf der Pornographie und dem Verbot des Buches aus). Manche seiner rhapsodischen Beschreibungen erinnern im abbildend fließenden Rhythmus wie im Vokabular (Ausdrücke des Schmelzens, Fließens, Verströmens häufen sich) und in ihrer allzu durchsichtigen Elementen-Metaphorik (Wasser, Flamme) verblüffend an Stopes, auch wenn bei ihm das Bestreben, das Erleben sprachlich nachzubilden, zu längeren Passagen führt. Man vergleiche das obige Stopes-Zitat mit folgender (abgekürzter) Beschreibung von Lawrence (verwandte Worte sind markiert):

And softly, with that marvellous *swoon*-like caress of his hand in pure soft desire, softly he stroked the silky slope of her loins [...] And she felt him like a *flame of desire*, yet tender, and she felt herself *melting* in the *flame*. She let herself go. [...] She quivered again at the potent inexorable entry inside her [...] it came with a strange slow thrust of peace, the dark thrust of peace and a ponderous, primordial tenderness, such as made the world in the beginning. [...] And it seemed she was like the *sea*, nothing but dark *waves rising and heaving* [...] [t]he consummation was upon her, and she was gone. She was gone, she was not, and she was born: a woman. (Lawrence 1961b, 180f.)

Es mag den Hinweis wert sein, daß Lawrence – wie Stopes – hier und anderswo als idealen Orgasmus den weiblichen schildert. Lawrence steht Stopes' Position übrigens auch darin nahe, daß auch er an der Ehe als dem besten Rahmen für erfüllte Sexualität festhält und die grundsätzliche psychische Verschiedenheit von Mann und Frau postuliert, aus deren Fusion sich das große Erlebnis erst entzünden kann (vgl. Hoffman 1977, 160).[9] In einem weiteren Kontext gesehen, erscheint diese Überhöhung sexueller Erlebnismomente als eine spezifische Variante des im Modernismus mehrfach zu findenden Verlangens nach einer mindestens noch innerweltlichen Transzendenz, die im besonders intensiven Augenblick zu erahnen ist: Virginia Woolfs *moments of being* und vielleicht auch Joyces Epiphanien wären andersgeartete Beispiele.

---

[9] Joyce, dessen *Ulysses* ebenfalls zu den ersten Texten gehörte, in denen Sexualität offen thematisiert wurde, allerdings weniger ausführlich und ohne Verklärungstendenz, hatte für Lawrences Art der Beschreibung nur Spott übrig. Nach der Lektüre von ein paar Seiten aus *Lady Chatterley's Lover* schrieb er an Harriet Weaver: »I read the first 2 pages of the usual sloppy English, and S. G. read me a lyrical bit about nudism in the wood [...]« (Lawrence 1993, 7). (Zu Lawrences Auffassung von Sexualität vgl. u.a. Hoffman 1977; MaCleod 1985; Miliaras 1987; Franks 1994).

Freilich war gerade die erotische Variante dieses Strebens in Gefahr, schnell ins Triviale abzurutschen. So wundert man sich denn nicht, wenn in den Zwanziger Jahren auch schon eine Flut von kitschig-schwülen Trivialromanen entsteht, die massenhaften Absatz finden. Die dargestellte Sexualität ist traditionell, d.h. der Mann tritt, auch bei den vielen Autorinnen, als Eroberer auf, die Frau genießt ihre Überwältigung; die Darstellung ist nicht explizit, sondern beschränkt sich auf suggestive Andeutungen. Ein gutes Beispiel ist der Erfolgsroman *The Sheik* (1919) von E. M. Hull, in dem die Heldin, eine junge, reiche und auf ihre Unabhängigkeit stolze Amerikanerin auf einer Wüstenreise von einem (vermeintlichen) Scheich entführt und ganz offenbar monatelang vergewaltigt wird, was in ihr erstaunlicherweise die Liebe weckt. Der Roman war so beliebt, daß er eine ganze Flut von Orientromanen auslöste, besonders nach der Verfilmung mit Rudolph Valentino. Die Autorin schwelgt in den erotischen Gefühlen von Heldin und Held beim Happy End, zu dem natürlich das Eheversprechen gehört: »She seemed only half-conscious, unable to check the emotion that, unloosened, overwhelmed her [...] Gathering her up to his heart he carried her to the divan, and the weight of her soft slim body sent the blood racing madly through his veins« (Hull 1996, 247).[10]

8.

Der neuerdings erlaubte Traum von der durch die Sexualität zu erreichenden Glückseligkeit produzierte jedoch auch seine Schattenseiten. War durch die Enttabuisierung der Lust, wenigstens innerhalb der Ehe, ein großer Schritt getan zur Überwindung all der Frustrationen und Neurosen, die aus der viktorianischen Verdrängung entstanden waren, so produzierten nun die hohen Erwartungen an die Sexualität neue Ängste. Ellen Holtzman hat 2.000 Briefe ratsuchender Frauen aus der Mittelklasse an Marie Stopes untersucht und festgestellt, daß das am häufigsten vorgetragene Problem nicht etwa die Frage nach wirksamer Verhütung war, sondern die Unfähigkeit zum von Stopes in *Married Love* so suggestiv beschriebenen vollen vaginalen Orgasmus. Frauen empfanden Gefühle des Ungenügens und der Minderwertigkeit, wenn der Orgasmus ganz ausblieb oder nur durch Stimulation der Clitoris zu erreichen war (Holtzman 1982). Auf unverheiratete *spinsters* konnten sich die neuen Erkenntnisse über die weibliche Sexualität als besonderer Druck auswirken, wenn sie in der Presse oder von sogenannten Sexualreformern als notwendig komplexbeladen oder gar biologisch überflüssig bezeichnet wurden. Leslie Hall dagegen wertete Briefe an Stopes von Männern aus, die etwa 40% von Stopes' Korrespondenten ausmachten. Sie kam zu dem Ergebnis, daß entgegen der landläufigen Vorstellung, das größte Problem aller Männer sei, ihren ungestümen Drang zu zügeln, viele im Gegenteil Ängste entwickelten wegen unzureichender Größe ihres Organs oder sexueller Störungen (L. Hall 1985 und 1991). Schon

---

[10] Zur populären Literatur der Zwanziger Jahre s. Melman (1988) und McAleer (1992). Melmans Buch enthält auch ein ausführliches Kapitel über *The Sheik* (89–104).

Stopes selber war beeindruckt gewesen von der Fülle der an sie herangetragenen sexuellen Probleme. Hatte sie *Married Love* noch unbefangen im offenbaren Glauben an ein weit verbreitetes sexuelles Normalverhalten erwachsener Menschen geschrieben, widmete sie in einem zehn Jahre später erschienenen Ratgeber »for a lifelong happy marriage«, dem sie den ambivalenten Titel *Enduring Passion* gab, vier von elf Kapiteln sexuellen Störungen (Stopes 1928). Darunter waren Impotenz, *ejaculatio praecox* und Frigidität der Frauen. Wenn man *Married Love* und *Enduring Passion*, die, 1918 und 1928 erschienen, sozusagen das Jahrzehnt einrahmen, im Ton miteinander vergleicht, so gewinnt man fast den Eindruck, daß Stopes begeistertes Sendungsbewußtsein allmählich einer gewissen Ernüchterung Platz machte. Zwar schreibt sie auch 1928 noch immer viel vom sexuellen Glück, jetzt sogar auch – erstaunlich modern – nach dem Klimakterium und im Alter, aber daneben hat sich das Bewußtsein der neuen Ängste geschoben. Das scheint die bekannte These Foucaults zu bestätigen, die offenere Thematisierung der Sexualität seit dem 19. Jahrhundert im verwissenschaftlichten Diskurs stelle nur eine neue Form der Reglementierung und keine Befreiung dar. Und doch scheinen mir Roy Porter und Leslie Hall recht zu haben, wenn sie gegenüber der viktorianischen Sexualmoral auf einen wesentlichen Unterschied hinweisen, der als Fortschritt für die Individuen zu werten ist, nämlich das Fehlen von Strafandrohung:

> Certainly fresh anxieties might be aroused. Yet this school of writing [gemeint sind die *marriage manuals*] did not employ the punitive and guilt-inducing medico-moral framework characteristic of so much Victorian and immediately post-Victorian sex advice. Its agenda was to encourage a more positive approach to sex within marriage (Porter/Hall 1995, 217).

Damit ist freilich auch schon wieder eine Begrenzung der Befreiungsbewegung benannt: Vorläufig war der Genuß von Sexualität offiziell nur innerhalb der Ehe erlaubt. Bis auch außereheliche Sexualität keinen Anstoß mehr erregte, brauchte es noch eine lange Zeit und die Erschütterungen eines neuen Krieges.

9.

Auch Homosexualität war noch weit von öffentlicher Akzeptanz entfernt. Männliche Homosexualität stand gar bis 1967 gesetzlich unter Strafe, was die Betroffenen automatisch in die Heimlichkeit zwang. Es gab zwar seit dem Ende des 17. Jahrhunderts eine homosexuelle Subkultur auch in England (in Italien und Frankreich bedeutend früher) (Weeks 1997, 110), doch zogen es viele, die es sich leisten konnten, noch in den Zwanziger Jahren vor, sich fern der Heimat im liberaleren Paris, im nachrevolutionären Berlin oder auf Sizilien auszuleben. Andererseits hatten etliche Skandale, unter denen der Oscar Wilde-Prozeß 1895 die größten Wogen geschlagen hatte, für ein Zunehmen der öffentlichen Diskussion gesorgt und unter den männlichen Homosexuellen zu größerer Bewußtheit geführt. Auf sexualreformerischer Ebene hatten sich schon seit Ende des 19. Jahrhunderts, angeregt von deutschen Pionieren wie Krafft-Ebing und Magnus Hirschfeld, vor allem J. A. Symonds, Edward Carpenter und Havelock Ellis in ihren Schriften bemüht, Vorurteile abzubauen und auf eine Gesetzesänderung hinzuwirken. Um einer breiten Wirkung willen argumentierten sie vorsichtig, stellten Homosexualität als eine harmlose Variante sexuellen Verhaltens dar und spielten besonders anstößige Praktiken wie Sodomie und Päderastie herunter. Sie widersprachen auch dem Klischeebild von einer weibischen Erscheinung, das gern mit dekadenter Sittenverderbnis assoziiert wurde. Stattdessen schrieben sie den Homosexuellen gerade besondere physische, emotionale und kulturelle Qualitäten zu. Carpenter beschreibt z.B. den »more normal type of the Uranian man« (sein Ausdruck für Homosexuelle) folgendermaßen: »Such men [...] are often muscular and well-built, and not distinguishable in exterior structure and the carriage of body from others of their own sex; but emotionally they are extremely complex, tender, sensitive, pitiful and loving [...]« (Carpenter 1984, 197). Alle drei Reformer unterschieden allerdings noch streng zwischen den ›geborenen‹ Homosexuellen, für die sie um Verständnis warben, und den ›verführten‹ (Ellis spricht von *inversion* versus *perversion*) und erklärten die nicht angeborene Form zum sozialen Übel, dem entgegenzutreten sei. In den Zwanziger Jahren wurde die theoretische Diskussion innerhalb kleinerer Zirkel mit geringer öffentlicher Wirkung fortgesetzt, unter anderem in der *British Society for the Study of Sexual Psychology* (gegründet 1914), die 1920 234 Mitglieder zählte, darunter etliche namhafte Intellektuelle (zur Bedeutung der BSSSP s. L. Hall, 1995). Auch auf dem Kongreß der Weltliga 1929 war Homosexualität ein vieldiskutiertes Thema.[11]

Weibliche Homosexualität stand zwar nie unter gesetzlichem Verbot, dafür aber um so strenger unter gesellschaftlichem: Das Phänomen existierte öffentlich lange Zeit gar nicht. Als 1921 ein Vorstoß unternommen wurde, doch ein Gesetz einzubringen, scheiterte die Initiative im Oberhaus an dem Argument, es sei besser, schlafende Hunde nicht zu wecken. Zwei Lords gaben zu bedenken: »You are going to tell the whole world that there is such an offence, to bring it to the notice of women who have never heard of it, never thought of it, never dreamed of it. I think that is a very great mischief« (zit. nach Weeks 1990, 106f.). Noch in den Zwanziger Jahren fanden die lesbischen Liebesbeziehungen fast ganz unter dem Ausschluß der Öffentlichkeit statt, wobei Damen der Oberschicht mit solchen Neigungen genauso gern wie männliche Homosexuelle lange Zeit im Ausland verbrachten. Selbst so frei ihre Neigung auslebende Frauen wie Vita Sackville-West und Violet Trefusis zogen es vor, in ihren Romanen die Andersartigkeit metaphorisch zu behandeln. Vita Sackville kodiert sie z.B. um in verschiedenste Spielarten ungewöhnlicher heterosexueller Beziehungen, eine inzestuöse Anziehung in *Heritage* (1919), einen großen Altersunterschied in dem Roman *Family History* (1932) oder die Liebe im Greisenalter in *All Passion Spent* (1931). Doch die Zwanziger Jahre waren auch das Jahrzehnt, in dem Radclyffe Hall mit ihrem Roman *The Well of Loneliness* (1928) einen ersten mutigen Versuch unternahm, dem

---

[11] Eine ausführliche Geschichte der Homosexualität in Großbritannien findet sich in Weeks (1990).

Thema Öffentlichkeit zu verschaffen. Das gelang, wenn auch nicht auf die beabsichtigte Weise. Der Roman stellt am Schicksal der Stephen Gordon, Tochter eines alten Adelsgeschlechts, das Leid und die soziale Isolation, aber auch die Kreativität und Humanität einer geborenen Lesbierin exemplarisch dar. Ziel war, um Verständnis und Mitleid zu werben, vor allem für die ›echten Invertierten‹. Doch die erste Reaktion, mindestens eines Teils der Presse, war Empörung. Eine boshafte Kritik in der *Sunday Times* vom 19. August 1928 löste einen Skandal aus und führte schließlich zur Veurteilung des Verlegers Jonathan Cape unter dem antiquierten *Obscene Publications Act* von 1857. Breite öffentliche Proteste aus progressiven Kreisen halfen nichts, auch nicht die 42 Unterschriften prominenter Schriftsteller und Intellektueller, darunter viele unerkannt Betroffene, unter einem Protestbrief an die *Times*. Radclyffe Hall selbst wurde paradoxerweise weder belangt noch gehört. Sie fühlte sich tief getroffen, doch kann man vielleicht mit einigem Recht sagen, daß die Flammen des Scheiterhaufens im Hof von Scotland Yard, auf dem die auffindbaren Exemplare ihres Buches verbrannt wurden, langfristig einen ähnlichen Effekt für die lesbische Bewegung hatten wie der Oscar Wilde-Prozeß für die der männlichen Homosexuellen: Sie trugen bei zum Prozeß der Identitätsfindung lesbischer Frauen, zum Entstehen von Solidarität und zur Entschlossenheit, um öffentliche Anerkennung zu kämpfen.

10.

Wenn man das Fazit zieht, so waren die Zwanziger Jahre eine Epoche, in der die Emanzipation der Sexualität wie die Entdeckung des Unbewußten als zwei im wesentlichen getrennte Prozesse in Großbritannien auf den Weg und ein gutes Stück vorankamen. Freilich sollte das Ausmaß nicht überschätzt werden. Was die Sexualität angeht, so war man von den heute herrschenden Zuständen noch weit entfernt: Die eingangs erwähnten Schwierigkeiten bei der Ausrichtung des dritten Kongresses der *World League of Sexual Reform* sind signifikant. Das viktorianische Schweigen war ebenso wenig vollständig überwunden wie Ignoranz, moralische Vorurteile und Diskriminierung von sexuellen Minderheiten. Diese noch immer mächtigen Sperren gegenüber der Sexualität im Verbund mit dem traditionellen humanistischen Menschenbild einer autonomen, nach moralischen Entscheidungen handelnden Persönlichkeit standen auch der breiten vorurteilsfreien Rezeption der Freudschen Lehren vom Unbewußten massiv entgegen. Erst die Erschütterungen des Zweiten Weltkriegs sollten – nach einer Inkubationszeit während der Wiederaufbauphase in der ersten Nachkriegszeit – in den Sechziger Jahren für eine Fortsetzung der in den Zwanzigern begonnenen Entwicklungen auf beiden Gebieten führen: Die sexuelle Liberalisierung beseitigte auch die Hindernisse auf dem Weg zur Rezeption der Psychoanalyse.

Bibliographie

Auerbach, Erich (1946, 1992), »The Brown Stocking,« in Rachel Bowlby, ed., *Virginia Woolf*, London–New York: Longman, 20–45.
Borrell, Merriley (1987), »Biologists and the Promotion of Birth Control Research 1918–1938,« *Journal of the History of Biology* 20:1, 51–87.
Brown, J. A. C. (1961, 1994), *Freud and the Post-Freudians*, Harmondsworth: Penguin.
Carpenter, Edward (1896, 1984), »The Intermediate Sex,« in E. C., *Selected Writings*, vol. 1: *Sex*, London: GMP Publishers, 185–244.
Carpenter, Edward (1896, 1984), »Love's Coming-of-Age,« in E. C., *Selected Writings*, vol. 1: *Sex*, London: GMP Publishers, 95–183.
Dick, Susan (1983), »The Tunnelling Process. Some Aspects of Virginia Woolf's Use of Memory and the Past,« in Patricia Clements, Isobel Grundy, eds., *Virginia Woolf. New Critical Essays*, London–Totowa, NJ: Vision Press, 176–199.
Dose, Ralf (1993), »Thesen zur *Weltliga für Sexualreform* – Notizen aus der Werkstatt,« *Mitteilungen der Magnus-Hirschfeld-Gesellschaft* 19, Nov. 1993, 23–39.
Ellis, Havelock (1901–1928), *Studies in the Psychology of Sex*, 7 vols., Philadelphia: F. A. Davis.
Ellmann, Richard (1959), *James Joyce*, New York: Oxford University Press.
Erzgräber, Willi (1993), *Virginia Woolf. Eine Einführung*, Tübingen–Basel: Francke.
Fernihough, Anne (1993), *D. H. Lawrence. Aesthetics and Ideology*, Oxford: Clarendon Press.
Fischer, Therese (1973), *Bewußtseinsdarstellung im Werke von James Joyce von Dubliners zu Ulysses*, Frankfurt am Main: Athenäum.
Franks, Jill (1994), *Revisionist Resurrection Mythologies. A Study of D. H. Lawrence's Italian Works*, Frankfurt am Main: Peter Lang.
Friedman, Melvin (1955, 1970), *Stream of Consciousness. A Study in Literary Method*, New Haven: Yale University Press.
Geddes, Patrick, J. Arthur Thomson (1914), *Sex*, London: Williams and Norgate.
Goldstein, Jan Ellen (1974), »The Woolfs' Response to Freud. Water Spiders, Singing Canaries and the Second Apple,« *The Psychoanalytic Quarterly* 43, 438–476.
Graves, Robert, Alan Hodges (1940, 1995), *The Long Weekend. A Social History of Great Britain 1918–1939*, London: Abacus.
Haire, Norman (1930), »Address of Welcome,« in Norman Haire, ed., *Sexual Reform Congress London 8–14.IX.1929, World League for Sexual Reform, Proceedings of the Third Congress*, London: Kegan Paul, Trench, Trubner & Co, xvi–xix.
Hall, Lesley A. (1985), »›Somehow very Distasteful.‹ Doctors, Men and Sexual Problems between the Wars,« *Journal of Contemporary History* 20:4, 553–574.
Hall, Lesley A. (1991), *Hidden Anxieties. Male Sexuality 1900–1950*, Cambridge: Polity Press.
Hall, Lesley A. (1993), »Uniting Science and Sensibility. Marie Stopes and the Narratives of Marriage in the 1920s,« in Angela Ingram, Daphne Potai, eds., *Rediscovering Forgotten Radicals. British Women Writers 1889–1939*, Chapel Hill–London: University of North Carolina Press, 118–136.
Hall, Lesley A. (1994), »›The English Have Hot-Water Bottles.‹ The Morganatic Marriage between Sexology and Medicine in Britain since William Acton,« in Roy Porter, Mikuláš Teich, eds., *Sexual Knowledge, Sexual Science. The History of Attitudes to Sexuality*, Cambridge: Cambridge University Press, 350–366.
Hall, Lesley A. (1995), »›Disinterested Enthusiasm for Sexual Misconduct.‹ The British Society for the Study of Sex Psychology, 1913–47,« *Journal of Contemporary History* 30:4, 665–686.
Hall, Ruth (1977), *Marie Stopes. A Biography*, London: André Deutsch.
Hearnshaw, L. S. (1964), »*A Short History of British Psychology, 1840–1940*, London: Methuen.

Hoffman, Frederick J. (1977), *Freudianism and the Literary Mind*, Westport, CT: Greenwood Press.
Holtzman, Ellen M. (1982), »The Pursuit of Married Love. Women's Attitudes towards Sexuality and Marriage in Britain 1918–1939,« *Journal of Social History* 16, 39–52.
Hull, E. M. (1919, 1996), *The Sheik*, London: Virago Press.
Humphrey, Robert (1954), *Stream of Consciousness in the Modern Novel*, Berkeley: University of California Press.
Hynes, Samuel (1990, 1992), *A War Imagined. The First World War and English Culture*, New York: Macmillan.
Jackson, Margaret (1994), *The Real Facts of Life. Feminism and the Politics of Sexuality, c 1850–1940*, London: Taylor & Francis.
Jeffreys, Sheila (1983), »Sex Reform and Anti-Feminism in the 1920s,« in London Feminist History Group, eds., *The Sexual Dynamics of History. Men's Power, Women's Resistance*, London: Pluto Press, 177–202.
Lawrence, D. H. (1921, 1961a), »Psychoanalysis and the Unconscious,« in D. H. L., *Fantasia of the Unconscious and Psychoanalysis and the Unconscious*, Melbourne–London–Toronto: William Heinemann.
Lawrence, D. H. (1928, 1961b), *Lady Chatterley's Lover*, Harmondsworth: Penguin.
Lawrence, D. H. (1993), *The Letters*, vol. 7, ed. James T. Boulton et al., Cambridge: Cambridge University Press.
MaCleod, Sheila (1985), *Lawrence's Men and Women*, London: Heinemann.
Marwick, Arthur J. B. (1965, 1986), *The Deluge. British Society and the First World War*, Basingstoke: Macmillan.
McAleer, Joseph (1992), *Popular Reading and Publishing in Britain 1914–1950*, Oxford: Clarendon Press.
McLaren, Angus (1990, 1994), *A History of Contraception. From Antiquity to the Present Day*, Oxford: Blackwell.
Melman, Billie (1988), *Women and the Popular Imagination in the Twenties. Flappers and Nymphs*, Basingstoke–London: Macmillan.
Miliaras, Barbara A. (1987), *Pillar of Flame. The Mythological Foundations of D. H. Lawrence's Sexual Philosophy*, New York: Lang.
Naremore, James (1991), »Virginia Woolf und der Bewußtseinsstrom,« in Alexandra Lavizzari, ed., *Virginia Woolf*, Frankfurt am Main: Suhrkamp, 73–87.
Peel, John (1964), »Contraception and the Medical Profession,« *Population Studies* 18, 133–145.
Porter, Roy, Lesley A. Hall (1995), *The Facts of Life. The Creation of Sexual Knowledge in Britain, 1650–1950*, New Haven–London: Yale University Press.
Rapp, Dean (1988), »The Reception of Freud by the British Press. General Interest and Literary Magazines, 1920–1925,« *Journal of the History of Behavioral Sciences* 24, 191–201.
Rapp, Dean (1990), »The Early Discovery of Freud by the British General Educated Public, 1912–1919,« *Social History of Medicine* 3, 217–243.
Richter, Harvena (1973), *Virginia Woolf. The Inward Voyage*, Princeton: Princeton University Press.
Russell, Dora (1975, 1978), *The Tamarisk Tree. My Quest for Liberty and Love*, London: Virago.
Sassoon, Siegfried (1917, 1947), *Collected Poems*, London: Faber & Faber.
Schneider, Daniel J. (1984), *D. H. Lawrence. The Artist as Psychologist*, o.O.: University Press of Kansas.
Schwab, Gabriele (1982), »Mollyloquy,« in Bernard Benstock, ed., *The Seventh of Joyce*, Bloomington: Indiana University Press, Brighton: Harvester Press, 81–85.
Smuda, Manfred (1981),»›Stream of consciousness‹ und ›Durée‹. Das Problem ihrer Realisation und Wirkung im modernen englischen Roman,« *Poetica* 13, 309–326.

Stevenson, John (1990), *British Society 1914–45*, Harmondsworth: Penguin.
Stopes, Marie (1918, 1995), *Married Love. A New Contribution to the Solution of Sex Difficulties*, London: Victor Gollancz.
Stopes, Marie (1925), *Contraception (Birth Control). Its Theory, History and Practice. A Manual for the Medical and Legal Professions*, London: John Bale, Sons & Danielsson.
Stopes, Marie (1928), *Enduring Passion. Further New Contributions to the Solution of Sex Difficulties Being the Continuation of Married Love*, London: G. P. Putnam's Sons.
Weeks, Jeffrey (1977, 1990), *Coming Out. Homosexual Politics in Britain from the Nineteenth Century to the Present*, revised ed., London–New York: Quartet Books.
Weeks, Jeffrey (1981, 1997), *Sex Politics & Society. The Regulation of Sexuality since 1800*, London–New York: Longman.
Woolf, Virginia (1976, 1989), *Moments of Being*, ed. Jeanne Schulkind, London: Grafton Books.

Kapitel 7

Die Zeitkonzeption der Literatur

von STEPHAN KOHL

1.

Nach seinen programmatischen avantgardistischen Anfängen vor und während des Ersten Weltkriegs (vgl. Nichols 1995, 165–222) konsolidierte sich in den Zwanziger Jahren der Modernismus als literarische Bewegung in England; ›Klassiker‹ der englischen modernistischen Literatur wie Joyces *Ulysses* (1922), T. S. Eliots *The Waste Land* (1922) und V. Woolfs *Mrs. Dalloway* (1925) erschienen in jener Dekade. Auf den ersten Blick überraschend an diesen Texten war für die Zeitgenossen die konsequente Ergänzung narrativer chronologischer Ordnung durch die neuen Prinzipien einer Gleichzeitigkeit unterschiedlicher Beobachtungsstandpunkte und der Präsenz subjektiv wahrgenommener Vergangenheiten. Der gewohnte Ablauf der Zeit stand in diesen Texten damit neben unterschiedlichen Zeitwahrnehmungen, die in ihrer Disparatheit nicht mehr unbedingt von der Instanz eines Erzählers chronologisch und kausal geordnet wurden.

Indes wurden in den Zwanziger Jahren auch die traditionellen Darstellungsformen weiter gepflegt: Dichtung, die die Wirklichkeit von einem übergeordneten Standpunkt aus idealisierend überhöht, ist in jenem Jahrzehnt ebenso zu finden wie eine den Konventionen des realistischen Erzählens verpflichtete narrative und dramatische Literatur. Nicht zu übersehen ist dabei, daß auch vorwiegend konventionell erzählte Romane zur mehr-perspektivischen Erzählweise neigen, wie ein Blick auf die über die Jahre wachsende *Forsyte Saga* (1922) von John Galsworthy, die sich in den späteren Sequenzen mehr und mehr des Mittels unterschiedlicher Erzählperspektiven bedient, oder die Dialogizität der Romane von Ivy Compton-Burnett, die den Erzähler unwichtig werden zu lassen droht, vor Augen führen mag. Ähnlich werden auch der poetologisch konventionell geschriebenen Lyrik die idealisierten Vorwürfe immer wieder fragwürdig.

Kennzeichnend für einen nicht unbeträchtlichen Teil der englischen Literatur der Zwanziger Jahre – und dies gilt nicht nur für ihre modernistische Variante – ist damit eine literarisch vermittelte Thematisierung des Problems, auf welche Weise ›Zeit‹ erfahren wird. Die Subjektivierung der Zeiterfahrung, über die diese Thematisierung literarisch umgesetzt wurde, ist als Manifestation des für die Zwanziger Jahre charakteristischen Zeitbewußtseins zu verstehen, das sich in fast allen kulturellen Bereichen artikulierte. Am spektakulärsten verlief der Abschied von vertrauten Zeitvorstellungen – wenigstens nach Meinung ihrer oft grob verallgemeinernden Rezipienten – in den Naturwissenschaften. Dort hatte Einstein in seiner seit 1905 entwickelten Relativitätstheorie der Zeit ihre absolute, allgemeinverbindliche Qualität genommen. Während nach dem Weltbild der klassischen Physik Zeit als gegebene kontinuierliche Abfolge von Augenblicken zu verstehen war – »Die absolute, wahre und mathematische Zeit verfliesst an sich und vermöge ihrer Natur gleichförmig, und ohne Beziehung auf irgend einen äussern Gegenstand«, schrieb Newton 1687 (Newton 1963, 25) –, schränkte Einstein die Gültigkeit dieser Absolutsetzung von Zeit auf ein als ruhend begreifbares Bezugssystem ein; andere Systeme, die sich relativ zu einem Beobachter in einem solchen ›ruhenden‹ Bezugssystem bewegen, weisen, wie die Relativitätstheorie darlegt, einen anderen Zeitablauf auf.

2. Unsicherheit

In England wurde Einsteins Physik schon vor Verleihung des Nobelpreises an den Wissenschaftler 1921, nämlich seit November 1919, in der Presse und über popularisierende Darstellungen breit rezipiert (vgl. Friedman/Donley 1985, 10–17), und so kann die Literatur der Zwanziger Jahre auch als Medium begriffen werden, in dem die Konsequenzen des neuen physikalischen Weltbilds für das Bewußtsein der Zeit allgemein bedacht werden (vgl. Albright 1997, 10–14; Calcraft 1980). »The Shadow of Einstein Falls Across the Story [...]« wählte H. G. Wells 1923 nicht ohne Grund als eine Kapitelüberschrift für *Men Like Gods* (Wells 1927b, 43). Dabei kreisen allgemein die Überlegungen besonders um Einsteins Beschränkung des Konzepts der ›Gleichzeitigkeit‹ auf Vorgänge, die sich im selben System abspielen.

Für die sich bestenfalls in der Presse informierende Bevölkerung reduzierte sich die Einsteinsche Revolution der Physik auf den vagen Eindruck, daß bei allen Beobachtungen das Verhältnis der Maßeinheit ›Zeit‹ zum Betrachter zu reflektieren sei. Obwohl sich kaum jemand vorstellen konnte, ob und wie diese Einschränkung des Erkenntnisvermögens, die die Kategorie ›Beobachter‹ bei Einstein erfuhr, auch das Alltagsleben betreffe, bewirkte die Popularisierung der neuen Physik eine gewisse Verunsicherung. Der *Manchester Guardian* beispielsweise dokumentiert in seiner Ausgabe vom 10. Juni 1921 die verbreitete Verstörung auch des großen Publikums durch die öffentliche Rezeption der Relativitätstheorie:

> The man in the street [...] is devoid neither of science nor of poetry. He may have few ideas in either, but he probably cherishes what he has, and whatever touches them nearly is of moment to him. Professor Einstein's theory of relativity, however vaguely he may comprehend it, disturbs fundamentally his basic conceptions of the universe and of his own mind. (nach Friedman/Donley 1985, 19)

Solche ›Verstörung‹ unter dem Eindruck der neuen Physik dokumentiert auch die Literatur. Daß Aldous Huxley in seinen frühen ›Konversationsromanen‹ Figuren entwirft, die sich auch zur neuen Zeitauffassung der Physik äußern, ist angesichts des engagierten Interesses des Autors an der Theorie Einsteins (vgl. Deery 1996, 17–20) nicht überraschend. Indes bleiben die Verwendungen neuen Vokabulars in diesen Texten bloß poetisch ›überraschend‹, und die neue Zeitkonzeption resultiert nicht in einer entsprechenden Umstrukturierung des Erzählens (vgl. 60f.), auch wenn Spandrell 1928 in *Point Counter Point* die ehemaligen Sicherheiten der Newtonschen Physik als »›useful conventions of strictly human manufacture‹« (Huxley 1947, 213) abtut.

Solch oberflächliche Rezeption der Einsteinschen Physik manifestiert sich immer wieder auch als leichtfertige Ablehnung. Im Abwehrgestus provozierender Gleichgültigkeit gegenüber den neuen wissenschaftlichen Einsichten läßt beispielsweise D. H. Lawrence noch 1929 einen seiner lyrischen Sprecher sagen:

> I like relativity and quantum theories
> because I don't understand them
> and they make me feel as if space shifted
> about like a swan that can't settle [...] (Lawrence 1972, 524)

Auch der alte Thomas Hardy läßt in seinem »Drinking Song« (1928) den Sprecher gestehen, daß er sich zu einem tieferen Verständnis der modernen Physik nicht aufraffen will:

> And now comes Einstein with a notion –
>   Not yet quite clear
>   To many here –
> That's there's no time, no space, no motion [...] (Hardy 1930, 866)

Ernstere geistige Konsequenzen skizziert dagegen 1926 H. G. Wells' *The World of William Clissold*. In diesem Buch stürzt der Ansturm der das vertraute Weltbild revolutionierenden Einsichten Einsteins die Titelfigur in eine von depressiven Verstimmungen begleitete Orientierungslosigkeit:

> In the depths or heights of physics, for one word seems as good as the other when all direction is lost, I find my mind sitting down at last exhausted of effort in much the mood of Albrecht Dürer's *Melencolia*. I have gone far along that way, and I can go no farther into that wilderness of vanishing forms and puffs of energy in a quadridimensional field of force. (Wells 1926, I:55)

3. Literarische Konsequenzen

Wo die Literatur der Zwanziger Jahre dem gesellschaftlichen Bedürfnis nach Erörterung der neuen physikalischen Zeitkonzeption in tieferdringender Weise nachkam, konnte es mit derartigem Hinweis auf Befindlichkeiten nicht getan sein; vielmehr mußte es darum gehen, literarische Strategien zu entwickeln, die Bedeutungen schaffen konnten, die mit den naturwissenschaftlichen Einsichten vergleichbar waren. Ob in diese formal revolutionären und im eigentlichen Sinne zeitgenössischen literarischen Texte dabei konkrete Kenntnisse der Einsteinschen Physik eingingen, ist freilich nicht zu entscheiden; mehr als nur ein Satz der popularisierten Relativitätstheorie, wie sie etwa in Bertrand Russells *The ABC of Relativity* 1926 vermittelt wurde, war für die modernistischen Neuerungen der Zwanziger Jahre auch nicht nötig, sofern er ernst genommen wurde: »The time-order of events is in part dependent upon the observer« (Russell 1926, 44).

Literarisch fand der Rekurs auf eine ›Eigenzeit‹ in der Entwicklung der Technik des Bewußtseinsstroms, in einer Hinwendung zu überzeitlich-mythischen Formen der Wahrheit und in Verfahren symbolischer Bedeutungsstiftung ihren Niederschlag. All diese literarischen Strategien leiteten sich von der unsicher machenden Gewißheit ab, daß es keine einheitliche Zeiterfahrung gebe, sondern daß Zeit ein vom literarischen Werk geschaffener subjektiver Entwurf sei. Unterstützt wurde das literarische Interesse am Aufdecken subjektiver Zeitdimensionen durch Presseberichte, die einem breiteren Publikum psychiatrische Erfahrungen mit Patienten, die an Störungen des Zeiterlebens litten, vermittelten. Mit den neuen literarischen Verfahren konnten die Modernisten der Zwanziger Jahre unter Bezug sowohl auf das von Freud ›entdeckte‹ Unterbewußtsein wie auf das Einsteinsche Konzept einer Isotropie subjektiven Erfahrens das Zeitbewußtsein radikalisieren, indem sie allein dem beobachtenden Subjekt die Definitionsmacht über Simultaneität zuschrieben.

Aber nicht nur literarische Vermittlung der neuen Zeitkonzeption leisteten diese modernistischen Texte; sie setzten auch der in der Arbeitswelt zu beobachtenden Rationalisierung der Zeit programmatisch eine menschliche Zeit entgegen, nachdem eine Arbeitsorganisation, die auf der Segmentierung aller Tätigkeiten in Zeitbruchteile basierte (Taylorismus), seit 1911 allenthalben Einzug in großindustrielle Produktion und Verwaltung gehalten hatte. Als zentrales Indiz eines ausschließlich rationalen Umgangs mit der Zeit muß auch die Einführung einer *World Standard Time* im Jahre 1913 gewertet werden. Nachdem dann noch das Militär im Ersten Weltkrieg durch die Ausgabe von Armbanduhren als Bestandteil der Ausrüstung die Akzeptanz der chronologischen Disziplinierung durchgesetzt hatte – während es vor dem Krieg noch als ›unmännlich‹ gegolten hatte, eine Uhr zu tragen –, wurde auch das Alltagsleben außerhalb der Arbeitszwänge mehr und mehr dem Gebot der Pünktlichkeit, »the terrible bondage of this tick-tack of time« (Lawrence 1995, 464), unterworfen (vgl. Whitrow 1988, 166). Die Verwendung chronologieauflösender literarischer Strategien in den Zwanziger Jahren läßt sich also auch als Opposition gegen Zeitplanung und -management begreifen, die in den Zwanziger Jahren oft schmerzhaft empfundene Ausmaße erreicht hatten.

Zentrale Wichtigkeit für die Entwicklung einer künstlerisch-literarischen Zeitkonzeption im Diskussionskontext der Relativitätstheorie und gegen die gesellschaftliche Praxis kam der 1911 ins Englische übersetzten Schrift *L'évolution créatrice* zu, die Henri Bergson 1907 vorgelegt hatte. Er entwickelte dort den gegen Aufklärung und Wissenschaft gerichteten Gedanken, daß alles Lebendige auf eine strömende Energie (*élan vital*) zurückzuführen sei, die einer naturwissenschaftlich meßbaren zeitlichen Einteilung nicht unterworfen werden könne (vgl. Lehan 1992). Unter dieser Prämisse mache es die höchste Bewußtseinsstufe des Menschen aus, wenn er mit seinen Seelenkräften in diesem Energiestrom des Lebens instinktiv mitschwimme und so zu seiner ›lebendigen‹ Kreativität finde. Damit standen sich in klarer Wertung zwei Modalitäten der Welt- und Zeiterfassung gegenüber: ein ›bloß‹ rationaler Zugang, der wissenschaftliche Arbeiten und mittelbar Arbeitsleben und Alltag in den westlichen Zivilisationen prägte, und ein intuitiv-holistisches Begreifen von Zeit als individueller *durée*, das allein die Verbindung mit dem Lebensstrom, in dem die Vergangenheit ›aufgehoben‹ ist, herstellen konnte.

4. Lebensströme

An Dokumenten für eine bewußte Auseinandersetzung der Literaten der Zwanziger Jahre mit der Kategorie Zeit im Spannungsfeld zwischen *durée* und Rationalisierung fehlt es nicht. Gegen die philosophischen und literarischen Konsequenzen der Bergsonschen Philosophie trat vor allem Wyndham Lewis 1927 mit seiner umfangreichen Schrift *Time and Western Man* hervor. Als radikaler Kritiker subjektiver Zeitvorstellungen, des »*time-mind*« (Lewis 1993, xviii), wie sie im Gefolge Bergsons in der modernistischen Literatur üblich wurden, verurteilte er den Verzicht der modernistischen Literatur auf mimetische und chronologische Prinzipien scharf. Mit seiner Meinung, daß nur bei entschiedener Fokussierung auf die ›Newtonsche‹ Realität eine modernistische Bewußtseinsrevolution zu verwirklichen sei, blieb er aber Außenseiter.

Auch konventionellere Erzähler der Zwanziger Jahre standen der Konzentration auf die innere Zeit ablehnend gegenüber. So läßt E. M. Forster am Beispiel Gertrude Steins durch die militärische Brutalität evozierende Wortwahl erkennen, daß er Bergsonschen Gedanken völlig fern stand: »[She] smashed up and pulverized the clock and scattered its fragments over the world« (Forster 1974, 28f.). Als Entgegnung auf vitalistische Konzepte läßt sich auch Robert Bridges' populär gewordenes (Guérard 1942, 177) philosophisches Gedicht *The Testament of Beauty* (1929) lesen, das die Vorstellungen der neuen Wissenschaften mit dem tradierten idealistischen Programm zu versöhnen versucht und in reflektiertem Erkennen der Naturschönheit und in einem ausschließlich rational bestimmten Willen (vgl. Bridges 1930, Teil II, vv. 11–31) die Grundlagen menschlicher Größe sieht: »This spiritual elation and response to Nature / is Man's generic mark« (Teil I, vv. 318f.).

G. B. Shaw dagegen erweist sich 1921 in Vorwort und Intention seiner fünfteiligen dramatisierten »legend of Creative Evolution« (Shaw 1931, lxxxv) *Back to Methuselah* (mit den Teilen »In the Beginning«, »The Gospel of the Brothers Barnabas«, »The Thing Happens«, »Tragedy of an Elderly Gentleman« und »As Far As Thought Can Reach«) durchaus als Rezipient Bergsonscher Ideen (Lehan 1992, 317), wenn er die Überlegenheit eines Lebens, das auf einer Erinnerung des Prinzips alles Lebendigen (*life force*) beruht, gegen die Begrenztheit eines Tuns ausspielt, das von falschen wissenschaftlichen Grundsätzen gesteuert ist: »Creative Evolution is already a religion, and is indeed now unmistakeably the religion of the twentieth century, newly arisen from the ashes of pseudo-Christianity, of mere scepticism, and of the soulless affirmations and blind negations of the Mechanists and neo-Darwinians« (Shaw 1931, lxxvii). Sein dramatischer Zyklus stellt unter dieser Prämisse den Versuch dar, diese neue, durchaus Bergsonsche ›Religion‹ durch die vornehmste schriftstellerische Tätigkeit zu popularisieren: ihr »legends,

[...] parables, [...] miracles« (lxxvii) für eine allgemeine Rezeption zu schenken, die der der Bibel vergleichbar sei. So schreibt Teil I des Zyklus unter dem Titel »In the Beginning« die Geschichte vom Sündenfall um und macht aus der Rebellion die Freisetzung der lebensstiftenden Imagination: »The Serpent. [...] imagination is the beginning of creation. You imagine what you desire; you will what you imagine; and at last you create what you will« (I, i, S. 9).

D. H. Lawrence vor allem thematisiert in seinen Romanen aus den Zwanziger Jahren die Auseinandersetzung zwischen einer Bergsonschen Lebenskraft und rationalem Zeitverständnis. Explizit thematisieren Ursula und Gudrun 1920 in *Women in Love* das verbreitete Unbehagen, das durch die zeitgenössische Organisation des Alltags entsteht: »To live mechanised and cut off within the motion of the will« (Lawrence 1995, 192), »[to be] confronted by the terrible clock, with its eternal tick-tack« (464), sind den Protagonistinnen Lebensbedingungen, die zu überwinden sind; sie sehen sich aber von Figuren umgeben, die nicht den Optimismus aufbringen können, an ein Überleben der alten holistischen Existenzform unter den Bedingungen der industrialisierten Welt zu glauben: »The old great truths *had* been true. And she was a leaf of the old great tree of knowledge, that was withering now« (293).

Auch die übrigen modernistischen Autoren der Zwanziger Jahre können als ›Bergsonianer‹ angesehen werden (vgl. Douglass 1986, 12f.), auch wenn wohl nicht entschieden werden kann, inwieweit sie dabei Bergson direkt rezipierten oder lediglich dem Zeitgeist folgten (vgl. Stevenson 1992, 111–113).

5. Simultaneität

Die wie auch immer beschaffene Rezeption der Einsichten Einsteins, Bergsons und Freuds führte die modernistischen Autoren der Zwanziger Jahre zur Einsicht, daß Texte, die chronologische Abfolgen nur reproduzierten, nicht als Beiträge zur Diskussion des Phänomens ›Zeit‹ gewertet werden konnten. Prinzip aller literarischen Neuerungen mußte es also sein, die durch die mimetische Literatur tradierten narrativen Kategorien ›Zeit‹ und ›Geschichte‹ zu durchbrechen, einen subjektiven Zeitbegriff, ein der *durée* analoges Phänomen, in die Literatur einzuführen und ›anachronische‹ (vgl. Genette 1980, 35–47) Texte zu schaffen. Dies bedeutete, daß eine literarische Sprache gefunden werden mußte, die ohne den ›Umweg‹ über ihren referentiellen Bezug auf datierbare Ereignisse unmittelbar Bedeutung vermitteln und Simultaneität statt chronologisch bestimmbarer Tiefe erzeugen konnte. Damit löste sich Literatur in ihrer modernistischen Ausprägung von der Verpflichtung, weltabbildendes Medium zu sein.

Die Insistenz der modernistischen Lyrik der Zwanziger Jahre auf der Präsenz von ›Tradition‹ im Gedicht – man vergleiche T. S. Eliots folgenreichen Aufsatz »Tradition and the Individual Talent« (1919) –, die Konzentration modernistischer Romane auf *the moment* und Epiphanien erweisen sich damit als spezifisch literarische Strategien, den chronometrischen Ambitionen von realistischem Roman und

Historiographie ein eigenes Konzept von Zeit entgegenzustellen. Da Einsteins Relativitätstheorie die Literaten auch zu dem Schluß verleitete, daß ein radikal individualistischer Erzählstandpunkt zur Konstruktion zeitlich fixierbarer Geschichten einlade, galt es als ausgemacht, daß nur eine multiperspektivische Erzählweise den Verzicht auf einen chronologisch sukzessiv voranschreitenden und kausal schlüssig ordnenden narrativen Text erlaube und zur Schaffung literarischer Welten führen könne, deren Charakteristikum die simultane Präsenz von Vergangenheiten und Gegenwart sei. Es ist kein Zufall, daß das bislang dominante Paradigma des ›allwissenden‹ Erzählens auch literaturwissenschaftlich zu Beginn der Zwanziger Jahre in seiner Gültigkeit entscheidend relativiert wurde: Percy Lubbock stellte unter dem Einfluß der Romane von Henry James 1921 in *The Craft of Fiction* als erster eine Theorie des ›Point of View‹ vor.

Ohne hergebrachte temporale und kausale Ordnung zerfiel auch der bislang für den Roman so wichtige ›Charakter‹ in nebeneinandergerückte, durchaus widersprüchliche Bewußtseinssequenzen (vgl. Spencer 1971, 5–23). Virginia Woolf beispielsweise stellte 1925 in ihrem Roman *Mrs. Dalloway* Augenblicke des an keine Chronologie gebundenen Bewußtseins der Titelfigur und der unverbunden neben ihr sich durch London bewegenden Figur des Septimus Warren Smith nebeneinander, ohne daß sich aus diesen Fragmenten inneren Erlebens plausible Verhaltensweisen stimmiger Charaktere rekonstruieren ließen; wenn diesen Bewußtseinsinhalten etwas gemein ist, dann liegt dies in ihrer grundsätzlichen, aber nicht genauer begründeten Verbundenheit mit dem Transzendenten begründet. Auf eine psychologisch nachvollziehbare Verankerung des Handelns der Protagonisten wird indes nicht verzichtet; es sind aber nicht mehr Anlage und Erziehung, Weltbegegnung und Zeitgeist, die zu einem bestimmten sozialen Verhalten führen, vielmehr wird die Wahrnehmung der Welt durch die Protagonisten durch einen subjektiv und eklektisch mit Eindrücken gefüllten und assoziativ springenden Geist ›begründet‹. Obgleich sich das Geschehen in diesem Roman auf Aktionen eines Junitags des Jahres 1923 beschränkt, greifen die Bewußtseinsinhalte der Figuren zeitlich weiter zurück und schaffen den Eindruck des Zusammenfalls von Vergangenheit und Gegenwart, führen unter günstigen Bedingungen zur Erkenntnis des zeitlosen Wesens der Dinge.

Dem modernistischen Roman der Zwanziger Jahre fehlen damit trotz des nun auf das Innere der Figuren gerichteten Interesses die gewohnten ›runden‹ Charaktere – wie ›Point of View‹ ein literaturwissenschaftlicher Terminus, der nicht ohne Grund seit den Zwanziger Jahren breit angewandt wurde: Popularisiert wurde er 1927 von E. M. Forster in *Aspects of the Novel* aus der Beobachtung heraus, daß der moderne Roman solch runder Charaktere verlustig gegangen sei (Forster 1974, 46 passim). Als Werben um Leser mit konventionellem Geschmack ist es also zu verstehen, wenn H. G. Wells 1926 im Vorwort zu *The World of William Clissold* den ›realistischen‹ Entwurf seines Titelhelden lobt: »His circumstances and his views are fitted together with the utmost care to make one consistent personality« (Wells 1926, i). Solches Konsistenzstreben aber ist den Modernisten fremd: Ihnen geht es darum, über die Koinzidenz von Vergangenheit, gegenwärtigen Eindrücken und

Empfindungen sowie Zukunftshoffnungen und -ängsten in einem Bewußtsein einen Blick auf den komplexen ›Augenblick‹ menschlicher Existenz zu werfen, wie er traditionellen mimetischen Verfahren der Literatur nicht zugänglich war. Genau diese Insistenz auf dem individuellen, reichen ›Augenblick‹, der Epiphanie, kann als Programm gegen die in den Zwanziger Jahren auf der Tagesordnung stehende Rationalisierung der Zeit begriffen werden.

6. Time in the Mind

Folge des Einflusses vitalistischer Bergsonscher Ideen in England war also eine radikale Änderung von Thematik und Technik der Zeitdarstellung im Roman. Virginia Woolf zeigt hierbei am deutlichsten, daß die äußere Welt mit ihrer rationalisierten Zeit nur interessant ist, soweit sie dem Individuum Anstöße für subjektive Assoziationen und Emotionen bietet:

> The mind of man, moreover, works with equal strangeness upon the body of time. An hour, once it lodges in the queer element of the human spirit, may be stretched to fifty or a hundred times its clock length; on the other hand, an hour may be accurately represented on the timepiece of the mind by one second. This extraordinary discrepancy between time on the clock and time in the mind is less known than it should be and deserves fuller investigation. (Woolf 1960, 91)

Ihren Romanen geht es unter dieser Prämisse nicht mehr um Verständnis der äußeren Welt, sondern um die psychologischen Modalitäten individueller Weltwahrnehmung und die damit verbundenen ständig wechselnden Stimmungen. So entsteht der Roman des ›Bewußtseinsstroms‹, der der Logik der Welt nicht unterworfen ist, vielmehr die Simultaneität von Gefühl und Denken, von Gegenwart und Vergangenheit zu erfassen versucht. Keine Charakterentwicklungen in der Zeit werden daher dargestellt, sondern eine Sukzession emotional erfüllter Augenblicke, der *moments of being,* die als Schnappschüsse der Bergsonschen *durée* verstanden werden können und dem Ablauf der Uhrzeit pointiert gegenübergestellt werden.

In diesen flüchtigen Momenten intensiver Existenz wird die wahre – und das heißt diskontinuierliche, unlogische – Präsenz des Geistes sichtbar, dem die äußere Welt zum Reflex des Bewußtseins wird, auch wenn sie zunächst durchaus kausal den emotional-reflektierenden Augenblick auslöste: Unbedeutende äußere Vorgänge rufen Vorstellungsreihen auf, die die Gegenwart verlassen, indem sie Erinnerungen wachrufen und Hoffnungen und Ängste wecken, so daß sich die Zeit zugunsten einer unbestimmten Zeitentiefe auflöst. Die Abwertung der äußeren Wirklichkeit geht noch weiter: Auch die Vorgänge, die die inneren Abläufe initiieren, werden ihrerseits schon aufgrund bestimmter seelischer Dispositionen wahrgenommen, sind Projektionen einer Stimmung. Eine stabile, ›objektive‹ Welt, die dem subjektiven Schwanken des Geistes entgegengesetzt ist, sucht der Leser in Woolfs Romanen vergeblich, vielmehr sind Welt und Wahrnehmung, Wirklichkeit und deren Erfahrung, Materie und Geist identisch: ›Ich‹ und Welt sind kaum zu trennen. Daher verleihen nicht Handlungslogik oder gar Spannung diesen Texten ihren Zusammenhalt, sondern außerzeitliche ›wellenartige‹ Bewegungen des Empfindens:

> [...] she felt, too, as she saw Mr. Ramsay bearing down and retreating, and Mrs. Ramsay sitting with James in the window and the cloud moving and the tree bending, how life, from being made up of little separate incidents which one lived one by one, became curled and whole like a wave which bore one up with it and threw one down with it [...] (Woolf 1927, 76)

Potentiell eignet solchen Momenten die Qualität, unter günstigen Bedingungen die Essenz der Dinge zu offenbaren. Auch James Joyce zeigt dieses Potential des Augenblicks auf. In der ›Proteus‹-Episode des *Ulysses* beispielsweise schafft das Bewußtsein des den Strand entlangwandernden Stephen Dedalus auf der Grundlage von Eindrücken, Erinnerungen und Reflexionen einen imaginären Raum, dessen Zentrum trotz der verwirrenden Beweglichkeit der Bewußtseinsinhalte eine stabile Wahrheit verspricht. Der Literat Stephen ist also in der Lage, über Umarrangement, geistige Verarbeitung und Ästhetisierung der Wirklichkeit zur Erkenntnis der zeitlos-stabilen Essenz der Dinge vorzustoßen, und daher kann er sich bei dieser Tätigkeit begreifen als »walking into eternity along Sandymount strand« (Joyce 1971, 43). Diese Augenblicke der Erkenntnis sind naturgemäß selten, aber wenn sie erlebt werden, gelten sie als wertvolle Epiphanien (46), als Offenbarungen, die das bislang verhüllte beständige Wesen der Dinge und des Ich gegenwärtig werden lassen. Offensichtlich ist es Aufgabe des Künstlers, bei der Vermittlung von Wirklichkeit und Imagination, von Erfahrung und Reflexion über Strategien der Symbolschaffung eine ästhetische Qualität zu erreichen, der auch »radiance«, Erkenntnisleistung also, eignet (Magalaner/Kain 1956, 70; Kilian 1997).

Die Konzentration auf Darstellungen solch tiefer authentischer Augenblicke ist im Kontext der Zeit als Gegenentwurf gegen die nivellierenden Ansprüche des zeitgenössischen rationalen Zeitmanagements mit seinen entfremdenden Wirkungen zu begreifen. Für Joyce gibt es in den Epiphanien einen Weg zur Erkenntnis des wahren Selbst, für Virginia Woolf ist das Auf- und Abschwingen von Bewußtseinszuständen die Wahrheit des Lebens. Der modernistische Roman kann also zeigen, wie reich und wie abgründig Selbsterfahrung außerhalb einer für Zwecktätigkeiten eingeteilten Zeit sein kann.

Mrs. Dalloway hebt von den Romanen der Zwanziger Jahre am deutlichsten auf den unüberbrückbaren Gegensatz von ›erlebter Zeit‹ und mechanisch gemessener Zeit ab. Obwohl sich die Handlung – wie in Joyces *Ulysses* – in den engen Rahmen eines einzigen Tages fügt, weitet sich das Zeiterleben der Hauptfiguren Clarissa Dalloway und Septimus Smith ins Unendliche; indes wird deren innere Zeiterfahrung stets vom Ablauf der Uhrzeit bedroht: »Shredding and slicing, dividing and subdividing, the clocks [...] nibbled at the June day« (Woolf 1947, 113). Das modernisierte banale Alltagsleben, »the traffic and the sound of all the clocks striking« (54), bricht immer wieder in die differenzierte Welt des Bewußtseins ein, und wer wie Septimus auf dem Reichtum seiner zeitlosen inneren Bilder besteht, kann unter den real gegebenen Bedingungen der Einweisung ins Irrenhaus nur durch Selbstmord entkommen (vgl. Hussey 1986, 116–129).

7. Mythos und Gegenwart

Diskontinuität des Erzählens und Präsenz aller Zeiten im Jetzt kennzeichnet auch James Joyces *Ulysses*. Im Unterschied zu Virginia Woolf entwickelt Joyce in diesem Text über die Erzählinstanz aber die Auffassung, daß sich das Bewußtsein auch aus mythischen Schichten des Wissens speist. Anders als bei Woolf wird auch die reale Gegenwart des Romans systematisch und genau wahrgenommen: Joyce verwandte viel Mühe darauf, in *Ulysses* ein detailreiches Porträt der Stadt Dublin am 16. Juni 1904 zu vermitteln, und die Hauptfiguren, vor allem der bürgerliche Anzeigenakquisiteur Leopold Bloom und der schriftstellerisch tätige Stephen Dedalus, scheinen sich zu Beginn des Romans gar zu individualisierten historischen Charakteren zu entwickeln. Indes verarbeitet *Ulysses* zugleich die europäische Literatur- und Geistesgeschichte, wenn – um nur zwei Beispiele zu nennen – Bloom mit dem umherirrenden Odysseus verschmilzt und so einen zeitlosen Typus abendländischer Existenz aktualisiert, wenn der Dubliner Tagesablauf des 16. Juni sich zu Stationen der Lebensreise, wie sie die christliche Anthropologie entwickelt hat, aufweitet.

Nicht etwa die narrativen Zusammenhänge oder chronologisch fixierbaren Abläufe verleihen dem Text Einheit; es sind diese Verankerungen in Mythos und alten Geschichten, die den aus zahllosen disparaten Elementen bestehenden Roman wie ein Bewußtsein zusammenhalten. Auch stilistische Einheit wird man vergeblich suchen: Perspektivierung und sprachliches Register wechseln von Kapitel zu Kapitel (und auch innerhalb der Kapitel), so daß ein mit den Konventionen des Realismus aufgewachsener Leser nachhaltig durch die konsequente Relativierung aller Standpunkte verunsichert wird. Trotz aller präzisen zeitlichen und topographischen Angaben löst sich Blooms Tag so in zeitlose Bilder der Existenz auf.

Die Präsenz der Vergangenheit und die Etablierung einer Einheit aller Zeiten leistet auch T. S. Eliots *The Waste Land*, das große – auch von Bergson beeinflußte (vgl. Douglass 1986, 11f.) – Monument des Modernismus in der englischen Lyrik. Als Treffpunkt der Zitate und Erinnerung an abendländische Mythen hat dieses Gedicht von den Prinzipien poetisch überhöhender Wirklichkeitsdarstellung radikal Abschied genommen, indem es die Möglichkeit gleichzeitig gültiger unterschiedlicher Perspektiven auf die Welt und den Verlust der konventionellen Zeitvorstellung nachhaltig im Blick behält. Die Desorientierung einer Gesellschaft, die nach ausschließlich technischen und bürokratischen Zeitvorgaben organisiert ist, hat schon nach Auskunft der frühen Gedichte T. S. Eliots den Menschen zur einsamen, emotionslosen Maske gemacht. So klagt der alte Sprecher von »Gerontion« (1920):

> I have lost my passion: why should I need to keep it
> Since what is kept must be adulterated?
> I have lost my sight, smell, hearing, taste and touch:
> How should I use them for your closer contact? (Eliot 1954, 39)

Dieser Lebensverlust wird in *The Waste Land* ebenso reflektiert wie die ›Unbehaustheit‹ des Menschen in einer glaubenslosen Zeit. Die Einbeziehung reicherer vergangener Zeiten gelingt über sprachliche Assoziationen, die die defizitäre Bewußtseinslage der Zeit mittelbar benennen und zugleich die überkommenen Werte kritisch auf ihren Nutzen für die Gegenwart überprüfen.

Die Mühe, die frühere Dichter für die Erfassung der Weltoberfläche aufwandten, scheint dem Sprecher des *Waste Land* nach den neuen Einsichten in das Wesen der Zeit sinnlos, und wo immer das Gedicht Bruchstücke einer äußeren Wirklichkeit zitiert, stellt es ihm das zeitlos-geschichtliche Bewußtsein gegenüber. »[T]he young man carbuncular« (Eliot 1954, v. 231) mit seiner lieblosen Erotik wird vom Sänger Tiresias bewertet, die Menschen der Großstadt (vgl. vv. 62f.) werden mit den Toten vergangener Kriege verglichen. Ein Gang der Erzählung ist unter diesen Bedingungen nicht auszumachen, an ihre Stelle tritt die statische Simultaneität des Mythos von zyklischen Abläufen in der Welt (vgl. Moretti 1983, 222). Solches Aufbrechen der Zeit bildet keine Wirklichkeit ab; das Gedicht will nicht etwas repräsentieren, sondern sprachlich ohne den Umweg über die Bedeutung des scheinbar Abgebildeten über ein Arrangement von Bildern, Klängen und rhythmischen Motiven eine emotionale Verfaßtheit präsentieren, die als Entsprechung eines kritischen Bewußtseins zu verstehen ist, das unter der Modernisierung des Lebens leidet.

Das Gesamtgedicht mit seiner großen Zahl von Einzelbildern erweist sich so als Knotenpunkt zahlreicher Emotionen, die in ihrer Gesamtheit durch die dynamische Vermischung der Einzelteile ein neues großes Simultanbild ergeben, das einer bislang unausgesprochenen Stimmungslage entspricht, die wiederum den Anspruch erhebt, die treffende, aber nicht durch Erklärung vermittelbare Diagnose der modernisierten Welt zu sein. Geschaffen werden die Bilder, indem gewaltsam Sprachelemente der Tradition wie der zeitgenössischen Alltagssprache zu rhythmisierten Sequenzen zusammengefügt werden, die ohne den Umweg über den Verstand vom Geist der modernisierten Welt künden. Will man diese Emotion benennen, wäre ›Trostlosigkeit‹ ein angemessener Begriff, und die Zeitdiagnose besteht im Vorwurf, das Abendland sei in seiner Glaubens- und Wertelosigkeit zu einem Ort der Sterilität geworden, zu einem Kulturraum, dem es nicht gelingen will, seine Agonie der Sinnlosigkeit zu beenden. Das Zerbrechen der chronologischen Ordnung dient hier also poetisch als Mittel, Fragmente aus Gegenwart und Vergangenheit so zu vermischen, daß Orientierungslosigkeit vermittelt, auf einen möglichen Sinnhorizont dennoch undeutlich verwiesen wird.

Die Anspielungen aus Heilsgeschichte und Mythen der Wiedergeburt versuchen, die Verzweiflung über die Gegenwart zu mildern, und so bleibt dank der Erinnerung an die Ideen eines Goldenen Zeitalters, paradiesischer Zustände und sinnvoller Existenzbedingungen eine vage Hoffnung, daß ideale Lebensbedingungen einmal wiederkehren und das Leben wieder sinnvoll und bedeutsam machen: Eine religiös begründete Heilung der Verletzungen, die die Modernisierung geschlagen hat, ist damit nicht ausgeschlossen. So ist – »mixing / Memory and desire« (Eliot 1954, vv. 2f.) – über die Nebeneinanderstellung von Fragmenten unterschiedlicher Zeiten auch eine Zukunft impliziert, und *The Waste Land* ist ebenso desillusionierte Bestandsaufnahme des zeitgenössischen Bewußtseins wie Ausdruck der Hoffnung, daß die Suche nach einer neuen – durchaus chronologisch zu verstehenden – Ordnung einmal in Angriff genommen werden könne.

Einen Bildungstraditionen komprimierenden Geschichtsmythos schafft auch W. B. Yeats beispielsweise in der 1928 erschienenen Gedichtsammlung *The Tower*, die christliche Vorstellungen vom himmlischen Jerusalem und alchemistische Topoi zum sinnstiftenden biographischen Rückblick zusammenfügt, der einen Weg »to the holy city of Byzantium«, zu »God's holy fire« (Yeats 1989, 301) erkennen läßt.

8. Vom Überleben des Historischen

Die Bemühungen der modernistischen Autoren, literarisch Simultaneität der Zeiten zu vermitteln, standen in den Zwanziger Jahren neben einer ganzen Reihe historischer Texte, die sich trotz der zeitgenössischen Zeitdebatte weiter in der Ausarbeitung präziser Chronologien gefielen. Daß H. G. Wells' *A Short History of the World* in den ersten vier Jahren nach ihrem Erscheinen im Jahre 1922 mehr als eine halbe Million Käufer fand, läßt erahnen, wie wenig die modernistischen Auflösungen der Geschichte in Bewußtsein das breitere Publikum wirklich beeindruckten. Historiographie als »tellable story« (Wells 1927a, 7) in den Kategorien »rise and development« (10) war nicht gefährdet. An diesem Befund ändert auch Sellars und Yeatmans *1066 and All That* von 1930 mit seiner Auflösung chronologischer Sicherheiten nichts, karikiert dieses Bändchen doch die blaß gewordene Erinnerung an vergangene Geschichtsstunden in der Schule, keineswegs aber die überkommene Insistenz auf exakter Chronologie. In der Tat ist dieser humoristische Text nur für den witzig, der historisch besser informiert ist als die konfusen ›Erzähler‹:

> HENRY VIII was a strong King with a very strong sense of humour and VIII wives, memorable amongst whom were Katherine the Arrogant, Anne of Cloves, Lady Jane Austin, and Anne Hathaway. [...] Henry wanted the Pope to give him a divorce from his first wife, Katherine. [...] The Pope, however, refused, and seceded with all his followers from the Church of England. This was called the Restoration. (Sellar/Yeatman 1993, 61–63)

Auch auf der Ebene der Biographien und Memoiren herrschte das chronologische Prinzip weiter nahezu ungebrochen; Virginia Woolfs Ansätze zu einer Parodie des Genres ›Biographie‹ in dem 1928 publizierten *Orlando* sind keineswegs typisch für die Praxis dieser Gattung in den Zwanziger Jahren, wie der Hinweis auf Edmund Blundens 1928 vorgelegten Erfahrungsbericht seiner Kriegserlebnisse *Undertones of War* und Lytton Stracheys ebenfalls 1928 erschienenes Geschichtsbuch *Elizabeth and Essex* zeigen mag: Charakterisiert historiographische Diktion Stracheys Buch (»In the winter of 1602 Harrington came again to Court« [Strachey 1928, 277]), dient bei Blunden trotz des Zugeständnisses, daß persönliche Erfahrung

»incoherent« (Blunden 1935, v) sei, der äußere Verlauf des Krieges als Ordnungsprinzip der Autobiographie. Auf den ersten Blick ist auch der historische Roman in einer seiner populären Ausformungen wie Osbert Sitwells *Before the Bombardment* von 1926 und Galsworthys *The Forsyte Saga* der chronologischen Rekonstruktion verpflichtet. Indes zeigen diese Texte wie auch Ivy Compton-Burnetts böse Sittenbilder *Pastors and Masters* von 1925 und *Brothers and Sisters* von 1929 mit ihrer thematischen Fixierung auf Sinnverlust und dem stofflichen Interesse am Verfall der viktorianischen Welt deutlich Spuren des modernistischen Mißtrauens gegenüber den alten Sicherheiten. Traditionell realistisch bleiben diese Romane freilich dennoch, da sie mit großer Ausführlichkeit kohärente Geschichten vom Aufeinandertreffen runder Charaktere erzählen. Von ähnlichen Ambivalenzen ist auch die Weiterführung des Bildungsromans in den Zwanziger Jahren gekennzeichnet: Evelyn Waughs 1928 erschienene ›Novelette‹ *Decline and Fall* geht zwar lebenschronologisch vor, ein distanzierter Erzähler und wechselnde erzählerische und moralische Perspektiven auf das Geschehen schaffen aber ironische Distanz zum ›Lebenslauf‹ und verhindern die Illusion, dem Reifen eines Charakters zu folgen. Für die konsequenten Modernisten aber ist charakteristisch, daß sie für die Produktion eines historischen Romans kein Interesse aufbrachten.

Auf ganz anderer Ebene versichert ein für die Zwanziger Jahre typisches Genre mit wenig Selbstzweifeln, daß Raum und Zeit verläßliche Kategorien der Alltagserfahrung geblieben seien: Der Detektivroman der Zwanziger Jahre kann sich plausible Lösungen der Fälle nur über eine penible Rekonstruktion des Geschehens in den bekannten ›absoluten‹ Koordinaten von Raum und Zeit vorstellen. Agatha Christies in diesem Sinne analytische Romane, insbesondere *The Mysterious Affair at Styles* von 1920 und *The Murder of Roger Ackroyd* von 1926, verlassen sich in dem Maße mehr auf die vertrauten Orientierungsstrategien, wie sie sich der alten Sicherheiten von Moral und erwartbarem ständischen Benehmen entfremden (vgl. Light 1991, 61–112). Essentiell antiviktorianisch, wie diese Texte sind, bestehen sie doch auf der Weltsicherheit jener Epoche.

Für die literarischen Figuren der modernistischen Literatur der Zwanziger Jahre aber gilt, daß Vergangenheit nicht als früheres, überwundenes Segment des Lebenslaufs oder der menschlichen Entwicklung verstanden wird, sondern als präsenter Teil des gegenwärtigen Bewußtseins. Eine Szene aus D. H. Lawrences *Women in Love*, die Gudruns Einschlafen gilt, arbeitet diesen Gegensatz von verlaufender Zeit (und damit ferner Vergangenheit) und zeitlosem Bewußtsein auch durch den Verweis auf den ›verzerrten‹ Verlauf der Stunden heraus:

> The church clock struck the hours, it seemed to her, in quick succession. [...] She was conscious of everything – her childhood, her girlhood, all the forgotten incidents [...] It was as if she drew a glittering rope of knowledge out of the sea of darkness, drew and drew and drew it out of the fathomless depths of the past. (Lawrence 1995, 346)

9. Beschleunigung

Nicht nur durch die in Literatur und Presse geführte Auseinandersetzung mit der Zeitkonzeption der neuen Physik, auch durch zahlreiche Erfahrungen des Alltagslebens, die den vertrauten Zusammenhang von Entfernung und der für die Überbrückung dieser Distanz nötigen Zeit aufhoben, wurde den Menschen der Zwanziger Jahre das konventionelle Zeitempfinden fragwürdig: Radiohören mit seiner Illusion, unmittelbarer Zeuge eines Geschehens an einem fernen Ort zu sein, wurde ab 1922, dem Gründungsjahr der BBC, populär; Kinobesuche mit ihrer Vergegenwärtigung des Exotischen gehörten mehr und mehr zum nachhaltig wirkenden Unterhaltungsangebot, und nachdem seit 1927 der Stummfilm vom Tonfilm abgelöst wurde, konnte dieses Medium einen noch stärkeren Eindruck auf die Zuschauer machen; Autofahrten in die nähere und weitere Umgebung veränderten das Empfinden für Nähe und Ferne nachhaltig und ließen die vertraute, bislang nur zu Fuß oder im Pferdewagen durchquerte Umgebung eigenartig verfremdet erscheinen.

Weitere Beschleunigungen zeichneten sich für die Zeitungsleser als Realität einer nicht fernen Zukunft ab: Nachdem 1924 *Imperial Airways* aus der Taufe gehoben und 1927 durch Lindbergh die Weiten des Atlantik im Alleinflug überquert worden waren, zeichnete sich die zunehmende Nutzung des Flugzeugs als eines Transportmittels auch über weite Distanzen ab, und seit die Zeitungen ab 1925 die ersten Berichte über Fernseh-Versuchssendungen einrückten, wurde – wenn auch noch vage – die Möglichkeit einer weltweiten simultanen Zuschauerpräsenz ohne Berücksichtigung des Zeitfaktors sichtbar. Solche Beschleunigung der Zeit durch »infinitely expanding means of communication« (Waugh 1985, 33) rief oft genug das Gefühl äußerster Entfremdung hervor. Evelyn Waugh erinnert sich 1930 in *Labels* an seinen ersten Flug und stellt dabei bezeichnenderweise nicht das Faszinierende des Erlebnisses heraus, sondern seine verunsichernde Dimension: »Some of the movements merely make one feel dizzy, but ›looping the loop‹ develops in the mind clearly articulated intellectual doubts of all preconceived habits of mind about matter and movement« (9). Und sicher ist es nicht von ungefähr, daß Septimus Smith aus Virginia Woolfs *Mrs. Dalloway* den Gedanken der Sinnlosigkeit gerade bei einer Zugfahrt – dem im modernistischen Roman immer noch gültigen Paradigma verwirrender ›beschleunigter‹ Existenz – hat: »It might be possible, Septimus thought, looking at England from the train window, as they left Newhaven; it might be possible that the world itself is without meaning« (Woolf 1947, 98).

Im Zusammenhang mit der Rezeption der Relativitätstheorie gewannen diese Erlebnisse ›unwirklich‹ schneller Distanzüberbrückungen in den Zwanziger Jahren ein Potential grundsätzlicher Verunsicherung, dem die modernistische Literatur der Zeit durch den Rekurs auf ein ›stabiles‹ überzeitliches Bewußtsein begegnete. Die Verschmelzung des Leopold Bloom mit der abendländischen Figur des Odysseus in Joyces *Ulysses* und die Aufweitung der Welt am Ende dieses Romans in die zeit- und weltlosen Weiten jenseits der Straße von Gibraltar können als Belege dafür angeführt werden, daß ein modernistisches Bewußtsein von der beunruhigenden Beschleunigung der ›wirklichen‹ Zeit zu abstrahieren vermag. Mit ähnlicher Intention versammelt T. S. Eliots *The Waste Land* 31 unterschiedliche geographische Orte (Fussell 1980, 52) in einem ›erzählenden‹ Bewußtsein.

Sofern die Reisebücher der Zeit nicht schlicht von eskapistischen Motiven des Reisenden reden – ein Beispiel wäre Hilaire Bellocs *The Cruise of the ›Nona‹* von 1925 –, verschweigen sie das beunruhigende Potential der von der Beschleunigung evozierten Orientierungslosigkeit zwar nicht, sie überspielen aber in der Regel das Desorientierungspotential der neuen Erfahrungsmodalitäten im humorvollen Plauderton. So ist sich Aldous Huxley in seiner 1925 vorgelegten Essaysammlung *Along the Road* der neuen Erfahrungen des schnellen Reisens durchaus bewußt: »›[T]his little machine [...] has taken us, not merely through space, across the face of the map, but through time – from epoch to epoch [...]‹« (Huxley 1985, 14), aber es wird doch suggeriert, daß die Rede von Geschwindigkeit und Zeitverbrauch nur den vertrauten Gesetzen des Jägerlateins folgt:

> The spiritual effects of being a car-owner are not, I notice, entirely beneficial. Introspection and the conversation of other motorists have shown me, indeed, that car-owning may have the worst effect on the character. To begin with every car-owner is a liar. [...] He exaggerates his speed. [...] My last vestige of confidence was destroyed by the Belgian driver who told me that two hours were ample time to allow for the journey from Brussels to Ostend. (11)

Ähnlichen Figuren begegnet der Leser auch in Evelyn Waughs *Labels* von 1930.

10. Idyllische Zeitlosigkeit

Da die Zwänge der rationalen Zeiteinteilung den englischen Autoren der Zwanziger Jahre schmerzhaft bewußt waren, finden sich in der Literatur der Zeit Visionen ›zeitfreier‹ fremder Kulturen ebenso wie Visionen eines zeitlosen England. Schrieb D. H. Lawrence 1927 über die Verhältnisse in Mexiko: »The white man has a horrible, truly horrible, monkey-like passion for invisible exactitudes. *Mañana*, to the native, may mean tomorrow, three days hence, six months hence, and never« (Lawrence 1986, 32), so leugnete W. Somerset Maugham 1930 in *Cakes and Ale* die Allmacht der Zeiteinteilung auch auf dem englischen Land: »You had a sensation that the world was standing still and life would last for ever« (Maugham 1930, 119). Man bewegt sich hier in einer zeitlosen Welt, die ihren wohltuenden Einfluß auf den Menschen auszuüben vermag.

Dieses Motiv griff die Reiseführerliteratur der Zwanziger Jahre in unzähligen Varianten auf. Als Gründungstext dieser ›Gattung‹ gilt das 1927 erschienene Buch *In Search of England* von H. V. Morton. Die Unausweichlichkeit eines chronologisch reglementierten Lebens wurde in diesem und vielen anderen Texten durch die Beschwörung eines keiner Zeiteinteilung unterworfenen *Rural England*, eines pastoralen »realm of contentment and peace« (*Burrow's* 1927b, 8), geleugnet, das jedes Wochenende besucht werden konnte. Daß angesichts der Konstruktion eines derart zeitlosen ländlichen Raumes diese Reiseführer nicht über Land und Leute informieren, liegt auf der Hand. Ohne Selbstironie kann daher ein anderer Führer feststellen: »The true Devon village is a dream« (*Burrow's* 1927a, 18). Dieses *Rural England* konstituiert sich vornehmlich aus Opposition gegen die realen Lebensbedingungen der Zwanziger Jahre und bietet, was im Alltagsleben versagt ist: Zeitlosigkeit. »All consideration of time [...] fades as though it had never been« (Houghton 1930, 676).

Aufgabe der Reiseführerliteratur der Zwanziger Jahre war es also, Wahrnehmungsmuster des neuen Reisens bereitzustellen, die die wahren Erfahrungsmodalitäten im Zeitalter mechanisierten Transports durch nostalgische Träume überspielten. Wenn in diesen Texten das reale England im zeitlosen Bewußtsein gesucht wird, werden freilich keineswegs Argumentationsmuster der modernistischen Literatur auf trivialerer Ebene wiederholt: Die geschichtsreiche Zeitlosigkeit der Reiseführerliteratur der Zwanziger Jahre ist bestenfalls weitläufig mit jenem breiten Strom von Reisebüchern verwandt, der Primitivismus zur Idylle verzaubert.

Gerade wegen der Verstörungen, die die Beschleunigung der Bilder und die Erfahrungen der mechanisierten Kriegsführung bewirkt hatten, erachteten es auch nicht wenige Lyriker als wichtig, die Stabilität des Landlebens zu beschwören und zu feiern. Insbesondere Edmund Blunden trat in seinen Sammlungen *The Waggoner* (1920), *The Shepherd* (1922), *To Nature* (1923) und *English Poems* (1925) als Meister der elegischen Beschwörung dieser alten Ordnung auf. Die Melancholie vieler Verse läßt freilich erkennen, daß das beschworene Landleben ein bewußt aus der Erinnerung arrangiertes Gegenbild einer von Entfremdung gekennzeichneten Realität ist. Diese Haltung widerspricht dem Befund der Modernisten in keiner Weise, vielmehr wiederholt sie ihn aus anderer Perspektive, wenn sie – am Ende des Jahrzehnts – die Vergangenheit – und auch die Tradition lyrischen Sprechens – gegen die Widerstände der Modernisierung als ideale Folie behauptet – und vor dieser Aufgabe resigniert:

> I saw the sunlit vale, and the pastoral fairy-tale;
> The sweet and bitter scent of the May drifted by;
> And never have I seen such a bright bewildering green,
>   But it looked like a lie,
>   Like a kindly meant lie. (Blunden 1957, 177)

Die Gegenwart ist unerbittlich präsent, und die nachdenklicheren Pastoralgedichte lassen »ein gestörtes Wirklichkeitsverhältnis« (Seeber 1979, 164) erkennen, dem es nur als bewußt wahrgenommene und kaum auch nur kurzzeitig wirksame Entlastung von den Ansprüchen der modernisierten Welt gelingt, die alten ländlichen Ordnungen zu vergegenwärtigen – vorherrschend ist das Bewußtsein, daß solche vormodernen Stätten für immer verloren sind.

11.

Es ist sicher keine Übertreibung, wenn die Verhandlung des Problems ›Zeit‹ als eines der erfolgreichen Projekte der Literatur der Zwanziger Jahre gesehen wird: Den Rezipienten modernistischer Literatur wird einsichtig, daß ›Zeit‹ vom erkennenden Subjekt ›gemacht‹ wird und die Bedingungen dieses subjektabhängigen Zeiterlebens zu reflektieren sind. Zwischen den Polen chronologischer Rekonstruktion und zeitloser Präsenz der Vergangenheit ›entschied‹ sich die modernistische Literatur der Zwanziger Jahre für die zeitlose Version von Geschichte in dem Sinne, daß auf konventionell konsekutive Handlungen zugunsten eines Angebots mehrerer Möglichkeiten von Wirklichkeit verzichtet und Geschichte – mit ihrem unabdingbaren Bezug zur Kategorie der Modernisierung – durch zeitlos Mythisches ersetzt wurde. Als Ergebnis des ›Dialogs‹ zwischen literarischen und naturwissenschaftlichen Schriften sowie zwischen literarischen Schriften und Dokumenten, die Kategorien zur Organisation des Alltags bereitstellten, wurde über die Literatur auch die Gültigkeit subjektiven Zeiterlebens gegenüber dem Anspruch, nur wissenschaftlich definierte oder objektivierte Zeit gelten zu lassen, ›gerettet‹. Die Literatur erwies sich als wichtiges Feld der Auseinandersetzung mit den Konsequenzen der Modernisierung des Lebens.

Bibliographie

Albright, Daniel (1997), *Quantum Poetics. Yeats, Pound, Eliot, and the Science of Modernism*, Cambridge: Cambridge University Press.
Bergson, Henri (1907, 1981), *L'Évolution créatrice*, Paris: Presses Universitaires de France.
Blunden, Edmund (1957), *Poems of Many Years*, London: Collins.
Blunden, Edmund (1928, 1935), *Undertones of War*, London: Cobden-Sanderson.
Bridges, Robert (1929, 1930), *The Testament of Beauty*, Oxford: Clarendon Press.
Burrow's RAC Country Road and Gazetteer. Devon and Cornwall (1927a), Cheltenham: Burrows.
Burrow's RAC Country Road and Gazetteer. Wiltshire and Dorset. The Hardy Country (1927b), Cheltenham: Burrows.
Calcraft, Lee (1980), »Einstein and Relativity Theory in Modern Literature,« in Maurice Goldsmith, Alan Mackay, James Woudhuysen, eds., *Einstein. The First Hundred Years*, Oxford: Pergamon, 163–179.
Deery, June (1996), *Aldous Huxley and the Mysticism of Science*, London: Macmillan.
Douglass, Paul (1986), *Bergson, Eliot, and American Literature*, Lexington: University Press of Kentucky.
Eliot, T. S. (1920, 1954), »Gerontion,« in T. S. E., *Collected Poems 1909–1935*, London: Faber & Faber, 37–39.
Eliot, T. S. (1922, 1954), *The Waste Land*, in T. S. E., *Collected Poems 1909–1935*, London: Faber & Faber, 59–84.
Forster, E. M. (1927, 1974), *Aspects of the Novel*, London: Arnold.
Friedman, Alan J., Carol C. Donley (1985), *Einstein as Myth and Muse*, Cambridge: Cambridge University Press.
Fussell, Paul (1980), *Abroad. British Literary Traveling Between the Wars*, New York: Oxford University Press.

Genette, Gérard (1972, 1980), *Narrative Discourse*, Oxford: Blackwell.
Guérard, Albert (1942), *Robert Bridges. A Study of Traditionalism in Poetry*, Cambridge, MA: Harvard University Press.
Hardy, Thomas (1930), *Collected Poems*, London: Macmillan.
Houghton, Charles (1930), »Pathway to the Past,« *The Autocar* 11. April 1930, 676–679.
Howse, Derek (1980), *Greenwich Time and the Discovery of the Longitude*, Oxford: Oxford University Press.
Hussey, Mark (1986), *The Singing of the Real World. The Philosophy of Virginia Woolf's Fiction*, Columbus: Ohio State University Press.
Huxley, Aldous (1925, 1985), *Along the Road. Notes and Essays of a Tourist*, London: Triad/Paladin.
Huxley, Aldous (1928, 1947), *Point Counter Point*, London: Chatto and Windus.
Joyce, James (1922, 1971), *Ulysses*, Harmondsworth: Penguin.
Kilian, Eveline (1997), *Momente innerweltlicher Transzendenz. Die Augenblickserfahrung in Dorothy Richardsons Romanzyklus* Pilgrimage *und ihr ideengeschichtlicher Kontext*, Tübingen: Niemeyer.
Lawrence, D. H. (1920, 1995), *Women in Love*, ed. David Farmer, Lindeth Vasey, John Worthen, Harmondsworth: Penguin.
Lawrence, D. H. (1927, 1986), *Mornings in Mexico*, Harmondsworth: Penguin.
Lawrence, D. H. (1929, 1972), *Pansies*, in D. H. L., *The Complete Poems*, ed. Vivian de Sola Pinto, Warren Roberts, vol. 1, London: Heinemann, 415–565.
Lehan, Richard (1992), »Bergson and the Discourse of the Moderns,« in Frederick Burwick, Paul Douglass, eds., *The Crisis in Modernism. Bergson and the Vitalist Controversy*, Cambridge: Cambridge University Press, 306–329.
Lewis, Wyndham (1927, 1993), *Time and Western Man*, ed. Paul Edwards, Santa Rosa: Black Sparrow.
Light, Alison (1991), *Forever England. Femininity, Literature and Conservatism Between the Wars*, London: Routledge.
Lubbock, Percy (1921), *The Craft of Fiction*, London: Cape.
Magalaner, Marvin, Richard M. Kain (1956), *Joyce. The Man, the Work, the Reputation*, New York: New York University Press.
Maugham, W. Somerset (1930), *Cakes and Ale or The Skeleton in the Cupboard*, London: Heinemann.
Mendilow, Adam (1965), *Time and the Novel*, New York: Humanities Press.
Moretti, Franco (1983), *Signs Taken for Wonders. Essays in the Sociology of Literary Forms*, London: Verso.
Morton, H. V. (1927), *In Search of England*, London: Methuen.
Newton, Isaac (1687, 1963), *Mathematische Prinzipien der Naturlehre*, ed. J. Ph. Wolfers, Darmstadt: Wissenschaftliche Buchgesellschaft.
Nichols, Peter (1995), *Modernisms. A Literary Guide*, London: Macmillan.
Russell, Bertrand (1926), *The ABC of Relativity*, London: Kegan Paul.
Seeber, Hans Ulrich (1979), *Moderne Pastoraldichtung in England. Studien zur Theorie und Praxis der pastoralen Versdichtung in England nach 1800 mit besonderer Berücksichtigung von Edward Thomas (1878–1917)*, Frankfurt/Main: Lang.
Sellar, Walter Carruthers, Robert Julian Yeatman (1930, 1993), *1066 and All That*, London: Mandarin.
Shaw, Bernard (1921, 1931), *Back to Methuselah. A Metabiological Pentateuch*, London: Constable.
Spencer, Sharon (1971), *Space, Time and Structure in the Modern Novel*, New York: New York University Press.
Stevenson, Randall (1992), *Modernist Fiction. An Introduction*, Lexington: University Press of Kentucky [rev. ed. Hemel Hempstead: Harvester, 1998].

Strachey, Lytton (1928), *Elizabeth and Essex. A Tragic History*, London: Chatto and Windus.
Thomsen, Christian W., H. Holländer, eds. (1984), *Augenblick und Zeitpunkt. Studien zur Zeitstruktur und Zeitmetaphorik in Kunst und Wissenschaften*, Darmstadt: Wissenschaftliche Buchgesellschaft.
Waugh, Evelyn (1930, 1985), *Labels. A Mediterranean Journal*, Harmondsworth: Penguin.
Wells, H. G. (1919, 1927a), »History Is One,« in H. G. W., *The Works*, Atlantic Edition, vol. 27, London: Fisher Unwin, 3–16.
Wells, H. G. (1923, 1927b), *Men Like Gods,* in H. G. W., *The Works*, Atlantic Edition, vol. 28, London: Fisher Unwin, 1–328.
Wells, H. G. (1926), *The World of William Clissold. A Novel at a New Angle*, 3 vols., London: Benn.
Whitrow, G. J. (1988), *Time in History. The Evolution of Our General Awareness of Time and Temporal Perspective*, Oxford: Oxford University Press.
Woolf, Virginia (1925, 1947), *Mrs. Dalloway*, London: Hogarth Press.
Woolf, Virginia (1927), *To the Lighthouse*, London: Hogarth Press.
Woolf, Virginia (1928, 1960), *Orlando. A Biography*, London: Hogarth Press.
Yeats, William Butler (1928, 1989), *The Tower*, in W. B. Y., *Poems*, ed. A. Norman Jeffares, London: Papermac/Macmillan, 299–343.

Kapitel 8

»Transformed utterly ...«:
Politische und literarische Konstellationen im *Irish Free State*.

von ANTON KIRCHHOFER

1.

»I am one of those who have gone for over 20 years to performances of the Abbey, and I admire the earlier ideals of the place that produced ›Kathleen Ni Houlihan,‹ that sent Sean Connolly out on Easter Week« (O'Casey 1975, 168). In einem Brief an den *Irish Independent* beschwört eine langjährige Besucherin des *Abbey Theatre* seine zentrale Bedeutung nicht nur für die kulturelle, sondern auch für die politische Entwicklung Irlands zu Beginn des 20. Jahrhunderts. Die Verfasserin, Hanna Sheehy-Skeffington, stellt einen direkten ursächlichen Zusammenhang zwischen einem Stück wie W. B. Yeats' *Kathleen Ni Houlihan* (1902) auf der einen Seite und dem Osteraufstand von 1916 auf der anderen her: Das Stück habe Sean Connolly, einen der Führer des Aufstands, »ausgesandt«. Der Brief datiert allerdings nicht aus dem Jahre 1916, sondern vom 15. Februar 1926, und er stellt der irisch-patriotischen Vergangenheit des Theaters seinen Jetztzustand gegenüber: »the Abbey [...] that helped to make Easter Week, [...] now in its subsidised, sleek old age jeers at its former enthusiasms« (168). Das Stück, dem das Theater diese Charakterisierung verdankt, ist Sean O'Caseys *The Plough and the Stars*.

Sheehy-Skeffington würdigt die historische Rolle des *Abbey*, um damit eine Position in einer virulenten Kontroverse zu stützen. Selbstverständlich gibt es Gegenpositionen, und bemerkenswert ist, daß auch diese ihre Einschätzung der gegenwärtigen Lage an eine bestimmte Version der Vergangenheit binden. Gerade Yeats, den Sheehy-Skeffington nicht von ungefähr als Repräsentanten der ruhmreichen Vergangenheit nennt, stellt hier andere Bezüge her, auch wenn der angedeutete Konnex ihn noch lange beschäftigte.[1] Yeats sieht in der Empörung über *The Plough and the Stars* eine Wiederholung der wütenden Proteste gegen J. M. Synges *The Playboy of the Western World* im Jahre 1907. Er ruft, wie er es 19 Jahre zuvor getan hatte, die Polizei zum Schutz gegen die Protestierenden – »*this time*, it will be *their own* police«, merkt er an (Fallon 1965, 92) – und weist sie mit den wohlpräparierten Worten, die am nächsten Tag durch die Presse gehen, zurecht:

---

[1] Vgl. das späte Gedicht »The Man and the Echo«: »Did that play of mine send out / Certain men the English shot?« (Yeats 1989, 469).

»You have disgraced yourselves again. Is this to be an ever-recurring celebration of the arrival of Irish genius? Synge first and then O'Casey. [...] Dublin has once more rocked the cradle of genius. [...] the fame of O'Casey is born here tonight. This is his apotheosis« (O'Casey 1975, 167, Fn. 2).

Wir werden auf die Kontroverse zurückkommen. Zunächst lassen sich an die wenigen Fakten grundsätzliche Überlegungen anschließen. Zwischen der Gegenwart der Zwanziger Jahre und den Anfängen des *Abbey* zwei Jahrzehnte zuvor liegt die Loslösung von 26 der 32 irischen Grafschaften aus dem Vereinigten Königreich. Vor dieser Loslösung, im Irland des frühen 20. Jahrhunderts, steht das Projekt der Schaffung und Festigung einer kulturellen Identität Irlands, das sich mit der Gründung des *Abbey Theatre* verbindet, in einem doppelten Spannungsfeld. Diese Spannung besteht einerseits zwischen der kulturellen Dominanz der ›Kolonialmacht‹ und der eigenen, irischen Identität, die man dieser entgegensetzt. Andererseits ist die irische Identität aber gerade unter denen kontrovers, die sie gegen die britische setzen wollen. Wer sich mit der Darstellung des Irischen bei Yeats identifizieren konnte, für den konnte z.B. dennoch Synges Konstruktion der irischen Identität inakzeptabel sein. Neben der Spannung zwischen Irischem und Englischem steht also diejenige zwischen verschiedenen aus Irland selbst stammenden Versionen des Irischen.

In den Zwanziger Jahren haben sich die Vorzeichen verändert. Irland ist »transformed utterly«, wie Yeats es in »Easter 1916« vorhergesagt hatte, allerdings weniger durch den Osteraufstand als durch die Entwicklungen nach dem Ende des Weltkriegs. Seit 1922 besteht der *Irish Free State*. Yeats hat folgendermaßen zusammengefaßt, wie sich damit auch der Status und Kontext der irischen Selbstdefinitionen verändert haben: »For the last hundred years Irish nationalism has had to fight against England [...] The basis of Irish nationalism has now shifted, and much that once helped us is now injurious, for we can no longer do anything by fighting, we must persuade, and to persuade we must become a modern, tolerant, liberal nation« (Yeats 1975c, 452). Yeats spricht als ehemaliger Nationalist. Auch sein beschwörender Aufruf zur Abkehr vom Nationalismus ist Teil einer Auseinandersetzung (er wendet sich gegen das gesetzliche Verbot der Ehescheidung), aber er dokumentiert, daß die Konstruktion irischer Identität einen neuen Kontext bekommen hat, denn seine Worte richten sich nicht mehr an englische, sondern an irische Adressaten. Der Streit um die kulturelle Identität, die im *Free State* ihre politische Form gefunden hat, ist in den Vordergrund getreten.

Dieses Kapitel wird sich insbesondere mit den selektiven Darstellungen der Ereignisse beschäftigen, die zur Etablierung des *Free State* führten: des Osteraufstands 1916, des ›Unabhängigkeitskriegs‹ (1918–21) und des Bürgerkriegs (1922–23). Dabei soll jeweils gezeigt werden, welche Bezüge diese Texte zu aktuellen Positionen (derjenigen der alten protestantischen Oberschicht, der armen Dubliner Unterschicht, der besiegten Republikaner, ja sogar der nie sehr bedeutenden kommunistischen Revolutionäre, schließlich der Vertreter der neuen Ordnung) aufweisen. Damit sollen die Texte nicht auf kontemporäre politische Positionen reduziert werden, wohl aber nach ihrer Bezogenheit auf dieses strategische Feld befragt werden.

Daß jede Darstellung der Vergangenheit, jede Version des Irischen eine strategische Dimension aufweist und dadurch in der neuen, durch die Etablierung des *Free State* entstandenen Situation verortet ist, gilt für Yeats' Stilisierung der Auseinandersetzung um O'Casey zu einer zweiten Synge-Kontroverse ebenso wie für Sheehy-Skeffingtons Kontrastierung von Yeats' patriotischem Stück mit O'Caseys herabsetzender Darstellung der Patrioten. Es gilt für Sheehy-Skeffingtons Beschwörung des »Ireland that remembers with tear-dimmed eyes all that Easter Week stands for« (O'Casey 1975, 168) genauso wie für das »Ireland that is pouring to the picture houses, to the dance halls, to the football matches« (170f.), das O'Casey demgegenüber als Gegenwartsdiagnose konstruiert. Das Verhältnis zu England wird nun vor allem noch im Rahmen dieser Auseinandersetzungen valorisiert: Sheehy-Skeffingtons Voraussage, der Skandal werde dem Stück volle Häuser und ein schadenfrohes Publikum in London bescheren (vgl. 168), soll vor allem das angegriffene Stück vor dem irischen Publikum diskreditieren.

Dies läßt sich als Bestimmung der *Twenties* als einer spezifischen ›postkolonialen‹ Phase in der Geschichte Irlands verallgemeinern[2]: Während vor der Loslösung aus dem Vereinigten Königreich die Selbstdefinition als Alternative zur dominanten englischen Kultur grundlegend war, treten in den Zwanziger Jahren innerirische Frontstellungen, die natürlich auch zuvor schon bestanden haben, in den Vordergrund; die Abgrenzung gegen England ist nun vor allem ein Faktor in diesen inneririschen Auseinandersetzungen. Die prägende Präsenz der englischen Kultur und englischen Sprache ist zwar mit der Etablierung des *Free State* keineswegs überwunden, steht als Problematik jedoch eher im Hintergrund.

Allerdings wird dieses Problem auch zeitgenössisch schon literaturwissenschaftlich theoretisiert: In seiner Studie *Synge and Anglo-Irish Literature* von 1931 hat Daniel Corkery auf einen Bedeutungswandel des Begriffs der angloirischen Literatur hingewiesen: ›Anglo-Irish‹ habe ursprünglich das englischstämmige und englandverbundene protestantische Element in Irland bezeichnet, *Anglo-Irish Literature* müßte demnach die Literatur sein, die von Angehörigen dieses Bevölkerungsteils geschrieben wird. Der Begriff werde aber seit neuerem für die irische Literatur in Englisch gebraucht, die zuvor einfach irische Literatur hieß, bis diese Bezeichnung für Literatur in gälischer Sprache reserviert wurde. Corkery wendet den Begriff polemisch gegen die Texte und ihre Verfasser, indem er ihnen vorwirft, ihr Schreiben sei nie in erster Linie auf Irland bezogen: »Anglo-Irish literature [...] is mostly the product of Irishmen who neither live at home nor write primarily for their own people. Furthermore the criticism by which it is assessed is not Irish, nor even Anglo-Irish« (Corkery 1931, 6). Daß für die ›impliziten Leser‹ angloirischer Literatur das Irische das Fremde ist, charakterisiert nach Corkery diese Literatur seit ihrem Bestehen: »Expatriation is [...] an older feature in this literature than the very moulds of it. The moulds can have been fashioned only by expatriate hands

---

2   Eine ›postkoloniale‹ Analyse der angloirischen Literatur bietet Cairns/Richards (1988).

[...]: writers who did not labour for their own people« (7). So kann Corkery das Verdikt fällen: Die auf englisch geschriebene irische Literatur sei mit wenigen Ausnahmen »Colonial literature [...] written for their motherland, England, by spiritual exiles« (9).[3]

Wir hätten es damit mit der Kehrseite der in Kapitel 11 analysierten ›Exzentrizität‹ zu tun. Die Bezogenheit der Texte auf ein außeririsches Publikum hat nach Corkery die Entwicklung einer originär irischen, von England unabhängigen Literatur verhindert, denn selbst diejenigen, die nicht zur *Ascendancy*, der englischstämmigen, protestantischen Oberschicht, gehören, haben ja deren Muster übernommen: »[...] all those writers would have written quite differently if extramural influences, such as the proximity of the English literary market and the tradition of expatriation, had not misled them from the start. Whether these extramural forces can be withstood as long as England and Ireland speak the same language is another question« (26). Der Nachsatz läßt geschickt offen, ob er als Zustandsbeschreibung oder als Plädoyer für die Aufkündigung der Sprachgemeinschaft mit England verstanden werden will.[4]

Wenn wir Corkerys Problem des intendierten Publikums aufnehmen, läßt sich die Frage nach der Zuordnung der Repräsentationen zuspitzen: Sind sie zur Rezeption innerhalb des *Free State* selbst bestimmt, oder präsentieren sie Irland für ein fremdes (englisches) Publikum? Die Frage soll im Anschluß an die Textanalysen wieder aufgenommen werden. Bereits der einleitende Blick auf die O'Casey-Kontroverse läßt ahnen, daß die Antworten keineswegs immer einsinnig ausfallen werden.

2.

Seit Jahrzehnten war Irland das Trauma britischer Politik gewesen. In der Nacht zum 6. Dezember 1921, mit der Unterzeichnung der *Articles of Agreement for a Treaty between Great Britain and Ireland*, wurde es endgültig zum Trauma der Iren. Konflikte um den Grundbesitz, um die Privilegien der *Church of Ireland*, um die soziale Lage und die politische Repräsentation der katholischen Bevölkerungsmehrheit gab es seit dem 19. Jahrhundert. Sie hatten immer wieder Schicksalswert für britische Regierungen, die im Unterhaus auf die Stimmen der irischen Abgeordneten angewiesen waren oder die ihre politische Existenz mit der Lösung des ›irischen Problems‹ verknüpften. Die Auseinandersetzung über die Rolle der Staatskirche und die Verteilung des Grundbesitzes in Irland wurde immer wieder von allen politi-

---

[3] Von diesem Verdikt ist lediglich Synge ausgenommen (vgl. 27).
[4] Mit einem solchen Plädoyer stünde Corkery in den *Twenties* durchaus nicht alleine da. So erklärte etwa James Stephens schon 1922: »[...] will anyone be temerarious enough to say that Shaw or Moore or Dunsany are producing Irish literature, or that Wilde or Goldsmith or Swift did produce it? We must get back to our own language, which is our psychology, our technic [sic], and our treasure-house; then only shall we know if we have anything to say, and we will learn quickly enough how to say it« (Stephens 1988, 187).

schen Parteien als Präludium zur Diskussion dieser Fragen in England selbst gesehen. Die irisch-nationalistische Seite war ihrerseits nicht selten uneins darüber, ob der parlamentarische oder der außerparlamentarische Weg erfolgversprechender sei; und ihr stand die landbesitzende protestantische Oberschicht im eigenen Land als einflußreiche Interessengruppe gegenüber. Eine Lösung für Irland konnte also nicht darin bestehen, daß durch Abzug der britischen Dominanz einem einigen Unabhängigkeitsstreben der Iren Raum gegeben würde, denn ein solches einiges Streben existierte zu keinem Zeitpunkt. Ebenso war die britische Position jeweils das Ergebnis komplexer Interessenlagen. Alle Versuche, irische Probleme per Homerule zu einer dominant irischen Angelegenheit zu machen, scheiterten; der letzte zunächst am Widerstand der irischen Protestanten und des Militärs, dann am Ausbruch des Ersten Weltkriegs.[5]

Während dieses Kriegs, am Ostermontag 1916, besetzte die *Irish Citizen Army*, die die politischen Zugeständnisse aus London als unzureichend und zu zögerlich ansah, unter Führung von Patrick Pearse das *General Post Office* sowie einige weitere symbolische Stätten in Dublin und rief eine irische Republik aus. Wenige Tage später brach der Aufstand unter britischem Artilleriefeuer zusammen. Pearse und vierzehn weitere Führer kamen vor ein Kriegsgericht und wurden hingerichtet. Nur der in den USA geborene Eamon De Valera entging diesem Schicksal.

Die militärische Auseinandersetzung zwischen der *Irish Republican Army* auf der einen Seite und der *Royal Irish Constabulary* sowie den zu deren Unterstützung gesandten Hilfstruppen (*Auxiliaries*, wegen ihrer Uniformen auch *Black and Tans* genannt) schloß sich als *Anglo-Irish War* (1918–1921) an den Großen Krieg an und endete mit einem Waffenstillstand am 11. Juli 1921, der durch die genannte Vereinbarung besiegelt wurde.

Die Regelungen des anglo-irischen Vertrags – Verbleib von sechs nordöstlichen Counties im *United Kingdom* und des *Irish Free State* im *British Empire* mit dem Status eines Dominion, fortdauernde Verfügung der britischen Marine über wichtige Häfen, Treueeid aller Abgeordneten des irischen Parlaments auf die britische Krone – waren nicht für alle irischen Nationalisten annehmbar.[6] Doch die Befürworter einer Fortsetzung des Kriegs bis zur Erlangung der völligen Unabhängig-

---

[5] Die erste *Home Rule Bill* wurde 1886 im Unterhaus abgelehnt, 1893 stieß die zweite, nachdem sie diese erste Hürde genommen hatte, im Oberhaus auf Ablehnung. Die dritte war 1912 vorgeschlagen worden und wurde am 28. September 1914 angenommen; ihr Inkrafttreten war allerdings auf das Ende des Kriegs, der mittlerweile ausgebrochen war, verschoben worden.

[6] Für dies und das Folgende vgl. Lyons (1971), Robbins (1983) und Foster (1988). Die Formierung der politischen Strukturen des *Free State* v.a. während des Bürgerkriegs 1922-3 hat nach der Freigabe von umgangreichem Archivmaterial Garvin (1996) untersucht; das fortdauernde polarisierende Potential dieser Konfrontation über Annahme oder Ablehnung des anglo-irischen Vertrags illustriert dabei die Tatsache, daß Garvin selbst noch polemisch Position bezieht, wie als ein Beispiel unter vielen die Aussage, »many prominent pro-Treatyites simply tended to be better at ›running things‹, whereas many prominent anti-Treatyites tended to be rather better at romantic indignation or small-scale military action« (92), belegt.

keit der ganzen Insel und der Errichtung einer Republik konnten sich weder im bestehenden Parlament noch bei Neuwahlen[7] durchsetzen. Anstelle eines Wiederaufflammens des anglo-irischen Kriegs kam es zu dem mit großer Härte geführten Krieg zwischen den Befürwortern und den Gegnern des *Treaty*, der im Mai 1923 mit der Niederlage der Republikaner endete.

Der *Anglo-Irish War*, der dem Bürgerkrieg vorausgeht, wird zwar (von anderer Seite) auch als *War of Independence* bezeichnet, führte aber, wie gesehen, nicht zur gänzlichen Unabhängigkeit Irlands. Als Dominion spielte der *Free State* vielmehr nun eine wichtige Rolle im Rahmen des Empire. Für den Status der verschiedenen Mitglieder des Empire wurden viele Alternativmodelle diskutiert (vgl. Robbins 1983 und oben Kapitel 2). Die Zwanziger Jahre waren auch ein Jahrzehnt von *Empire Exhibitions* (1924–25 in Wembley) und *Empire Conferences* (1921, 1923, 1926, 1930), auf denen das Empire präsentiert und debattiert wurde. Zusammen mit Kanada, Australien und Südafrika gehörte der *Free State* zu den Nationen, die nach immer größerer Eigenständigkeit strebten. Diese Bemühungen führten zunächst 1926 zur *Balfour Declaration*, in der Großbritannien und die Dominions als »autonomous communities within the British Empire, equal in status, in no way subordinate one to another in any aspect of their external affairs, though united by a common allegiance to the Crown and freely associated as members of the British Commonwealth of Nations« (zit. nach Lyons 1971, 503) beschrieben wurden. Diese Formulierung des Verhältnisses von Irland, Südafrika, Kanada, Australien, Neuseeland und Großbritannien zueinander – weder die Kolonien noch die Kronkolonie Indien waren in diesen Prozeß einbezogen – stellt in charakteristischer Weise den Begriff ›Commonwealth‹, der im *Anglo-Irish Treaty* zum ersten Mal offiziell verwendet wurde, neben den des ›Empire‹. Die Frage, von welchen der Staaten die Initiative insbesondere ausging, wird von einzelnen Historikern unterschiedlich beantwortet (vgl. Lyons 1971, 499–505). Deutlich ist aber, daß der *Free State* und besonders sein Vertreter Kevin O'Higgins (der 1927 in einem Attentat getötet wurde) im Rahmen des neuen Dominion-Status agierte und auch auf diese Weise an der Umgestaltung des *British Empire* einen Anteil hatte. Seinen vorläufigen Abschluß findet dieser Prozeß mit dem *Statute of Westminster* (1931), das den Dominions gesetzgeberische Eigenständigkeit, Eigenstaatlichkeit, das Recht auf eine eigene Außenpolitik und eigene diplomatische Vertretungen sowie die eigene Mitgliedschaft im Völkerbund zugestand.

Die Debatte über die Form des Empire wird allerdings nur vereinzelt in der Literatur ausgetragen. E. M. Forsters Roman *A Passage to India* (1924) gestaltet das problematische Verhältnis zwischen England und der Kultur der Kolonien, indem er zeigt, wie die einzelnen Romanfiguren gerade nicht als Individuen agieren können, sondern in ihren Handlungsmöglichkeiten fast völlig durch ihre jeweiligen Positionen im Gefüge von Kolonialmacht und Kolonie festgelegt sind (vgl. Kapitel

---

[7] Die *Dáil* sprach sich am 7. Januar 1922 mit 64 gegen 57 Stimmen für die Annahme des Vertrags aus. Die Parlamentswahl im Juni 1922 brachte den Befürwortern 58, den Gegnern nur 35 der 128 Sitze.

11). Irische Texte behandeln nicht mehr das Verhältnis von England und Irland, wie es noch G. B. Shaw in *John Bull's Other Island* getan hatte, sondern vor allem diejenigen Auswirkungen des Politischen auf das Persönliche, die mit der Trias von Osteraufstand, Unabhängigkeits- und Bürgerkrieg zu tun haben.

3.

Lennox Robinsons 1926 uraufgeführtes Drama *The Big House* variiert diese Sequenz gleich in bedeutungsvoller Weise: Es präsentiert Szenen aus dem Weltkrieg, dem anglo-irischen Krieg und dem Bürgerkrieg als eine Serie von zunehmend traumatischen Ereignissen, an deren Ende ein utopischer Plan zur Überwindung des Traumas steht.

Die erste Szene schildert die Auswirkungen des Weltkriegs auf eine Grundbesitzerfamilie in Irland. In Ballydonal House, County Cork, bereitet sich im November 1918 die Familie Alcock auf die Feier des Waffenstillstands vor. Nur Captain Despard, der sich als Freund des im Krieg gefallenen ältesten Sohns Reggie bei den Alcocks von einer Kriegsverletzung erholt, ist der Ansicht: »[...] this Armistice business is a bad mistake, we should have marched through to Berlin« (Robinson 1982, 141). Immerhin bewegt der Friede Despard dazu, der Tochter des Hauses, Kate, einen Heiratsantrag zu machen. Kate lehnt jedoch mit dem Hinweis ab, daß die Rückkehr ihres Bruders Ulick von der Front bevorstehe. Trotz der isolierten Stellung ihrer Familie – außer dem Pfarrer und einer degenerierten angloirischen Adelsfamilie gibt es in der Nachbarschaft niemanden, mit dem man sozial verkehren könnte – sieht sie ihr Leben in Ballydonal, auf dem Gut, das sie mit Ulick gemeinsam bewirtschaften will. Mitten in die Freudenglocken platzt ein Telegramm mit der Nachricht, daß auch Ulick gefallen ist. Kate, die den Tod ihres standesbewußten und leichtsinnigen Bruders Reggie noch als für diesen ehrenhaft und angemessen hinnehmen konnte, reagiert auf den Trost ihres Vaters (»We must try and be proud«) mit heftiger Auflehnung: »I'll never be proud of it. I'll never pretend that it was anything but stupid and hateful. You and your King and your Empire! Much good they ever did Ulick, or me, or you« (158).

Wenn schon die Loyalität zur britischen Krone der Grundbesitzerfamilie große Opfer abverlangt, so zeigt das Stück in seinem weiteren Verlauf vor allem, daß sich an den Krieg Ereignisse anschließen, die ihn an Bedeutung wie an traumatisierender Wirkung übertreffen: »It's hell, Kitty, it's hell. [...] You can't know how hellish«, bekennt Despard, der in der zweiten Szene des Dramas im Juni 1921 als Offizier der *Black and Tans* nach Ballydonal House zurückkehrt, nachdem seine alkoholisierte Großspurigkeit zusammengebrochen ist, und fügt hinzu: »It wasn't like this in France. I wish I were back there, I'd give my soul to be back there« (173). Selbst die Erfahrung der Schützengräben ist also an Schrecken dem nicht vergleichbar, was diejenigen durchmachen, die in die Kampfhandlungen des anglo-irischen Kriegs mit seinen Anschlägen und Hinterhalten verwickelt sind. Das »Big House« selbst bleibt in dieser Auseinandersetzung noch verschont. Im Bürgerkrieg aber, das schildern die letzten beiden Szenen, wird Ballydonal House tatsächlich von republikanischen Soldaten niedergebrannt.

Wie die anderen hier behandelten Texte ist *The Big House* aber nicht ausschließlich eine Darstellung dreier zunehmend bedrückender Phasen der jüngsten irischen Geschichte. Das Stück zeigt bestimmte Ausschnitte aus der Geschichte, um dieser eine besondere Interpretation zu geben.

Von Beginn an steht die schwierige Lage der landbesitzenden protestantischen Oberschicht im Mittelpunkt. Daß die erste Szene am Ende des Weltkriegs angesiedelt ist, in dem dann auch noch der zweite Sohn der Familie fällt, dessen ganze Sehnsucht eigentlich der Fortentwicklung des *estate* galt, macht die dilemmatische Position, die geteilte Loyalität dieser Menschen deutlich. Die Eltern, besonders Mr. Alcock, repräsentieren dabei nicht das häufig als für Irland typisch angesehene notorisch abwesende Grundbesitzertum, sondern verhalten sich fürsorglich-paternalistisch. Die Verdienste Alcocks hält etwa dessen Frau mit Bitterkeit den IRA-Leuten vor, um sie von der Zerstörung ihres Hauses abzubringen: »[...] before you destroy Ballydonal House go down to the village and ask the first person you meet what this house means, ask if anyone was ever turned away hungry from its door, ask them about Mr Alcock, what he's done for them, the years of his life he's spent on them, the money, – the – the – oh, it's monstrous« (185f.). Der verantwortungsvolle Umgang mit Pächtern und Dorfbewohnern wird von diesen nicht mit gleicher Münze vergolten. So war beispielsweise Annie Daly, eine Hausangestellte, die mit Kate zusammen aufwuchs, über die bevorstehende Zerstörung des Hauses informiert und hat sogar der IRA zugearbeitet, ohne aber die Alcocks zu warnen. Der Undank der katholischen Bevölkerung wird dem Publikum so in besonders drastischen Kontrasten vorgeführt.

Doch liegt im Plädoyer für die Anerkennung der positiven Rolle der *Anglo-Irish Ascendancy* noch nicht das eigentliche Ziel des Stücks. Wie die Ereignisse nach der Katastrophe zeigen, geht es vielmehr darum, die neu entstandene politische Situation als Chance dafür zu begreifen, eine neue Rolle für diese Bevölkerungsgruppe zu finden, ohne das Geschehene zu verdrängen und zu vergangenen sozialen Mustern zurückzukehren. Mr. und Mrs. Alcock, die diese Muster repräsentieren, kehren am Ende des Stücks Irland den Rücken und suchen »the peace of English furnished lodgings, the beautiful dull respectability of Bournemouth« (193). Kate aber beschließt zu bleiben. Für sie haben die Vorgänge der vergangenen Nacht die Distanz zwischen den Bevölkerungsgruppen nicht beseitigt, wie sie es früher erträumte, wohl aber hat diese Distanz eine neue Qualität, eine neue Wirklichkeit, die neue Handlungsmöglichkeiten eröffnet, bekommen. Sie sagt:

> I was wrong, we were all wrong, in trying to find a common platform, in pretending we weren't different from every Pat and Mick in the village. [...] We were ashamed of everything, ashamed of our birth, ashamed of our good education, ashamed of our religion, ashamed that we dined in the evenings and that we dressed for dinner, and, after all, our shame didn't save us or we wouldn't be sitting here on the remnants of our furniture.
> [...] do let's leave them to see their own point of view. We've spent so much time sympathetically seeing theirs that we've lost sight of our own. [...] (195f.)

Auch wenn Kate am Ende des Stücks ihre Entscheidung durch die Heimkehr von Ulicks Geist bestätigt sieht, so bleiben doch die konkreten Schritte, die mit einer offensiv vertretenen originär protestantischen Position zu verbinden wären, vage. Die Frage, wie und mit wem sie hier leben möchte, beantwortet Kate mit: »[...] it's a dream, it's quite impossible. But I should like to marry a Republican Catholic curate. [...] I've always adored them« (197). Die Ehe von katholischer und republikanischer mit protestantischer Gesinnung ist allerdings metaphorisch kaum weniger utopisch als im wörtlichen Sinne.

4.

Die herausragenden Gestaltungen der Ereignisse, die zur Etablierung des *Free State* führen, stammen von Sean O'Casey und W. B. Yeats.[8] Beide sind Protestanten, beide sind wie Robinson dem *Abbey Theatre* eng verbunden.[9] Dennoch präsentiert jeder von ihnen Ausschnitte aus dem historischen Geschehen aus einem eigenen Blickwinkel. Für Yeats werden sich gewisse Gemeinsamkeiten mit Robinson feststellen lassen, O'Caseys Perspektive war dagegen schon damals kontrovers und ist es bis heute geblieben. Zunächst zu Yeats.

Wie bei Robinson werden auch in den Gedichten von W. B. Yeats nicht die entscheidenden Wendepunkte, sondern die lokalen Auswirkungen des Unabhängigkeits- und Bürgerkriegs dargestellt. Dies gilt besonders für die »Meditations in Time of Civil War« (1923; Yeats 1989, 308–314). Die »Meditations« sind eine Sequenz von sieben Gedichten, die von einer allgemeinen Reflexion über den Zusammenhang zwischen der Leichtigkeit und Schönheit in der Kunst auf der einen Seite und der Gewalt und Bitterkeit im Leben auf der anderen Seite eröffnet werden (»Ancestral Houses«). Es schließen sich drei Gedichte an, die – teils symbolisch überhöht – persönliche Umstände und Überlegungen des Sprechers zum Thema haben (»My House«, »My Table«, »My Descendants«). In diese Situation brechen in den folgenden Gedichten einzelne Bürgerkriegsereignisse ein, wie sie sich in der Umgebung des Hauses zutragen: Regierungstruppen und *Irregulars* mar-

---

[8] Beide schreiben auch – allerdings zu unterschiedlichen Zeitpunkten – über den Osteraufstand 1916. Daß dieses Ereignis in Robinsons *The Big House* keine Rolle spielte, stimmt zu der protestantischen Perspektive des Stücks, denn die *Anglo-Irish Ascendancy* hatte keine Verbindung zum Aufstand, während ihre Loyalität zur Krone den Weltkrieg für sie bedeutsam machte (so kommt es umgekehrt dazu, daß die Erinnerung an den Weltkrieg in Irland so gut wie keine Rolle spielt, vgl. »The Great War and Irish Memory« in Kiberd 1996, 239-248). Eine positive Darstellung des Aufstands wäre zudem kaum stimmig gewesen, und eine negative Präsentation dieses Ereignisses ein halbes Jahr nach den Aufregungen um O'Caseys *The Plough and the Stars* (vgl. unten) hätte dem *Abbey* neuen Ärger beschert.

[9] Lennox Robinson war von 1910 bis 1914 und wieder von 1919 bis 1923 Manager des *Abbey Theatre* und gehörte danach zu dessen *Board of Directors*. Yeats war zusammen mit Lady Gregory seit den 1890s die treibende Kraft hinter dem Projekt. O'Casey schrieb bis zur Ablehnung von *The Silver Tassie* (1928) ausschließlich für das *Abbey*.

schieren durch, Menschen werden getötet, Häuser niedergebrannt. Auch hier ist, wie schon die Titel »The Road at my Door« und »The Stare's Nest by my Window« zeigen, die individuelle, lokale Perspektive gewahrt. Erst das letzte Gedicht bringt den Versuch einer historischen Deutung der Situation, die allerdings vor allem den Charakter visionärer geschichtsphilosophischer Spekulation annimmt: »I See Phantoms of Hatred and of the Heart's Fullness and of the Coming Emptiness«.

All dies bedeutet einen entscheidenden Bruch mit der Art, wie Geschichte und Schicksal Irlands zuvor in Yeats' Gedichten formuliert wurden. Der Kontrast zur Darstellung etwa des Osteraufstands von 1916 in »Easter 1916« (Yeats 1989, 287– 289) ist deshalb für die Untersuchung der Darstellung des Bürgerkriegs in den »Meditations in Times of Civil War« sehr aufschlußreich. Der Bürgerkrieg wird in diesem Gedichtzyklus, wie schon angedeutet, in individuelle, kontingente Erfahrungen aufgelöst, die unverbunden aneinandergereiht sind. So heißt es in »The Stare's Nest by my Window«:

> [...] somewhere
> A man is killed, or a house burned,
> Yet no clear fact to be discerned:
> [...]
>
> A barricade of stone or of wood;
> Some fourteen days of civil war;
> Last night they trundled down the road
> That dead young soldier in his blood:
> [...] (312)

In »Easter 1916« hatte der Sprecher des Gedichts sich dagegen noch in der Lage gefühlt, den Osteraufstand im Hinblick auf seine wesentlichen Züge zusammenzufassen und die Konsequenzen des Ereignisses vorherzusagen:

> We know their dream; enough
> To know they dreamed and are dead.
> [...]
> MacDonagh and MacBride
> And Connolly and Pearse
> Now and in time to be,
> Wherever green is worn,
> Are changed, changed utterly:
> A terrible beauty is born. (288f.)

Die unhintergehbare Faktizität der Veränderung ist das Wesentliche, auch wenn unterschiedliche Einschätzungen des Aufstands möglich bleiben. 1922 dagegen sind statt des Gesamtereignisses lediglich noch »some fourteen days of civil war« zu fassen, wobei auch die Kleinschreibung von »civil war« unterstreicht, daß hier nicht das historische Faktum, sondern der generische Zustand gemeint ist.

Dem entspricht, daß der Bürgerkrieg in Yeats' Darstellung nicht mehr wie das *Easter Rising* an die zentralen Figuren gebunden ist. Der namentlichen Nennung der Führer des Aufstands in »Easter 1916« korrespondiert nicht etwa eine Würdigung Eamon De Valeras, Michael Collins' oder anderer herausragender Vertreter der einen oder anderen Bürgerkriegsseite in den »Meditations«. Vielmehr sind die beiden Seiten in einem parallelisierten Auftritt repräsentiert durch »An affable Irregular«, einen Angehörigen der republikanischen Armee, einerseits und »A brown Lieutenant«, einen Angehörigen der Regierungstruppen, andererseits. Der erste wird als »heavily-built Falstaffian man, / [...] cracking jokes of civil war« (311) beschrieben, mit dem zweiten unterhält sich der Sprecher über das Wetter (vgl. 312). Beide rufen damit nicht »terrible beauty«, sondern viel eher die Stichwörter »casual comedy« (288) bzw. »polite meaningless words« (287) aus »Easter 1916« auf.

Es ist deutlich, daß der Bürgerkrieg die transformierende Kraft, die aus der belanglosen Komödie ein für Irlands Schicksal zentrales Ereignis von schrecklicher Schönheit machen könnte, nicht entfaltet. Doch eine andere Transformation ist eingetreten, und in dieser Diagnose erschöpft sich das, was der Sprecher insgesamt zum Zustand des Landes sagen kann. Ein zentrales Problem war in »Easter 1916« der Preis, den die Aufständischen für die Geburt der schrecklichen Schönheit bezahlten:

> Hearts with one purpose alone
> Through summer and winter seem
> Enchanted to a stone
> To trouble the living stream. (288)

Die Fülle und den Wechsel des Lebens, die in den anschließenden Versen weiter illustriert werden, opferten die Rebellen der ausschließlichen Fixierung auf ein Ziel, die ihre Herzen versteinern ließ. Damit sind sie als genau definierte Gruppe[10] von der sie umgebenden Welt isoliert.

In den »Meditations« ist dieser Zustand allgemein geworden. Alle haben nun den Preis der Verrohung des Herzens bezahlt:

> We had fed the heart on fantasies,
> The heart's grown brutal from the fare;
> More substance in our enmities
> Than in our love [...] (312)

heißt es in »The Stare's Nest by my Window« weiter. Die allgemeine Verrohung der Herzen ist das einzige, was sich noch mit genereller Gültigkeit festhalten läßt.

Es verdient erwähnt zu werden, daß bereits Yeats' häufiger in diesem Zusammenhang interpretiertes Gedicht »Nineteen Hundred and Nineteen« (1921; Yeats 1989, 314–318) die gleichen Elemente, wenn auch nicht in dieser Sequenz, aufweist. Auch hier wird die allgemeine Verrohung konstatiert, die durch keine Sinnstiftung im Bereich der Kunst mehr aufgefangen werden kann. Die willkürlichen Grausamkeiten (»a drunken soldiery / Can leave the mother, murdered at her door, / To crawl in her own blood, and go scot-free«, 315) sind nicht mehr mit

---

[10] Vgl. das wiederholte »them« in Vers 1 und 73 bzw. »they« in Vers 71 sowie die abschliessende Namensnennung (VV. 75–6).

»terrible beauty« korreliert, sondern mit »mockery« (317). Elemente der Isolation und der esoterisch-geschichtsphilosophischen Spekulation finden sich ebenfalls bereits. Dominant ist jedoch die bittere Feststellung vergangener Fehleinschätzungen:

> We, who seven years ago
> Talked of honour and of truth,
> Shriek with pleasure if we show
> The weasel's twist, the weasel's tooth. (316)

Die Darstellung des Bürgerkriegs unterscheidet sich bei Yeats also nicht wesentlich von der Darstellung des anglo-irischen Kriegs. Wer für Gewalt und Zerstörung verantwortlich ist (die *Black and Tans* und die IRA oder die *Irregulars* und die Truppen des *Free State*), ist zweitrangig. Beide Gedichte weisen eine ähnliche Gegenwartsdiagnose auf und lassen damit eine Sprecherposition erkennen, wie sie, noch um einige Merkmale ergänzt, für den Yeats der Zwanziger Jahre typisch ist. Was hier verloren gegangen ist, ist die Fähigkeit – sei es in Affirmation (wie in »Easter 1916«), sei es im Bedauern des Verlusts (wie in dem berühmten Lamento »Romantic Ireland's dead and gone / It's with O'Leary in the grave« aus »September 1913« [210]) –, Irlands Wesen und Bestimmung zu formulieren. Diese Fähigkeit stand in intimem Zusammenhang mit den Projekten für die Schaffung einer kulturellen Identität Irlands, in denen sich Yeats schon seit dem ausgehenden 19. Jahrhundert engagierte. Die letzte Strophe des letzten Gedichts der »Meditations« bringt die Unmöglichkeit dieser Position auf den Punkt und zeigt zugleich, daß in ihrer Erkenntnis die Hinwendung zu etwas Neuem liegt:

> I turn away and shut the door, and on the stair
> Wonder how many times I could have proved my worth
> In something that all others understand or share;
> But O! ambitious heart, had such a proof drawn forth
> A company of friends, a conscience set at ease,
> It had but made us pine the more. The abstract joy,
> The half-read wisdom of daemonic images,
> Suffice the ageing man as once the growing boy. (314)

Die Rückwendung in die Isolation im Inneren des Turms, den der Sprecher sich zum Sitz erwählte, begegnet hier nicht zum ersten Mal (vgl. schon die beiden vorhergehenden Gedichte). Sie geht hier einher mit der Rücknahme des Anspruchs, das zu gestalten, womit sich alle identifizieren – ein Anspruch, der gerade für »Easter 1916« noch charakteristisch war. An die Stelle dieses vielleicht nicht erfüllbaren, aber jedenfalls keine Erfüllung versprechenden Anspruchs tritt nun »the half-read wisdom of daemonic images«. Was hier nur angedeutet und in den Visionen der vorausgegangenen Strophen dieses Gedichts exemplifiziert wird, ist der Bereich, über den die Sprecher in Yeats' Gedichten von nun an mit dem prekären Autoritätsanspruch (immerhin ist ja nur von »half-read« die Rede) Aussagen machen werden wie zuvor über das Schicksal Irlands. Die esoterische Kultur- und Geschichtsphilosophie, die in *A Vision* (1925, ²1937) ausgeführt wird, ist nun der Kontext, in dem die Frage nach dem tiefen Sinn geschichtlicher Ereignisse, nach der Deutung des gegenwärtigen historischen Moments gestellt wird.[11] Unterstrichen wird diese Wendung ins Persönliche dadurch, daß das esoterische Interesse zugleich Rückwendung zu den Interessen der eigenen Kindheit ist.

Die beschriebene Veränderung läßt sich noch durch einen Blick auf die Publikationsgeschichte von »Easter 1916« selbst belegen. Das Gedicht entstand im September 1916, also bald nach dem Aufstand, erschien aber zunächst nur als Privatdruck in einer Auflage von 25 Stück. In seinen nächsten Gedichtband *The Wild Swans at Coole* (1919) nahm Yeats das Gedicht nicht auf. Erst im Oktober 1920, also viereinhalb Jahre nach dem Ereignis und zu einem Zeitpunkt, als der anglo-irische Krieg in vollem Gange war, wurde das Gedicht durch den Abdruck im *New Statesman* einer größeren Öffentlichkeit zugänglich. 1921 integrierte Yeats es dann zusammen mit einigen anderen Gedichten, die den Osteraufstand und die an ihm beteiligten Personen zum Thema haben, in den Band *Michael Robartes and the Dancer* und gab ihm einen Kontext, der bereits mit der an den »Meditations in Times of Civil War« herausgearbeiteten Veränderung im Einklang steht. Vor »Easter 1916« steht mit »Under Saturn« ein Gedicht, das nicht nur die düstere Stimmung aufweist, die dem Einfluß dieses Planeten zugeschrieben wird, sondern auch die Besinnung auf die eigene Familiengeschichte und die eigene lokale und soziale Verwurzelung in Irland in den Mittelpunkt stellt. Im unmittelbaren Anschluß an die Gedichte über die Patrioten steht »The Leaders of the Crowd«, in dem die ›Mob-Hörigkeit‹ politischer Führer denunziert wird. Dann verlagert sich der Schwerpunkt auf den erwähnten esoterisch-geschichtsphilosophischen Komplex. Im Zentrum dieser Gruppe von Gedichten steht die bekannte Vision »The Second Coming«. Das kurze letzte Gedicht der Sammlung, »To be Carved on a Stone at Thoor Ballylee«, bringt dann die Wendung hin zur persönlichen Situation: den Einzug in den normannischen Turm, in dem auch der Sprecher der »Meditations« zu Hause ist.[12]

Neben den idiosynkratisch-esoterischen Perspektiven auf die politischen Entwicklungen finden sich bei Yeats jedoch auch Positionen, die sich besonders an diejenigen der protestantischen Bevölkerungsgruppe anschließen lassen.[13] Als Mitglied des Senats, des neu geschaffenen irischen Oberhauses, greift Yeats immer wieder in konkrete politische Debatten ein. Er wendet sich, wenn auch ohne Erfolg, dagegen, daß Ehescheidungen ganz unmöglich gemacht werden sollen (1925) oder daß ein Zensurgesetz die intellektuelle und künstlerische Freiheit beschränkt (1928; vgl. Yeats 1975c bzw. 1975d und 1975e). Durch derartige Bestrebungen, der irischen Gesellschaft eine Gestalt zu geben, die allein die Belange der katholischen Kirche und der katholischen Bevölkerungsmehrheit berücksichtigt, werden,

---

[11] Vgl. dazu auch Surette (1994), der die Bedeutung derartiger Spekulationen nicht nur für Yeats, sondern auch für andere Modernisten hervorhebt.
[12] Der ›kontextuellen‹ Umwertung des Osteraufstands entspricht bei Yeats keine explizit inhaltliche. Diese blieb öffentlichkeitswirksam Sean O'Caseys *The Plough and the Stars* vorbehalten (s. unten).
[13] Zu den Protestanten im *Free State* vgl. den Überblick in Foster (1988), 533f.

so kritisiert Yeats, »those who belong to the [Protestant] Church of Ireland or to neither Church« (Yeats 1975e, 483) ausgegrenzt.

Diese Minderheiten sind es, mit denen sich Yeats jetzt verbunden fühlt und von denen er eine intellektuelle Militanz fordert, die sich aus der aggressiven Identifikation mit dem protestantischen Erbe Irlands speist. Die *Protestant Ascendancy*, die landbesitzende protestantische Oberschicht, die die meisten führenden Mitglieder der *Celtic Renaissance*, so z.B. Lady Gregory, J. M. Synge, oder Douglas Hyde, hervorgebracht und sich als die geist- und kulturtragende Schicht des Landes erwiesen hat, soll ein Äquivalent in einer intellektuell und kulturell hochstehenden Minderheit finden (vgl. bes. McCormack 1985).

Wie das Gedicht »Ancestral Houses« aus den »Meditations in Times of Civil War« zeigt, ist das Sinnbild dieser Bevölkerungsgruppe und ihres Beitrags zur irischen Kultur und Identität auch für Yeats das *big house*. Yeats' Position trifft sich in dieser Hinsicht, auch wenn sie teils sehr idiosynkratischen Spekulationen entspringt, zu einem guten Teil mit derjenigen, die sich bereits aus Kates utopischem Projekt einer protestantischen Militanz am Ende von Robinsons Stück erschließen ließ: im Anliegen der Repositionierung der ehemaligen protestantischen Oberschicht in einem sich neugestaltenden *Irish Free State*.[14]

Es läßt sich wohl sogar verallgemeinernd sagen, daß das *Abbey Theatre* in den Zwanziger Jahren durchaus in seiner Tendenz gegen nationalistische und katholisierende Bestrebungen steht. Dies betrifft nicht nur die Erstaufführungen, sondern auch das Repertoire des Theaters.[15] So stand etwa G. B. Shaws *John Bull's Other Island* (1904/7), ursprünglich für das *Abbey* geschrieben, aber dann abgelehnt, von 1920 bis 1925 jedes Jahr, von 1926 bis 1929 sogar zweimal jährlich auf dem Pro-

---

14 Yeats' Hoffnung auf eine intellektuell und kulturell hochstehende Minderheit, die autoritär dem herrschenden Chaos Einhalt geböte und die ›richtigen‹ Entwicklungen förderte, dürfte auch der Grund für seine Nähe zum Faschismus sein, die immer wieder Anlaß zu Anklage und Entschuldigung gegeben hat (vgl. O'Brien 1965, Cosgrave 1967, Cullingford 1981, Freyer 1981, Stanfield 1988). Sie deutet sich in den Zwanziger Jahren bereits durchaus an (vgl. etwa Yeats 1975b), doch eine Verbindung der esoterischen Spekulation mit dem Schicksal Irlands wird erst in den Dreißiger Jahren möglich, als es 1933 den Anschein hat, als könnten die *Blueshirts* das nach Yeats' System politisch und geschichtlich ›Richtige‹ tun (vgl. Stanfield 1988, bes. 62f., sowie Yeats' rückblickende Einschätzung in dem Gedicht »Parnell's Funeral« von 1934). In den Zwanziger Jahren besteht diese Option noch nicht, denn die *Blueshirts* konstituieren sich erst im Widerstand gegen die 1932 gewählte De Valera-Regierung, und nicht wenige der späteren *Blueshirts* standen in den Zwanziger Jahren der Regierung des *Free State* nahe oder gehörten ihr sogar an.
15 Ich danke Mairéad Delaney, der Archivarin der *National Theatre Archives*, die mir freundlicherweise den Index zu der annähernd vollständigen Programmsammlung des *Abbey Theatre* für die Jahre 1920–1929 zur Verfügung gestellt hat, auf den ich mich hier stütze. Die existierenden Darstellungen der Geschichte des Theaters (vgl. Robinson 1951, Abbey Theatre 1949, Dawson 1929) geben keinen Einblick in das Repertoire, sondern listen nur die jeweiligen Erstaufführungen. – Ein Stück wurde in der Regel siebenmal (von Montag bis Samstag jeweils um acht Uhr abends sowie samstagnachmittags) gespielt.

gramm. Zu den meistgespielten Produktionen[16] gehört damit ein Stück, in dem das Verhältnis zwischen England und Irland als durch wechselseitige Projektionen verursachtes gegenseitiges Mißverständnis dargestellt wird, das aber bei aller Ignoranz und Lächerlichkeit des ›typischen Engländers‹ Tom Broadbent dennoch dessen zupackendes Wesen und Verwaltungstalent als Zukunftsperspektive auch für Irland erscheinen läßt.

Dagegen fehlen auf dem Spielplan des *Abbey* später weitgehend patriotisch-nationalistische Stücke wie etwa Lennox Robinsons Stück *Patriots* (1912), das den ›Verrat‹ der kleinbürgerlich und krämerisch gewordenen Bevölkerung an den Patrioten gestaltet: Es wurde noch im Januar 1921 und wieder im Februar 1923 aufgeführt, nach dem Ende des Bürgerkriegs aber nicht mehr. Wie wir gesehen haben, bringt derselbe Lennox Robinson 1926 in *The Big House* die Belange der *Protestant Ascendancy* auf die Bühne.[17]

5.

Auch Sean O'Caseys Stücke weisen das Merkmal der Distanzierung von nationalistischen Positionen auf. Da O'Casey sich aber weder auf idiosynkratische Spekulationen verlegte noch den deutlichen Anschluß an eine der gesellschaftlichen Interessengruppen suchte, war die Frage, wessen Interessen er diente, strittig. Sie ist es bis heute geblieben.

Der Unabhängigkeitskrieg ist der Hintergrund für O'Caseys erstes erfolgreiches Stück, *The Shadow of a Gunman* (1923); in den Wirren des Bürgerkriegs ist das 1924 uraufgeführte *Juno and the Paycock* angesiedelt. Die Stücke zeigen bekanntlich eine ganz andere Schicht der irischen Gesellschaft als *The Big House*: die Bewohner der Dubliner *slum tenements*. Auch diese Welt ist nicht rein katholisch.[18] In *The Shadow of a Gunman* bekennt sich etwa Adolphus Grigson, der mit seiner Frau die ehemalige Küche des Hauses im Souterrain bewohnt, in trunkenem Stolz zu seiner Identität als »Orangeman« (O'Casey 1979, 117). Doch weiß auch er, daß konfessionelle und politische Unterschiede in den Augen der *Black and Tans* lediglich zu je besonderen Formen der Repression Anlaß geben: »[...] they don't give a damn whether you're a loyal man or not. If you're a Republican they make you sing ›God save the King‹, an' if you're loyal they'll make you sing the ›Soldiers' Song‹ [die spätere irische Nationalhymne, A.K.]« (119). Konfessionelle und politische Differenzen stehen für die Vertreter der britischen Staatsmacht gleichermaßen im Dienst der Demütigung und Terrorisierung der Bevölkerung.

Ohne die Schrecken zu verharmlosen, verfolgt O'Casey eine Strategie der Entheroisierung der Ereignisse und der an ihnen Beteiligten. Denn auch die IRA

---

[16] Nur O'Caseys *Shadow of a Gunman* (20 Wochen, meist in Verbindung mit einem anderen kurzen Stück) und *Juno and the Paycock* (17 Wochen) werden häufiger aufgeführt.
[17] Dieses Stück stand 1926 und 1927 jeweils zweimal eine Woche auf dem Spielplan.
[18] O'Casey war, obwohl er im Slum-Milieu aufwuchs, wie schon erwähnt, selbst Protestant.

wird keineswegs mit patriotischem Pathos gezeichnet – weder im Unabhängigkeitskrieg noch im Bürgerkrieg. Vielmehr werden die Guerrillakrieger dafür kritisiert, daß sie sich hinter der Zivilbevölkerung verschanzen und daß diese die Kosten ihrer Aktionen trägt. »I believe in the freedom of Ireland [...] but I draw the line when I hear the gunmen blowin' about dyin' for the people, when it's the people that are dyin' for the gunmen« (111), sagt Seumas Shields in *The Shadow of a Gunman*. Wenn sein Zimmergenosse Donal Davoren auch aus dieser Aussage eine Feigheit heraushört, die Seumas im weiteren Verlauf auch an den Tag legt, so wird dennoch zugleich die Wahrheit der Aussage vorgeführt. Minnie Powell nimmt eine von dem wirklichen *gunman* Maguire bei Shields und Davoren deponierte Tasche mit Sprengstoff an sich und rettet damit beide, weil sie letzteren für einen »gunman on the run« (92) hält. Bei der anschließenden Razzia durch die *Black and Tans* wird sie mitgenommen und, als sie Widerstand leistet, erschossen. Nicht nur, daß Zivilisten für die *gunmen* sterben – Minnie opfert sich für einen Mann, der nur, um ihre Bewunderung zu erregen, dem Gerücht, er gehöre der IRA an, nicht widersprochen hat. Sie opfert sich also nur scheinbar für die Sache der irischen Freiheit, in Wirklichkeit aber für individuelle Feigheit und Eitelkeit.

In ähnlicher Weise ist Johnny Boyle in *Juno and the Paycock* zwar ein ›Veteran‹ des *Easter Rising* von 1916 und hat auch im Bürgerkrieg auf republikanischer Seite gekämpft und einen Arm verloren. Doch wie sich herausstellt, hat er, möglicherweise aus Neid, seinen Kameraden Robbie Tancred, dessen Mutter im selben Haus wohnt, an die Regierungstruppen verraten. Er lebt in Angst und wird am Ende von seinen früheren Kameraden abgeholt und umgebracht. Auch hier sind die Patrioten also durch kleinmütige und egoistische Motive einerseits, durch Verrat und Terror andererseits charakterisiert. Zentral sind zugleich wieder die Opfer und das Leid der unbeteiligten Zivilbevölkerung, die besonders an den Müttern sichtbar werden, die ein gemeinsames Unglück teilen. »[...] I'm told he was the leadher of the ambush where me nex' door neighbour, Mrs. Mannin', lost her Free State soldier son. An' now here's the two of us oul' women, standin' one on each side of the scales o' sorra, balanced be the bodies of our two dead darlin' sons« (O'Casey 1979, 46), klagt Mrs. Tancred nach dem Tod ihres Sohns. Und auch Juno Boyle erfährt am Ende des Stücks, als sie ihren eigenen Sohn verloren hat, daß das durch die Gewalt verursachte Leid keine politischen Grenzen kennt: »Maybe I didn't feel sorry enough for Mrs. Tancred when her poor son was found as Johnny's been found now – because he was a Diehard! Ah, why didn't I remember that then he wasn't a Diehard or a Stater, but only a poor dead son« (71).

Gemeinsam ist beiden Stücken die Entmystifizierung des Patriotischen – seine Auflösung in menschliche Schwäche und Egoismus, die Darstellung des realen Elends, das der Kampf für die Ideale erzeugt. Weniger eindeutig allerdings ist die normative Grundlage von O'Caseys Kritik. Als positive Identifikationsfiguren bleiben am Ende nur die Frauengestalten, deren Opfermut ganz auf persönliche Beziehungen beschränkt ist. Der Schluß liegt nahe, daß die Stücke die Substanzlosigkeit des Politischen darstellen und zugleich seine desaströsen menschlichen Auswirkungen zeigen.

Als O'Casey daran ging, die gleiche Diagnose für das *Easter Rising* zu stellen, dessen zehnter Jahrestag bevorstand, regte sich, wie eingangs schon angedeutet, Widerspruch. *The Plough and the Stars*, uraufgeführt am 8. Februar 1926, entstand im Gegensatz zu den beiden ersten Stücken, die drei bzw. zwei Jahre Abstand zu den beschriebenen Geschehnissen aufweisen, nicht unter deren unmittelbarem Eindruck, sondern zu einem Zeitpunkt, als der *Free State* sich anschickte, auf eine ungebrochene Manifestation des Patriotismus zurückzublicken.[19] In der Tradition der ›Easter Rebels‹ durften sich nicht nur die im Bürgerkrieg unterlegenen Republikaner, sondern auch die im Bürgerkrieg siegreichen Vertreter des *Free State* sehen. O'Casey machte den Aufstand zum Gegenstand einer rückwirkenden Entheroisierung.

Im Vordergrund steht nach dem Muster der beiden bereits besprochenen Stücke die Kleinlichkeit der Motive sowohl derer, die sich wie Commandant Clitheroe in der *Irish Citizen Army* engagieren, als auch derer, die, wie die meisten anderen Figuren des Stücks, darauf bedacht sind, selbst recht und schlecht fortzukommen. Damit wird den Ereignissen jede Größe genommen. Von »terrible beauty« kann nicht die Rede sein. Die verschiedenen Bewohner des *slum tenement* zermürben sich in gegenseitigen Sticheleien, und man kann den Eindruck gewinnen, daß Clitheroes Eifer für die *Citizen Army* sich zum Teil aus der Tatsache speist, daß er des kleinbürgerlichen Eheglücks, das seine Frau Nora so sehr herbeisehnt, schon kurz nach der Heirat müde geworden ist. In der Folge der Kampfhandlungen bereichern sich die Nachbarn durch Plünderungen, während der Tod Clitheroes dadurch entheroisiert wird, daß er, so wird suggeriert, trotz des Flehens seiner Frau nur deshalb nochmals zu den Kämpfen zurückkehrt, um nicht vor einem Kameraden und Konkurrenten als Pantoffelheld dazustehen. Die Desavouierung des Patriotismus kulminiert in dem berühmten zweiten Akt, in dem die Sticheleien der Figuren und die Bemühung einer Prostituierten um Kundschaft in einem Pub einerseits und eine Rede von Patrick Pearse auf dem Platz vor dem Pub andererseits gleichsam als Kontrast von großtönenden Worten und erbärmlicher Realität ineinandergeblendet werden (vgl. O'Casey 1979, 161–179).

Die Frage nach der Grundlage von O'Caseys kritischer Sicht des *Rising* ist unterschiedlich beantwortet worden. Man hat zunächst immer wieder darauf verwiesen, daß O'Casey im Namen der Menschlichkeit das Leid und die Zerstörung brandmarke, welche die hohen politischen Ideale, die ja doch nur in Kleinmütigkeit und Egoismus wurzelten, in das Leben der Menschen trügen. Hier müßte man also in den eindringlichen Szenen des letzten Akts, im Leid und Wahnsinn der Nora Clitheroe und in der selbstlosen Hilfsbereitschaft der Bessie Burgess, das normative Zentrum des Stücks erblicken und könnte diese Juno und Minnie, den

---

[19] O'Casey führt also nicht das Muster fort, das er in den beiden ersten Stücken verfolgt. Sonst hätte sein nächstes Stück nach dem Ende des Bürgerkriegs spielen und die neue Situation der Slums und ihrer Bewohner zwischen der Fixierung auf die Wunden der jüngsten Vergangenheit und dem Arrangement mit den Verhältnissen im neu entstandenen *Free State* zum Gegenstand haben müssen.

ebenfalls im Leiden starken Frauengestalten der früheren Stücke, an die Seite stellen (vgl. besonders »The Anti-Heroic Vision« in Krause 1960, 66–80).

Daneben stützte unter anderem die Tatsache, daß O'Casey sich von der *Irish Citizen Army*, in der er aktiv gewesen war, aufgrund von deren immer weniger gewerkschaftlicher und immer stärker nationalistischer Orientierung schon vor dem Osteraufstand distanziert hatte, die Ansicht, O'Casey übe in erster Linie ideologische Kritik. Die angestrebten Veränderungen brächten zwar andere Personen an die Macht, veränderten aber nicht die grundsätzlichen Gesellschaftsstrukturen (vgl. etwa Lowery 1980 und O'Riordan 1984, 73–82).

Schließlich ist verschiedentlich der Vorwurf erhoben worden, daß O'Casey mit seiner Demystifizierung des *Rising* genau den Blickwinkel einer neu etablierten katholischen Führungsschicht einnehme, die an die Stelle der angloirischen Elite gerückt sei und nun die Diskreditierung der besiegten Republikaner goutiere. Diese Sicht stützt sich nicht zuletzt auf die ungeheure Popularität, die das Stück in der Folge erlangte: Es wurde später zum meistgespielten Stück des *Abbey Theatre* (vgl. Kiberd 1996, 233–235).

Auch im Mittelpunkt der Kontroverse, die das Stück zeitgenössisch auslöste, stand die Frage, wessen Sicht des *Rising* O'Casey gestaltet hatte, denn an der Antwort auf diese Frage hing die Legitimität des Standpunkts derer, die gegen das Stück protestierten, wie derer, die es unterstützten. Dies illustriert der eingangs zitierte Protestbrief von Hanna Sheehy-Skeffington deutlich, wenn es heißt:

> The demonstration [...] was on national grounds solely, voicing a passionate indignation against the outrage of a drama staged in a supposedly national theatre, which held up to derision and obloquy the men and women of Easter Week. The protest was made, not by Republicans alone, and had the sympathy of large numbers in the house. [...] (O'Casey 1975, 167f.)

Die Verfasserin legt, wie man sieht, darauf Wert, nicht ausschließlich eine bestimmte politische Position – nämlich diejenige der im Bürgerkrieg besiegten Republikaner – zu vertreten, sondern für einen großen Teil der Zuschauer zu sprechen. Wer sich aber, wie das *Abbey Theatre* es getan habe, dem Widerspruch breiter Bevölkerungsgruppen aussetzt, der trägt die Bezeichnung »national theatre« zu Unrecht – eine Bezeichnung, die dem *Abbey* erst jüngst zusammen mit der Regierungszusage einer jährlichen Subvention und der Aufnahme eines Regierungsvertreters in das *Board of Directors*[20] zuteil geworden war. Die Regierung des *Free State* aber, die dieses Theater mitfinanziert, ist implizit vor die Wahl gestellt einzugestehen, daß sie ein antipatriotisches Unternehmen subventioniert hat, oder sich dem Verdacht auszusetzen, sich selbst antipatriotisch vom Andenken an den Osteraufstand distanzieren zu wollen.

---

[20] Dieser hatte übrigens im Vorfeld der Produktion moralische Einwände gegen das Stück erhoben (vgl. die Darstellung dieser Auseinandersetzungen in den Tagebüchern von Lady Gregory; die wichtigsten Passagen daraus sind zusammengestellt in Ayling 1987, 134–138).

Im Zentrum der Auseinandersetzung über O'Caseys Standpunkt stand also nicht die strittige Interpretation eines Theaterstücks, sondern der kontroverse Anspruch auf die Interpretation der jüngsten politischen Vergangenheit. Das Stück erhebt diesen Anspruch im Namen einer allgemeinen Menschlichkeit (oder einer politischen Position, die die Dominanz von nationalistischen über gesellschaftliche Ziele kritisiert) und bietet eine anti-heroische Sicht, die das menschliche Leid in den Mittelpunkt stellt und politischen Idealismus demaskiert. Die Kritik an dem Stück macht sich ebenfalls eine allgemeine, nicht parteigebundene Position, diejenige aller irischen Patrioten, zu eigen. Sie kann damit all denjenigen Positionen, die sich nicht von dem Stück distanzieren, mangelnden Patriotismus zuschreiben. Die Auseinandersetzung mag sich gerade deswegen so vehement entfaltet haben, weil *The Plough and the Stars* einen politisch zentralen Gegenstand behandelt, ohne sich aber wie Robinsons *The Big House* klar und eindeutig mit einer der Gruppen, die im *Free State* ihre Interessen zu wahren suchen, zu identifizieren. Die Zuschreibung unterschiedlicher Lesarten läßt sich aber in der politischen Auseinandersetzung taktisch einsetzen. Daß O'Casey, im Gegensatz etwa zu Yeats und Robinson, seine Kritik nicht explizit an eine der Positionen im Rahmen der neu entstandenen Konstellation binden konnte oder wollte, mag zu seiner Übersiedlung nach England ebensoviel beigetragen haben wie die Kontroverse um *The Plough and the Stars* oder die Tatsache, daß *The Silver Tassie* vom *Abbey* abgelehnt wurde.[21]

6.

Es hat den Anschein, daß in den Zwanziger Jahren kaum Romane über das *Easter Rising* oder den Unabhängigkeits- oder Bürgerkrieg geschrieben wurden. Zu den wenigen, die in den Zwanziger Jahren in Kurzgeschichten und Romanen politische Entwicklungen behandelten, gehört Liam O'Flaherty. Schon seine erste veröffentlichte Kurzgeschichte, »The Sniper« (1923), beschreibt, wie ein republikanischer Heckenschütze einen Heckenschützen aus der Armee des *Free State* überlistet und zur Strecke bringt. Bevor er sich auf den Weg zurück zu seiner Kompanie macht, folgt er dem Impuls, sein Opfer zu betrachten, und erkennt seinen Bruder. Der Text zeigt damit eindringlich den Keil, den der Bürgerkrieg nicht nur zwischen Waffenkameraden (die beiden hatten zuvor gemeinsam gegen die Briten gekämpft), sondern auch durch Familien trieb.

O'Flahertys bekannteste Romane der Zwanziger Jahre spielen aber nicht während des Bürgerkriegs, sondern danach, im Milieu der Verlierer. *The Informer* (1925) schildert die letzten Tage im Leben von Gypo Nolan, der zusammen mit seinem früheren Partner Frank McPhillip aus der »Revolutionary Organization« ausgeschlossen wurde, nachdem die beiden auf eigene Faust einen sinnlosen politischen

---

[21] Die lange Auseinandersetzung mit dem *Abbey* über *The Silver Tassie* ist in O'Caseys Briefwechsel ausführlich dokumentiert (vgl. O'Casey 1975, 231–322). Zu dem Stück selbst vgl. oben Kapitel 3.

Mord begangen hatten. Gypo verrät, von Hunger und Obdachlosigkeit zermürbt, McPhillips Aufenthaltsort an die Polizei und kassiert das Kopfgeld, verhält sich aber so verdächtig, daß er bald von der Organisation als Denunziant verdächtigt, verurteilt und umgebracht wird. Die »Revolutionary Organization« erscheint dabei als eine im Slum-Milieu existierende, perspektivlose Gruppe von Entwurzelten, die in Angst voreinander und vor der Außenwelt leben. Im Zentrum der Darstellung steht aber Gypo, der in McPhillip den Partner verloren hat, der die Pläne für beide gemacht hatte und ohne den er nun richtungslos ins Verderben taumelt. Etwas wie Größe gewinnt er erst im Tod, als er sich tödlich getroffen in eine Kirche schleppt, wo McPhillips Mutter die Messe besucht, und dieser seinen Verrat gesteht, worauf sie ihm verzeiht.

Der Roman *The Assassin* (1928), der ein Jahr nach der Ermordung von Kevin O'Higgins (dem Innen- und Justizminister des *Free State*, der wegen seines kompromißlosen Vorgehens gegen die IRA bei den Verlierern des Bürgerkriegs besonders verhaßt war und der im Roman immer nur als »the tyrant« bezeichnet wird) das Attentat aus der Perspektive der Täter beschreibt, führt einzelne Gruppen vor, die die Niederlage der republikanischen Seite entwurzelt hat. So heißt es über die nationalistische Organisation, der Kitty Mellet, eine ›übriggebliebene‹ Revolutionärin, angehört:

[...] suddenly all that vanished. The women's army vanished. The country fell into a state of apathy, after the treaty with England, the Civil War and the rout of the Republicans. Now, instead of a great army of women, with uniforms and guns, there was merely a tiny organization of one hundred disgruntled old maids, seeking revenge for the strange trick played on them by fate. (O'Flaherty 1993, 48)

Die verbliebenen republikanischen Sympathisanten werden wie folgt beschrieben: »These people wandered round Dublin, living from hand to mouth, laughing, singing, and roystering, incapable of doing anything useful, either for themselves or for the country. They all had done something years ago and they were living on their reputations, which were largely concocted by their own imaginations« (54).

Bei der Informationsbeschaffung im Vorfeld des Attentats trifft Kitty aber auch Vertreter der neuen Entscheidungsträger, die ihr teils von früher bekannt sind: Shiels, einen opportunistischen Abgeordneten der Regierungspartei, der immer auf der Seite der Sieger steht; Tynum, den Führer der Labour-Partei; Jenkins, »a rich man, a capitalist and an Imperialist« (83); und schließlich Carmody, einen jungen Beamten aus dem Justizministerium, der O'Higgins' Mut und Kompetenz preist und dem Kitty Informationen über dessen sonntägliche Gewohnheiten entlockt. Alle vier sind sichtlich darüber verdrossen, von einer politischen Gegnerin, die zumindest für Shiels und Tynum als Memento ihrer eigenen abgelegten Ideale auftritt, einvernehmlich zusammen gesehen zu werden.

Auch in diesem Roman steht aber eine Figur im Mittelpunkt: Michael McDara, der von der Entwicklung des *Free State* und der Dekadenz der Republikaner gleichermaßen angewidert ist und der den detailliert ausgearbeiteten Plan gefaßt hat, jenen Mann zu ermorden, der seiner Ansicht nach der Entwicklung Irlands im Wege steht. Er sucht sich zwei frühere Kampfgefährten, die ihrerseits von Rachegelüsten getrieben werden, als Komplizen. Frank Tumulty träumt davon, durch kalkulierte Gewaltakte gegen alle Seiten eine Eskalation herbeizuführen, die ihm die Chance zur kommunistischen Machtergreifung bieten könnte. Gutty Fetch mordet, um seinem Gewissen zu entgehen. Er hat seine revolutionären Kameraden verraten und sich den rigoros durchgreifenden Kommandos der Regierung angeschlossen, und er projiziert nun die Schuld an seinem Verrat auf O'Higgins. McDara, der mit der Niederlage der Republikaner den politischen Sinn seiner Existenz verloren hat, verbindet mit seiner Tat keine realistische Aussicht auf politische Veränderungen. Er erlebt die Tat als Opferritual, in dem eine mystische Verschmelzung zwischen Täter und Opfer vollzogen wird[22], und entkommt am Ende in eine ungewisse Bedeutungslosigkeit.

Beide Romane zeigen also die Situation ausgegrenzter Bevölkerungsgruppen – die sich durchaus mit denjenigen in O'Caseys Dramen überschneiden – nach der Etablierung des *Free State* und stellen Einzelschicksale in den Kontext dieser politischen Entwicklungen. Daß sie dabei nicht jene entscheidenden Phasen (Osteraufstand, Unabhängigkeitskrieg, Bürgerkrieg) selbst darstellen, dürfte daran liegen, daß sie sich nicht an ein Publikum richten, das seine Enttäuschung über die Wendungen dieser Ereignisse mit dem Ziel seiner gegenwärtigen Positionsbestimmung formuliert sehen will. Denn die Verlierer des Bürgerkriegs, die in den Romanen dargestellt werden, sind nicht zugleich die ›impliziten Leser‹ der Texte. Sie werden vielmehr genau wie die Vertreter der einflußreichen Gruppen von außen geschildert. Der Roman macht sich also für seine Schilderungen keine der Positionen im *Free State* zu eigen, sondern beschreibt eine dieser Positionen für ein außerhalb der Konstellation stehendes Publikum.

Dementsprechend verbindet sich mit dem Schicksal der Protagonisten auch keine Vision der neuen Gesellschaft, wie sie in einem historischen Roman nach Scottschem Muster zu erwarten wäre. Das geschilderte Milieu bildet vielmehr den Hintergrund für eine jeweils existentielle, ja fast schon existentialistisch anmutende Erfahrung der Helden: für Gypo Nolan die Flucht vor seiner Schuld, die ihn einholt und der er sich schließlich stellt; für McDara die geradezu mystische Verschmelzung mit dem Opfer seines Attentats. Indem der Roman die Aktualität des Ereignisses und das Rätsel um die Täter (die nicht gefaßt wurden) ausnutzt, zeigt er zwar den Nährboden und das Klima, in denen ein solcher Plan gedeihen konnte. Er zeigt aber zugleich, daß die politische Situation in Irland von dieser Tat nicht entscheidend verändert wird.

---

[22] So heißt es im Vorfeld der Tat: »He [i.e. McDara] was now closely united to the being of HIM, who was doomed to die. [...] They had become two parts of one whole. The more powerful part would survive« (141). – Vgl. auch McDaras ekstatische Visionen während der Zwölf-Uhr-Messe, die er nach der Tat besucht (169–175).

7.

Die alte protestantische Oberschicht, die Slum-Bewohner der Unterschicht, die besiegten Republikaner, die nie sehr bedeutenden Kommunisten – die bisher behandelten Texte haben vor allem die Gruppen in den Blickpunkt gerückt, die im *Free State* tendenziell ausgegrenzt werden. Die Vertreter der neuen Ordnung dagegen sind bislang noch gar nicht zu Wort gekommen. Dies ist kein Zufall: Jede Interpretation der jüngsten Konflikte mußte in die Kontroverse führen, und die jüngste Vergangenheit lieferte keine positiv besetzten Ereignisse, aus denen sich der Sinn für die Notwendigkeit von Kompromissen und für die kluge Nutzung von Spielräumen innerhalb eines bestehenden Rahmens hätte herleiten können. Gelegentlich findet sich aber auch diese Position offensiv vertreten, wenn etwa in O'Flahertys *Assassin* Carmody, der junge Funktionär, der Nationalistin Kitty entgegenhält: »I'm a Republican. A better Republican than you are. […] I support the language, Irish games, Irish manufactures. I'm helping to build up the country. That's Republicanism. That's nationalism« (O'Flaherty 1993, 88).

Kitty tut diesen Anspruch als Rhetorik ab; doch die Rhetorik des Vertreters der neuen Administration verdeutlicht, daß die Bemühungen um die Gestaltung des neuen Staats das Gebiet der Kultur und Kunst durchaus nicht gänzlich aussparen. Sie besetzen es jedoch nicht, indem sie den Jetztzustand aus den Traumata der jüngsten Vergangenheit ableiten und sich damit in Auseinandersetzungen um die richtige Interpretation und Darstellung dieser Ereignisse begeben würden. Vielmehr versuchen sie, alternative kulturelle Bereiche zu etablieren, die diese Traumata wenig tangieren.

Zu diesen kulturellen Bereichen gehören die – jedoch nicht nachhaltig erfolgreichen – Bemühungen um die Förderung der irischen Sprache (vgl. dazu Foster 1988, 518f.). Mit ihnen geht die Förderung einer von der gälischsprechenden Bevölkerung getragenen Literatur einher, wie sie etwa von den 1929 unter dem Titel *An t-Oileannach* (*The Islandman*) erschienenen Lebenserinnerungen des Tomás O'Crohan repräsentiert wird.

Eine satirische Kritik sowohl der Tätigkeit der neuen Kulturfunktionäre, die eine derartige Entwicklung vorantreiben sollen, als auch einer sich institutionalisierenden Heldenbeweihräucherung unkontroverser Figuren des irischen Freiheitskampfs liefert Denis Johnstons Stück *The Old Lady Says ›No!‹*. Eine klischeehafte Darstellung der Festnahme Robert Emmets soll aufgeführt werden, doch der Emmet-Darsteller wird von einem ungeschickten Statisten versehentlich ›tatsächlich‹ niedergeschlagen und halluzinierend in das Irland der Zwanziger Jahre versetzt. Er versucht vergeblich, sich in einer Gegenwart, die ihn als vergangenen Helden verehrt, zu orientieren, und spricht vor allem in Zitaten (etwa aus seiner Abschiedsrede oder aus Balladen, die sein Schicksal behandeln). Das Stück wurde, nachdem es zuvor vom *Abbey* abgelehnt worden war, 1929 im *Gate Theatre* aufgeführt, das dabei war, sich in Dublin als Theater mit europäisch-avantgardistischem Profil zu etablieren, während das *Abbey* sich gleichzeitig eher auf ›leichtere Kost‹ (die sprichwörtlichen ›*Abbey Comedies*‹) umstellte.

In den Kontext des Strebens nach kultureller Neudefinition gehört auch Daniel Corkerys Revision der *Ascendancy*-Tradition. Zur programmatischen Ergänzung der ›blinden Flecken‹ von Leckys *History of Ireland in the Eighteenth Century* trägt er in *The Hidden Ireland* (1925) Spuren einer gälischsprachigen Tradition im 18. Jahrhundert zusammen. Er untersucht Dichter der südwestlichen Provinz Munster und stellt fest, daß sie in den Umkreis der wenigen katholischen *Big Houses* im 18. Jahrhundert gehörten, die blühende Zentren einer gälischsprachigen Kultur und Literatur waren, welche nur deshalb keine im allgemeinen Bewußtsein präsente Tradition bildeten, weil sie gerade im Verborgenen vor dem zerstörerischen Zugriff des dominanten Anglo-Protestantismus Schutz finden konnten.

Wenn also die Begründung und Förderung einer ›genuin irischen‹ Kultur und Literatur zugleich den Versuch darstellte, auch politisch enttäuschten Nationalisten Identifikationsangebote zu machen und Gestaltungsspielräume zu eröffnen, so könnten auch die Maßnahmen gegen die Ehescheidung und die Einführung der Zensur, die auf eine Katholisierung und Provinzialisierung des Staats abzuzielen scheinen, als Versuche gesehen werden, dem *Free State* die Unterstützung der katholischen Kirche zu sichern und mithin zu verhindern, daß republikanische Tendenzen, die erst in einer ganz von England gelösten Republik die Umsetzung katholischer Werte erwarteten, in der Kirche Oberwasser gewännen (so bei Foster 1988, 534f.). Als entscheidende politische Leistung muß in dieser Hinsicht gelten, daß es gelang, De Valera und seiner Partei *Fianna Fáil* den Weg in die parlamentarische und demokratische Auseinandersetzung zu ebnen und damit zugleich die Gefahr eines neuen Bürgerkriegs zu bannen und den konstitutionellen Weg in die völlige Unabhängigkeit von Großbritannien zu eröffnen, der unter De Valera in den Dreißiger und Vierziger Jahren beschritten wurde.

8.

Müssen wir am Ende dieses schlaglichtartigen Überblicks das Verdikt Corkerys, angloirische Literatur sei »colonial literature [...] written for their motherland, England, by spiritual exiles«, auf die Texte ausdehnen, die wir kennengelernt haben? Paradoxerweise scheint vor allem für O'Flaherty zu gelten, daß seine Romane, auch wenn sie sich teils aus eigenen Erfahrungen speisen, vorrangig für außenstehende Leser geschrieben sind. Die Texte von Robinson und Yeats zielen eindeutig auf die Situation, die in Irland durch die jüngsten politischen Entwicklungen entstanden ist. Ihre Betonung des *Ascendancy*-Elements dient nicht einer Verständlichmachung der irischen Situation für ein außeririsches (englisches) Bewußtsein, sondern einer Klärung der gegenwärtigen Lage für bestimmte in ihr befangene Individuen. Und Denis Johnston betonte, mit welchen Verständnisschwierigkeiten *The Old Lady Says ›No!‹* bei einem nicht-irischen Publikum zu rechnen hatte. Das Stück, das im *Gate* großen Erfolg hatte, wurde demzufolge auch nur selten außerhalb Irlands aufgeführt (vgl. Johnston 1977, 17). Die Tatsache schließlich, daß Sean O'Casey nicht eindeutig einer der zeitgenössischen Positionen im *Free State* zuzuordnen war, ließ sich gerade als Voraussetzung dafür vermuten, daß *The Plough and the Stars* zu der Kontroverse Anlaß geben konnte, die sich um die zweifelhafte Affiliation des Stücks entspann. Dem Stück Erfolg beim Londoner Publikum in Aussicht zu stellen, gehört, wie erwähnt, selbst zu den polemischen Zügen in einer inneririschen Kontroverse. Auch Corkerys Stigmatisierung der angloirischen Literatur als einer in bezug auf Irland ex-zentrischen ist in diesem Sinne nicht vorrangig als Zustandsbeschreibung für die Zwanziger Jahre zu lesen, sondern – durchaus analog zu den Texten von Robinson und Yeats – als Plädoyer für eine bestimmte Entwicklung, die aufgrund der gegebenen Analyse der kulturellen Lage im *Free State* wünschenswert erscheint: als Plädoyer für eine irlandzentrierte Literatur. In gewissem Sinn lassen sich bereits die besprochenen Texte in ihrer Mehrheit als ›irlandzentriert‹ ansehen – zentriert allerdings nicht um eine bestimmte Version des irischen Wesens, der irischen Identität, sondern um das Problem, worin diese irische Identität besteht und aus welchen Aspekten sie sich zusammensetzt oder zusammensetzen soll.[23] Die Auseinandersetzungen um dieses Problem werden in

---

[23] Vor diesem Hintergrund dürfte auch klar sein, warum James Joyce, der Irland 1904 verließ und es zuletzt 1912 besuchte, in diesem Kapitel außer Betracht blieb: Auch wenn seine Texte weiterhin in Irland spielen, sind sie dennoch kein Faktor in den Auseinandersetzungen im *Free State*. Der *Ulysses* thematisiert zwar u.a. die kolonisatorische Dominanz der englischen Sprache und Kultur als Herausforderung an den irischen Künstler (vgl. unten Kapitel 11), gegen die sich auch die Gründung des *Abbey Theatre* oder der *Gaelic League* richtete, und schon in *A Portrait of the Artist as a Young Man* reflektierte Stephen Dedalus während eines Gesprächs mit einem Engländer: »His language, so familiar and so foreign, will always be for me an acquired speech. I have not made or accepted its words. My voice holds them at bay. My soul frets in the shadow of his language« (Joyce 1993, 182). Joyce setzt jedoch zu keiner Zeit dieser englischen Dominanz eine irische Identität entgegen. In dem berühmten *Christmas Dinner* in *A Portrait* erkennt Stephen in der tiefen Zerrissenheit dieser Feier die Brüchigkeit der Erwachsenenwelt; Geschichten wie »Ivy Day in the Committee Room« aus *Dubliners* (1914) oder die ›Cyclops‹-Episode des *Ulysses* zeigen die selbstgerechte Beschränktheit der Nationalisten. Im ersten Kapitel des *Ulysses* inszeniert Joyce ein doppeltes Mißtrauen gegen Konstruktionen irischer Identität. Zum einen ist das Interesse für das Gälische dort vor allem ein Merkmal des Engländers Haines (»He's English, Buck Mulligan said, and he thinks we ought to speak Irish in Ireland«, Joyce 1986, 12). Zum anderen ist die alte Frau, in der Stephen die Personifikation Irlands erblickt, nicht Trägerin einer positiven Identität: Sie erscheint als »lowly form of an immortal serving her conqueror [Haines] and her gay betrayer [Buck Mulligan]« (12) und versteht kein Irisch (sie hält einen irischen Satz fälschlich für französisch, und kann nur Gemeinplätze reproduzieren: »I'm told it's a grand language by them that knows«, 13). Die Authentizität des Irischen ist in dieser Perspektive längst verloren; es ist Objekt einer Keltophilie, die selbst der kulturellen Hegemonie der Kolonisatoren entspringt. – Im Gegensatz zu den anderen hier besprochenen ist dies aber keine Position, die in die Diskussion darüber eingreift, welche Identität im *Free State* Gestaltung finden soll. Sie ist schlicht nicht präsent. Die wenigen zeitgenössischen Rezensionen in irischen Zeitschriften (vgl. Deming 1970) gehen auf die Problematik nicht ein; bis in die Achtziger Jahre hinein blieben Joyces Texte in Irland ein exklusives und etwas anrüchiges *specialist interest*. (Auch wenn das Joyce-Museum im *Martello-Tower* schon früh eingerichtet wurde, begann die heute zu beobachtende Integration von Joyces Werken in eine

den Zwanziger Jahren jedenfalls dominant nicht in Abgrenzung gegen ein fremdes Bewußtsein, sondern zwischen den einzelnen gesellschaftlichen Gruppen im *Free State* geführt.

Bibliographie

Abbey Theatre (1949), *Abbey Plays, 1899–1948, including the Productions of the Irish Literary Theatre. With a Commentary by Brinsley MacNamara and an Index of Playwrights*, Dublin.
Ayling, Ronald, ed. (1985, 1987), *O'Casey: The Dublin Trilogy. A Casebook*, Basingstoke–London: Macmillan.
Byrne, Dawson (1929), *The Story of Ireland's National Theatre: The Abbey Theatre, Dublin*, Dublin.
Cairns, David, Shaun Richards (1988), *Writing Ireland: Colonialism, Nationalism and Culture*, Manchester: Manchester University Press.
Corkery, Daniel (1925), *The Hidden Ireland. A Study of Gaelic Munster in the Eighteenth Century*, Dublin: Gill.
Corkery, Daniel (1931), *Synge and Anglo-Irish Literature. A Study*, Dublin–Cork: Cork University Press, London–New York–Toronto–Bombay–Calcutta–Madras: Longmans, Green and Co.
Cosgrave, Patrick (1967), »Yeats, Fascism and Conor O'Brien,« *The London Magazine*, n.s. 7:4, 22–41.
Cullingford, Elizabeth (1981), *Yeats, Ireland and Fascism*, London–Basingstoke: Macmillan.
Deming, Robert H., ed. (1970), *James Joyce. The Critical Heritage*, 2 vols., London: Routledge and Kegan Paul.
Fallon, Gabriel (1965), *Sean O'Casey. The Man I Knew*, London: Routledge and Kegan Paul.
Foster, Robert F. (1988), »In a Free State,« in R. F., *Modern Ireland 1600–1972*, Harmondsworth: Allen Lane and Penguin, 516–535.
Freyer, Grattan (1981), *W. B. Yeats and the Anti-Democratic Tradition*, Dublin: Gill and Macmillan.
Garvin, Tom (1996), *1922: The Birth of Irish Democracy*, New York: St. Martin's Press.
Johnston, Denis (1929, 1977), *The Old Lady Says ›No!‹ A Romantic Play in Two Parts with Choral Interludes*, in D. J., *The Dramatic Works*, vol. 1, Gerrards Cross: Colin Smythe, 13–82.
Joyce, James (1916, 1993), *A Portrait of the Artist as a Young Man*, ed. Hans Walter Gabler, New York: Vintage Books.
Joyce, James (1922, 1986), *Ulysses*, ed. Hans Walter Gabler, New York: Vintage Books.
Kiberd, Declan (1995, 1996), *Inventing Ireland. The Literature of the Modern Nation*, Cambridge, MA: Harvard University Press.
Kosok, Heinz (1972), *Sean O'Casey. Das dramatische Werk*, Berlin: Erich Schmidt.

– auch touristisch relevante – Identität Dublins in größerem Ausmaß erst mit den Millenniums-Feiern 1988, als z.B. ein *Joyce-Itinerary* mit Messingplatten in Dubliner Mauern und Gehwegen eingelassen oder – an der Stelle, wo die an Ostern 1966, dem fünfzigsten Jahrestag des *Rising*, von der IRA als koloniales Überbleibsel gesprengte *Nelson's Pillar* gestanden hatte – ein *Anna Livia Plurabelle*-Brunnen errichtet wurde.) Joyce ist im postkolonialen Irland genauso ex-zentrisch wie in der ›englischen‹ Kultur; er wird dementsprechend in diesem Band in dem Kontext behandelt, in den er in den Zwanziger Jahren hineingehört: in dem des internationalen Modernismus in englischer Sprache.

Krause, David (1960), *Sean O'Casey. The Man and his Work*, London: Macgibbon & Kee.
Lowery, Robert G. (1980), »Sean O'Casey: Art and Politics,« in David Krause, Robert G. Lowery, eds., *Sean O'Casey. Centenary Essays*, Irish Literary Studies 7, Gerrards Cross: Colin Smythe, 121–164.
Lyons, F. S. L. (1971), *Ireland since the Famine*, London: Weidenfeld and Nicholson.
McCormack, W. J. (1985), *Ascendancy and Tradition in Anglo-Irish Literary History from 1789 to 1939*, Oxford: Clarendon.
O'Brien, Conor Cruise (1965), »Passion and Cunning. An Essay on the Politics of W. B. Yeats,« in A. Norman Jeffares, K. G. W. Cross, eds., *In Excited Reverie. A Centenary Tribute to William Butler Yeats, 1865–1939*, London–Melbourne–Toronto: Macmillan; New York: St. Martin's Press, 207–278.
O'Casey, Sean (1925/26, 1979), *Three Plays*, London–Basingstoke: Macmillan, St. Martin's Press.
O'Casey, Sean (1975), *The Letters, 1910–1941*, vol. 1, ed. David Krause, London: Cassell.
O'Flaherty, Liam (1928, 1993), *The Assassin*, Dublin: Wolfhound Press.
O'Riordan, John (1984), *A Guide to O'Casey's Plays. From the Plough to the Stars*, London–Basingstoke: Macmillan.
Robbins, Keith (1983), »British Empire to Commonwealth« und »Reshaping the United Kingdom: Britain and Ireland,« in K. R., *The Eclipse of a Great Power. Modern Britain 1870–1975*, London–New York: Longman, 109–114 und 115–122.
Robinson, Lennox (1928, 1982), *The Big House. Four Scenes in its Life*, in L. R., *Selected Plays*, ed. Christopher Murray, Gerrards Cross, Bucks.: Colin Smythe, 137–198.
Robinson, Lennox (1951), *Ireland's Abbey Theatre. A History 1899–1951*, Port Washington, NY: Kennicat Press.
Stanfield, Paul Scott (1988), *Yeats and Politics in the 1930s,* Basingstoke: Macmillan.
Stephens, James (1922, 1988), »The Outlook for Literature with Special Reference to Ireland,« in Mark Storey, ed., *Poetry and Ireland since 1800: A Source Book*, London–New York: Routledge, 178–188.
Surette, Leon (1994), *The Birth of Modernism. Ezra Pound, T. S. Eliot, William Butler Yeats, and the Occult*, Montreal–London–Buffalo: McGill, Queen's University Press.
Yeats, William Butler (1975a), *Uncollected Prose*, ed. John P. Frayne, Colton Johnson, vol. 2, London–Basingstoke: Macmillan.
Yeats, William Butler (1924, 1975b), »From Democracy to Authority,« in Yeats (1975a), 433–436.
Yeats, William Butler (1925, 1975c), »An Undelivered Speech,« in Yeats (1975a), 449–452.
Yeats, William Butler (1926, 1975d), »The Need for Audacity of Thought,« in Yeats (1975a), 461–465.
Yeats, William Butler (1928, 1975e), »The Irish Censorship,« in Yeats (1975a), 480–485.
Yeats, William Butler (1989), *Poems*, ed. A. Norman Jeffares, Dublin: Gill and Macmillan.

Kapitel 9

Die neuen Medien

von CHRISTOPH BODE und VOLKER BEHRENS

1. Radio

1922 ist eines jener Jahre, in denen sich Ereignisse zu häufen scheinen, denen später mit Recht historische, mitunter ominöse Bedeutung zugeschrieben werden kann. So tritt am 23. Oktober der letzte liberale Premierminister der britischen Geschichte, Lloyd George, von seinem Amt zurück – nach ihm wechseln sich bis heute nur noch konservative und Labour-Regierungschefs ab. Wirtschaftspolitisch erhöht sich der Druck der USA auf Großbritannien, nun die immensen Kriegsschulden zurückzuzahlen – was Großbritannien seinerseits zwingt, seine Kredite an Drittländer bei diesen wieder einzutreiben: Zeichen einer weltwirtschaftlichen Verflechtung, die die Großbritanniens mit seinen Kolonien jetzt an Stärke und Relevanz deutlich übertrifft und schließlich dazu führen wird, daß die britische Wirtschaft die Folgen des *Wall Street crash* von 1929 recht unmittelbar zu spüren bekommt. Außenpolitisch deuten die Ermordung des deutschen Außenministers Walther Rathenau durch nationalistische Freikorps-Offiziere, Mussolinis Marsch auf Rom und der zwischen Deutschland und der gerade erst gegründeten Sowjetunion in Rapallo geschlossene Vertrag in beunruhigender Weise auf zukünftig sich verstärkende totalitäre Tendenzen in Europa hin. Daß aber der Däne Niels Bohr den Physik-Nobelpreis für sein quantenphysikalisches Atommodell in just dem Jahr erhält, in dem endlich Ludwig Wittgensteins *Tractatus Logico-philosophicus* veröffentlicht wird, ist eine jener feineren Koinzidenzen, deren Relevanz vielleicht weniger offen zutage liegt.

Doch das mediengeschichtlich wichtigste Ereignis des Jahres ist zweifellos die Gründung einer Institution, die es in Zukunft so gut wie allen Briten erlauben wird, von all diesen Ereignissen – und dazu noch von vielen mehr – aus einem neuen Medium zu erfahren: 1922 wird nämlich die *British Broadcasting Company* gegründet, die ihre erste offizielle Radio-Sendung am 14. November ausstrahlt – zufälligerweise genau einen Tag, bevor die Konservativen einen erdrutschartigen Sieg bei den Unterhauswahlen einfahren, aber auch in dem Monat, in dem Howard Carter das Grab Tut-ench-Amuns entdeckt und damit einen *Tut craze* mit entsprechenden Schlagern, Souvenirs und zeitweilig recht populären ägyptischen Parties auslöst. So findet sich die BBC schon in ihrer Geburtsstunde emblematisch, ja durchaus proleptisch zwischen Politik, Kultur und Unterhaltung plaziert.

Die Gründung der BBC beendete zunächst einmal eine Phase revolutionärer Anarchie im Äther. Die unlizensierten Aktivitäten von Funkamateuren hatten derart zugenommen, daß der *Postmaster General*, von Amts wegen zuständig, um die

Sicherheit der zivilen und militärischen Luftfahrt fürchten mußte. Man erlaubte nun also den Herstellern von Radiogeräten, die privatwirtschaftliche BBC zu bilden – Anteilsscheine wurden in einer Stückelung von £ 1 ausgegeben –, und übertrug ihr das Sendemonopol – ein Monopol, das übrigens bis 1974 bestehen bleiben sollte. Die Regierung machte den Unternehmern die Sache noch zusätzlich schmackhaft, indem sie sich verpflichtete, für zwei Jahre die Einfuhr ausländischer Rundfunkempfangsgeräte zu verbieten. Die BBC war also anfangs ein zwar dem *Postmaster General* verantwortliches, aber prinzipiell regierungsunabhängiges Privatunternehmen, dem es jedoch anders als den zahlreichen amerikanischen Rundfunksendern untersagt war, sich über Werbeeinnahmen zu finanzieren. Das geschah vielmehr über Rundfunkgebühren, die der Hörer zu entrichten hatte. Die jährlich pro Empfangsgerät anfallenden 10 Schillinge teilten sich Staat und Wirtschaft brüderlich. Es gehört zu den kuriosen Episoden dieser Frühzeit, daß man – da es durchaus Probleme mit dem Einzug der Gebühren gab – darauf verfiel, diese vorab beim Erwerb eines Radiogeräts gleich mitzukassieren, nicht ohne eine Ausnahmeregelung für bona fide Radioamateure zu erlassen – was nur dazu führte, daß der Absatz von (gebührenfreien) Radiobausätzen sprunghaft stieg: Britannien schien auf dem besten Weg, eine Nation von Radiobastlern zu werden.

Obwohl das Hören von Radiosendungen zunächst eine umständliche und wenig Genuß verheißende Beschäftigung war – man mußte Kopfhörer benutzen, erst später verbreiteten sich Röhren-Geräte mit eingebautem Lautsprecher, die überhaupt erst ein *Gruppen*-Hören zuließen –, stieg die Zahl von 36 000 Hörern (1922) bald auf 2 Millionen (1926), bis Ende der Dreißiger Jahre gar auf über 8 Millionen, was heißt, daß man am Vorabend des Zweiten Weltkriegs etwa 34 von einer Gesamtbevölkerung von 40 Millionen Menschen mit diesem neuen Medium erreichen konnte: Das Radio war zu *dem* Massenkommunikationsmittel schlechthin geworden; daß die Meldung über den Tod von George V (1936) oder die Kriegserklärung an Hitler-Deutschland (1939) zuerst über das Radio verbreitet wurde, war schon eine Selbstverständlichkeit.

Dafür, daß sich die BBC diese massenhafte Verbreitung nicht mit einer Absenkung des Niveaus ihrer Sendungen erkaufte, bürgte vor allem ihr erster *General Manager*, (Sir) John Reith, der auch nach der Umwandlung des Privatsenders in eine Anstalt öffentlichen Rechts (Ende 1926, effektiv zum 1. 1. 1927) und ihrer gleichzeitigen Umbenennung in *British Broadcasting Corporation* als deren erster *Director General* bis 1938 ihr unangefochtener, wenn auch nicht unumstrittener Leiter war. Der Ingenieur Reith (1889–1971), ein Calvinist aus dem schottischen Stonehaven, hatte sich eher beiläufig, auf eine Annonce hin, um den Direktorenposten beworben und begriff, einmal installiert, die BBC als mächtiges Instrument der Volkserziehung, als Mittel, dem Volk Kultur nahezubringen. Gemäß seiner messianischen Vision sollte die BBC eine Bildungsanstalt mit hohem Anspruch und unverhohlenem *moral purpose* sein, »a middle-brow university in the air« (Seaman 1970, 81) – vielleicht etwas zu sehr *middlebrow*, denn Virginia Woolf mokiert sich in ihrem Essay »Middlebrow«, in dem sie den spießbürgerlichen Geschmack und Lebensstil der *middlebrows* geißelt und eine Allianz von *highbrows* und *lowbrows* beschwört, über die BBC als »the Betwixt and Between Company« (Woolf 1966, 202), über deren Wellen sie ihre Botschaft selbstverständlich nicht schicken werde. Das Radioprogramm der BBC war, Reiths Vorgabe gemäß, in erster Linie *Bildungs*programm, mit einem hohen Anteil klassischer Musik (die BBC förderte so die Popularität Mozarts und Bachs und trug nicht unwesentlich zum Haydn-*revival* zwischen den Kriegen bei) und einem nicht minder beachtlichen Anteil von qualitativ hochstehenden Wortsendungen: Etwa ein Viertel aller Sendungen waren Diskussionen, wissenschaftliche oder naturkundliche Beiträge, *educational features*, Kinderprogramme, Sprachkurse, Bücherrezensionen, Konzert-, ja Filmbesprechungen usw. Erst später, etwa ab 1926, wurde dann auch häufiger leichte Musik – wie etwa Operette, Jazz – ins Programm genommen, wenn auch der Gesamteindruck des Senders eher getragen und konservativ blieb: »[F]or a time at least it was almost unbearably serious in style« (Stevenson 1990, 408).

Das neue Medium entwickelte auch eine eigene Kunstform, das *radio drama*. Der erste große Erfolg – 12 Millionen Zuhörer! – war 1927 die Übertragung von Reginald Berleys *The White Château*, in dem auf drastisch-realistische Weise der Grabenkrieg geschildert wird. Der Stoff wurde später wegen dieses großen Erfolgs auch verfilmt.

Die enorme kulturelle Wirkung der BBC blieb jedoch nicht auf die bloße Ausstrahlung von Sendungen beschränkt: So wurde die BBC bald zum Hauptsponsor der 1895 von Sir Henry Joseph Wood inaugurierten *Promenade Concerts*, und das *BBC Symphonic Orchestra* sollte ab 1930 neue, starke Akzente im Londoner Musikleben setzen. Schon 1923 drang der Sender mit der *Radio Times*, später dann auch mit dem exzellenten *Listener* in den Markt der Printmedien ein. (Der Anlaß für die Gründung der *Radio Times* war paradoxerweise gewesen, daß sich die Zeitungen weigerten, das Radioprogramm abzudrucken.) Die BBC setzte so überall neue, anspruchsvolle Standards.

Doch wenn auch das Publikum einer Umfrage der *Daily Mail* von 1927 zufolge eher die leichteren Musen bevorzugte – die Rangfolge der Beliebtheit lautete: *Variety, Concert Parties, Light Orchestral Music, Military Bands, Dance Music, Sports and News, Symphony Concerts, Opera, Short Plays and Sketches, Sea Chanties, Chamber Music, Long Play, Recitations* –, so war John Reith allzeit bereit, den Bildungsauftrag der *public service*-Anstalt ganz offensiv zu vertreten:

> [Broadcasting must be conducted] as a Public Service, with definite standards [...] not [...] used for entertainment purposes alone. [...] [It] should bring into the greatest possible number of homes [...] all that is best in every department of human knowledge, endeavour and achievement [...] The preservation of a high moral tone is obviously of paramount importance. (zit. nach Mowat 1968, 242)

1924 führt Reith aus: »I think it will be admitted by all, that to have exploited so great a scientific invention for the purpose and pursuit of ›entertainment‹ alone would have been a prostitution of its powers and an insult to the character and intelligence of the people« (zit. nach Stevenson 1990, 410). Der *Crawford Report* von 1926 assistierte: »[S]pecial wavelengths or alternative services may provide an escape from the programme dilemma, but we trust they will never be used to cater for groups of listeners, however large, who press for trite and commonplace performances« (zit. nach Mowat 1968, 243). Dieses – im doppelten Sinne des Wortes – Sendungs-Bewußtsein ging bei Reith einher mit der unerschütterlichen Überzeugung, besser als die Hörerschaft selbst zu wissen, was gut für sie sei: »[F]ew know what they want and very few what they need [...] In any case it is better to overestimate the mentality of the public than to underestimate« (zit. nach Stevenson 1990, 410). Zweifelsohne sollte es auch der Wahrung eines gewissen Niveaus dienen, daß Nachrichtensprecher unter der Ägide Reiths angewiesen waren, beim Verlesen der Meldungen ein *dinner jacket* zu tragen. Irgendwie muß es funktioniert haben, denn bald war ›BBC English‹ ein Begriff – wenn auch für die Masse der Bevölkerung ›much too refaned‹ und daher Ziel so manchen Spotts.

So erzieherisch die BBC in ihrem Unterhaltungsprogramm war – immerhin hörten viele Briten hier zum ersten Mal in ihrem Leben die Musik von Strawinsky, Hindemith, Bartók, Sibelius, Schönberg usw., und viele wurden hier auch zum ersten Male mit den neuen Ideen aus Wissenschaft und Philosophie vertraut gemacht –, so unzweideutig war sie auch in ihrer politischen Orientierung, die ganz auf Bewahrung der bestehenden gesellschaftlichen Verhältnisse zielte. Anfangs war die BBC als *politisches* Medium noch etwas gehandikapt: Zur Beruhigung der eine lästige Konkurrenz fürchtenden einflußreichen Pressezaren hatte man eine Vereinbarung getroffen, nach der die BBC, um den Absatz der Morgen- und Abendzeitungen nicht zu gefährden, zwischen Mitternacht und 18 Uhr keine Nachrichten verbreiten durfte[1] – so wurden die *six o'clock news* als erste Nachrichtensendung des Tages zu einer nationalen Institution.

Aber schon im Generalstreik von 1926 wurde offenbar, mit was für einem mächtigen Medium und Stabilisationsfaktor man es zu tun hatte (vgl. Kapitel 2): In Abwesenheit der wegen des Streiks weitgehend ausfallenden Zeitungen erwies sich die BBC – noch privatwirtschaftlich organisiert und während des Ausnahmezustandes nicht mehr an die 6-Uhr-Regelung gebunden – bei aller formalen ›Neutralität‹ als verläßliches Bollwerk der Regierung und der Wirtschaft. Reith formulierte den klassischen Syllogismus: »Assuming the BBC is for the people, and that the Government is for the people, it follows that the BBC must be for the Government in this crisis too« (Bloom 1993, 160). Folglich wurde ein mäßigender, vermittelnder, um Verständnis für die von Lohnkürzung betroffenen Bergarbeiter werbender Aufruf des Erzbischofs von Canterbury nicht gesendet – die Notausgabe der *Times* druckte ihn dagegen wohl. Überhaupt übte sich die BBC immer wieder in Zensur, die um nichts weniger beklemmend wirkte, als es sich dabei um eine gesetzlich gar nicht verlangte *Selbst*zensur handelte. Als einmal Julian Huxley und Cecil Day Lewis über Geburtenkontrolle sprachen, schaltete sich eine anony-

---

[1] Zu dieser Vereinbarung gehörte auch die Abmachung, live übertragene Sportereignisse während dieser Stunden nicht zu kommentieren, was zu jener klassischen Übertragung des Rennens von Derby führte, bei der Hufegetrappel und Zuschauerreaktionen zu hören waren – sonst aber nichts. Das Ergebnis mußte man der Abendzeitung oder eben den *six o'clock news* entnehmen.

me Stimme in ihr Expertengespräch ein und protestierte wegen angeblicher Indezenz, und 1926 verwehrte man George Bernard Shaw eine geplante Sendung zu seinem Siebzigsten, weil der störrische Ire und Nobelpreisträger nicht vorab geloben wollte, kein Ärgernis zu erregen.

Vergegenwärtigt man sich die enorme Verbreitung des neuen Mediums und die unermüdliche kultur-missionarische Arbeit der BBC in den Zwanziger Jahren, so muß es verblüffen, daß in der Literatur der Zeit das Radio praktisch nicht vorkommt und wenn überhaupt, dann als schlimmes Symptom des Kulturverfalls, als Symbol allgemeinen Niedergangs. So läßt D. H. Lawrence etwa in *Lady Chatterley's Lover* den kalten und impotenten Lord Clifford Chatterley, den Repräsentanten einer menschenfeindlichen Maschinen-Zivilisation, sich typischerweise, *of all things*, ein Radio zulegen – seine unglückliche Frau Connie, gestärkt von einem Liebestreffen mit dem Wildhüter Mellors, sieht und hört es mit Schrecken:

> He was queer. He preferred the radio, which he had installed at some expense, with a good deal of success at last. [...] And he would sit alone for hours listening to the loudspeakers bellowing forth. It amazed and stunned Connie. But there he would sit, with a blank entranced expression on his face, like a person losing his mind, and listen, or seem to listen, to the unspeakable thing. (Lawrence 1962, 102)

Radiohören als Anzeichen für beginnenden Wahnsinn? Der Radioapparat als leibhaftiger Gottseibeiuns? Jedenfalls tritt der Apparat ganz buchstäblich zwischen die Eheleute, zwischen die Menschen: »He talked to her of all his serious schemes, and she listened in a kind of wonder, and let him talk. Then the flow ceased, and he turned on the loud speaker [*sic*], and became a blank, while apparently his schemes coiled on inside him like a kind of dream« (200). Das Radio fungiert als eindeutiges Symbol der Entfremdung und markiert den Verlust des Authentischen: »She went upstairs to her bedroom. There she heard the loud-speaker begin to bellow, in an idiotically velveteen-genteel sort of voice, something about a series of street-cries, the very cream of genteel affectation imitating old criers« (114).

In Aldous Huxleys *Those Barren Leaves* (1925) finden wir folgenden aufschlußreichen Katechismus des frustrierten Intellektuellen Francis Chelifer:

> Q. What is the aim of social reformers?
> A. The aim of social reformers is to create a state in which every individual enjoys the greatest possible amount of freedom and leisure.
> Q. What will the citizens of this reformed state do with their freedom and leisure?
> A. They will do, presumably, what the stockbrokers do with these things to-day, *e.g.* spend the week-end at Brighton, ride rapidly in motor vehicles and go to the theatre.
> Q. On what condition can I live a life of contentment?
> A. On the condition that you do not think.
> Q. What is the function of newspapers, cinemas, radios [!], motor-bikes, jazz bands, etc?
> A. The function of these things is the prevention of thought and the killing of time. They are the most powerful instruments of human happiness.
> Q. What did Buddha consider the most deadly of the deadly sins?
> A. Unawareness, stupidity. (Huxley 1969, 107)

Das Radio scheint, ganz undifferenziert, Teil eines gigantischen Verblendungszusammenhangs zu sein, der den Menschen letztlich – Perspektive *Brave New World* –

ihr Mensch-Sein austreiben wird, da es sie zu Passivität und Zeitvergeudung verführt und, nicht anders als die anderen *distractions*, nur kollektive Verblödung bewirkt.

Auch der Maler Mark Rampion in Huxleys *Point Counter Point* (1928) argumentiert, wenn man schon während der Arbeitszeit ein »mechanical idiot« sei, dann müsse man sich wenigstens in der Freizeit vorgefertigten Vergnügungen entziehen, um nicht Schaden an seinem Menschentum zu nehmen:

> [C]oncentrate on being a real human being in your leisure. A real complete human being. Not a newspaper reader, not a jazzer, not a radio fan [!]. The industrialists who purvey standardized ready-made amusements to the masses are doing their best to make you as much of a mechanical imbecile in your leisure as in your hours of work. But don't let them. Make the effort of being human. (Huxley 1976, 305)

Diese Einschätzung deckt sich mit der Position, die auch Huxley selbst in seinen kulturkritischen Essays der Zwanziger Jahre immer wieder einnimmt – und die sich nicht grundsätzlich unterscheidet von der von Wyndham Lewis in *Time and Western Man* (1927) oder von der der typischen Lawrence-Protagonisten in *Women in Love* (1920), *Kangaroo* (1923), *The Plumed Serpent* (1926) und *Lady Chatterley's Lover* (1928) oder von der, die F. R. Leavis (*Mass Civilisation and Minority Culture*, 1930) oder T. S. Eliot (etwa in seinen ›*Commentaries*‹ im *Criterion*) vertreten: Die Massenmedien – Zeitungen, Kino und eben auch das Radio – zerstören Individualität und nivellieren die Kultur (vgl. dazu auch Carey 1992, 7, 43, 190–193).

Wie erklärt sich diese *conspicuous absence* bzw. bemerkenswert vereinfachte, undifferenzierte Sicht des neuen Mediums, die allein das Bedrohliche wahrhaben will und an der Realität der BBC in diesen Jahren auf schon groteske Weise vorbeigeht – eine klassische Fehleinschätzung? Das mag etwas mit der wahrhaft revolutionären neuen Rezeptionssituation des neuen Mediums zu tun haben, die zwei bislang getrennte, ja extrem auseinanderliegende Tendenzen in sich vereint: äußerste Vergesellschaftung und äußerste Privatisierung. Dem Radio gelingt es ja wie keinem anderen Medium zuvor, einem Massenpublikum ›gemeinsame‹ Erlebnisse zu verschaffen, d.h. Hunderttausenden, ja Millionen die Erfahrung zu geben, *zeitgleich* an einem Ereignis teilzuhaben (›zeitgleich‹ im Sinne von: zur selben Zeit wie das Ereignis stattfindet *und* zur selben Zeit wie all die anderen) – sei es das *boat race* zwischen Oxford und Cambridge, das *F. A. Cup Final*, das *Grand National*, das Tennisturnier von Wimbledon oder eben ein Promenaden- oder Sinfoniekonzert, ein Tanzmusikabend, eine politische Diskussion, eine *comedy show*. Zum ersten Mal wird so etwas wie die Möglichkeit einer *im selben Augenblick* vermittelten nationalkulturellen Identität greifbar (noch kein *global village*, aber durchaus ein *national village*), weil das neue Medium (»a means of unifying the thought and understanding of the nation« [zit. nach Graves/Hodge 1985, 346])[2] primär – und das macht seine Neuartigkeit aus – die *Illusion der Gegenwärtigkeit an ganz verschiedenen Orten* erzeugt. Das Radio ist – Reith wußte es, Hitler nicht minder – ein ungemein effek-

---

[2] Vgl. Stevenson (1990), 410: »[T]he radio could [...] be seen as a homogenizing force both culturally and nationally«.

tives Mittel der Beeinflussung, der Gleichschaltung, der Homogenisierung, kurz: der Vergesellschaftung des Einzelnen.

Doch diese Unerhörtheit wird noch überboten von dem Umstand, daß diese mächtige Homogenisierung genau dort ansetzt, wo das Individuum vermeintlich am privatesten ist: bei ihm zu Hause, in seinen eigenen vier Wänden. Durch das Radio wird die Freizeit von Millionen privatisiert, zurück in den privaten, familiären Raum verlegt – sie bleiben zu Hause und *interagieren* nicht mehr mit anderen Menschen. Was das eigentlich für eine Revolutionierung der zwischenmenschlichen Beziehungen bedeutet, kann man sich leicht am Beispiel eines Konzerts klarmachen, das, wird es in Person besucht, ein *soziales* Ereignis im vollen Sinne des Wortes ist (man kleidet sich besonders, organisiert vielleicht einen Babysitter, geht aus, trifft andere, geht danach vielleicht noch in ein Lokal etc.), als Radioübertragung aber eine (wenn auch massenhaft generalisierte) *private* Erfahrung bleibt, bei der der öffentliche Raum gar nicht mehr betreten wird. Man beobachtet die ersten Ansätze eines sozialen *cocooning*. »[M]ass broadcasting as a home-based entertainment« (Stevenson 1990, 408) dürfte, so die These, die Literaten der damaligen Zeit vor allem deshalb abgestoßen haben, weil es zwei Trends vereinte, die ihnen schon jeder für sich genommen höchst suspekt sein mußten: Vermassung einerseits und Rückzug ins Private andererseits. (Im übrigen dürfte wohl niemand diese Dialektik des neuen Mediums, die Dialektik von Vermassung und Vereinzelung, besser auf den Punkt gebracht haben als Woody Allen in seinem grandiosnostalgischen Film *Radio Days*). Und die Gefahr dieser Entwicklung schien ihnen, so läßt sich vermuten, schon in der von diesem Medium diktierten *Form der Rezeptionsbeziehung* zu liegen, nicht unbedingt erst in seinen *Inhalten* – obwohl der Erzähler von *Lady Chatterley's Lover* den seelischen und körperlichen Krüppel Clifford Chatterley – »listening with vacant face to the emotional idiocy of the radio« (Lawrence 1962, 130) – mit Vorliebe Auslandssender wie Madrid oder Frankfurt hören läßt (vgl. 102) – und eben nicht die BBC.

2. Film

So beachtlich der Siegeszug des Radios auch war, seine Bedeutung als Massenunterhaltungsmedium der Zwanziger Jahre wird womöglich noch übertroffen von einer anderen Erfindung des späten 19. Jahrhunderts, dem Film. Vor 1910 war er noch eher eine Jahrmarktsattraktion, deren Genuß leicht Kopfschmerzen verursachen konnte: Die Bildqualität war gar zu miserabel, flackernd und sprunghaft, nicht zuletzt weil der Film noch per Handkurbel abgerollt werden mußte. Die *movies* wurden als kuriose *shakies* bespöttelt. Doch 1914 zählt man in Großbritannien schon 300 Kinos – ihre Zahl steigt bis 1939 auf 5000 an, die der Sitzplätze noch stärker, da es sich bei vielen dieser Kinos um neuartige *super-cinemas*, regelrechte Kinopaläste, handelt (Stevenson 1990, 395).

Die Kriegsjahre bringen den Durchbruch: Die Regierung Großbritanniens entdeckt, wie die anderen Kriegsparteien auch, den Film als Propagandawaffe. *News-*

reels, allen voran die amerikanischen Hearst-Wochenschauen, bilden eine attraktive Ergänzung der Berichterstattung der Tagespresse. 1917, schätzt man, geht schon die Hälfte der Bevölkerung einmal wöchentlich ins Kino (382). Das wären knapp 20 Millionen Kinobesucher, Woche für Woche – eine Zahl, die auch für das Ende der Zwanziger (Bloom 1993, 187) und für das Ende der Dreißiger Jahre (Stevenson 1990, 396) als gesichert gelten kann. Dieser enorme Andrang erklärt sich auch daher, daß Kino ein vergleichsweise billiges Vergnügen ist. Für *sixpence*, also für den Preis eines Pint Bier, bekommt man drei Stunden Unterhaltung, nämlich zwei Filme, eine Wochenschau, einen Cartoon-Film und Vorankündigungen – bei durchgehendem Einlaß. Vor allem für die Armen und Arbeitslosen ist Kino das Vergnügen schlechthin – Pubs bieten weniger fürs Geld. Daß trotz Massenarbeitslosigkeit der Konsum von Bier in Großbritannien in der Zwischenkriegszeit um 50% zurückgeht, kann durchaus auch mit dem wohltuenden Einfluß des Kinos in Zusammenhang gebracht werden.

Der erste Weltstar des neuen Mediums ist ein Engländer: Charlie Chaplin (1889–1977). Chaplin, früh Halbwaise und schon als Kind auf der Varieté-Bühne zu Hause, geht 1914 in die USA, genauer nach Hollywood, also in jenen Vorort von Los Angeles, der bis heute metonymisch für die amerikanische Filmindustrie steht. Chaplins Kunstfigur des kleinen Mannes mit Bowler, zu engem Jackett, weiten Hosen, mit Watschelgang, nach außen gedrehten Füßen und dem wirbelnden Stöckchen ist die erste weltweit bekannte Ikone des Kintopp, des Stummfilms. Mit Meisterwerken wie *The Tramp* (1915), *The Kid* (1920) und *The Goldrush* (1924) schreibt Chaplin Filmgeschichte, mit der Gründung der unabhängigen *United Artists* (1919), der es bald gelingt, in den Kreis der fünf *major companies* (*Paramount, Universal, Twentieth-Century Fox, Metro-Goldwyn-Mayer* und *Warner Brothers*) vorzustoßen, versucht er, den Rechten der Schauspieler und Regisseure mehr Geltung zu verschaffen.

Doch Chaplins Karriere, der Weggang des genialen Engländers in die Studios am Pazifik, ist paradigmatisch für die Branche, für die Zeit: Der Film der Zwanziger Jahre ist, auch in Großbritannien, in erster Linie *Hollywood*-Film, das Kino der Zwanziger Jahre in Großbritannien ist *amerikanisches* Kino. Die Bedeutung dieses Umstandes kann im Rahmen eines kulturwissenschaftlich orientierten Porträts der Dekade in Großbritannien gar nicht hoch genug veranschlagt werden, haben wir es hier doch mit der offensichtlichsten Manifestation einer *Amerikanisierung* der Massenkultur zu tun, die sich, Jahrzehnte später, als erste Phase einer umfassenden *Globalisierung* der kulturellen Diskurse und Lebensweisen darstellt. Die Traumwelten und Idole, die Werte und Klischees, die *stories* und die *happy endings*, die den 20 Millionen britischen Kinobesuchern in den Zwanziger Jahren Woche für Woche geboten werden, sind nicht indigen britisch, sondern – und das macht ihre neue Qualität aus – Teil einer sich machtvoll durchsetzenden und dynamisch entwickelnden kommerzialisierten Welt-Kultur: Auch das definiert die Erfahrung der Zwanziger Jahre, in Großbritannien wie in anderen Ländern Europas.

Und weil sie so auch Teil *unseres* kulturellen Erbes sind, lassen sich über die Filmtitel und die Namen der ersten Stars die Bilder des Kinos der Zwanziger Jahre umstandslos abrufen. Das Kino der Zeit, das sind Liebes- und Abenteuerfilme (vorzüglich Western); das sind Rudolph Valentino in *The Sheik* und *The Son of the Sheik* und Heerscharen anderer *Oriental* und *Latin lovers*; das sind Douglas Fairbanks in *The Thief of Baghdad*, *The Black Pirate* und *Robin Hood* und jede Menge übriger *cloak & dagger*-Heroen; das sind die mal schmachtenden, mal männerverzehrenden Diven wie Lilian Gish, Pola Negri, Mary Pickford und Gloria Swanson; das sind die *slapstick comedies* mit Fatty Arbuckle, die haarsträubenden Abenteuer eines Harold Lloyd oder Buster Keaton, die Verfolgungsjagden der *Keystone Cops*, katastrophale Zusammenstöße, *near misses* und *narrow escapes* – und immer wieder wird die auf die Eisenbahnschienen gefesselte Schöne in allerletzter Sekunde doch noch befreit. Den (über-)menschlichen Stars gesellen sich andere Geschöpfe hinzu: Cartoon-Figuren wie Felix the Cat oder die erste, Ende der Zwanziger Jahre noch dünnbeinige, Version von Mickey Mouse. Der erste echte Tierstar ist der Schäferhund Rin-tin-tin.

Schon Ende des Krieges sind 80% aller in Großbritannien gezeigten Filme amerikanischen Ursprungs. Diese Dominanz hat handfeste Gründe: Die US-Filmindustrie ist der britischen an Kapital und Kapazität weit überlegen: 1920 werden in Großbritannien über 200 Filme produziert, in Hollywood allein jedoch schon Tausende (Graves/Hodge 1985, 136). Deutlich über 300 Tage intensivsten Sonnenscheins im Jahr erlauben dort eine Freilichtproduktion praktisch ohne Unterlaß. Als der englische Filmpionier Cecil Hepworth 1924 in England ein neues Filmstudio mit großen Glasdächern bauen läßt, da auch er das Tageslicht künstlicher Beleuchtung vorzieht, muß er bald die Fehlinvestition erkennen: Es ist auf den Inseln etwas häufiger bedeckt.

Doch entscheidend ist nicht das Klima Kaliforniens, sondern die Struktur der amerikanischen Filmindustrie. Die fünf, sechs *major companies* teilen sich den riesigen amerikanischen Markt und halten nach dem Prinzip der *vertical integration* Produktion, Distribution und Präsentation ihrer Filme in einer Hand. Die Europäer haben dem nichts entgegenzusetzen. Anders als im Bereich des Rundfunks, in dem ja das Monopol der BBC gilt, funktioniert das Filmgeschäft nach den Regeln der freien Wirtschaft: Mit aggressivem Marketing dringen die amerikanischen Firmen auf den britischen Markt, zwingen ihm das System des *block-booking* auf, nach dem Kassenschlager nur im Paket zusammen mit unpopulären Produktionen abgegeben werden, steuern so das Kinoprogramm oft auf Monate im voraus, kaufen dann Kino um Kino auf (oft umfunktionierte alte *music halls*), nicht selten auch, um sie dann abreißen und als neue Kinopaläste mit erheblich größerem Fassungsvermögen neu erstehen zu lassen. Im *Black November* 1924 ist ein Tiefpunkt der britischen Filmindustrie erreicht – in diesem Monat wird kein einziger britischer Film produziert, die Studios stehen leer. Im ganzen Jahr 1925 stehen 500 laufenden amerikanischen Filmen nur noch 26 britische Eigenproduktionen gegenüber. Man reagiert, als es schon zu spät ist: 1927 wird zum Schutz der heimischen Industrie der *Cinematographic Films Act* erlassen, der dirigistisch festschreibt, daß mindestens 5% aller gezeigten Filme britische Produktionen sein müssen. Der Anteil wird dann auf 20% angehoben – ohne große Wirkung. Nicht zuletzt mit amerikanischem Kapital werden auf britischem Boden mit britischem Personal sogenannte *quota quickies* gedreht, völlig uninteressante Billigproduktionen, die nur dazu dienen, die gesetzliche Quote von ›britischen‹ Filmen zu erfüllen und im übrigen den Rest des Marktes um so fester im Griff Hollywoods halten zu können (Bloom 1993, 184).

Doch man täusche sich nicht: Der Hauptgrund für den Erfolg Hollywoods war selbstverständlich, daß diese Art von Kino den Zuschauern einfach genau das bot, was sie sehen wollten: Spannung, Spaß und Schicksalsschläge, Lachen, Liebe und *suspense*. In seinem Essay »Art and the Obvious« (in *Music at Night*, 1931) identifiziert Aldous Huxley das Prinzip der Effektivität dieser »popular art«:

> Little obviousnesses fill (at a moderate computation) quite half of the great majority of contemporary novels, stories, and films. The great public derives an extraordinary pleasure from the mere recognition of familiar objects and circumstances. [...] Films must have plenty of real Ford cars and genuine policemen and indubitable trains. Novels must contain long descriptions of exactly those rooms, those streets, those restaurants and shops and offices with which the average man and woman are most familiar. Each reader, each member of the audience must be able to say – with what a solid satisfaction! – ›Ah, there's a real Ford, there's a policeman, that's a drawing-room exactly like the Browns' drawing room.‹ Recognizableness is an artistic quality which most people find profoundly thrilling. (Huxley 1986, 24)

Auch Virginia Woolfs Kritik in ihrem Essay »The Cinema« richtet sich gegen das oberflächliche Abbilden, das verfälschende ›Abfilmen‹ von Literatur, das die innere, psychologische Wahrheit einer Figur, etwa der Anna Karenina, zugunsten von abrufbaren visuellen Klischees aufgibt, also, um Šklovskij zu zitieren, auf bloßes Wiedererkennen statt auf neues Sehen setzt. Woolf: »A kiss is love. A broken cup is jealousy. A grin is happiness. Death is a hearse« (Woolf 1966, 270). Woolf fordert stattdessen die Entwicklung einer genuin filmischen Sprache, doch schließt sie ihre durchaus interessanten Spekulationen darüber, wie das aussehen könnte, mit dem Eingeständnis: »How all this is to be attempted, much less achieved, no one at the moment can tell us« (272).

Dabei gab es ja durchaus schon eine filmische Entsprechung der Literatur der Moderne: Seit Griffiths *The Birth of a Nation* (1915) hatte es immer wieder Ansätze gegeben, das neue Medium in den Stand einer Film*kunst* zu heben. Vor allem im schwedischen, deutschen und sowjetischen Film der Zwanziger Jahre zeichneten sich die Möglichkeiten eines Mediums ab, das seine Rezipienten ernstnimmt und beansprucht: Klassiker wie Fritz Langs *Der müde Tod* (1921) und *Metropolis* (1927), *Das Kabinett des Dr. Caligari* (1919), *Doktor Mabuse, der Spieler* (1922), Murnaus *Nosferatu* (1922), Pabsts *Die freudlose Gasse* (1925), Eisensteins *Panzerkreuzer Potemkin* (1925) oder Buñuels und Dalís surrealistischer Film *Ein andalusischer Hund* (1929) definierten einen künstlerischen Standard, der sich zwar nicht durchsetzen konnte, aber doch auf ein gewisses Interesse stieß. Mit Stilmitteln wie Montage, Perspektivwechsel, wechselnden Kameraeinstellungen und dem dramaturgischen Einsatz von Licht und Schatten wurden eine visuelle Semantik und Syntax entwickelt, die der Kunst, Philosophie und Literatur der Moderne vergleichbar war. Die 1925 in London unter anderen von Anthony Asquith, Adrian Brunel, Angus MacPhail,

H. G. Wells und George Bernard Shaw gegründete *London Film Society* bemühte sich – im Stile heutiger Programmkinos –, nicht-amerikanische Filme, vorzugsweise experimenteller und avantgardistischer Art, ins Land zu holen. Kommerziell erfolgreich konnten ihre Aktivitäten nicht sein, auch hatte man mit der Zensur zu kämpfen: *Panzerkreuzer Potemkin* und *Metropolis* wurden erst nach gravierenden Schnitten freigegeben, die Vorführung von *Die freudlose Gasse* wurde verboten. Immerhin: Zeitweilig war der Anteil deutscher Filme in Großbritannien höher als der britischer (wenn natürlich auch nicht alle deutschen Filme expressionistisch waren...).

In gemäßigter, sozusagen schmackhafter Form fanden die avantgardistischen Stilmittel jedoch Eingang in den britischen Film über das Schaffen Anthony Asquiths und Alfred Hitchcocks. Asquith, Sohn des ehemaligen liberalen Premierministers, gelang 1929 mit *A Cottage on Dartmoor* ein Film, der durch seine souveräne Beherrschung narrativer Mittel auffiel. Er arbeitete mit *flashbacks*, blendete Politik- und Sportereignisse ein, nutzte zur Spannungssteigerung in Parallelmontage geschnittene Aufnahmen tosender Wellen usw. Asquiths erster Tonfilm (*Tell England*, 1931) ist die Verfilmung des im dritten Kapitel besprochenen Kriegsromans von Ernest Raymond.

Hitchcock hatte zunächst als Zwischentitelschreiber, dann als Regieassistent gearbeitet und bei der UFA Friedrich Murnau über die Schulter geschaut, bevor er 1926 mit *The Lodger* einen Jack-the-Ripper-Stoff nach dem Roman von Marie Belloc Lowndes verfilmte. Hitchcocks Handschrift – Psychologisierung der Handlung, *suspense* und Wissensvorsprung des Publikums – ist hier bereits erkennbar. In *The Ring* (1927), einem Eifersuchtsdrama im Boxermilieu, zeigt er bemerkenswerten visuellen Einfallsreichtum, in *Blackmail* (1929) hat die letzte Rolle, ein Novum im britischen Film, schon eine Tonspur. Das war zwei Jahre nach dem ersten Tonfilm überhaupt, *The Jazz Singer* mit Al Jolson – für empfindsame Intellektuelle ein Graus, zumal sich nun die Suche nach genuin visuellem Ausdruck durch den *easy way out* des Tons zu erübrigen schien. Huxley unter Anspielung auf *The Jazz Singer*:

> [T]he fact that mothers love their children is, as I have pointed out, one of the great obvious truths. But when this great obvious truth is affirmed in a nauseatingly treacly mammy-song, in a series of soulful close-ups, in a post-Wilcoxian lyric or a page of magazine-story prose, the sensitive can only wince and avert their faces, blushing with a kind of vicarious shame for the whole of humanity. (Huxley 1986, 25)

Hitchcock beendet die Zwanziger Jahre mit einer filmischen Adaptation von Sean O'Caseys *Juno and the Paycock* (1929) – und das mag zu der Frage überleiten, welcher Austausch zwischen Literatur und Film der Zeit eigentlich stattfand. Seit seinen Anfangstagen hatte sich der Film ja gerne dramatischer Stoffe bedient. Die Filmgeschichte verzeichnet etwa eine 30minütige Version von Shakespeares *Richard III* von 1911 – 15 Minuten werden allein von den Zwischentiteln in Anspruch genommen, in den restlichen 15 laufen 17 verschiedene Szenen ab (Bloom 1993, 174) – eine erstaunliche Raffung. In den Zwanziger Jahren griff man, neben Shakespeare-Dramen, auch gerne auf erfolgreiche West End-Stücke zurück –

jedoch ohne vergleichbare Resonanz zu erzielen. Noël Cowards Renner *Easy Virtue* (1927 von Alfred Hitchcock verfilmt) und *The Vortex* (1927 von Adrian Brunel verfilmt) floppten als Verfilmungen, weil Drehbuchautoren und Regisseure sich zu wenig von Bühnenkonventionen lösen konnten. Die Filme wirkten ›*stagey*‹, ein generelles Problem: »Plays were adapted to the screen with little regard for the essential differences between the two media« (Armes 1978, 60). Die Theater dürften aber, selbst bei etwas unterschiedlicher sozialer Zielgruppe, den allgemeinen *drain* von 20 Millionen hin zur abendlichen Konkurrenz sehr wohl gespürt haben: Man hatte zu kämpfen, und die Zwanziger Jahre sind in Großbritannien auch dramengeschichtlich, trotz der Iren O'Casey und Shaw, eher als *barren decade* anzusehen.

Das direkte Engagement britischer Autoren für das Kino war kaum ausgeprägt: Immerhin beteiligte sich A. A. Milne, Schöpfer von *Winnie-the-Pooh* (1926), an der Produktion einiger kurzer Filmkomödien von Adrian Brunel, und Arnold Bennett schrieb das Drehbuch zu *Piccadilly* (1925). Der begeistertste Anhänger des neuen Mediums war aber wohl der Sozialist und Utopist H. G. Wells, der ja nicht nur die *London Film Society* mitbegründet hatte, sondern auch den Tonfilm als »Art Form of the Future« pries (Low 1971, 242). Maurice Elvey verfilmte seinen Roman *The Passionate Friends* (1922), Ivor Montagu 1927 gleich drei von Wells eigens für das neue Medium geschriebene *short comedies*: *Bluebottles*, *The Tonic* und *Daydreams*. Als Wells aber selbst versuchte, Film und Literatur miteinander zu verbinden (*The King Who Was a King: The Book of a Film*, 1929), fiel das Ergebnis nicht gerade vielversprechend aus – der Film zum Buch wurde dann auch nie gedreht.

Die filmische Adaptation literarischer Stoffe mußte, so läßt sich zusammenfassen, so lange unbefriedigend bleiben, wie Regisseure und Drehbuchautoren sich darauf beschränkten, ›Inhalte‹ abzufilmen, statt filmische Verfahren zu entwickeln, die den literarischen Verfahren in ihrer Wirkweise äquivalent gewesen wären. Literatur blieb so Stofflieferant für das neue Medium – aber, so nicht nur Virginia Woolf, das Wesentliche ging bei der Übersetzung in das neue Medium in der Regel verloren.

Ein nennenswerter Rückfluß filmischer Techniken in die britische Literatur der Zwanziger Jahre ist kaum nachzuweisen. Beispielsweise hat die kontrapunktische Komposition von Huxleys *Point Counter Point* (1928), da in größeren Blöcken angelegt und quasi leitmotivisch auf verschiedene Figuren verteilt, weniger mit filmischer Schnittechnik zu tun als vielmehr mit der ja auch im Roman selbst ausdrücklich thematisierten Technik musikalischer Komposition. Überblendungen, wie sie sich bei Woolf und Joyce finden, rühren wohl eher von einer veränderten Bewußtseins- und Zeitkonzeption her, als daß sie eine quasi mechanische Übernahme eines filmischen Verfahrens in die Literatur darstellen würden. Es ließe sich also allenfalls argumentieren, beide Verfahren – Schnitte und Überblendungen – seien, in Literatur wie im Film, auf *ein* verändertes Paradigma zurückzuführen, nicht aber, die Literatur sei hier vom Film beeinflußt worden. Die britische Literatur der Zwanziger Jahre kennt nichts, was mit John Dos Passos' Ausschnitt- und Montagetechnik in *Manhattan Transfer* (1925) zu vergleichen wäre, und so gut wie nichts, was den ›Newsreel‹- und ›Camera Eye‹-Passagen seiner *USA*-Trilogie (1930–36) oder den einschlägigen Abschnitten in Döblins *Berlin Alexanderplatz* (1929) entsprechen würde.

Wenn das Kino in der Hochliteratur der Zwanziger Jahre überhaupt wahrgenommen wird, dann so wie das Radio in *Lady Chatterley's Lover*, als Symptom und Symbol kulturellen Niedergangs. Als Connie Chatterley durch die deprimierende Industrielandschaft der Midlands mit ihren heruntergekommenen Bergarbeitersiedlungen fährt, registriert sie: »The stacks of soap in the grocer's shops, the rhubarb and lemons in the greengrocers! the awful hats in the milliners! all went by ugly, ugly, ugly, followed by the plaster-and-gilt horror of the cinema with its wet picture announcements, ›A Woman's Love!‹ [...]« (Lawrence 1962, 142). Das reißerische Plakat, ohne Zweifel für ein Produkt aus Hollywoods Traumfabrik werbend, kontrastiert scharf mit der echten, wirklichen Liebe einer echten, wirklichen Frau, eben der Lady Chatterley, die aber weiß, daß sich in dieser »under-world [of h]alf-corpses, all of them« (143) das Authentische gegen die Macht des millionenfach verbreiteten Scheins kaum behaupten kann, wie I. A. Richards 1924 generalisierte:

> At present bad literature, bad art, the cinema, etc., are an influence of the first importance in fixing immature and actually inapplicable attitudes to most things. Even the decision to what constitutes a pretty girl, or a handsome young man, an affair apparently natural and personal enough, is largely determined by magazine covers and movie stars. (Richards 1983, 159)

Die Scheinwelt der »ready-made amusements« (Huxley 1949, 224) und »organized activities officially known [as] ›pleasure‹« (Huxley 1971, 46) saugt den Menschen ihre Lebenskraft aus – »Their spunk is gone indeed. Motor-cars and Cinemas and aeroplanes suck that last bit out of them« (Lawrence 1962, 203) – und läßt die Menschen emotional und intellektuell verkümmern:

> In place of the old pleasures demanding intelligence and personal initiative, we have vast organizations that provide us with ready-made distractions – distractions which demand from pleasure-seekers no personal participation and no intellectual effort of any sort [...]. The working hours of the day are already, for the great majority of human beings, occupied in the performance of purely mechanical tasks in which no mental effort, no individuality, no initiative is required. And now, in the hours of leisure, we turn to distractions as mechanically stereotyped and demanding as little intelligence and initiative as does our work. Add such leisure to such work and the sum is a perfect day which it is a blessed relief to come to the end of. (Huxley 1971, 48, 51)

Vermehrte Freizeit bedeutet, so Huxley, der wohl klarsichtigste Kulturkritiker der Zwanziger Jahre, erhöhten Bedarf an solchen

> [...] time killers and substitutes for thought as newspapers, films, fiction, cheap means of communication and wireless telephones [...]. And enormous numbers of people, hitherto immune from these mental and moral diseases, would be afflicted by ennui, depression and universal dissatisfaction. The fact is that, brought up as they are at present, the majority of human beings can hardly fail to devote their leisure to occupations which, if not positively vicious, are at least stupid, futile and, what is worse, secretly realized to be futile. (Huxley 1974, 240)

Der Hollywood-Film mit seinen süßen Illusionen und atemberaubenden *thrills* erfüllt in diesem Szenario eine rein kompensatorische Funktion: Er füllt das Vakuum, die Sinnleere der eigenen Existenz aus, macht aber, wie bei einem Drogensüchtigen, jede Rückkehr in die Wirklichkeit von Mal zu Mal schmerzlicher, schwerer zu ertragen. Man wird, über kurz oder lang, die Dosis erhöhen müssen, will sagen: den Massen, die wie beim Radiohören gleichgeschaltet werden, hier aber im *sozialen* Raum, d.h. als tatsächliche *Masse und Menge*, nach *movies* und *talkies* auch *smellies* und *feelies* bieten müssen (Huxley 1986, 91), um sie noch besser in eine kokonartige, virtuelle Welt einbetten zu können. Der per definitionem passive Kinogänger entpuppt sich so als idealer Untertan einer zukünftigen totalitären Konsumgesellschaft: Er ist der Konsument schlechthin (vgl. Huxley 1986, 147f.).

Aversion und Unverständnis der *highbrows* dem neuen Medium gegenüber sind greifbar – sie weigern sich, anders als etwa Ernst Bloch, noch im Begehren nach Talmi und Glitter einen humanen, utopischen Impuls auszumachen. Sie strafen das Kino mit Nichtbeachtung oder Verachtung. Nur einer tanzt, neben Shaw und Wells, noch aus der Reihe: James Joyce. Er gründet bei einem seiner letzten Aufenthalte in Dublin (1909/10) mit großem persönlichen Einsatz das erste Kino Irlands. Zunächst erfolgreich – doch nach seiner Rückkehr nach Triest geht es pleite (Ellmann 1983, 300–311). An seiner Stelle wurde, darf man vermuten, später ein *super-cinema* errichtet, das – wie anders? – vor allem Hollywood-Filme zeigte. Aldous Huxley aber sollte sich später im Exil in Hollywood bemühen, eines der großen Studios für eine Verfilmung von, ausgerechnet, *Brave New World* zu gewinnen – vergeblich. Er dürfte der Letzte gewesen sein, dem die Ironie der Situation entgangen wäre.

Bibliographie

Armes, Roy (1978), *A Critical History of British Cinema*, London: Secker & Warburg.
Barr, Charles, ed. (1986), *All Our Yesterdays. 90 Years of British Cinema*, London: British Film Institute.
Bloom, Clive (1993), *Literature and Culture in Modern Britain, Volume 1: 1900–1929*, London–New York: Longman.
Blythe, Ronald (1963), *The Age of Illusion. England in the Twenties and Thirties 1919–1940*, London: Hamish Hamilton.
Briggs, Asa (1961–1974), *The History of Broadcasting in the United Kingdom*, 4 vols., London: Oxford University Press.
Briggs, Asa (1985), *The BBC. The First Fifty Years*, London: Oxford University Press.
Carey, John (1992), *The Intellectuals and the Masses. Pride and Prejudice Among the Literary Intelligentsia, 1880–1939*, London: Faber & Faber.
Charney, Leo, Vanessa P. Schwartz (1985), *Cinema and the Invention of Modern Life*, London: University of California Press.
Curran, James, Vincent Porter, eds. (1983), *British Cinema History*, London: Weidenfeld & Nicolson.
Ellmann, Richard (1959, 1983), *James Joyce*, Oxford–New York–Toronto–Melbourne: Oxford University Press.

Graves, Robert, Alan Hodge, eds. (1940, 1985), *The Long Week-end. A Social History of Great Britain 1918–1939*, London: Hutchinson.
Hammond, J. R. (1979), *An H. G. Wells Companion*, London–Basingstoke: Macmillan.
Higson, Andrew (1985), *Waving the Flag. Constructing a National Cinema in Britain*, Oxford: Clarendon.
Huxley, Aldous (1923, 1971), *On the Margin. Notes and Essays*, London: Chatto & Windus.
Huxley, Aldous (1925, 1969), *Those Barren Leaves*, London: Chatto & Windus.
Huxley, Aldous (1925, 1974), *Along the Road. Notes and Essays of a Tourist*, London: Chatto & Windus.
Huxley, Aldous (1928, 1976), *Point Counter Point*, Harmondsworth: Penguin.
Huxley, Aldous (1929, 1949), *Do What You Will*, London: Chatto & Windus.
Huxley, Aldous (1931, 1986), *Music at Night*, London: Triad/Grafton.
Lawrence, D. H. (1928, 1962), *Lady Chatterley's Lover*, New York: Signet.
Low, Rachel (1971), *The History of the British Film 1918–1929*, London: Allen & Unwin.
Mowat, Charles Loch (1955, 1968), *Britain Between the Wars 1918–1940*, London: Methuen.
Richards, I. A. (1924, 1983), *Principles of Literary Criticism*, London: Routledge and Kegan Paul.
Seaman, L. C. B. (1970), *Life in Britain Between the Wars*, London: Batsford, New York: Putnam's.
Stevenson, John (1984, 1990), *British Society 1914–45* [*The Penguin Social History of Britain*], Harmondsworth: Penguin.
Taylor, A. J. P. (1965), *English History 1914–1945*, Oxford: Oxford University Press.
Woolf, Virginia (1966), *Collected Essays,* vol. 2, ed. Leonard Woolf, London: Hogarth.

Kapitel 10

Kunst, Literatur, Politik – Übergänge bei Virginia Woolf
von Klaus Reichert

1.

Seit April 1920 arbeitete Virginia Woolf an ihrem ersten ›experimentellen‹ Roman, *Jacob's Room*. Er beginnt mit dem Bild einer Frau, der Mutter Jacobs, die am Strand sitzt und einen Brief schreibt. Die Spitze ihrer Goldfeder bleibt auf dem Papier stecken, und langsam löst blaßblaue Tinte den gesetzten Punkt auf. Ebenso fixieren sich ihre Augen und füllen sich langsam mit Tränen:

> The entire bay quivered; the lighthouse wobbled; and she had the illusion that the mast of Mr. Connor's little yacht was bending like a wax candle in the sun. She winked quickly. Accidents were awful things. She winked again. The mast was straight; the waves were regular; the lighthouse was upright; but the blot had spread. (V. Woolf 1992a, 3)

Was ist ›Illusion‹, was ›Wirklichkeit‹? Der Leuchtturm wackelt, der Mast verbiegt sich, weil sie von einem, hier sogar physisch konkreten, *point of view* erfaßt werden, der mit den Augen verschleierter Erinnerung die Wirklichkeit sieht (»Accidents were awful things«). Nicht das ist wirklich, was sich wiedererkennbar abphotographieren läßt, sondern das, was sich im wahrnehmenden Bewußtsein spiegelt: hier die durch den frühen Tod ihres Mannes, der sie mit drei kleinen Buben zurückließ, veränderte Welt. Betty Flanders kann den ›richtigen‹ Blick wieder einstellen (»She winked quickly [...] She winked again«), aber der verlaufene Punkt bleibt stehen, als Sediment ihrer Tränen und als Spur der Übertragung eines anderen Blicks auf die Wirklichkeit des Papiers. Damit dem Leser das Neue dieses anderen Blicks nicht entgeht, hat Virginia Woolf ihn mit der herkömmlichen Weise des Sehens kontrastiert. Mrs. Flanders wird nämlich von einem Maler beobachtet, der sie so, wie sie da sitzt, abzubilden versucht. Leider bewegt sie sich: »Here was that woman moving – actually going to get up – confound her! He struck the canvas a hasty violet-black dab« (4). Hier entsteht also ein Bild ›nach der Natur‹, illusionistische Malerei – wenig später heißt es: »up he looked and saw to his horror a cloud over the bay« –, das heißt, die ›Kunst‹ dieses Malers besteht in der Verdoppelung. Mit der ihr eigenen Boshaftigkeit läßt Virginia Woolf den Leser wissen, daß der Maler hochzufrieden war, »if his landladies liked his pictures – which they often did.« Mit beiden Sichtweisen – der der Betty Flanders und der des Malers – ist die Kontroverse vorgestellt, die die Debatten über Kunst in den 1910er und 20er Jahren in England bestimmte. Mit den Mitteln erzählender und essayistischer Prosa hat Virginia Woolf auf diese Kontroverse reagiert. *Jacob's Room* war ihr erster größerer

Versuch (nach experimentierenden Skizzen seit 1917), neue Formen des Sehens, der ›Anschauung‹, auf die Literatur zu übertragen. Was war der Hintergrund?

Der Roman erschien im Oktober 1922; die Kritik war, wie zu erwarten, geteilter Meinung. Im März 1923 trat der edwardianische Romancier Arnold Bennett, ein Meister der konventionellen Techniken des Metiers, mit einem Angriff grundsätzlicher Natur unter dem Titel »Is the Novel Decaying?« an die Öffentlichkeit. Darin heißt es: »The foundation of good fiction is character creating, and nothing else« (Majumdar/McLaurin 1975, 113). Auf *Jacob's Room* gemünzt fährt er fort: »[...] the characters do not vitally survive in the mind because the author has been obsessed by details of originality and cleverness«. Im November desselben Jahres ging Virginia Woolf zum Gegenangriff über und veröffentlichte unter dem dann berühmt gewordenen Titel »Mr Bennett and Mrs Brown« die erste Fassung dessen, was ein halbes Jahr später ihr Manifest als Romanautorin werden sollte. (Die erweiterte Fassung erschien als »Character in Fiction« im Juli 1924 in T. S. Eliots *Criterion*, wurde aber wenig später unter dem ursprünglichen Titel als selbständige Publikation in der Essayreihe ihres eigenen Verlags, The Hogarth Press, herausgebracht.) In diesem Essay-Vortrag zieht sie eine scharfe Trennlinie zwischen den Edwardians, zu denen sie Bennett, H. G. Wells und John Galsworthy zählt, und den Georgians, unter denen sie E. M. Forster, D. H. Lawrence, Lytton Strachey, James Joyce und T. S. Eliot nennt. Die Edwardians wußten ganz genau, was ein Charakter war, kannten seine Einkommens- und Familienverhältnisse, kannten seine soziale Stellung und die Konflikte, die dadurch determiniert waren, spannen ihn ein in ein Netz von Bezügen, aus dem er nicht entweichen konnte. Was sie beschrieben, war das, was sie für Wirklichkeit hielten, die aber im Grunde aus nichts als im vorhinein festgelegen Urteilen, Annahmen, Wertungen bestand. Der Blick des Romanciers auf die ›Wirklichkeit‹ wußte immer schon, was er da zu sehen hatte, und unterschied sich darum nur im verwendeten Medium von dem des Soziologen oder Journalisten.

Demgegenüber war festzuhalten, daß wir von ›der Wirklichkeit‹ zunächst einmal gar nichts wissen, daß sie sich uns zeigt in tausenderlei Facetten, die wir, auf Grund welcher Bedingungen oder Stimmungen auch immer, zusammenstücken – dieses akzentuierend, jenes weglassend –, um zu so etwas wie einem sinnvollen Zusammenhang zu kommen, der sich im nächsten Augenblick wieder verändern mag. »Think how little we know about character – think how little we know about art« (V. Woolf 1988, 421). Den ›Gewißheiten‹ der Edwardians hält Virginia Woolf *Möglichkeitsformen* entgegen: Sie beschreibt, wie sie in einem Eisenbahnabteil eine ältere Frau (Mrs. Brown) beobachtet, die einem jüngeren Mann (Mr. Smith) gegenübersitzt. Detail um Detail fügt sie zusammen, um vorstellbar zu machen, wer diese Frau, wer ihr Gegenüber sein *könnte*: die abgetragene Kleidung der Frau, ihre Haltung, ihr Gesichtsausdruck, in dem sich spiegeln mag, was der Mann vielleicht gesagt hatte, bevor die Beobachterin das Abteil betrat, die Stimmlage, die Gesprächsfetzen, die, an sich bedeutungslos, gleichwohl einen Wink geben, der sich ins Bild dieses im Entstehen begriffenen Charakters fügt. Die Skizze ist ein Exerzitium imaginativer Wahrnehmung – imaginativ, weil die Aufmerksamkeit für das

Äußerliche, Oberflächige, auch Kontingente, zugleich Beziehungen herstellt, aus denen sich dann so etwas wie ein ›Charakter‹ – es ist unverwechselbar *diese* Frau und keine andere – ableiten läßt, ohne daß die Autorin etwas über das ›Innere‹ der Figur, das sie ja nicht ›kennt‹, mitteilen müßte. Darin liegt der fundamentale Unterschied zum Schreiben derjenigen, die jeden ihrer Charaktere bis in den geheimsten Seelenwinkel zu kennen vorgeben und ebendarum die Wirklichkeit verfehlen, in der wir, abgesehen von ein paar Äußerlichkeiten, vom anderen nichts wissen. Es geht Virginia Woolf also um ein ›wahres‹ Erfassen der Wirklichkeit, auch wenn ›der Leser‹ sie nicht wiedererkennen mag, weil sein Bild von ihr vielleicht vorgeprägt ist, zum Beispiel von den Edwardians oder den Viktorianern. Dieses ›Wahre‹ ist aber nicht zu verwechseln mit irgendeinem Objektivitätsanspruch, es hängt vielmehr von einer Reihe von Faktoren ab, durch die der Beobachterstandpunkt bestimmt ist (im anfangs zitierten Beispiel war es Mrs. Flanders, die im Briefschreiben innehält): »[...] old Mrs Brown's character will strike you very differently according to the age and country in which you happen to be born. It would be easy enough to write three different versions of that incident in the train, an English, a French, and a Russian« (425f.). Damit ist auch gesagt, daß Wahrnehmung historisch vermittelt, also veränderbar ist. In dem meistzitierten Satz ihres Essay-Vortrags fixiert Virginia Woolf den historischen Wendepunkt genau: »[...] in or about December 1910 human character changed« (421). Was bedeutet diese präzise Zeitangabe? 1910 war zwar das Todesjahr König Edwards VII, der aber im Mai starb. Warum »in or about December 1910«?

2.

Am 8. November 1910 wurde »The First Post-Impressionist Exhibition« in den Grafton Galleries eröffnet. Organisiert hatte sie Roger Fry (1866–1934), Kunsthistoriker, Kritiker, Maler und ein beständiger, über die Jahre hin in Dingen der Kunst und Literatur immer wichtiger werdender Freund, dem Virginia Woolf ihre einzige echte Biographie widmete, ihr letztes abgeschlossenes Werk (1940). Es war Fry, der ihr die Augen für die neue Kunst, für neue Formen malerischer Wahrnehmung öffnete, ohne die ihre Entwicklung als Schriftstellerin vermutlich einen anderen Weg genommen hätte. Als Mitorganisator der Ausstellung fungierte Clive Bell (1881–1964), auch er Kunstkritiker, auch er ein intimer Freund seit den Anfängen der *Bloomsbury Group* und seit 1907 mit Virginias Schwester Vanessa, der Malerin, verheiratet. Aber was sollte eine Ausstellung eines Post-Impressionismus, nachdem eben erst plausibel geworden war, daß der Impressionismus vielleicht doch mehr war als bloße Kleckserei, während natürlich die Kunstwarte der *Royal Academy* ihre Illusionsmalerei im Namen einer Wirklichkeit von Kühen bei Sonnenuntergang weiter betrieben. Der Schock ist heute schwer begreifbar, da der geschmähte Impressionismus nur die letzte Konsequenz eines Hyperrealismus sein sollte und der eigentliche Bruch erst danach kam. Die Maler, die Fry zum ersten Mal in England ausstellte, gruppierten sich um den gerade erst auch in Frankreich in seiner epochalen Bedeutung entdeckten Paul Cézanne: Es waren Gauguin und van Gogh, Seurat, Signac, Rouault, Derain und die jungen Matisse und Picasso. Die Reaktion von Publikum und Kritik war fast ausnahmslos negativ und entsetzt; man sprach von Irrenmalerei, Pathologie, Obszönität, handwerklicher Stümperei. Das, was man für ›wirklich‹ zu halten gewohnt war und was die Malerei in Form der *representation* darzustellen hatte, war nicht wiederzuerkennen; die unterstellte abbildende Aufgabe der Kunst war aufgekündigt. Im Katalogvorwort zur zweiten Post-Impressionisten-Ausstellung (1912, diesmal organisiert mit Assistenz von Leonard Woolf) schrieb Roger Fry, den neuen Malern gehe es nicht um eine »descriptive imitation of natural forms«, »they aim not at illusion but at reality«: »to arouse the conviction of a new and definite reality« (Fry 1937, 195). Hier werden also zwei Auffassungen von ›Wirklichkeit‹ einander gegenübergestellt: die täuschende einer Vorspiegelung von Realität und die dahinter liegende ›wahre‹ oder definitive, eine geistige oder emotionale Realität als Ergebnis der künstlerischen Vision. Kunst schaffe »an equivalence, not a likeness, of nature« (196): »All art depends upon cutting off the practical responses to sensations of ordinary life, thereby setting free a pure and as it were disembodied function of the spirit« (197f.). Ihr Ziel ist: »It communicates a new and otherwise unattainable experience« (198).

Worauf solche Annäherungsbegriffe wie »new reality«, »spirit«, »emotion«, »new experience« hinauslaufen, ist eine Neubestimmung der Ästhetik. Ein Kunstwerk soll ›reine Kunst‹ sein, »the thing in itself« (C. Bell 1958, 142), das heißt, bedeutungsvoll jenseits der Inhalte, die es mitteilen mag, losgelöst auch vom Beweggrund seines Urhebers, es in Angriff zu nehmen (die Tilgung der biographischen Spur also, das notwendige *detachment*), zugleich aber soll es dem Betrachter eine besondere Art emotionaler Beteiligung ermöglichen: Das Kunstwerk ist einerseits ›rein‹, andererseits auf den Respons, die wahrnehmende Aktivität des Betrachters angewiesen. In einem »Retrospect«, mit dem Roger Fry die Sammlung seiner Essays und Vorträge, *Vision and Design* von 1920, beschloß, bezieht er sich auf Clive Bell, der in seinem Buch *Art* geschrieben hatte, Kunst habe einzig und allein zu tun »[...] with the expression of a special and unique kind of emotion, the aesthetic emotion. A work of art had the peculiar property of conveying the aesthetic emotion, and it did this in virtue of having ›significant form‹« (Fry 1937, 238). Was aber genau unter »significant form« zu verstehen ist, weiß Fry auch nicht. Er schreibt: »Personally, at least, I always feel that it implies the effort on the part of the artist to bend to our emotional understanding by means of his passionate conviction some intractable material which is alien to our spirit« (243). Er setzt hinzu, er vermute, »significant form« korrespondiere dem, was Flaubert unter »expression of the idea« verstanden wissen wollte – »but, alas! he never explained and probably could not, what he meant by the ›idea‹« (243).

Bells Schrift *Art*, die 1914 erschien, aber bereits 1911 und 1912 ausgearbeitet wurde, also in unmittelbarer Auseinandersetzung mit den Ausstellungen der Post-Impressionisten, definiert »significant form« als »the form behind which we catch

Kunst, Literatur, Politik 223

»Kornfeld mit Krähen«, eines der letzten Gemälde van Goghs, das aller Wahrscheinlichkeit nach 1910 unter dem Titel »Cornfield with Blackbirds« auf der Post-Impressionisten-Ausstellung gezeigt wurde und heute in England als »Crows Over the Wheat Field« bekannt ist.

the sense of ultimate reality« (C. Bell 1958, 46). Diese ›wahre‹ oder ›wesentliche‹ Realität zeige »the universal in the particular [...] the all-pervading rhythm [...] behind the appearance of all things« (54). Wie das zustandekommt, hat nichts mit einem Symbolwert des Dargestellten, nichts mit einer vom Bild unabhängigen Bedeutung zu tun, es ist ausschließlich ablesbar an der Oberfläche und ist eine Funktion des Arrangements und der Kombination der Farben und Linien auf der Fläche. Von dieser Bestimmung her findet Bell denn auch »significant form« in Chartres und Giotto ebenso wie in einer persischen Schale, einem chinesischen Teppich, einer Negerplastik oder eben in Cézanne, das heißt sie ist keineswegs ausschließliches Merkmal ›modernistischer‹ Kunst – sie ist ein Unterscheidungskriterium zwischen *art* und *no art*, für das uns die Modernen, nach den Verheerungen durch die Akademiemalerei, nur wieder den Blick geschärft haben. (In diesem Sinne wären die Romane Bennetts *no art*, und Bell sagt von der Literatur der 1910er Jahre, sie wate »ankle-deep in the mud of materialism and deliquescent tradition« [162].) Was aber gleichwohl neu ist bei den Modernen, ist ihre Problematisierung der Gegenständlichkeit. Mit den Worten Frys: »In such a creative vision the objects as such tend to disappear, to lose their separate unities, and to take their places as so many bits in the whole mosaic of vision« (Fry 1937, 50). Ein solcher Satz, 1919 geschrieben, liest sich wie ein Resümee des Verfahrens von *Jacob's Room*.

3.

Virginia Woolf stand in engstem Gedankenaustausch mit Fry und Bell, wie wir aus den Tagebüchern und Briefen wissen, sie kannte ihre Theorien, diskutierte sie mit ihnen. Die Anstöße zu einer künstlerischen Reorientierung insgesamt gingen für sie von *hier* aus, nicht von innovativen, formbezogenen Literaturdebatten, die in England nicht geführt wurden. Es fällt auf, daß sie ihre Figuren und Szenen weniger in narrativer Sequenz als in visuellen Momentaufnahmen aufbaut – selbst Mrs. Brown im Essay wird in ihrem Eisenbahnabteil von einem Malerauge erfaßt –, aber das Programm eines neuen Sehens, das Postulat der »significant form«, die unter der Oberfläche liegende ›wahre‹ Wirklichkeit in Literatur umzusetzen, stellte vor erhebliche Probleme. Hier war es hilfreich, daß die Vertreter des Neuen weniger Theoretiker als Praktiker waren: Bell war Kritiker, Fry Maler, Vanessa Malerin, Duncan Grant (1885–1978), der seit 1917 mit Vanessa zusammenlebte, war ebenfalls Maler. Der Umgang mit Malern, der Zugang zur Entstehung von Bildern hat ihre Aufmerksamkeit auf Fragen der Technik gelenkt, die ihr zum Bewußtsein bringen mochten, daß Sprache als Material, ähnlich wie Farbe und Linie, eine andere Herangehensweise verlangte als Sprache als Vehikel, um eine unabhängig von ihr konzipierte Geschichte zu transportieren. Das ist insofern schwierig, als Sprache ohne einen referentiellen Bezug kaum verwendet werden kann (obwohl das gleichzeitig etwa von Gertrude Stein und den Dadaisten versucht wurde). Vielleicht ist der Grund, weshalb sie immer wieder das Sehen beim Namen nennt und sich den neuen Malerblick aneignet, der, daß sie etwas der Malerei Analoges schaffen wollte, ohne sich gänzlich der Sprache als Material überlassen zu können oder zu wollen (wie es der von ihr kritisch beurteilte Joyce in zwei Dritteln seines *Ulysses* [1922] zur gleichen Zeit versuchte). Zumindest soviel aber läßt sich sagen, daß sie in immer neuen Ansätzen daran arbeitete, zu so etwas wie Bells »thing in itself« zu gelangen, einer selbstbezüglichen Form, wobei der kategoriale Unterschied zur Malerei darin liegt, daß das Prosawerk nicht wie ein Bild fertig vor uns liegt, sondern daß wir ihm im Leseprozeß gewissermaßen bei seiner Entstehung zusehen, indem wir zum Beispiel verfolgen, wie ein Satz durch einen Einschub, der auf etwas ›ganz anderes‹ (einen anderen ›Charakter‹) hinausläuft, unterbrochen, die syntaktische Richtung durch einen Anakoluth geändert wird. Solche Offenheiten, diese prinzipielle Unvorhersagbarkeit der Sätze, wirken, malerisch gesprochen, wie Korrekturen der Linie, Aufhellungen oder Abschattierungen, Umverteilung der Proportionen, nachgetragene Grundierungen, um die allmähliche Verfertigung der Sprache beim Schreiben vor Augen zu führen – des Schreibens *im Prozeß*, nicht im Sinne einer Annäherung an ein vorbedachtes Konzept. (Auch das wäre ein Unterschied zur Verfahrensweise von Joyce.)

Im dritten ihrer ›experimentellen‹ Romane, in *To the Lighthouse* von 1927, hat Virginia Woolf mit der Figur der Lily Briscoe den Entstehungsprozeß eines Bildes vorgeführt, der den ganzen Roman durchzieht und erst an dessen Ende an sein Ende kommt. Lily Briscoe, ausgerechnet eine Malerin, ist die Verkörperung der Autorinstanz in einem Roman, der aus Tableaux gebaut ist, Bildern, die sich in ihren Relationen und Kombinationen minutiös ändern, ihre Fixpunkte probierend verschieben, bis am Ende, in einem raschen Strich Lilys, das Moment gefunden ist, das alles zusammenhält, das Bild, und, durch es hindurch, den Roman, Verfahren und Erzählung als »significant form«, »the thing in itself«. An Lily Briscoe demonstrierte Virginia Woolf am konsequentesten, was Roger Fry von der »artist's vision« forderte: »[...] to be on the look-out for these peculiar arrangements of objects that arouse the creative vision, and become material for creative contemplation« (Fry 1937, 50).

Wie empfänglich Virginia Woolf gerade auch für die technische Seite der Malerei war, geht aus einer aufschlußreichen Tagebucheintragung vom April 1918 hervor. Der Freund Maynard Keynes, der schon berühmte Ökonom, hatte gerade in Paris (durch den Krieg waren die Preise gefallen) einen Cézanne kaufen können:

> There are 6 apples in the Cézanne picture. What can 6 apples *not* be? I began to wonder. Theres their relationship to each other, & their colour, & their solidity. To Roger & Nessa, moreover, it was a far more intricate question than this. It was a question of pure paint or mixed; if pure which colour: emerald or veridian; & then the laying on of the paint; & the time he'd spent, & how he'd altered it, & why, & when he'd painted it – We carried it into the next room, & Lord! how it showed up the pictures there, as if you put a real stone among sham ones; the canvas of the others seemed scraped with a thin layer of rather cheap paint. The apples positively got redder & rounder & greener. I suspect some very mysterious quality of potation [?] in that picture. (V. Woolf 1977a, 140f.)

Woolf beginnt mit einer typischen Schriftstellerfrage, in der der ganze Überdruß an der Bedeutungshaftigkeit der Dinge in der Kunst steckt (»What can 6 apples *not* be?«), um dann, nachdem sie etwas über die Verfahrensweise, die ›Kunst‹, gelernt hat, das Bild in einem anderen Licht, in seiner Einzigartigkeit zu sehen. Ließ sich daraus etwas lernen für ihr Schreiben? Viel später, in ihrer Fry-Biographie, zitiert sie einen Satz Frys aus jenen Jahren, in dem er einem jungen Autor eine Absicht zuschreibt, die auch die eigene gewesen sein dürfte: »[...] he believes that everything must come out of the matière of his prose and not out of the ideas and emotions he describes«. Und weiter: »Design, rhythm, texture [...] in Flaubert as in Cézanne« (V. Woolf 1976a, 240).

Als sie die Wirkung des Cézanne-Bildes auf sich beschrieb (es ist die erste Erwähnung Cézannes in den Tagebüchern), hatte sie bereits zwei umfangreiche, eher konventionelle Romane geschrieben. Nach dem Erscheinen des zweiten (*Night and Day*, 1919) schrieb sie an Fry: »O how I want now to write nothing longer than 10 pages for ever« (V. Woolf 1976b, 395). Dabei hatte sie schon 1917 mit der ›freien‹ Form experimentiert: Der kurze Text »The Mark on the Wall« hat zum Thema die Beobachtung von etwas an der Wand – ist es ein Fleck, ein Riß, ein Nagel? Aus diesem Fast-Nichts an der Wand und der Schwierigkeit, es zu fixieren, zu identifizieren, entsteht in immer neuen Anläufen eine Prosaskizze, die einerseits die Unsicherheit im Erfassen der Wirklichkeit, ihr Sich-Entziehen beim Versuch, sie festzuhalten, minutiös nachzeichnet, andererseits aber, und hier kommen die ganz unmalerischen Interessen der Erzählerin ins Spiel, den Gedankenzug immer wieder zu Ansätzen von Geschichten ausufern oder sich verdichten läßt, um sie jedoch sogleich wieder zu verwischen. Das Ganze ist ein Kabinettstück über Schreiben und Sehen in der Möglichkeitsform mit Blick auf »the mystery of life« hinter der Erscheinung des Alltäglichsten und deren assoziativer Reflexion im wahrnehmenden Bewußtsein. In knapperer Form hat noch kein Autor das Programm seines künftigen Schreibens skizziert. E. M. Forster schrieb wenig später über dieses Prosastück: »[...] in this queer world of Vision it is the surfaces of things, not their names or natures that matter; it has no connection with the worlds of practical or philosophic truth; it is the world of the Eye – not of supreme importance, perhaps, but, oh, how rarely revealed« (Majumdar/McLaurin 1975, 69). Nach einigen weiteren Exerzitien mit kleinen Formen (»Kew Gardens«, 1919; »An Unwritten Novel«, etwa Januar 1920) wandte sie sich dann im April 1920 erneut der Großform, dem Roman, zu.

Schon der Titel ist Programm: nicht »Jacob Flanders«, sondern »Jacob's *Room*«; er verweist auf den neuen Blick auf eine Figur. So wie ein Maler das ›Innere‹ eines Porträtierten nur an äußeren Merkmalen erfassen kann, so sollte die Figur aus Tausenden von eher beiläufigen, aber stets konkreten Einzelheiten aufgebaut werden, die sich erst im Bewußtsein des Lesers zu so etwas wie einem ›Charakter‹ zusammenschließen. Der Roman ist gefügt aus Splittern von Wahrnehmungen (nicht nur visueller Natur), wie eine Figur sie unter jeweils wechselnden Bedingungen registriert. »Nothing settled or stayed unbroken«, heißt es einmal (V. Woolf 1992a, 47). Indem ein Ding ›fixiert‹ wird, löst es sich auch schon wieder auf, hat aber vielleicht für einen Augenblick etwas preisgegeben (seine »significant form«?), das ebensowohl mit diesem ›Ding‹ wie mit der es wahrnehmenden Figur zu tun hat. Natürlich ›geht‹ es nicht um die Dinge, sondern um die Entwicklung eines jungen Mannes, eines Zöglings des alten Universitätssystems, bis zum Ersten Weltkrieg, in dem er fällt. Doch diese Entwicklung wird nie von innen gezeigt, etwa durch Reflexionen der Figur (wie in dem thematisch ähnlichen, etwas früheren *Portrait of the Artist as a Young Man* [1916] von James Joyce), sondern eben von der Reaktion der Figur auf Dinge und Personen her (oder von den Personen auf ihn), auf Räume, Bücher, Landschaften. Es sind alltägliche Reaktionen, in denen das kaum Bemerkenswerte auf einer Ebene mit dem für einen Moment Bedeutungsvollen steht. Es gibt keine ›großen‹ Szenen, keine Debatten über Kunst oder Literatur, Politik oder ›das Leben‹. Die vielen mitgeteilten Gesprächsfetzen bleiben Fetzen, die zwar in die Richtung weisen, worüber ›ernsthaft‹ gesprochen wurde, das Gesprochene selbst aber aussparen, erstens wohl weil der Roman *als Kunstform* kein Transportmittel für Ideen sein soll (anders als bei Wells und Bennett), zweitens weil dadurch abgelenkt würde von der Wahrnehmung der Wirklichkeit durch Registrierung ›äußerer‹ Partikel, drittens weil Virginia Woolf sich nie auf eine Figur ›einläßt‹ auf dem Wege der Identifizierung – »Think how little we know about character« –, sondern die Distanz, in immer neuen Brechungen, zu ihr wahrt. Keines der zahlreichen Liebesabenteuer Jacobs wird ›erzählt‹ – wir erfahren darüber von den ›Rändern‹, von Nebensächlichem her; von Gefühlen, von Leidenschaften ist nicht die Rede –, und doch gewinnt jede einzelne Affäre Kontur wie in einem Bild, in ihrer Schüchternheit, Trostlosigkeit, Einsamkeit, Billigkeit oder ihrem Glück. In einer der bewegendsten Szenen im Roman sieht Jacob seine Freundin am Arm eines anderen. Das wäre für einen herkömmlichen Erzähler die Gelegenheit gewesen, die Torturen der Eifersucht im Herzen des Helden darzustellen. Nichts davon bei Virginia Woolf. Statt dessen heißt es: »The light from the arc lamp drenched him from head to toe. He stood for a minute motionless beneath it«. Und drei Sätze weiter:

> The light drenched Jacob from head to toe. You could see the pattern on his trousers; the old thorns on his stick; his shoe laces; bare hand; and face.
> It was as if a stone were ground to dust; as if white sparks flew from a livid whetstone, which was his spine; as if the switchback railway, having swooped to the depths, fell, fell, fell. This was his face.
> Whether we know what was in his mind is another question. (81)

Das Stehen im Licht wird wie ein Stehengelassensein im Regen beschrieben (»drenched«); die ausgewählten Fragmente seines Äußeren treten überscharf beleuchtet hervor, als müßten sie die Aufmerksamkeit absorbieren. Mit drei brutalen Bildern (nicht ›Vergleichen‹) aus der Ding- und Sachwelt wird der innere Vorgang in der Möglichkeitsform nach außen projiziert (wie auf einem Bild von Max Beckmann), ohne doch *Ausdruck* des Inneren sein zu wollen oder zu können. Im Fortgang des Kapitels mit seinen Beobachtungen von Nichtigkeiten, mit seinen aus anderen Zusammenhängen (aus der Erinnerung?) eingeschalteten Szenen, kommt alles Mögliche zur Sprache, nur nicht Jacobs Schmerz und Eifersucht, und doch ist gleichzeitig, durch die Erscheinungen des Äußerlichen hindurch, nichts anderes im Blick. Aber gerade durch die Aussparung innerer Vorgänge wirkt Jacob nur um so trostloser, verlorener, einsamer.

Was uns heute wie ein Geniestreich anmutet, war das Ergebnis eines Tastens und Suchens nach einer neuen Form. Alte Verfahren des Erzählens (*realism*) sollten ersetzt, der neue malerische Blick auf die Wirklichkeit sollte auf die Prosa übertragen werden. Ging das? Der Ausgang war ungewiß. Im August 1922, die letzte Revision des Romans war gerade beendet, schrieb Virginia Woolf an Fry: »[...] it is too much of an experiment to be a success« (V. Woolf 1976b, 546). Und in ihren Antworten auf die Reaktion von Freunden, nachdem das Buch im Oktober erschienen war, äußerte sie sich meist apologetisch. An Lytton Strachey, der ihr »romanticism« vorgeworfen hatte, schrieb sie: »[...] some of it, I think, comes from the effort of breaking with complete representation. One flies into the air« (569); an David Garnett: »[...] how far can one convey character without realism? That is my problem – one of them at least« (571). Es sind, wie man sieht, die Probleme, vor denen auch die Maler standen, die aber längst, anders als die Schriftsteller, mit Lösungsmöglichkeiten vertraut waren. Am eindringlichsten hat sie ihre neue Methode – auch darin, worin sie sich von der malerischen unterschied – in einer Mischung aus Skepsis und Selbstbehauptung in einem Brief an Gerald Brennan dargestellt:

> [...] nothing is going to be achieved by us. Fragments – paragraphs – a page perhaps: but no more. [...] The best of us catch a glimpse of a nose, a shoulder, something turning away, always in movement. Still, it seems better to me to catch this glimpse, than to sit down with Hugh Walpole, Wells, etc. etc. and make large oil paintings of fabulous fleshy monsters complete from top to toe. (598)

Und in einem Postskriptum fügt sie an: »I think I mean that beauty, which you say I sometimes achieve, is only got by the failure to get it; by grinding all the flints together; by facing what must be humiliation – the things one can't do –« (599).

Die Aufklärungsarbeit, die sie offenbar auch den Freunden gegenüber zu leisten sich genötigt sah – vielleicht auch zur Beruhigung der im Tagebuch immer wieder geäußerten Selbstzweifel –, war nicht vergebens. Im Dezember 1924 – sie hatte bereits ihren nächsten Roman, *Mrs. Dalloway*, abgeschlossen – veröffentlichte Clive Bell in *The Dial*, der wichtigsten amerikanischen Zeitschrift für Avantgarde-Literatur, eine ausführliche Würdigung ihres bisherigen Werks. Darin heißt es: »Her emotion comes from her sense of the scene, and ours from reacting to that sense. This pure, this almost painterlike vision is Virginia Woolf's peculiarity [...] not for ideas, but for visions does she find equivalents« (Majumdar/McLaurin 1975, 144f.). Bell beschreibt den Übergang von »The Mark on the Wall« zu *Jacob's Room*:

> [...] what she now needed was a form to match that series of visions, glimpses and glances, stunning crashes and faint echoes, fainter perfumes and pungent stinks, which we, God forgive us, are pleased to call life [...]
> We are gradually to infer the character of the cause from the nature of its effects on persons, places, and things. Here is impressionism with a vengeance: if the technique consisted in ›little touches‹, the composition is a matter of ›frank oppositions‹ and the whole will dawn on us only when the last harmony is established. (146ff.)

Wie die »little touches« durch »oppositions« – im Ton, im Rhythmus, durch Gegenerzählungen – zu kontrastieren wären, hatte sie vorgeführt. Die Kontraste ließen sich freilich schärfer durch Gegenfiguren herausarbeiten, wie sie es in den beiden folgenden Romanen dann tun würde. Hier, in *Jacob's Room*, kristallisierten sie sich, wie in Stendhals Liebesgleichnis, um die eine Figur, Jacob. Aber Balance und »harmony« sind auch hier hergestellt: Im ersten Satz des Romans drückte die ihren Brief schreibende Betty Flanders »her heels rather deeper in the sand«; im letzten Satz ist von dem in flandrischem Sand ruhenden Jacob nichts mehr da als ein Paar alter Schuhe: »She held out a pair of Jacob's old shoes«. Und es mag wohl sein, daß mit dem alten Paar Schuhe auch des berühmten van Gogh-Bildes gedacht ist, das Virginia Woolf kannte.

Es ließe sich in diesem Argumentationsgang fortfahren und zeigen, wie Virginia Woolf den erst tastend gefundenen Weg immer sicherer und konsequenter weiterging. Es ließe sich zeigen, wie sie dem Ideal malerischer Simultaneität immer näher kam, indem sie nicht mehr linear (im Stil der »formal railway line of sentence« [V. Woolf 1977b, 135]) schrieb, sondern »radial« (Q. Bell 1972, 107), von einem Wort, einer Wendung ausgehend und sie in verschiedene Richtungen verfolgend, verflechtend, vernetzend, wie in der Figur der Mrs. Dalloway, in deren Bewußtsein unterschiedliche Zeitstufen gleichzeitig präsent sind. Oder, wie es in einem Brief an den Maler-Freund Jacques Raverat heißt, sie wolle mit einem Mal sowohl die »splashes in the outer air« erfassen als auch »the waves that follow one another into the dark and forgotten corners« (107). All das sind technische Fragen, die mit der Krise der Repräsentation zusammenhängen und die im Sinne einer Autonomie der Kunst, der ›reinen Form‹, gelöst werden wollten. Statt aber diesen Strang weiter zu verfolgen, ändern wir die Blickrichtung und kommen zu einer anderen Form von Wirklichkeit, der politischen.

4.

Nach der zitierten Tagebuchstelle vom April 1918 über die Äpfel Cézannes fährt Woolf fort, ihr Mann Leonard habe »Goldie« zum Dinner mitgebracht, der sich »gedemütigt« fühle, weil die Engländer gerade, wegen einer deutschen Offensive, eine Stellung hätten räumen müssen. »Goldie«, das war Goldsworthy Lowes Dickinson (1862–1932), ein Freund Leonards aus Cambridger Studienjahren und Intimus Frys, der in Cambridge Politische Philosophie lehrte und später (1926) ein Buch über die Kriegsschuldfrage veröffentlichte, in der er die Verantwortung für den Krieg weniger Deutschland als den anderen Mächten zuschrieb. Dickinson soll bereits 1914 den Ausdruck ›*League of Nations*‹ geprägt haben und gehörte, nach Inkrafttreten des Versailler Vertrags am 1. Januar 1920, zu den Gründungsmitgliedern des Völkerbunds (wie auch Leonard Woolf). Worüber bei dem Essen gesprochen wurde, läßt sich vermuten – wohl kaum über Kunst. Danach, heißt es weiter, »[...] I went to the Guild, which pleased me, by its good sense, & the evidence that it does somehow stand for something real to these women. In spite of their solemn passivity they have a deeply hidden & inarticulate desire for something beyond the daily life« (V. Woolf 1977a, 141). Mit der »Guild« ist die *Women's Co-operative Guild* gemeint, an deren Versammlungen Virginia Woolf häufig teilnahm und bei denen sie gelegentlich selber Vorträge hielt. Vor dem Hintergrund der Künstlerdebatten über Wirklichkeit ist es bemerkenswert, daß sie diese anderen Wirklichkeiten nicht nur wahrnahm (für eine Autorin und Künstlerin war das nicht eben selbstverständlich), sondern sich engagiert handelnd in ihnen bewegte. Ihre Stellungnahmen zu Fragen der Frauenrechte, des Stimmrechts, zur Frage der Rolle der Frau in der Geschichte, in Kunst, Literatur und Musik, gipfelnd in ihrer Schrift *A Room of One's Own* (1929), wären ein eigenes Thema und können hier nicht behandelt werden (vgl. Kapitel 5). Festgehalten sei hier nur, daß die Frauenfrage auch etwas mit den Möglichkeiten oder Behinderungen weiblicher Kreativität zu tun hatte, die in zumindest einem Roman, in *To the Lighthouse*, thematisch wird: Zum einen gibt es die sterile, steckengebliebene Kreativität des Philosophen Ramsay, zum anderen zieht sich durch das Buch der Satz des Akademikers Tansley – »Women can't write, can't paint« –, der am Schluß, durch Lily Briscoes Vollendung ihres Bildes nach jahrelangem Ringen, ›entschieden‹ wird.

Daß es um mehr und anderes als nur um ›reine‹ Kunst ging, ist schon bei den Anwälten des Post-Impressionismus deutlich. Fry machte es sich zur Aufgabe, das verrottete Sehen und Wahrnehmen, das abhanden gekommene Vermögen, zwischen Schund und Kunst, Schwulst und funktionaler Form zu unterscheiden, auch für die Praxis des tagtäglichen Lebens zu korrigieren und wiederherzustellen. Wer in einer maßstablos gewordenen Welt zwischen wahllos zusammengewürfeltem Stilplunder dahinlebt, in dessen Bewußtsein muß es ähnlich aussehen. Was Fry vorschwebte, war eine Art Sozialismus von oben: Wenn der schlechte Geschmack abgeschafft war, würde sich zwangsläufig das Bewußtsein und dann auch, vielleicht, die Gesellschaft ändern. Zu diesem Zweck gründete er 1913 die *Omega Workshops*. Hier beschäftigte er eine Reihe junger Künstlerinnen und Künstler, die

Gebrauchsgegenstände zu gestalten und selber herzustellen hatten: Tische und Stühle, Geschirr, Stoffe und Tapeten – in der Form funktional, im Dekor schlicht und an die jungen Matisse und Picasso oder an afrikanische Volkskunst erinnernd. Leider brach, als die Werkstätten sich zu rentieren begannen, der Krieg aus; Fry führte sie zwar durch den Krieg weiter (konnte auf diese Weise sogar Pazifisten, die unter den Intellektuellen Englands, im Unterschied zu Deutschland, nicht selten waren, nominell beschäftigen), mußte sie aber 1919 aus finanziellen Gründen schließen. Man mag bezweifeln, ob Fry mit seiner don-quichottesken Unternehmung in einer Massengesellschaft irgendeine Chance gehabt hätte. Trotzdem war seine Analyse der Verrottung der Kultur gewiß richtig, und seine praktische Folgerung war ein Beispiel für die Rolle des Künstlers in der Gesellschaft jenseits von Parteidoktrinen.

Anders liegt der Fall bei Clive Bell. Er veröffentlichte 1928 ein Virginia Woolf gewidmetes Buch mit dem Titel *Civilization*. Er beginnt mit dem Schlachtruf, der Krieg müsse im Namen der Zivilisation geführt werden, und zeigt, daß das nichts als eine Sprechblase gewesen sei angesichts einer links wie rechts ausschließlich profitorientierten Gesellschaft. Er, der Kunstkritiker, macht sich dann daran zu schreiben, was er für eine Geschichte der Zivilisation quer durch die Völker und Kulturen hält. Das kann kaum gutgehen. Es läuft auf so etwas wie eine empfindsame geistige Führungselite hinaus – jener, die ›wissen‹, und die er bei Indianern und Buschmännern ebenso findet wie bei Griechen und Römern –, die von einem starken, womöglich undemokratischen Staat geschützt werden müsse. Weder die Börse noch die Gewerkschaften hätten etwas mit Zivilisation zu tun – wohl aber das Rußland Lenins oder das Italien Mussolinis. (Von hier ist es zu dem demokratiemüden Hitlerschwärmer Wyndham Lewis nicht mehr weit.) Das ganze ist kaum mehr als eine Intellektuellenschwärmerei, veranlaßt durch ein in allen politischen Lagern spürbares »Unbehagen in der Kultur« und das Bedürfnis, das aus dem Deutschland dieser Jahre ja umfangreicher belegt ist, in der politischen Bedeutungslosigkeit des Künstlers (oder des Philosophen) sich einen Aktionismus wenigstens auszumalen. Aber Leonard Woolf, der Bells Schrift rezensierte, schrieb: »Bell's method and his assumptions are wrong and are bound to lead to wrong conclusions« (V. Woolf 1980, 184, Anm. 7).

Die Woolfs nun und einige ihres Kreises, allen voran Maynard Keynes, waren alles andere als Politikbelletristen. Sie wußten, wovon sie sprachen, durch ihre eigene praktisch-politische Arbeit. Von Virginia Woolfs Engagement in Fragen des Frauenrechts ist schon kurz die Rede gewesen. Leonard Woolf hatte sieben Jahre als Kolonialbeamter in Ceylon gearbeitet. Seine Erfahrungen dort ließen ihn zu einem der frühesten Kritiker des britischen Kolonialismus und der imperialen Überseepolitik insgesamt werden. Er wurde führendes Mitglied der *Fabian Society* um Mary und Sidney Webb und George Bernard Shaw, die durch links-liberale bis sozialistische Aufklärungsarbeit, in Pamphleten verbreitet, eine allmähliche, keineswegs radikale, Veränderung der Gesellschaft bewirken zu können hoffte. Wichtiger, und nach außen hin sichtbarer, war seine Rolle als politischer Journalist. Er war Herausgeber der *International Review* (1919), Herausgeber des internationalen

Teils der *Contemporary Review* (1920–1), Leitartikler über Außenpolitik für *The Nation*, dann (1923–30) deren literarischer Herausgeber, Mitbegründer und Mitherausgeber der *Political Review* (1931–59), schrieb für den *Daily Herald*, den *New Statesman* und andere Zeitungen. Auch seinem eigenen Verlag, der Hogarth Press, den man fast nur noch mit Belletristik assoziiert, versuchte er politisches Profil zu geben. So initiierte er die finanziell risikoreichen *Day to Day Pamphlets*, mit denen er den unterschiedlichsten politischen Positionen ein Forum bot, sogar Mussolini, der aber durch den Gründer der *Communist Party of Great Britain*, R. Palme, ›aufgewogen‹ wurde. Die Pamphletreihe spiegelt das Spektrum des damals für möglich Gehaltenen in einem Stadium der Unvorhersehbarkeit, wo hinaus Politik und Gesellschaft laufen würden. Leonard Woolfs politische Linie war die eines gemäßigten Linkssozialisten. Er gehörte dem linken Flügel der Labour Party an, der sogenannten ›Independent Labour Party‹ (kandidierte sogar einmal für einen Sitz im Parlament, zum Entzücken seiner Frau vergeblich), war aber stets ein, wie er später schrieb, »heretical socialist«. Obwohl Mitglied, war Leonard Woolf in seinem Tagesjournalismus ein ebenso besonnen-geduldiger wie hellsichtiger Kritiker der Labour Party, insbesondere ihres Führers Ramsay MacDonald, der 1924 einige Monate lang Premierminister wurde (und dann noch einmal 1929–31). Im Rückblick nimmt er kein Blatt vor den Mund: »That he [Philip Snowden] and Ramsay were leaders of the Labour Party in the crucial years from 1919 to 1931 was a disaster not only for the party but also for Britain, for their leadership inevitably landed them and all of us in the barren wilderness of the 1930s and the howling wilderness of the war« (L. Woolf 1967, 85). In solchen Sätzen kommt gewiß auch der Groll des sich in Kommissionen verschleißenden Parteimitglieds zum Ausdruck, letzten Endes nicht ernst genommen worden zu sein:

> Though the upper ranks of the party have always been full of intellectuals, Labour has always shared the general British suspicion and misprision of the intellect and of those who use it in everyday life. As an unredeemed und unrepentant intellectual I was only too well aware of the widespread feeling that intelligence, unless camouflaged by silliness or stupidity, is dangerous and discreditable [...] (85)

Die meisten englischen Politiker der Zwanziger und Dreißiger Jahre waren den Woolfs persönlich bekannt, mit einigen waren sie befreundet. Ihr Informationsstand – auch über die Hintergründe von Entscheidungen, wer warum welche Fäden zog – muß außergewöhnlich hoch gewesen sein. Virginia Woolfs Tagebücher sind voll von Politikernamen, Resümees von Gesprächen, Anmerkungen zur Tagespolitik, Hinweisen auf die unermüdliche Vortragstätigkeit ihres Mannes, unvermittelt eingestreut zwischen Gesellschaftsklatsch oder Rechenschaftsberichten über Probleme des eigenen Schreibens. Wenn wir also ihre ›experimentellen‹ Romane der Zwanziger Jahre lesen, die mit dem technischen Problem ringen, eine neue, nicht-repräsentationale, nicht-realistische Form des Romans zu finden, müssen wir uns bewußt machen, daß sie keineswegs von einer abgeschotteten ›reinen‹ Ästhetin‹ geschrieben sind, sondern von einer politisch engagierten, hellwachen ›Zeitzeugin‹. Nun lassen sich beide Welten ja durchaus getrennt halten – man kann ein politisch denkender und handelnder Mensch sein und gleichzeitig, davon unberührt, ›reiner‹ Künstler –, aber Virginia Woolf versuchte, beide zu integrieren. Auch das ist zunächst ein roman*technisches* Problem, denn wie sollte das gehen, ohne eben doch ›inhaltlich‹ zu werden, ohne dem Roman externe Informationen einzubauen? Der Autorin ist hier eine Quadratur des Kreises gelungen: Wie die Realitätssplitter wahrgenommener Gegenstände, wechselnder Beleuchtungen, in ein, zwei Details skizzierter Begegnungen, taucht beiläufig ein Name, ein Ereignis aus dem zeitgeschichtlichen Zusammenhang auf, die momentweise zum Bewußtsein bringen, in welcher historischen Konfiguration die Figuren stehen und wie sie darauf bewußt oder unbewußt oder gar nicht reagieren. Es ist der ›wissende Leser‹, der, auch hier, aus kleinen und kleinsten Hinweisen sich ein Bild machen muß.

5.

Es ist kaum zuviel gesagt, daß die epochale Erschütterung durch den Ersten Weltkrieg Virginia Woolfs drei ›experimentelle‹ Romane der Zwanziger Jahre zugleich zu Zeitromanen gemacht hat. (Wie sie persönlich unter der Katastrophe und ihren Folgen litt, läßt sich in ihren Tagebüchern verfolgen. Ihr Freitod zu Beginn des Zweiten Weltkriegs hängt auch damit zusammen, daß sie nicht ein weiteres Mal das Entsetzen aushalten zu können glaubte.) In *Jacob's Room* ist der Erste Weltkrieg fast ganz ausgespart, und doch schreibt sich der Roman von ihm her (vgl. zu diesem Komplex Kapitel 3). Eine nicht ganz durch den frühen Tod des Ehemanns und Vaters Flanders motivierte Melancholie liegt von Anfang an über dem Roman. Jacob lebt in den Tag, beschäftigt sich mit Dingen, mit denen er sich auch geradesogut nicht beschäftigen könnte, fast wahllos geht er Beziehungen zu Frauen ein, die er auch nicht eingehen könnte, da er unfähig ist, eine stabile emotionale Bindung aufzubauen. Er gleicht eher den ›überflüssigen Menschen‹ Turgenjews oder Tschechows (ohne daß von der Erzählerin darüber räsoniert würde oder es ihm zum Bewußtsein käme) als einem ›Charakter‹ des bisherigen englischen Romans. In seiner liebenswürdigen Ziellosigkeit und seinem Müßiggang scheint er, scheint die Gesellschaft, in der er sich bewegt, einer Welt von Gestern anzugehören, ohne daß diese schon als gestrig empfunden wird. Beiläufig wird erwähnt – mit keinem Wort kommentiert, denn die Figuren nehmen es kaum zur Notiz –, worüber im Parlament debattiert wird: Homerule für Irland, die Indien-Frage, das heißt, es bricht in die Idylle der *leisure class* ein Stück der alles andere als ästhetischen Wirklichkeit herein, die dabei ist, das Empire in seinem Fundament zu erschüttern. Oder: Frühmorgens nach Hause zockelnd, schwärmt sich Jacob in eine Griechensehnsucht hinein (»Jacob knew no more Greek than served him to stumble through a play« [Woolf 1992a, 64]). Da heißt es: »At this moment there shook out into the air a wavering, quavering, doleful lamentation which seemed to lack strength to unfold itself, and yet flagged on; at the sound of which doors in back streets sullenly burst open; workmen stumped forth« (64). Hier ist ein schon deutlicheres Zeichen gesetzt, ob Jacob es wahrnimmt oder nicht. Als Jacob, gegen Ende des Romans, das Land seiner Sehnsucht schließlich erreicht hat, getrieben von einer »unseizable force«, werden kontrapunktisch dazu Londoner Szenen gestellt, hinter denen ebenfalls eine »unseizable force« spürbar ist, zum Beispiel in dem »impassive policeman at Ludgate Circus«, dessen Gesicht »is stiff from the force of will, and lean from the effort of keeping it so« (136). Ausgelöst wird diese Beobachtung durch einen auktorialen Einschub (der seinerseits ausgelöst ist durch *party small talk*) in Form einer – antizipierenden – Vision: junge Männer »in the prime of life«, die in die Tiefe eines Unterseeboots hinabsteigen und »impassively« und ohne zu klagen gemeinsam ersticken; dann Soldaten, die wie Zinnsoldaten stumm umfallen, außer »that one or two pieces still agitate up and down like fragments of broken match-stick«. Daran schließt sich die Betrachtung: »These actions, together with the incessant commerce of banks, laboratories, chancellories, and houses of business, are the strokes which oar the world forward, they say« (136). Dann wird der Polizist genannt, dann die Pünktlichkeit der Busse. Handel und Banken, Kanzleien und Wissenschaften, das Funktionieren des tagtäglichen Lebens, sie alle werden getrieben von dieser »unseizable force«, die das ermöglicht, was ›wie von ungefähr‹ hereinbricht. Die Romanautoren könnten das nie erfassen, heißt es, »this unseizable force«. Der ganze interpolierte Kommentar wirkt wie ein Bruch der distanzierten Erzählhaltung. Ist er das? Man kann die Stelle, es ist nicht die einzige, auch sehen als kalkulierte Illusionsunterbrechung, als Hinweis auf Stoff und Grund des Romans, so wie auf manchen Bildern Cézannes die Leinwand durchschlägt. Hier käme dann ein ganz anderer Aspekt post-impressionistischen Schreibens ins Spiel: das Kehren der Nähte nach außen.

Im weiteren Verlauf des Griechenlandkapitels müssen dann die Zeichen wieder eher entziffert werden. So mag, wenn einem älteren Engländer durch den Kopf geht, »Never was there a time when a country had more need of men« (138), damit auf Lord Kitcheners berühmtes Werbeplakat von Mai 1915 angespielt sein, »Your Country Needs You!«, womit es in wenigen Tagen gelang, eine Million siebenhunderttausend Freiwillige zu rekrutieren (ein Jahr später waren es bereits drei Millionen). Von der Akropolis aus sieht Jacob die Lichter – erst Athens, dann ganz Griechenlands – verlöschen. »Now one after another lights were extinguished. Now great towns – Paris – Constantinople – London – were black as strewn rocks« (140). Hier mag das gleichfalls berühmt gewordene Wort des britischen Außenministers Sir Edward Grey vom 3. August 1914 impliziert sein: »The lamps are going out all over Europe. We shall not see them lit again in our lifetime« (xxxviii).

Im nächsten, dem vorletzten Kapitel wird, in einem aufzählenden Abschnitt von Hebelscher Kürze, von der Geschäftigkeit in London und Berlin, Wien und Mailand, Albanien und Kalkutta kurz vor Ausbruch des Krieges berichtet. Aber der Alltag mit seinen kleinen Dringlichkeiten und enttäuschten Sehnsüchten geht weiter; die ›große Politik‹, die doch alles verwandeln wird, ist nur ein Thema unter anderen. Jacob verschwindet allmählich aus dem Bild. Seine Mutter wird in der Nacht von einem Geräusch geweckt. »The guns?« fragt sie und sinniert dann weiter: »There was Morty lost, and Seabrook dead; her sons fighting for their country. But were the chickens safe? Was that some one moving downstairs? Rebecca with the toothache? No« (154). So sind die kleinen Sorgen immer größer als die großen. »But were the chickens safe?« Mit der einen Frage ist gesagt, wie das große Ereignis sich in einem einzelnen Charakter, seiner jeweiligen Not und Bedürftigkeit, konkretisieren mag. Im nächsten Kapitel ist von Jacob nur noch ein Paar alter Schuhe geblieben.

Auch *Mrs. Dalloway* (1925) ist ein Anti-Kriegsbuch. Die Handlung ist auf einen Tag, den 13. Juni 1923, in London konzentriert. Mit der zweiten Hauptfigur, Septimus Warren Smith, sind die Wirkungen des Krieges auf das Schicksal eines einzelnen überdeutlich gezeichnet. Smith gehört zu jenem Heer von ›Kriegsneurotikern‹, das die Ärzte, Politiker und Versicherungen vor erhebliche Probleme stellte: Waren sie Simulanten oder ›wirklich‹ Kranke? Smith ist auf den einen Augenblick fixiert, als sein Kamerad neben ihm fiel und er nichts dabei empfand. Die Angst, empfindungslos zu sein und dafür zur Strafe von dem Kameraden, dann von den Ärzten, ›geholt‹ zu werden, löst wechselnde Wahnvorstellungen in ihm aus – Weltverschmelzungsgefühle, Auserwähltheitsphantasien, Euphorien einerseits, Zwangsvorstellungen, Verfolgungs- und Kleinheitswahn andererseits, die Symptome also von einer Art manisch-depressivem Irresein – und treibt ihn schließlich in den Selbstmord. Am 16. Oktober 1922 notierte Virginia Woolf in ihr *Notebook*: »Mrs. D. seeing the truth, SS seeing the insane truth« (V. Woolf 1992b, xxvii). Und hinter »insane truth« stand eben die Wahrheit derer, die unter *shell shock* litten. Die Regierung setzte von 1920 bis 1922 ein *War Office Committee of Enquiry* zur Untersuchung der Fälle ein: »The unluckiest soldiers were threatened with court martial if they did not give up their disabling symptoms; others were subjected to punitive treatment involving electric shocks« (xxxvii). Wie wenig die Krankheit verstanden wurde, geht aus der Art hervor, wie die beiden Ärzte Smith behandeln: der eine verordnet Brom, der andere eine *rest cure*, die Virginia Woolf aus eigener Erfahrung kannte.

Septimus Warren Smith ist mehr als eine Studie über einen Kriegskranken, es ist eine Studie über Wahnsinn überhaupt, und sie zu schreiben, fiel der Autorin begreiflicherweise schwer. Im Kontext des Romans aber scheint die Figur zu besagen: Die Welt hat sich durch den Krieg verändert, und ›die Welt‹ merkt es nicht. Den Gefallenen hat man ein Denkmal in Whitehall, den *Cenotaph*, errichtet, und Kadetten bringen den Helden fürs Vaterland einen Kranz; aber die überlebenden Opfer des Krieges, diese Wiedergänger des Grauens, will man am liebsten nicht sehen; sie stören und gehören weggesperrt. Das Leben geht weiter, als wäre nichts geschehen. Aber gerade aus der Unstillbarkeit der Wunde Krieg bekommt der Roman sein Profil. Er läßt sich, unter dem Gesichtspunkt des politischen Bezugs, auf zweierlei Art lesen: Da ist einmal das gesellschaftliche Leben der *Upper Class*, die nichts begriffen hat, und da ist zum anderen das private Leben der fünfzigjährigen Mrs. Dalloway. Sie hat zwar auch nicht begriffen, was ›draußen in der Welt‹ vor sich geht, sie läßt es nicht an sich heran, obwohl sie mit einem Politiker der Konservativen verheiratet ist, aber wie subtil hat Virginia Woolf hier das Nicht-Verstehen einer Dame der Gesellschaft gezeichnet! Die Figur der Mrs. Dalloway ist geradezu das Porträt einer untergegangenen Epoche mit ihren Hoffnungen,

Sehnsüchten, ihrem Leichtsinn und ihrer Unbeschwertheit und der für sie nicht beantwortbaren Frage, warum dann alles so anders gekommen ist, als es hätte kommen sollen. An einem Einzelschicksal führt Virginia Woolf den unverstandenen Wandlungsprozeß der Gesellschaft vor. Ein winziges Detail erhellt, wie wenig Mrs. Dalloway von der Wirklichkeit weiß, sofern es nicht ihre eigene ist (die sie wenigstens zu verstehen *sucht*). Als Richard Dalloway zu einem Komitee ins Unterhaus aufbricht und sie ihn danach fragt, hört sie: »›Armenians‹, he said; or perhaps it was ›Albanians‹« (131). Sie wendet die beiden Namen einige Male in ihrem Kopf und sinniert dann: »Hunted out of existence, maimed, frozen, the victims of cruelty and injustice (she had heard Richard say so over and over again) – no, she could feel nothing for the Albanians, or was it the Armenians? but she loved her roses (didn't that help the Armenians?) – the only flowers she could bear to see cut« (132). Mit dieser einen Verwechslung ist die Figur in ihrer ganzen Ahnungslosigkeit – die ihr nichts nimmt von ihrem Zauber – charakterisiert: Nach der wegen des Krieges fast unbemerkt gebliebenen Massenausrottung der (christlichen) Armenier durch die Türken im Jahr 1915 gab es weitere Massaker Anfang der Zwanziger Jahre, insbesondere während des griechisch-türkischen Krieges von 1922. Die fanden allerdings Aufmerksamkeit, zumindest in der Öffentlichkeit Englands, denn Flüchtlinge strömten in den Irak und versuchten, sich britischem Schutz zu unterstellen.

Abschließend ein Wort zum dritten der ›experimentellen‹ Romane, *To the Lighthouse*, von Mai 1925 bis Januar 1927 geschrieben. Exakt benennbare Spuren hat die Politik hier nicht hinterlassen, obwohl auch hier, buchstäblich in der Mitte, der Krieg steht. Der erste Teil zeigt eine friedlich-trügerische Vorkriegsidylle vor den Hebriden: Mr. and Mrs. Ramsay, die vielen Kinder, Sommergäste, darunter die Malerin Lily Briscoe, Gespräche. Im dritten Teil, sieben Jahre später, nach dem Krieg, findet sich die gleiche Gesellschaft am gleichen Ort ein. Alles ist wie immer, nur drei Menschen fehlen: Mrs. Ramsay und eine Tochter, die gestorben sind, ein Sohn, der gefallen ist. »You find us much changed«, sagt Mr. Ramsay, und noch einmal »›You will find us much changed‹ and none of them had moved or had spoken« (V. Woolf 1982, 230). Im kurzen Mittelteil, »Time Passes« überschrieben, wird der Verlauf der sieben Jahre am allmählichen Verfall des Hauses und seiner notdürftigen Instandsetzung, als die Gäste sich wieder ankündigen, beschrieben. So detailreich der Verfall des Hauses beschrieben ist, so dürftig sind die in Klammern gesetzten Mitteilungen über die Todesfälle. Der Tod der den ersten Teil dominierenden Mrs. Ramsay findet sogar nur in einem Nebensatz Platz. Was ist der Tod eines einzelnen, kann das heißen, gemessen am großen Zerstörungswerk der Geschichte, der Zivilisation, der Natur. Es kann auch heißen: Die Themen, die einmal für ›groß‹ galten in der Kunst, lassen sich nicht mehr darstellen – allenfalls ein Reflex, eine Spur ist greifbar, die darauf verweist. Womit wir wieder am Ausgangspunkt wären, dem Problem der Darstellbarkeit. »You find us much changed« – das gilt kaum für den, der es sagt, wohl aber für die, zu der es gesagt wird: Lily Briscoe, mit vierundvierzig noch einmal am Anfang, kann ihr Bild beenden. »So much depends then, […] so much depends, she thought, upon distance: whether people are near us or far from us« (293). Und dann setzt sie ihren Akzent, mit dem das Buch endet: »With a sudden intensity, as if she saw it clear for a second, she drew a line there, in the centre. It was done; it was finished. Yes, she thought, laying down her brush in extreme fatigue, I have had my vision« (320).

Virginia Woolf wollte *To the Lighthouse* Roger Fry widmen, wagte es aber nicht, da sie es nicht gut genug fand. Als Fry das Buch gefiel – »the best thing you've done« (V. Woolf 1977b, 385, Anm. 2) – bedauerte sie ihre Entscheidung, begründete sie aber dann mit ihrer übergroßen Achtung vor ihm. »Really therefore the not-dedication is a greater compliment than the dedication would have been«. Dann fährt sie fort: »What I meant was (but would not have said in print) that besides all your surpassing private virtues, you have I think kept me on the right path, so far as writing goes, more than anyone – if the right path it is« (V. Woolf 1977b, 385).

6.

So schließt sich der Kreis. Auf den richtigen Weg gebracht hatte sie Roger Fry, der sie die Malerei der Post-Impressionisten sehen lehrte, durch die sie begriff, daß es in der Kunst auf anderes ankam als die Wiedergabe einer vorgeblich unabhängig von ihr existierenden Wirklichkeit: Die Kunst erschuf sich vielmehr ihre Wirklichkeit selbst, entwarf Setzungen einer *Vision* von Wirklichkeit. Es war diese an Bildern gewonnene Erkenntnis, die Virginia Woolf den Anstoß gab, Vergleichbares in Prosaformen zu versuchen: Der Roman als ›thing in itself‹, die ›reine‹, sich selbst den Maßstab gebende Form. Die später sogenannte Krise der Repräsentation war aber mehr als ein erkenntniskritisches oder ästhetisches Problem. Spätestens seit dem Ersten Weltkrieg kam der konkrete Schock der Undarstellbarkeit des Grauens. Jede ›Schilderung‹ mußte es verfehlen. Es konnte allenfalls ahnbar gemacht werden – von den Rändern her, durch das anscheinend Beiläufige, durch die Gedankenlosigkeit der Routine, mit der der ›Alltag‹ darauf reagierte. Über dem Grauen den Kopf nicht zu verlieren und in die Betroffenheit des Gutgemeinten zu flüchten wie so viele Zeitgenossen, sondern es als eine Herausforderung an die künstlerischen Möglichkeiten zu begreifen, auch das ist die große Leistung der Formen ins Ungewisse ausprobierenden Schriftstellerin. Ihr gelang dadurch eine Quadratur des Kreises: aus dem Dahingesagten Wirklichkeit zu erschaffen als visionäre Kunst der *significant form* und doch zugleich die politische Bodenhaftung in keiner Zeile aus den Augen zu verlieren. Auch für das letzte war sie bei Roger Fry, der durch das Aufbrechen von Wahrnehmungsgewohnheiten nichts Geringeres als eine Aufklärung der Gesellschaft im Sinn hatte, in die Schule gegangen. Wie daraus freilich Literatur werden könnte, mußte sie selbst herausfinden.

Bibliographie

Bell, Clive (1914, 1958), *Art*, New York: Capricorn.
Bell, Clive (1922, 1929), *Since Cézanne*, London: Chatto & Windus (Phoenix Library).
Bell, Clive (1928), *Civilization*, New York: Harcourt, Brace & Company.
Bell, Quentin (1972), *Virginia Woolf*, vol. 2: *Mrs. Woolf 1912 – 1941*, London: Hogarth Press.
Freud, Sigmund (1930, ⁷1991), »Das Unbehagen in der Kultur,« in S. F., *Gesammelte Werke chronologisch geordnet*, vol. 14: *Werke aus den Jahren 1925–1931*, ed. Anna Freud, E. Bibring, W. Hoffer, E. Kris, O. Isakower, Frankfurt am Main: S. Fischer, 419–506.
Fry, Roger (1920, 1937), *Vision and Design*, Harmondsworth: Pelican Books.
Fry, Roger (1926, 1956), *Transformations*, Garden City, New York: Doubleday Anchor Books.
Lee, Hermione (1996), *Virginia Woolf*, London: Chatto & Windus.
Majumdar, R., Allen McLaurin, eds. (1975), *Virginia Woolf. The Critical Heritage*, London: Routledge & Kegan Paul.
Woolf, Leonard (1967), *Downhill all the Way. An Autobiography of the Years 1919–1939*, London: Hogarth Press.
Woolf, Virginia (1922, 1992a), *Jacob's Room*, ed. Sue Roe, Harmondsworth: Penguin.
Woolf, Virginia (1925, 1992b), *Mrs. Dalloway*, ed. Stella McNichol, introd. Elaine Showalter, Harmondsworth: Penguin.
Woolf, Virginia (1927, 1982), *To the Lighthouse*, London: Hogarth Press.
Woolf, Virginia (1917–1942, 1985), *The Complete Shorter Fiction*, ed. Susan Dick, London: Hogarth Press.
Woolf, Virginia (1940, 1976a), *Roger Fry. A Biography*, New York: Harcourt Brace Jovanovich.
Woolf, Virginia (1977a), *The Diary*, vol. 1: *1915–19*, ed. Anne Olivier Bell, London: Hogarth Press.
Woolf, Virginia (1980), *The Diary*, vol. 3: *1925–30*, ed. Anne Olivier Bell, London: Hogarth Press.
Woolf, Virginia (1976b), *The Letters*, vol. 2: *The Question of Things Happening (1912–22)*, ed. Nigel Nicolson, Joanne Trautmann, London: Hogarth Press.
Woolf, Virginia (1977b), *The Letters*, vol. 3: *A Change of Perspective (1923–28)*, ed. Nigel Nicolson, Joanne Trautmann, London: Hogarth Press.
Woolf, Virginia (1988), *The Essays*, vol. 3: *1919–1924*, ed. Andrew McNeillie, London: Hogarth Press.

Kapitel 11

Der Blick von außen:
Bemerkungen zum Ort der literarischen Moderne

von CHRISTOPH BODE

»Things fall apart; the centre cannot hold.«
W. B. Yeats, »The Second Coming« (1920/21)

1.

Es gibt gute Gründe, die Zwanziger Jahre als Blütezeit des englischen *high modernism* zu bezeichnen. 1922 erscheint, nach Teilabdrucken in der *Little Review* und *The Egoist*, erstmals komplett und in Buchform der klassische Roman des Modernismus, James Joyces *Ulysses* – nach Einschätzung vieler der bedeutendste Roman des 20. Jahrhunderts überhaupt. Im selben Jahr wird aber auch das paradigmatische Gedicht der literarischen Moderne publiziert, T. S. Eliots *The Waste Land* – »the century's most influential poem« (Kenner 1988, 54). Das nicht allein durch diese zwei Meilensteine der Literaturgeschichte ausgewiesene *annus mirabilis* – »the Modernist year« (Bradbury/McFarland 1985, 33) schlechthin – steht jedoch keineswegs isoliert in der Dekade: Virginia Woolf verfaßt, nachdem sie ebenfalls 1922 mit *Jacob's Room* ihren ersten experimentellen Roman vorgelegt hat, den Großteil ihres erzählerischen Œuvres in den folgenden zehn Jahren (1925: *Mrs. Dalloway*; 1927: *To the Lighthouse*; 1928: *Orlando*; 1931: *The Waves*). Der 1923 mit dem Nobelpreis für Literatur geehrte W. B. Yeats tritt in den Zwanziger Jahren, nach *The Wild Swans at Coole* (1919), vor allem mit *Michael Robartes and the Dancer* (1921), *The Tower* (1928) und *The Winding Stair* (1929) in die beeindruckende Spätphase seines Schaffens ein. Der rührige Ezra Pound beginnt fünf Jahre nach *Hugh Selwyn Mauberley* (1920), nach vereinzelten Vorabdrucken, mit der sukzessiven Publikation des ihn dann für den Rest seines Lebens beschäftigenden *magnum opus* (*A Draft of XVI Cantos*). D. H. Lawrences gesamtes Spätwerk (*Aaron's Rod* [1922], *Kangaroo* [1923], *The Plumed Serpent* [1926], *Lady Chatterley's Lover* [1928]) erscheint in den Zwanziger Jahren. Bedenkt man schließlich, daß Eliot und Joyce nach 1922 ja nicht untätig bleiben – Eliots »The Hollow Men« (1925), aber auch *Ash Wednesday* (1930) und die in den Zwanziger Jahren geschriebenen der *Ariel Poems* sind, anders als sein Spätwerk, unstreitig noch dem Modernismus zuzurechnen, wie auch das ab 1924 stückweise veröffentlichte »Work in Progress« des James Joyce, das spätere *Finnegans Wake* –, so läßt sich wohl zu Recht sagen, daß die Zwanziger Jahre »The Great Decade«, »the great era of literary Modernism« (Brown 1991, 89) sind – zumal der avantgardistische Modernismus auch bis zum Ende des Jahrzehnts all seine wesentlichen Innovationen zustande gebracht hat (vgl. Faulkner 1986, 28). Die Zwanziger Jahre waren die Glanzzeit: »The roots of modernism may have been pre-war but its cultural impact in Britain was felt in the 1920s, through a palpable change of generations« (Clarke 1996, 167). »[T]he modernist tide which, flowing ever more strongly through the first twenty years of the century, finally flooded the decade measured by the ending of the First World War and the beginning of the Great Depression« (Berthoud in Ford 1992, 78).

Die Flutmetaphorik des letzten Zitats lenkt aber unser Augenmerk auf einen Umstand, der durch die bewußte Doppeldeutigkeit des Adjektivs ›englisch‹ im ersten Satz dieses Kapitels zunächst verdeckt wurde: *Englischsprachig* ist diese Literatur des *high modernism* ja durchaus, aber die wenigsten seiner Repräsentanten waren selbst Engländer – und folglich hält sich bis heute der Eindruck, ›*the modern movement*‹ sei eigentlich der englischen/britischen Kultur fremd und äußerlich gewesen, die literarische Moderne sei ihr nicht entsprungen, sondern ihr, im Gegenteil, quasi ›von außen‹ widerfahren, wie eine Flut, wie eine Invasion, wie eine ausländische Exportoffensive: »English modernism is not much more than the sum of its cultural imports from America and Ireland« (Nicholls 1995, 166). Bekanntlich waren Eliot und Pound Amerikaner, Joyce und Yeats Iren. Da sich auch mit einigem Recht fragen läßt, ob D. H. Lawrence nach Erzähltechnik und Sprachverwendung überhaupt als (*high*) *modernist* angesehen werden kann,[1] und da der gerne als ›echt englischer‹ Avantgardist ins Feld geführte Wyndham Lewis nicht nur auf der Yacht seines amerikanischen Vaters vor der kanadischen Atlantikküste das Licht der Welt erblickte, sondern auch später demonstrativ Distanz zur britischen Gesellschaft hielt, endet man, nach kritisch-rigoroser Sichtung, bei einer einzigen unstreitig heimischen Vertreterin der literarischen Moderne: Virginia Woolf (der man, zur Verstärkung, noch Dorothy Richardson beigesellen mag).

Diese Tatsache selbst kann argumentativ ganz verschieden benutzt werden: von den britischen Gegnern der Moderne als Beleg dafür, daß es sich hier von Anfang an um eine importierte, ästhetizistische, ›un-englische‹ Verirrung gehandelt hat,[2] auf die in späteren Jahrzehnten glücklicherweise eine ›Normalisierung‹ folgte

---

[1] Vgl. Haefner (1990), 114. Haefner bejaht die Frage nach Lawrences Modernismus, aber aus *inhaltlichen* Gründen: Lawrences Romane seien »ein fundamentalistischer Protest gegen Konventionen, die in seinen Augen ein richtiges Leben unmöglich machen« (2). Ob das aus Lawrence im *literaturtechnischen* Sinne einen Modernisten macht, wird weiter unten diskutiert. Vgl. auch Stevenson (1992), 28ff.

[2] Vgl. Berthoud in Ford (1992), 48: »The great majority of the initiators of modernism in England were outsiders: a list would include such figures as Henry James, Joseph Conrad, Ezra Pound, T. S. Eliot, and even W. B. Yeats and James Joyce. The collision therefore between an imported modernism, and a local tradition of writing long protected by success and the fact of insularity, was pronounced«. Wenn Clarke (1996, 171) gar schreibt, »The fact is that modernism in literature, paralleling movements towards abstraction in art and music more common in Continental Europe, seemed foreign to a loyal reading public, schooled in the historic conventions of the English novel«, so rückt das Aufgeschlossenheit für experimentelle Literatur fast in die Nähe des Landesverrats.

(besonders die Literatur der Dreißiger bis Fünfziger Jahre ist immer wieder gerne so gedeutet worden), von den Anhängern der Moderne aber als Beleg für die literarische Rückständigkeit Großbritanniens, für seine intellektuelle Provinzialität und sein tiefverwurzeltes Philistertum in Fragen der Kunst. Als der kanadische Modernismus-Experte Hugh Kenner 1988 in *A Sinking Island: The Modern English Writers* die These aufstellte, »International Modernism happened to England but not *in* it«,[3] geschah dies zweifellos in dieser letztgenannten Absicht, also um die pervasive und anhaltende Beschränktheit[4] der englischen Literaturszene bloßzustellen, was in dem apodiktischen Verdikt gipfelte, »there's no longer an English literature« (Kenner 1988, 245), keine, heißt das, von der es zu sprechen lohnte. Das literarische Establishment in London war nicht amüsiert.

Dabei hatte schon 1931 Edmund Wilson in *Axel's Castle*, jener brillanten Studie, in der die Literatur der Moderne auf den französischen Symbolismus zurückgeführt wird und in der Wilson neben Valéry, Proust und Rimbaud an englischsprachigen Autoren nur die Nicht-Engländer Yeats, Eliot, Joyce und Gertrude Stein behandelt, auf den von Kenner bloß überspitzt formulierten Umstand hingewiesen und erklärt: »It has perhaps been peculiarly easy for certain of the leaders of contemporary English literature – that is, of the literature since the War – to profit by the example of Paris, because they have themselves not been English« (Wilson 1984, 26). Wären Engländer also, im Unterschied zu Angehörigen anderer Völker, von Natur aus unfähig, vom Beispiel anderer zu lernen? Nein, wenn es stimmt, daß von den kanonischen Werken des »International Modernism«[5] keines aus England stammt und Englisch nur die Sprache des »International Modernism« ist, weil er von Iren und Amerikanern getragen wurde – Kenner schon 1984 emphatisch: »Though the language of International Modernism, like that of air control

---

[3] Diese griffige Formulierung findet sich zwar nicht in Kenners Buch selbst, sondern in Peter Conrads *TLS*-Besprechung vom 9.–15. September 1988 – sie bringt Kenners Impetus jedoch exakt auf den Punkt, obwohl die Rezension ansonsten militant mißgünstig bis direkt verfälschend ist.

[4] Kenners Untersuchung beginnt 1895 und endet bei den literarisch-kritischen Cliquen der Gegenwart – Kenners *TLS*-Rezensent Peter Conrad war mitgemeint. Eine Ironie entsteht dadurch, daß Conrad immer wieder in das von Kenner beschriebene Muster der Abwehr verfällt; so heißt es bei Kenner (1988, 6): »[N]othing is more English than the English skill at exorcising danger by making it look like someone's eccentric behavior«. Im zweiten Satz von Conrads Rezension ist prompt von Eliot, Pound, Joyce und Beckett als den »abstruse highpriests of modernism« die Rede. – Auch Terry Eagletons immer noch lesenswerte Untersuchung von 1970 hält den Umstand, »[that] [w]ith the exception of D. H. Lawrence, the heights of modern English literature have been dominated by foreigners and emigrés: Conrad, James, Eliot, Pound, Yeats, Joyce« (9) für ein Indiz der Verarmung der konventionellen, d.h. bürgerlichen Kultur Englands: »The contention of this Introduction [...] is that the unchallenged sway of non-English poets and novelists in contemporary English literature points to certain central flaws and impoverishments in conventional English culture itself« (9). Mit dem Phänomen Virginia Woolf kann Eagleton in seiner prä-feministischen Phase so gut wie nichts anfangen (vgl. 33–38).

[5] Vgl. dazu Kenner (1988), 4ff.

towers, proved to be English, none of its canonical works came either out of England or out of any mind formed there. International modernism was the work of Irishmen and Americans. Its masterpieces include *Ulysses, The Waste Land*, the first thirty *Cantos*« (Kenner 1984, 367) –, dann muß es eine vernünftigere Erklärung für diese *absence* geben. Und es gibt sie: Man stößt auf sie, weil Kenner an entscheidender, vielsagender Stelle weit übers Ziel hinausschießt, nämlich dort, wo er, um seine These von der totalen modernistischen Unfruchtbarkeit Englands auch nicht ein wenig einschränken zu müssen, Virginia Woolf – als der letzten englischen Kandidatin – vehement ihren Status als Modernistin bestreitet: »No ›modernist‹ save in sharing certain assumptions with Lawrence, Virginia Woolf in such passages is a classic English novelist of manners« (Kenner 1984, 175). Aber nicht nur »in such passages«: »She is not part of International Modernism; she is an English novelist of manners, writing village gossip from a village called Bloomsbury for her English readers« (Kenner 1984, 371).

Nun stimmt es zwar, daß sich Virginia Woolf auf abfällige und durchaus fragwürdige Weise über *Ulysses* ausgelassen hat,[6] ohne den doch *Mrs. Dalloway* schwer vorstellbar ist. Aber Kenners Abrechnung mit ihr – »*The Waves, The Years*, they can't even be read. [...] her only rereadable novel is *To the Lighthouse*« (Kenner 1988, 179f.) – kann nicht überzeugen, weil sie durch seine Textanalysen nicht gedeckt wird. Virginia Woolf *ist* ausweislich ihrer Romane nach *Jacob's Room* unexorzierbar Modernistin, von wem auch immer sie sich Anregungen geholt, wer auch immer ihr Empfinden verletzt haben mag. Und gerade ihr Beispiel öffnet die Augen dafür, daß es gar nicht das vordergründige ›Ausländersein‹ ist, das den englischsprachigen modernistischen Schriftsteller definiert, sondern eine *condition générale*, von der *being an alien* nur eine konkrete Ausprägung (unter mehreren möglichen) ist: Es handelt sich um Realisationsformen von *Marginalität, Randständigkeit, Außenseitertum* – sei es in national-kultureller (Pound, Eliot, Joyce, Yeats), in geschlechtlicher (Woolf, Richardson, Stein), in klassenmäßiger (Lawrence) Hinsicht oder im Hinblick auf abweichende sexuelle Orientierung (E. M. Forster, ebenfalls Woolf, Stein). Die englischsprachigen Modernisten haben gemeinsam, daß sie ihre Texte aus einer Situation der *Peripherie*, in ›ex-zentrischer‹ Lage, aus gelebter *Differenz* zum (variabel definierten) Zentrum verfassen. Das hat schon (avantgardistische) Tradition: Auch die beiden wichtigsten Wegbereiter der ›englischen‹ Moderne sind Nicht-Engländer – der in Großbritannien lebende und später, wie Eliot, naturalisierte Amerikaner Henry James und der Pole Jozef Teodor Konrad Korzeniowski, der sich Joseph Conrad nannte. Die Sprache der Modernisten ist Englisch, aber *with a difference*, und dieser Differenz sind sie sich bewußt – als Ire zwischen Dublin und London, als Ire in Triest, Zürich, Paris, als *expatriate* Amerikaner, als Frau in patriarchaler Gesellschaft, als Bergarbeitersohn in ›besseren Kreisen‹, vielleicht am verdecktesten als *closet gay*, der sein Anderssein sein Leben lang verbirgt und erst

---

[6] Vgl. Virginia Woolfs Essay »Mr. Bennett and Mrs. Brown«, vor allem aber ihre auf *Ulysses* bezogenen Tagebucheintragungen.

zum Modernisten wird, als er das Schweigen umschreibt – und danach selbst für Jahrzehnte in (schriftstellerisches) Schweigen verfällt (Forster, *A Passage to India*).

Die Zwanziger Jahre sind *das* Jahrzehnt des *high modernism* – zugleich ist diese Literatur in mindestens dreifachem Sinne *marginal*, und dies, wie gezeigt werden soll, notwendigerweise.[7] Bei diesem Paradox gilt es anzusetzen.

2.

Der literarische Modernismus kann also einmal wegen der (jeweils unterschiedlich definierten) ex-zentrischen Position seiner Träger zur englischen Kultur und Gesellschaft als marginales Phänomen betrachtet werden: Die neue Literatur wird »bezeichnenderweise« von »Outsiders« verfaßt (vgl. Wilfred Mellers, Rupert Hildyard in Ford 1992, 36), von unfreiwillig Marginalisierten und freiwillig Expatriierten.[8]

Marginal ist er aber auch im Hinblick auf seine unmittelbare öffentliche Wirkung. Ein Historiker mag retrospektiv seine Darstellung der Jahre 1919 bis 1923 mit »Into the Waste Land« überschreiben und damit das Eliot-Gedicht als treffenden Ausdruck der Zeitstimmung anerkennen (vgl. Thomson 1983, 60ff.); ein Literaturkritiker mag 1931 konstatieren, »Eliot, in ten years' time, has left upon English poetry a mark more unmistakable than that of any other poet writing in English« (Wilson 1984, 94) – aber massenhaft rezipiert wurde weder Eliots Text noch irgendein anderer der klassischen Moderne zu seiner Zeit. So schwierig es mangels empirischer Daten auch ist, die Frage ›Was lasen die Leute?‹ ein für allemal verbindlich zu beantworten und so stark auch die Einlassungen mancher Kulturhistoriker von hartnäckigen Ressentiments gegen die künstlerische und literarische Avantgarde geprägt zu sein scheinen,[9] man muß wohl einräumen, daß diese Lite-

---

[7] Tangential zu diesem Umstand ließe sich – qua Umkehrschluß – vermuten, daß die Zwanziger Jahre vielleicht auch ein für die Reiseliteratur besonders wichtiges Jahrzehnt gewesen seien, thematisiert dieses Genre doch per definitionem Alterität als Differenz zum als Zentrum supponierten Eigenen (›home and abroad‹) und setzt die Gattung doch auch eine, zumindest zeitweilige, Abwesenheit des Autors voraus. Doch von den bekannteren englischen Schriftstellern der Zwanziger Jahre lebten nur Huxley und Lawrence längere Zeit im Ausland, der eine primär aus finanziellen, der andere primär aus gesundheitlichen Gründen. Und so gekonnt ihre *travel writings* auch sind (man denke etwa an Huxleys *Along the Road* [1925] oder den Bericht von seiner Weltreise, *Jesting Pilate* [1926], sowie an Lawrences *Sea and Sardinia* [1921]), eine Revolutionierung des Genres bedeuten sie kaum. Die große Zeit der Zwischenkriegsreiseliteratur sind nicht die Zwanziger, sondern die Dreißiger Jahre mit den klassischen Reiseberichten von Freya Stark, Robert Byron, Peter Fleming, Evelyn Waugh, Graham Greene und W. H. Auden.

[8] Eagleton (1970) spricht von »literal expatriates« und »social exiles« (18). Vgl. auch Gurr (1981), bes. 7–11, 13–21.

[9] Vgl. etwa Taylor (1965), 179f.: »Literature was a different matter, with giants towering above any continental rivals. T. S. Eliot in poetry, James Joyce in prose, disintegrated the traditions of English literature, much as the wartime barrage disintegrated the French

ratur in der Tat, bezogen auf die Gesamtgesellschaft und rein quantitativ gesehen, eine Randerscheinung war. Man las, soweit sich das rekonstruieren läßt (vgl. Graves/Hodge 1985, 50–55), in erster Linie *pulp fiction, romances, mystery* und *spy stories* (z.B. William Le Queux, Sax Rohmer), *thrillers, detective novels* (es war die große Zeit des Edgar Wallace) und, zunehmend, *science fiction*, all dies aber häufiger in Heftchen- als in Buchform. Man las P. G. Wodehouses betulich-anachronistische Jeeves-and-Wooster-Romane und zog auch sonst, ausweislich der drei größten Bestseller der 1920s,[10] Eskapistisches vor. Im Bereich der *highbrow*-Kultur (die Unterscheidung *high*- vs. *lowbrow* wurde zu dieser Zeit aus den USA übernommen [vgl. Havighurst 1979, 155–157; Graves/Hodge 1985, 50])[11] dominierten nach wie vor die großen Namen der Vorkriegszeit: in der Dichtung die *Georgians*, der junge Yeats und Robert Bridges, im Roman Hardy, Bennett, Galsworthy, Wells, Kipling, durchaus auch der ›exotische‹ Conrad (vgl. Graves/Hodge 1985, 54f.; Thomson 1983, 89). Unter den Newcomern war es signifikanterweise der brillant-respektlose Aldous Huxley, der die größten Erfolge verbuchen konnte, Ende der Zwanziger Jahre dann Evelyn Waugh – beide ›bright young writers‹ (trotz Huxleys Experimenten in *Point Counter Point* [1928]) nicht gerade radikale literarische Innovatoren, sondern Verfasser satirischer Ideen- oder Gesellschaftsromane.

Es führt kein Weg daran vorbei: Der Einfluß der literarischen Avantgarde in den Zwanziger Jahren war verschwindend gering[12] – und deshalb taugen ihre Texte auch, eingestandenermaßen, nicht *im empirischen Sinne* als Spiegel ihrer Zeit: »[L]iterature tells us little when we deal, as we must in the twentieth century, with the people of England. The novels of Virginia Woolf, for example, were greatly esteemed by a small intellectual group, and their destruction of the tight narrative frame has influenced later writers. They are irrelevant for the historian« (Taylor

---

landscape. They had gone right through literature and come out on the other side. With these writers, English literature became more difficult and esoteric just when there were more potential readers than ever before. Writers with a new technique had encountered initial hostility from Wordsworth onwards. This was the first time that acknowledged masters were, and remained, unintelligible not only, say, to a coal miner, but to a secondary schoolmaster or a doctor. The fashion held only in part. Eliot determined the main shape of English poetry for a generation. Joyce was an isolated figure. Poetry perhaps did not need to make sense. Prose cried out for meaning, and Joyce ran into a blind alley where, in his last work, *Finnegan's Wake* [sic], even the words were gibberish. [...] By any more prosaic standard, this was the best time mankind, or at any rate Englishmen, had known: more considerate, with more welfare for the mass of people packed into a few years than into the whole of previous history. It is hardly surprising that ordinary people found the great contemporary works of literature beyond them«.

[10] A. S. M. Hutchinson, *If Winter Comes*; Margaret Kennedy, *The Constant Nymph*; Michael Arlen, *The Green Hat* (vgl. Taylor 1965, 311f.).

[11] Bei DiBattista/Diarmid (1996) handelt es sich um einen wenig überzeugenden Versuch, die Opposition *high* vs. *low culture* zu relativieren.

[12] Vgl. Seaman (1970), 116: »*Avant-garde* writers like T. S. Eliot, Joyce, Virginia Woolf and even Lytton Strachey, D. H. Lawrence and Aldous Huxley influenced the future rather than their immediate contemporaries, save for the most sophisticated among them«.

1965, 311; vgl. Mowat 1971, 145ff.). Daß aber der Wirklichkeitsbezug der massenhaft konsumierten Literatur mindestens ebenso fraglich ist, wenn nicht gar noch mehr, also auch deren kulturgeschichtlicher Zeugnischarakter erst *ermittelt* werden muß, weil ihre Inhalte nichts Verwertbares ›widerspiegeln‹, sondern vielmehr die Tatsache ihrer Rezeption auf weitverbreitete Stimmungen, Gefühlslagen, Bedürfnisse und Defizite verweist und sie allein deshalb historisch etwas dokumentieren, wird darüber gerne vergessen. Wir nähern uns hier zum ersten Mal in Gestalt der *unpopulären Moderne* einem Phänomen von *Ungleichzeitigkeit*: daß nämlich einer kulturgeschichtlichen Erscheinung, die zu ihrer Zeit ziemlich marginal war, retrospektiv ein signifikanter, ja die Epoche auf den Punkt bringender Charakter zugesprochen wird (»Into the Waste Land«). Wir kommen darauf zurück. Die Verbreitung und Hochachtung der modernistischen Literatur ist eine Sache der späteren Jahrzehnte des 20. Jahrhunderts, bewerkstelligt in erster Linie von Universitäten und höheren Schulen; sie wurde *nachträglich* herbeigeführt.

Es verfängt auch wenig, die Marginalität des *high modernism* im Großbritannien der Zwanziger Jahre mit massiven Behinderungen seiner Verbreitung relativierend ›erklären‹ zu wollen. Sicher: Joyce und Lawrence (und auch Pound) wurden von der Zensur verfolgt. *Ulysses* mußte in Paris erscheinen, von des Englischen unkundigen Setzern korrumpiert, und war, wie später auch Lawrences *Lady Chatterley's Lover*, in Großbritannien nicht frei verkäuflich. Sowohl Lawrences *The Rainbow* (1915) als auch *Women in Love* – 1920 in New York als Privatdruck erschienen – waren in Lawrences Heimat nur in verstümmelten, entschärften Fassungen erhältlich.[13] Das bedeutendste Rezensionsorgan des Landes, das *Times Literary Supplement*, konnte sich nicht dazu durchringen, den möglicherweise wichtigsten Roman des Jahrhunderts, eben den verbotenen *Ulysses*, zu besprechen: Erst 1937 erschien eine peinlich herablassende, oberlehrerhafte Notiz (vgl. Gross 1992, xvi, 57) – das *TLS* war seinem Ruf, »a bastion of literary conservatism« zu sein (xii), wieder einmal vollauf gerecht geworden.

Aber trotzdem: Auch die frei zugänglichen modernistischen Texte verkauften sich ja schlecht und waren unpopulär. Der Grund für diese Marginalität der Moderne dürfte vielmehr in einer anderen Art von Unzugänglichkeit liegen – nämlich ihrer Schwierigkeit, ihrer Verschlüsselung, ihrer Mehrdeutigkeit, ihrem Anspruch, kurz: ihrer Machart, ihrer Poetik. Und diese Poetik braucht nicht als eine elitäre Verschwörung arroganter Gebildeter gegen die ungebildeten Massen (so aber Carey 1992) oder eine hinterlistige Verschwörung verunsicherter Männer gegen erstarkende Frauen ›entlarvt‹ zu werden;[14] es ist eine Poetik, die durchaus ihre eigene innere Logik hat, eine Logik, nach der sich die Literatur des *high modernism* –

---

[13] Vgl. Kenner (1988), 115: »[B]y 1921 the printing of avant-garde works in English had been systematically transferred to France, thus making British Customs the island's last bulwark of decency«.
[14] Vgl. aber Gilbert/Gubar (1989), 5: »In our first volume, we argued that sophisticated avant-garde strategies of linguistic experimentation need to be understood in terms of male anxiety about unprecedented female achievement in both the social sphere and the literary marketplace«.

inklusive der Texte Woolfs, Steins und Richardsons – abermals, nun zum dritten Male, als ›Rand‹-Phänomen begreifen läßt, jetzt aber genetisch und poetologisch und dadurch mit den beiden anderen Marginalitäts-Aspekten unauflösbar verknüpft: Die Ästhetik der Moderne ist eine, die sich aus der forcierten *Differenz* zwischen Normalsprache und poetischer Sprache, zwischen Rastern der alltäglichen Wahrnehmung und unkonventionellen Verfahren der erzählerischen Darstellung speist. Die Literatur der Moderne kann verstanden werden als der Versuch der Revolutionierung des Systems der Sprache von seinen ›Rändern‹ her – der Angriff der Peripherie, wenn man so will, von den Grenzen des Sagbaren aus auf das Zentrum der Phrasen, Klischees und des immer schon Gewußten. Modernistische Literatur folgt, metaphorisch gesprochen, einer Poetik der Marginalität, weil sie ihre ästhetische Wirkung gerade aus ihrer *Abweichung* von der Norm bezieht, aus dem *foregrounding* ihres Andersseins, aus der Inszenierung der oben erwähnten *Differenz*. Sie konnte also ›in ihrem Jahrzehnt‹, den Zwanziger Jahren, gar nicht anders als marginal sein – das war, poetologisch gedacht, ja ihr Zweck und ihre Wirkungsbedingung. Das muß erläutert werden.

3.

Der russische Formalist Viktor Šklovskij schrieb 1916 in seinem Essay »Die Kunst als Verfahren«, im Alltag unterlägen Wahrnehmung und Sprache einem gewissen Automatismus. Man nehme das Gewohnte nicht jedesmal neu wahr, die Sprache werde, durchaus im Sinne der Ökonomie und Effizienz von Kommunikation, knapp, klischee- und formelhaft. Diese Gewöhnung und Automatisierung stumpfe aber das Empfinden der Menschen ab, und es sei nun gerade der Sinn der Kunst, dieser Abstumpfung entgegenzuwirken:

> [G]erade, um das Empfinden des Lebens wiederherzustellen, um Dinge zu fühlen, um den Stein steinern zu machen, existiert das, was man Kunst nennt. Ziel der Kunst ist es, ein Empfinden des Gegenstandes zu vermitteln, als Sehen, und nicht als Wiedererkennen; das Verfahren der Kunst ist das Verfahren der ›Verfremdung‹ der Dinge und das Verfahren der erschwerten Form, ein Verfahren, das die Schwierigkeit und Länge der Wahrnehmung steigert, denn der Wahrnehmungsprozeß ist in der Kunst Selbstzweck und muß verlängert werden. (Šklovskij 1971, 15)

Bezogen auf Literatur heißt das: »[D]ie Sprache der Dichtung [ist] eine schwierige, erschwerte, gebremste Sprache« (33), d.h. gebremst ist eigentlich nicht die verfremdete Sprache der Dichtung (informationstheoretisch müßte man sie, ganz im Gegenteil, als ›beschleunigt‹, ›komprimiert‹ oder ›energiegeladener‹ bezeichnen), sie zwingt vielmehr den Leser, langsamer zu werden und genauer hinzuschauen. Gedrosselt ist das Tempo der Dekodierung, denn die Bedeutung eines literarischen Textes ist nicht einfach abrufbar, sie muß erschlossen werden aus dem spezifischen Wie, aus der konkreten Art und Weise, in der die Zeichen verknüpft sind, aus der Form des Sprachkunstwerks. Literatur bedeutet wie Kunst durch Form. Der literarische Text ist also ein Text, der das Augenmerk des Lesers auf seine

Machart lenkt. Anders als bei Sachtexten beziehen sich seine Zeichen nicht auf eine außersprachliche Wirklichkeit – sie konstituieren ihre eigene fiktionale Wirklichkeit. Literarische Texte sind dominant selbstbezüglich. Und immer wieder ist es die Abweichung vom normalen Sprachgebrauch, die den Leser daran erinnert, daß er es hier mit dieser besonderen Art von Texten zu tun hat. Wesen und Wirkung von Literatur sind in ihrer *Deviation*, ihrer *Differenz* begründet.

Nach Šklovskij ist die Kunst und Literatur aller Epochen durch diese (über Verfremdung vermittelte) Selbstbezüglichkeit gekennzeichnet. Aber seit dem letzten Drittel des 19. Jahrhunderts geschieht in den Künsten und in der Literatur (in der Musik schon früher) etwas Auffälliges (vgl. zum Folgenden Bode 1988): Die Selbstbezüglichkeit verstärkt sich immer mehr, durch forcierte Neuvertextung der Zeichen wird ihr referentieller, scheinbar ›abbildender‹ Charakter immer weiter abgeschwächt – bis nach der absoluten Musik schließlich die atonale entsteht und über die bekannten Stationen der Geschichte der Malerei (wie Impressionismus, Expressionismus, Kubismus) schließlich die Gegenständlichkeit in reine Abstraktion aufgelöst wird. Die Künste verabschieden sich von der Mimesis, sie kommen, wenn man so will, ›zu sich‹ – ihre Zeichen werden autonom. Die Literatur der Vormoderne und Hochmoderne macht diese Bewegung mit, doch mit einem entscheidenden Unterschied: Ihr Ausgangsmaterial, die Elemente der menschlichen Sprache, ist, anders als bei den anderen Künsten, immer schon bedeutungstragend, und durch keine noch so radikale Neuvertextung, durch keine noch so große Abweichung vom Normalgebrauch läßt sich diese Primärreferenz der Wörter völlig löschen, sie schwingt immer mit, neben den neuen, singulären, ›literarischen‹ Bedeutungen des Zeichens. Materialbedingt kann Literatur daher nie absolut selbstbezüglich sein – ihr Signum in der Epoche der Moderne, Spur ihres Strebens nach Absolutheit, ist vielmehr extrem gesteigerte, unauflösbare Ambiguität. Sie ist das Echtheitsmal post-mimetischer Literatur (vgl. Bode 1988, 381).

Nicht notwendigerweise muß dieser »thrust [...] to an anti-mimetic art« (Nicholls 1995, 251) immer an eine entsprechende Absicht der Schriftsteller gebunden sein. So verstand sich beispielsweise Henry James als Verfeinerer des Realismus, James Joyce in gewisser Hinsicht als Vollender des Naturalismus, und doch gelangten beide in ihrer Praxis an einen Punkt (ganz ähnlich den impressionistischen Malern), an dem ihr Bemühen, die Verfahren der sprachlichen Evokation von Wirklichkeit immer weiter zu perfektionieren, in etwas dezidiert Anti-Mimetisches umschlug: Für den Leser stehen auf einmal diese *Verfahren* im Vordergrund, während der ›Inhalt‹ immer schwerer auszumachen ist, der Text wird primär *als Text* wahrgenommen.[15]

---

[15] William James, der große Philosoph, schrieb nach der Lektüre von Henry James' letztem Roman *The Golden Bowl* enerviert an seinen Bruder: »You can't skip a word if you are to get the effect, and 19 out of 20 worthy readers grow intolerant. The method seems perverse: ›Say it *out*, for God's sake,‹ they cry, ›and have done with it‹« (James 1992, x). Aber genau das hatte Henry ja versucht: Es so genau wie möglich zu sagen, und Wirklichkeit nicht ›an sich‹, sondern auf die einzige Weise zu zeigen, auf die sie uns zugänglich ist: als von einem bestimmten Bewußtsein konkret erfahrene und empfundene.

Die symbolistische Revolution der Sprache, der Versuch, die Wörter aus ihren habituellen Verankerungen zu befreien, um über diese akzentuierte Differenz nicht zu einer ›Abbildung‹ eines Gegenstandes, sondern zu einer Suggestion seines Effektes zu gelangen, mußte, wie das neue erzählerische Paradigma der Standort- und Bewußtseinsgebundenheit jeder Erfahrung (vgl. dazu Wilson 1984, 165, 168, 177f.), zu einer permanent mitlaufenden Thematisierung, wenn nicht gar zu einem *foregrounding* der *Mittel* der ›Darstellung‹ führen. Die Literatur der Moderne ist daher, ungleich stärker als die früherer Epochen, gekennzeichnet durch eine auffällige *Selbstthematisierung*: Gerade weil keine stabile, eindeutige Relation zwischen Sprache und ›Wirklichkeit‹ mehr vorausgesetzt werden kann, wird jeder Text zu einer Erkundung der Möglichkeiten des Mediums. Indem in der Lyrik immer radikalere, immer stärker verfremdete Vertextungen gewählt werden und indem in der Erzählliteratur die gängigen Parameter realistischen Erzählens (Figur, Handlung, Raum, Zeit, Kausalität, Kohärenz usw.) sukzessive hinterfragt, ja aufgelöst werden, wird auch dem Rezipienten Neues abverlangt: Ehe er sich Gedanken machen kann, was ›das Dargebotene‹ bedeutet, muß er erst einmal rekonstruieren, was überhaupt dargeboten wird – er muß sozusagen eine zusätzliche Stufe erklimmen. Die Literatur der Moderne beteiligt ihre Rezipienten so in einem nie gekannten Ausmaß an der Arbeit der Bedeutungserzeugung. Das ist anstrengend, bisweilen eine Zumutung – aber die Überwindung dieser entpragmatisierten Schwierigkeit macht, nicht allein nach Šklovskij, Kunst im wesentlichen aus.

Mit Sicherheit kannten die *high modernists* Šklovskij, diesen Theoretiker ihrer Kunst, überhaupt nicht. Und gerade deshalb ist es so verblüffend, wie sich in ihren Poetiken die gleichen Gedanken finden oder doch wenigstens solche, die, bei unterschiedlicher individueller Ausprägung, auf dieselbe ›Logik der Dichtung‹ zurückgeführt werden können. Eliot, Pound, Joyce und Woolf mögen hier als Beispiele genügen.

Eliot verteidigt früh die Schwierigkeit moderner Dichtung als Notwendigkeit:

> It is not a permanent necessity that poets should be interested in philosophy, or in any other subject. We can only say that it appears likely that poets in our civilization, as it exists as present, must be *difficult*. Our civilization comprehends great variety and complexity, and this variety and complexity, playing upon a refined sensibility, must produce various and complex results. (Eliot 1984, 65)

Und diese »variety and complexity« kann nur adäquat ausgedrückt werden, wenn der Dichter die Sprache umformt, zwingt, »if necessary«, *disloziert*, im Wortlaut: »The poet must become more and more comprehensive, more allusive, more indirect, in order to force, to dislocate if necessary, language into his meaning« (65). Dichtung muß in erster Linie als Wortkunst rezipiert und gewürdigt werden, nicht als etwas anderes (»when we are considering poetry we must consider it primarily as poetry and not another thing« [Eliot 1972, viii]). Es versteht sich von selbst, daß die Bedeutung eines solchen Textes nicht restlos paraphrasierbar ist, zum einen weil seine Bedeutungsfülle nicht auf das Normalsprachliche zu reduzieren ist, zum anderen weil die Bedeutungen sich *zwischen Text und Leser* realisieren und deshalb notwendigerweise dispersieren:

If, as we are aware, only a part of the meaning can be conveyed by paraphrase, that is because the poet is occupied with frontiers of consciousness beyond which words fail, though meanings still exist. A poem may appear to mean very different things to different readers, and all of these meanings may be different from what the author thought he meant. [...] the ambiguities may be due to the fact that the poem means more, not less, than ordinary speech can communicate. (Eliot 1984, 111)
The poem's existence is somewhere between the writer and the reader; it has a reality which is not simply the reality of what the writer is trying to ›express‹, or of his experience of writing it, or of the experience of the reader or of the writer as reader. Consequently the problem of what a poem ›means‹ is a good deal more difficult than it at first appears. (80)
[W]hat a poem means is as much what it means to others as what it means to the author. (88)

Eine effiziente Möglichkeit, den Text mit Bedeutungen aufzuladen, ist, ihn mit Anspielungen zu durchsetzen (wie Eliot es im *Waste Land* exzessiv praktiziert hat), heute würde man sagen: ihn unmißverständlich intertextuell anzulegen; denn über seine ebenfalls bedeutungsgenerierenden Aspekte wie Lautung, Rhythmus, Graphik hinaus werden hier durch jedes solche ›Zitat‹ unermeßlich reiche Kontexte angerissen, deren semiotische Energie der Text quasi anzapft und sich parasitär aneignet.[16] Solche dezidiert intertextuelle Dichtung ist zugleich unverkennbar polyphon: Der Text des *Waste Land* (das Gedicht sollte bezeichnenderweise ursprünglich »He Do the Police in Different Voices« heißen) wird zu einem Stimmengewebe (wie wir auch in Pounds *Cantos* eine »multiplicity of voices« [Nicholls 1995, 260f.] ausmachen können, von *Ulysses* ganz zu schweigen), am Ende zu einer Collage kleinster Zitatfetzen (»These fragments I have shored against my ruins« [Eliot 1954, 77]), hinter der der Autor ganz verschwindet. Eliots »Impersonal theory of poetry« stellt auf eine »extinction of personality« ab (Eliot 1984, 40). »Poetry is not a turning loose of emotion, but an escape from emotion« (43) – Dichtung ist objektives Konstrukt, Mittel des Dichters, ganz im Sinne von Šklovskijs Deviationsästhetik, die Sprache der Gemeinschaft zu entschlacken, zu reinigen, wie T. S. Eliot noch in »Little Gidding« schreibt: »To purify the dialect of the tribe« – eine späte Verbeugung vor Mallarmé, der in seinem Sonett auf Edgar Allan Poe die Aufgabe des Dichters umschrieben hatte als »donner un sens plus pur aux mots de la tribu« (vgl. Wilson 1984, 22).

Die ›dislozierende‹ Anstrengung des Dichters ist also kein Selbstzweck, sie soll dem Leser eine Begegnung besonderer Intensität verschaffen, zielt also letztlich auf eine ästhetische Transformierung der Welt, wie Eliot in seiner Rezension des *Ulysses* und Diskussion der »mythical method« unumwunden zugibt: »It is, I seriously believe, a step toward making the modern world possible for art« (Eliot 1984, 178).

Bei Pound – für Eliot »il miglior fabbro«, weil ohne seine entschiedenen Eingriffe *The Waste Land* wohl nie das Licht der Öffentlichkeit erblickt hätte – sieht es

---

[16] Schon I. A. Richards bemerkte: »›The Waste Land‹ is the equivalent in content to an epic. Without this device [i.e. allusion] twelve books would have been needed« (Richards 1983, 232).

ganz ähnlich aus: »Great literature is simply language charged with meaning to the utmost possible degree« (Pound 1985, 23). »[T]he art of writing [is] the art of ›charging‹ language with meaning« (29). Literarische Prosa unterscheidet sich von Dichtung (und in keiner anderen Epoche liegen die Gattungen näher beieinander als in der Moderne [vgl. Kenner 1984, 365; Bode 1988, 146ff.]) nur dadurch, daß sie weniger ›geladen‹ ist (vgl. Pound 1985, 26). Der Formalist und Deviationsästhetiker kennt den Grund: Ihr Sprachgebrauch ist weniger deviant, ihre Komprimierung weniger stark. Pounds Ästhetik ist eine Ästhetik des *Bruchs der Konvention*, weil Pounds Dichtung als »Logopoeia« – »the dance of the intellect among words« (25) – nur statthaben kann, wenn alles dem Ziel der Bedeutungskompression untergeordnet ist.[17]

Sein poetologisches Credo »Make it new« (sehr gut dazu Kenner 1972, 445ff.) fordert die Aufnahme, Verknüpfung und Verdichtung verschiedenster Diskursfäden zu etwas Neuem, Konzentriertem (»So writing is largely quotation, quotation newly energized, as a cyclotron augments the energies of common particles circulating« [126]). Der Dichter surft im Ozean des Intertexts, und je weiter er, *if I may mix my metaphors*, das Netz auswirft, desto mehr und desto Reicheres wird es enthalten: Pound holt sich seine Anregungen fast durchgehend in der Exotik (China, Japan) oder in der Antike und im Mittelalter (vgl. Nicholls 1995, 167ff.), so gut wie überhaupt nicht aus der Nähe. Es scheint, er erhofft sich gerade aus der enormen (räumlichen oder zeitlichen) *Distanz* eine besondere Revitalisierung – je weiter hergeholt, je peripherer, desto größer der potentielle Nutzen bei der Dynamisierung des Zentrums, desto größer die Wirkung. Und dies alles zum Zwecke einer Kunst, die wegen ihrer Komplexität unerschöpflich bleibt, »news that STAYS news« (zit. nach Ford 1992, 27).

James Joyce hat, anders als Eliot und Pound, keine dichtungstheoretischen Essays oder Manifeste hinterlassen. Aber zwei berühmte Aussprüche zeigen, daß auch er einer Ästhetik der radikalen Ambiguisierung anhing, die darauf abzielte, den Text selbst zu einem hochkomplexen, autoreferentiellen, letztlich unausdeutbaren Kosmos werden zu lassen. Die erste Bemerkung, in bezug auf *Ulysses*: »I've put in so many enigmas and puzzles that it will keep the professors busy for centuries arguing over what I meant, and that's the only way of insuring one's immortality« (Ellmann 1976, 535). Was hier ironisch und selbstironisch umschrieben wird, ist in der zweiten Bemerkung positiv als Anspruch zum Ausdruck gebracht: »If *Ulysses* isn't fit to read, life isn't fit to live« (551). Was wie ein arroganter Hyperbolismus klingt, stellt nur vordergründig auf den Topos ›alles muß Gegenstand der Literatur sein dürfen‹ ab; es bringt auch aphoristisch die Wirkungsästhetik des Formalismus auf den Punkt: Der *Ulysses* imitiert die Wirklichkeit nicht mimetisch, sondern ›der Art nach‹, indem er sie in einem entscheidenden Aspekt nachahmt: in ihrer durch keine endliche Interpretation auszuschöpfenden Komplexität. Die

---

[17] »I believe in technique as the test of man's sincerity; in law when it is ascertainable; in the trampling down of every convention that impedes or obscures the determination of the law, or the precise rendering of the impulse« (Pound 1985, 9).

Lektüre dieses Romans wird so zu einem Analogon des Lebens: Die Sinnfindung ist uns aufgegeben und möglich, doch unabschließbar, wie jedes Verstehen. Wen das überfordert, den überfordert wohl das Leben erst recht.

Auch in der Poetik Virginia Woolfs spielt der Begriff des Lebens eine wichtige Rolle: In ihrem Essay »Modern Fiction« (1919, letzte Fassung von 1925) hält sie fest, daß es zwar wohl keine Evolution, keinen Fortschritt in der Literatur gebe, daß »das Leben« aber nicht mehr mit den erzählerischen Konventionen der »materialists« Wells, Galsworthy und Bennett eingefangen werden könne: »Life escapes [...] Whether we call it life or spirit, truth or reality, this, the essential thing, has moved off, or on, and refuses to be contained any longer in such ill-fitting vestments as we provide« (Woolf 1972, 105). Wie Šklovskij hält sie dafür, daß bestimmte künstlerische Formen, wenn sie einmal etabliert sind, sich erschöpfen und der sich ändernden Realität nicht mehr adäquat sind (wenn sie es überhaupt je waren) und ersetzt werden müssen durch andere, die »den Stein steinern machen«:

> Is life like this? Must novels be like this?
> Look within and life, it seems, is very far from being »like this«. Examine for a moment an ordinary mind on an ordinary day. The mind receives a myriad impressions – trivial, phantastic, evanescent, or engraved with the sharpness of steel. From all sides they come, an incessant shower of innumerable atoms; and as they fall, as they shape themselves into the life of Monday or Tuesday, the accent falls differently from of old; the moment of importance came not here but there; so that, if a writer were a free man and not a slave, if he could write what he chose, not what he must, if he could base his work upon his own feeling and not upon convention, there would be no plot, no comedy, no tragedy, no love interest or catastrophe in the accepted style [...]. [...] we are suggesting that the proper stuff of fiction is a little other than custom would have us believe it. (106)

Literatur kann nur überzeugen, wenn sie notfalls auch (»even if«) »custom« und »convention« über Bord wirft, wie Joyce es tut, dem sie hier, zurückhaltend und, scheint es, etwas widerwillig, »sincerity« bescheinigt: »If we want life itself, here surely we have it« (107). Der Zweck heiligt die Mittel (»Any method is right, every method is right, that expresses what we wish to express, if we are writers« [108]), und der Zweck ist immer noch Lebensnähe: »This method has the merit of bringing us closer to what we are prepared to call life itself; did not the reading of *Ulysses* suggest how much of life is excluded or ignored« (108). Aber nicht nur weil wir wissen, wie sehr sie das abstieß, was Joyce da ans Licht brachte, klingt das merkwürdig defensiv, so als ob sie zwar ohne weiteres sagen könne, »For the moderns ›that‹, the point of interest, lies very likely in the dark places of psychology« (108), sie aber die Konsequenzen der neuen Literatur fast ebenso fürchte wie sie die Erschlaffung der alten abstößt und langweilt. Dieser Widerspruch kulminiert am Ende des Essays, wo sie zunächst noch einmal emphatisch die totale Freiheit der Kunst beschwört,[18] um dann ihre kaum verhohlene Abneigung gegen die konkre-

---

[18] »[N]othing – no ›method‹, no experiment, even of the wildest – is forbidden, but only falsity and pretence. ›The proper stuff of fiction‹ does not exist; everything is the proper

ten Folgen dieses Programms (man vergleiche ihre Ausführungen zum ›Hades‹-Kapitel des *Ulysses*) in eine auffallend aggressive Metaphorik umschlagen zu lassen: »And if we can imagine the art of fiction come alive and standing in our midst, she would undoubtedly bid us break her and bully her, as well as honour and love her, for so her youth is renewed and her sovereignty assured« (110). Der Bruch der Konvention, der Norm, der Regel ist ein weitverbreiteter Topos der Ästhetik der Moderne – Virginia Woolf blieb es vorbehalten, diesen Topos metaphorisch als (Einladung zur) Vergewaltigung zu imaginieren, aus der die weiblich personifizierte Fiktion wie ein Phoenix aus der Asche wieder ersteht. Deviationsästhetisch ist das schon noch gedacht, doch anders als bei Eliot (»to force, to dislocate if necessary, language into his meaning«) ist bei Woolf dieser Gewalt-Akt metaphorisch höchst ambivalent besetzt: Hier imaginiert ein Opfer als Täter ein Opfer, das zur Tat einlädt.

»Mr. Bennett and Mrs. Brown« (zuerst 1923) wurde ausgelöst durch die Kritik, die Arnold Bennett an der Figurenzeichnung von *Jacob's Room* geübt hatte. Auch in der erweiterten Fassung von 1924, aus der heute meistens zitiert wird, hat sich der leicht defensive Ton gehalten. Wie in »Modern Fiction« besteht Virginia Woolf auch hier darauf, daß sich die alten Konventionen der Figurenzeichnung erschöpft haben (wenn die Edwardians überhaupt je an Figurenzeichnung interessiert waren, was sie bezweifelt), räumt allerdings ein, daß überzeugende neue Verfahren noch nicht entwickelt worden seien (Woolf 1971, 333f.). Sie beklagt die Situation der Romanciers zwischen einem Publikum, das Konventionelles erwartet und fordert, und der künstlerischen Vision, die sich nicht mit Oberflächlichkeiten zufrieden geben kann (333). Wenn auch die neueren Versuche nicht zu überzeugen vermögen (»[W]e must reconcile ourselves to a season of failures and fragments. We must reflect that where so much strength is spent on finding a way of telling the truth, the truth itself is bound to reach us in rather an exhausted and chaotic condition« [335]), so glaubt sie sich doch an der Schwelle »of one of the great ages of English literature« (337). Was zu dieser Hoffnung Anlaß gibt, bleibt etwas unklar. Klar hingegen ist, daß das Ziel der Literatur unverändert darin besteht, »[t]o express character«: »I believe that all novels [...] deal with character, and that it is to express character – not to preach doctrines, sing songs, or celebrate the glories of the British Empire, that the form of the novel, so clumsy, verbose, and undramatic, so rich, elastic, and alive, has been evolved« (324). Und ihr »character«, Mrs. Brown (»Mrs. Brown is eternal, Mrs. Brown is human nature« [330]), ist nur eine Metapher für das, was auch in »Modern Fiction« zentral gesetzt ist: »[S]he is, of course, the spirit we live by, life itself« (337).

Es fällt auf, daß Virginia Woolf, vielleicht stärker als erwartet, auf die herkömmlichen Parameter realistischen Erzählens abstellt (»character«, »life«), daß ihre Kritik des Alten so viel überzeugender ausfällt als ihr Plädoyer für das Neue – und daß der Essay einen der übelsten chauvinistischen und xenophobischen Sätze

---

stuff of fiction, every feeling, every thought; every quality of brain and spirit is drawn upon; no perception comes amiss« (110).

der Moderne-Diskussion enthält.[19] Doch es kann keinem Zweifel unterliegen, daß auch Virginia Woolf einer deviationsästhetischen Poetik anhängt: theoretisch, weil sie immer wieder die Notwendigkeit betont, neue Formen der Darstellung zu entwickeln, um den *Effekt* (»Is life like this?«) zu erzielen, den die erstarrte Konvention (»falsity and pretence«) regelmäßig verfehlt, wobei Woolf sehr wohl weiß, daß das Publikum nach genau dieser Konvention hungert – praktisch, weil sie sich in einer Ästhetik des permanenten Neuanfangs, des rastlosen Fort-Schreibens übte, ihrer Variante des Poundschen »Make it new«.[20]

Ohne hier auf die anderen eingehen zu können, läßt sich verallgemeinernd festhalten: Alle *high modernists* schreiben eine Literatur, die sich systematisch und dezidiert von sprachlichen Normen und von Konventionen der literarischen Darstellung absetzt. Alle setzen auf ›schwierige‹ Texte, alle glauben, daß diese Art von ›bedeutungsgeladener‹ oder unkonventioneller Literatur den Leser stärker engagieren würde und über ihn in die Gesellschaft zurückwirken könne. Für alle war das Ungewohnte ein Mittel, die Gewöhnung an das Übliche aufzubrechen. Keiner der *high modernists* schreibt daher zufällig eine Literatur, die sich sperrt. Das soll sie, das ist Programm. Die Literatur der Moderne, die ihr großes Jahrzehnt in den Zwanziger Jahren hat, ist absichtlich de-zentriert, ex-zentrisch, deviant – nur als Phänomen der Marginalität kann sie überhaupt ihre Kraft und Faszination entfalten: Sie kommt ›von draußen rein‹.

Auf welch unterschiedliche Weisen die Literatur der Moderne Marginalität inszenieren kann, soll im Folgenden an drei Beispielen knapp skizziert werden – an einem unstrittig modernistischen Roman, James Joyces *Ulysses*, und an zwei Zweifelsfällen, E. M. Forsters *A Passage to India* (1924) und D. H. Lawrences *The Plumed Serpent* (1926).

4.

Ulysses folgt in Aufbau und Episoden *dem* großen Epos des an der Heimkehr gehinderten Helden, der *Odyssee* des Homer. Und obwohl wir die beiden männlichen Helden des *Ulysses*, den Anzeigenakquisiteur Leopold Bloom und den angehenden jungen Schriftsteller Stephen Dedalus, in ihrer Heimatstadt Dublin antreffen – der

---

[19] »Why when October comes around, do the publishers always fail to supply us with a masterpiece? Surely one reason is that the men and women who began writing novels in 1910 or thereabouts had this great difficulty to face – that there was no English novelist living from whom they could learn their business. *Mr. Conrad is a Pole; which sets him apart, and makes him, however admirable, not very helpful*« (326; Hervorhebung CB).

[20] Sie hält sich beispielsweise nicht lange bei dem Lob auf, das *Jacob's Room* erntete, stattdessen: »›I want to think out *Mrs Dalloway*. I want to foresee this book better than the others and get the utmost out of it. I expect I could have screwed up Jacob tighter, if I had foreseen, but I had to make my path as I went.‹ So it was each time; she was never satisfied; if there were laurels, she never rested on them« (Joan Bennett in Gross 1992, 125).

James Joyce in Zürich.

Tag ist der 16. Juni 1904 –, sind sie doch in gewisser Hinsicht nicht ›zu Hause‹. Bloom ist der Sohn eines jüdischen Einwanderers aus Ungarn, zwar in Dublin geboren und getauft, aber in diesen engen Verhältnissen immer noch ein ›Zugereister‹, ein Außenseiter. Der Jude Bloom (vgl. Hildesheimer 1984) ist ein kosmopolitisch gesinnter, liberal denkender Fremdkörper im nationalistischen, katholisch-bornierten Milieu Irlands – was am deutlichsten wird in der sogenannten ›Cyclops‹-Episode, dem 12. Kapitel, als ein aggressiv-chauvinistischer und antisemitischer »Citizen« in Barney Kiernan's Pub mit Bloom Streit sucht und ihm, als der von einem Freund in Sicherheit gebracht wird, noch eine Biskuitdose nachwirft (wie der Zyklop dem fliehenden Odysseus Felsen). Wenn Bloom ein moderner *Everyman* ist, so ein unbehauster, sich herumtreibender *Everyman* – und wenn er, weit nach Mitternacht, schließlich heimkehrt, wird ihn seine Penelope, Molly, betrogen haben, was er weiß und geschehen läßt: Er wird keinen Freier töten. Die Partner haben sich entfremdet, seit neun Jahren nicht richtig miteinander geschlafen. Bloom ist noch im eigenen Ehebett ein Fremder. In Dublin, dieser peripheren, um nicht zu sagen provinziellen Hauptstadt von Britanniens erster Kolonie, dem Zentrum des Empires so nah und doch so fern, ist er, der Outsider, gleich doppelt und dreifach marginalisiert: räumlich, ethnisch, weltanschaulich – und schließlich sogar als gehörnter Ehemann.

Stephen Dedalus hat, seit wir ihn in *A Portrait of the Artist as a Young Man* verließen, einige Zeit in Paris verbracht. Der selbstexilierte Künstler kam nur wegen der sterbenden Mutter heim. Die Distanz zu den heimischen Verhältnissen ist gleich im ersten Kapitel ›Telemachus‹ greifbar: Die Beziehung zu seinem Freund Buck Mulligan ist gespannt, weil der, anders als Stephen, eher bereit ist, künstlerische Kompromisse einzugehen und Kunst zu schaffen, die ›zugänglich‹ ist – das Dubliner literarische Establishment beginnt, auf ihn aufmerksam zu werden. Stephen dagegen ist der sich konsequent Marginalisierende, der noch dazu bewußt in der Sprache und gegen die Kultur der arrogant-herablassenden Kolonialmacht (an)-schreibt (in ›Telemachus‹ verkörpert durch den unsympathischen Engländer Haines). Diener dreier Herren – der britischen Kolonialmacht, der katholischen Kirche in Rom und seines Vaterlandes (»a third [...] there is who wants me for odd jobs« [Joyce 1986, 17]) –, kann Stephen sich doch nur verwirklichen, wenn er sich allen drei Ansprüchen entzieht. Wenn er am Ende Blooms gutgemeintes Angebot ablehnt, quasi an Stelle des eigenen, verstorbenen Sohnes in Eccles Street No. 7 einzuziehen und damit das ödipale Dreieck wieder zu komplettieren, so ist das nur konsequent: Der Verlust des *home* kann nicht voluntaristisch wiederhergestellt werden, und Stephen muß hinaus in ein ›self-imposed exile‹, um sein *magnum opus* zu schreiben, um Abstand zu gewinnen und Einsichten, die nur der Abstand bieten kann.[21] Von Buck Mulligan wissen wir, daß Stephen Dedalus wohl »in ten years« etwas schreiben werde (205). Man schreibt das Jahr 1904. Unter dem *Ulysses*

---

[21] Vgl. Bell (1997), 76: »[*Ulysses*] exemplifies the characteristically modern standpoint of exile whereby the local or national is best understood by the insider who has stepped outside the local frames of understanding and feeling«. Vgl. Gurr (1981), 25.

steht, als letzte Zeile unter Mollys finalem »Yes«: »Trieste-Zurich-Paris, 1914–1921«. 1914 begonnen. So viel Abstand – zeitlich, räumlich – war nötig.

Ulysses ist auch eine Auseinandersetzung aus der Ferne mit der englischen Sprache. Der Ire Joyce (Virginia Woolf: »a self-taught working man«) will sich und der Welt beweisen, daß er die Sprache der *oppressors* handhabt wie kein zweiter. Die Evolution des Englischen (›Oxen of the Sun‹, 14. Kapitel) kulminiert im Meisterwerk des Kolonisierten, dem man seine eigene Sprache nahm. *Ulysses* ist vielleicht das erste Beispiel jenes Phänomens, das seit Salman Rushdie »the Empire writes back« genannt wird:[22] Der Marginalisierte eignet sich das Medium der Metropole an und wendet es gegen sie, der Diener wird zum Meister. Er verfremdet es dabei für seine Zwecke und holt so aus der Sprache heraus, was die, für die es unreflektiertes, transparentes Medium ist, nie dort vermutet hätten. Joyce – der Selbstexilierte, der sich selbst von der Peripherie noch einmal absetzen muß – ist, wegen dieser biographisch wie literarisch ausgelebten Differenz, *der* paradigmatische Schriftsteller der Moderne (vgl. Gurr 1981, 15, 30), sein *Ulysses* ein Drama des »displacement« und »decentering« (Attridge 1988, 184ff.), der exzentrischen Grenzüberschreitung, der systematischen Deviation (vgl. 158ff.). *Ulysses* markiert die gloriose Überwindung des Naturalismus (vgl. Bode 1988, 159), für T. S. Eliot gar das Ende des Romans (Eliot 1984, 177) und bezeichnet den literarhistorischen Ort, an dem sich die Verfahren vor die ›Inhalte‹ schieben (nicht allein in den Kapiteln ›Aeolus‹, ›Sirens‹, ›Oxen of the Sun‹ und ›Ithaka‹, aber dort am offensichtlichsten) und an dem Erzählliteratur postmimetisch wird (dazu ausführlicher Bode 1988, 106ff., 158ff., 293ff.). Diese polyphone »super-novel« (Pound 1985, 406) zu durchlaufen, ihre auch entlegensten Elemente zu sinnvollen Mustern zu fügen, die sich ergänzen, reiben, überlagern oder nur als Optionen nebeneinanderstehen, ohne sich gegenseitig auszuschließen, das macht aus jedem Leser einen Odysseus, der heimkommen möchte, aber endlos aufgehalten wird, und der doch, nach Ende der Fahrt, nichts sehnlicher wünscht als wieder hinauszufahren, denn ein Zuhause hat er sowenig wie Bloom vorgefunden.

Bei aller zentrifugalen Kraft aber, die diesen Textkosmos, diese Orgie des Marginalen, Peripheren und Devianten, semiotisch dispersieren läßt, ist das Werk doch immer auch zentripetal auf den Mittelpunkt bezogen. Die gebogene Flugbahn dieses literarischen Geschosses, die sich durch die Orte Triest-Zürich-Paris zieht, läßt sich verlängern und zielt dann, selbstverständlich, auf Irland (Joyce wäre der letzte, dem das entgangen wäre) – der ideale Beobachter dieses Kunst-Stückchens müßte aber, wie immer, ex-zentrisch dazu stehen. Der eigentliche Adressat dieser Botschaft sitzt im Zentrum der Macht, im Zentrum der Sprache. Trifft sie dort ein, macht sie einen Unterschied, verursacht einen Eklat. Solche Botschaften kommen immer, notwendigerweise, von den Rändern her.

---

[22] Schon Ezra Pound las den *Ulysses* vor diesem kolonialen Metropole-vs.-Peripherie-Hintergrund: »He has presented Ireland under British domination, a picture so veridic that a ninth rate coward like Shaw [...] dare not even look it in the face. By extension he has presented the whole occident under the domination of capital« (Pound 1985, 407).

E. M. Forsters *A Passage to India* erschien 1924, 14 Jahre nach *Howards End*, und sollte auch der letzte Roman seines Verfassers bleiben, obwohl er erst 1970 starb. Das Buch spielt in Indien in der Zeit um den Ersten Weltkrieg. Die junge Adela Quested und ihre Schwiegermutter in spe, Mrs. Moore, besuchen Chandrapore, den Dienstort des Verlobten, möchten aber gerne ›das wahre Indien‹ kennenlernen, womit sie gegen den strengen Kodex der segregierten britischen Kolonie verstoßen – wie auch der sympathische Cyril Fielding, *principal* des kleinen *Government College*. Nach einem von dem islamischen Arzt Dr. Aziz organisierten Ausflug zu den Marabar-Höhlen, an dem Fielding nicht teilnehmen kann, beschuldigt Adela Aziz, sich ihr in einer der Höhlen unsittlich genähert zu haben. Der Arzt wird verhaftet, erniedrigt, in seiner Ehre verletzt. Im Prozeß widerruft Adela zwar ihre Anschuldigung, doch der Schaden ist angerichtet: Die Kluft zwischen Briten und Indern ist nach der aufsehenerregenden Affäre größer denn je, das zeigt sich auch am nun belasteten Verhältnis zwischen Dr. Aziz und Fielding, der zuvor wegen seiner unvoreingenommenen und fairen Haltung zu Aziz von der *British community* ausgeschlossen worden war. Adela, von ihrem Verlobten wie von den Kolonial-Briten verstoßen, kehrt nach England zurück. Mrs. Moore, die nach *ihrem* Höhlenerlebnis vorzeitig abgereist war, ohne überhaupt den Prozeßbeginn abzuwarten, verstirbt auf der Heimreise. Auch Fielding kehrt Indien den Rücken, resigniert erkennend, daß es nicht möglich war, die Kluft zwischen den Kulturen zu überbrücken. An dieser Einschätzung hat sich auch nichts geändert, als er zwei Jahre später Aziz noch einmal trifft.

In *A Passage to India* tritt der Erzähler stark zurück, es gibt eine ausgeprägte Tendenz zum personalen Erzählen. Die Darstellung ist gebunden an die Perspektive einzelner, aber je wechselnder Figuren, ohne daß eine übergeordnete, vereinheitlichende Perspektive geboten würde. *A Passage to India* ist ein (moderat) multiperspektivischer Roman mit interessanten Fokusumsprüngen, ganz seltenen Erzählerkommentaren, dafür vielen Dialogen und Passagen im *free indirect discourse*. Dieser Roman präsentiert Wahrnehmungsweisen.

Das ist natürlich thematisch: Es geht ja darum, wie die Bilder, die man vom anderen hat, den Zugang zu ihm erschweren oder gar unmöglich machen. Es zeigt aber auch, daß der Blick des anderen mich definiert. Wir sind das, was wir für andere sind: »She advanced into his consciousness suddenly. And, fatigued by the merciless and enormous day, he lost his usual sane view of human intercourse, and felt *that we exist not in ourselves, but in terms of each other's minds*« (Forster 1989, 249; Hervorhebung CB). In dem Roman werden nun lauter Figuren vorgeführt, die ihre Identität ganz anders definieren, nämlich ›substantiell‹ und in Opposition zum anderen (›Ich bin der, der du nicht bist‹). *A Passage to India* ist durchzogen von Beispielen der Identitätsstiftung durch Abgrenzung und Ausgrenzung (für Forster ist das Christentum beispielsweise eine Religion der Ausgrenzung, der Hinduismus eine der Inklusion). *A Passage to India* zeigt, wie diese Vorstellung einer festen, essentiellen, substantiellen Identität einer Probe unterzogen wird: Die *passage* nach Indien, in die Ferne, vom Zentrum an die Peripherie des Empire, ist eine Initiationsreise, die für Adela zu einer Begegnung mit sich selbst wird. Ob das zu einer wirklichen Reifung führt, steht dahin. Klar ist aber, daß alle drei Indienfahrer – Mrs. Moore, Adela und Fielding – eher negative, deprimierende oder desillusionierende Erfahrungen machen.

Zentral sind die Höhlenerlebnisse der beiden Frauen. Adela muß erkennen und sich eingestehen, daß der vermeintliche Angriff von außen, von Dr. Aziz, tatsächlich ein Teil ihrer selbst war, nach außen projiziert. Ihre Höhlenerfahrung ist eine Selbsterfahrung. Nach dem Kollaps der Außen-/Innengrenze kehrt sie mit größerer Selbstkenntnis zurück, aber auch als ein Mensch, dem Gewißheiten abhanden gekommen sind. Die an Gott und die Liebe glaubende Mrs. Moore hat in einer anderen der Marabar-Höhlen ein traumatisches Echo-Erlebnis:

> [T]here was also a terrifying echo. [...] The echo in a Marabar cave is [...] entirely devoid of distinction. Whatever is said, the same monotonous noise replies, and quivers up and down the walls until it is absorbed into the roofs. ›Boum‹ is the sound as far as the human alphabet can express it, or ›bou-oum‹, or ›ou-boum‹ – utterly dull. Hope, politeness, the blowing of a nose, the squeak of a boot, all produce ›boum‹. (158f.)

Das Echo – und deshalb ist es eine der zentralen Metaphern des Romans – ist der eigene Laut, der zurückgeworfen wird, eine Stimme, die nun subjektlos ist. Das Eigene kehrt als Fremdes heim, als Anderes, aber dabei noch so ähnlich, daß es nun un-heimlich wirkt (wie Freud sagte: Das Unheimliche ist das abgetrennte Eigene). Dieser Effekt tritt selbst dann auf, wenn das Echo definit bleibt, hier aber ist es aufgelöst in ein ganz indifferentes, nivellierendes »boum«. Und eben diese Indifferenz, nun im Sinne von Gleichgültigkeit und Teilnahmslosigkeit, löst bei Mrs. Moore eine tiefe Glaubenskrise aus. Mrs. Moore erfährt die Unbegründetheit ihrer eigenen Glaubensgewißheiten, ihr wird der Boden unter den Füßen entzogen, als sie sich mit der Indifferenz des Universums konfrontiert sieht:

> [T]he echo began in some indescribable way to undermine her hold on life. Coming at a moment when she chanced to be fatigued, it had managed to murmur: ›Pathos, piety, courage – they exist, but are identical, and so is filth. Everything exists, nothing has value.‹ If one had spoken vileness in that place, or quoted lofty poetry, the comment would have been the same – ›ou-boum‹. [...] [S]uddenly, at the edge of her mind, Religion appeared, poor little talkative Christianity, and she knew that all its divine words from ›Let there be light‹ to ›It is finished‹ only amounted to ›boum‹. Then she was terrified over an area larger than usual; the universe, never comprehensible to her intellect, offered no repose to her soul, the mood of the last two months took definite form at last, and she realized that she didn't want to write to her children, didn't want to communicate with anyone, not even with God. She sat motionless with horror. (160f.)

Auf diese Grenz-Erfahrung reagiert sie verstört, kleinlich, egozentrisch (was die Hindus nicht hindert, sie nach ihrem Tode in den Status einer Lokalgöttin zu erheben – wir sind das, was wir für andere sind). Der Erzähler kommentiert ironisch: »Visions are supposed to entail profundity, but – wait till you get one, dear reader! The abyss also may be petty, the serpent of eternity made of maggots« (213).

Adela bittet sie, ihr zu sagen, was das Echo sei. Darauf Mrs. Moore: »›Say, say, say‹, said the old lady bitterly. ›As if anything can be said‹« (205). Erfahrbar war es, doch unsagbar ist es.[23] Das Auf-sich-selbst-Geworfensein angesichts der Indifferenz des Universums ist sprachlich nicht mehr einholbar: »boum«, »bou-oum«, »ou-boum« – das ist kein Laut mehr, das ist Geräusch, das nichts Menschliches mehr an sich hat. Es ist das radikal Andere. Darüber läßt sich nicht reden, nur noch schweigen. Wie schon Ludwig Wittgenstein in seinem *Tractatus* schrieb: »Wovon man nicht sprechen kann, darüber muß man schweigen. [...] Es gibt allerdings Unaussprechliches. Dies *zeigt* sich, es ist das Mystische« (Wittgenstein 1971, 115).

Im fünften Teil des *Waste Land*, »What the Thunder Said«, wird ein anderer *noise*, das dreimalige »Da« des Donners, gedeutet als *datta – give, dayadhavm – sympathize, damyata – (self)control*. Aber das ist schon *imposition*, eine unverkennbare Vervollständigung, Interpretation und Projektion, Ergänzung zu *meaningful form*. Bei Forster aber finden wir nur »boum« oder »bou-oum« oder »ou-boum«, soweit sich das in Buchstaben wiedergeben läßt – schon in der Form eine Weigerung, das zu erfassen. Das Wesentliche läßt sich nicht aussagen. Was sich aussagen läßt, ist nicht wesentlich.

Gabriel Josipovici hat einmal bemerkt, die Kunst der Moderne bewege sich auf das Schweigen zu (Josipovici 1988, 114). T. S. Eliot sagte später seinem Avantgardismus ab und fand weltanschaulich Trost in etablierter Religion. Joyce verfolgte seinen radikal sprach-ästhetizistischen Weg weiter und schuf *Finnegans Wake*. Forster aber wählte, wie Rimbaud, den dritten Weg, das Schweigen. Er verstummte als Romancier für den Rest seines Lebens. 1924 erschien im *Adelphi* eine Rezension dieses letzten Forster-Romans von John Middleton Murry. Murry erwähnt das lange, 14jährige Schweigen, das diesem Buch *vorher*ging, es sei ein Wunder, daß Forster dieses Buch überhaupt geschrieben, sein Schweigen gebrochen habe, »the silence was interrupted«, dann klarsichtig: »I scarcely think it will be interrupted again« (zit. nach Gardner 1974, 236). Er sollte Recht behalten.

In ganz anderem Sinne als *Ulysses* kann *A Passage to India* also als paradigmatischer Text der Moderne gelesen werden. Er bemüht die exotische Ferne, das ›Außen‹, das ›Andere‹, um für das ›Innen‹, das ›Eigene‹, das Zentrum des Empire eine Botschaft heimzuholen, die darin besteht, daß das Denken in solchen Oppositionen selbstzerstörerisch ist, weil es den Anteil des Fremden am Eigenen (und das Fremde als Projektion des Eigenen) negiert (Adela) bzw. ins Bodenlose abstürzt, wenn es sich plötzlich einmal ganz auf sich selbst allein gestellt findet (Mrs. Moore). Die Botschaft ist an ein Empire und eine Weltanschauung gerichtet, die sich auf dieser Basis halten wollen. Die Botschaft ist aber auch, individuell gewen-

---

[23] Forster verdoppelt das Echo noch im Optischen: das Innere der Höhle ist völlig blank und glatt, wie ein innen verspiegeltes Ei. Wer sich darin befindet, ist also auch visuell, nicht nur akustisch, auf sich zurückgeworfen, und das wird abermals überboten durch die Legende vom hohlen Felsen, von rundum eingeschlossenen, zugangslosen Kammern, deren verspiegelte Wände sich nur ewig selbst spiegeln und widerspiegeln können, von keinem Auge je gesehen – ein Bild des Nichts und der Unendlichkeit zugleich.

det, daß Sprache kaum geeignet ist, solche ›wesentlichen‹ Grenzerfahrungen wiederzugeben. Wo Sprache aber vor dem Wesentlichen versagt, ist es konsequent, in Schweigen zu verfallen. *A Passage to India* führt an die Grenze des im Roman Sagbaren heran, sein Autor geht über sie hinaus – und schweigt fortan. Jenseits der Ränder unseres *universe of discourse* liegt ein mindestens ebenso großer Bereich des Unsagbaren – *the rest is silence*. Modernistisch ist daran nicht zuletzt, daß der Autor, bei aller Entfaltung seiner erzählerischen Kunst, den Mitteln seiner Kunst nicht nur mißtraut, sondern *weiß*, daß sich das Letzte damit nicht bewerkstelligen läßt. Wie in seinem Leben hat Forster das Wesentliche verschwiegen.

Ganz anders sieht es aus, wenn man sich D. H. Lawrences *The Plumed Serpent* zuwendet. Auch er bemüht die exotische Ferne – der Roman spielt in Mexiko –, aber Thema und Durchführung könnten unterschiedlicher nicht sein: Die junge Witwe Kate lernt in Mexiko einen Don Ramón Carrasco kennen, der sich zum Ziel gesetzt hat, den aztekischen Kult des Quetzalcoatl wiederzubeleben. Er selbst sieht sich als Inkarnation dieses Gottes, sein bewundernder Freund, der indianische General Cipriano, darf den Huitzlipochtli geben. Der größte Teil des hochgradig repetitiven Romans ist der Darlegung der Weltanschauung dieser bekennenden Irrationalisten gewidmet, einer Weltanschauung, die mit ihrem Mystizismus des *blood* und der *manliness*, mit ihrer Verehrung für starke Führer und Verachtung für verblödete Massen, mit ihrer reaktionären Fortschrittskritik und ihrem unverhohlenen Rassismus deutlich faschistoide Züge trägt – die Zeichen, Uniformen, Rituale und Feiern der kulturrevolutionären Bewegung (alles von Lawrence ausgedacht und ausgemalt) kommen einem bekannt vor – die genüßlich zelebrierten Morde an Gegnern und Verrätern auch.

Kate erliegt jedoch nach und nach der Faszination von so viel urwüchsiger Männlichkeit, kann nur noch bewundernd daniedersinken und, der Stimme ihres Blutes und Geschlechts folgend, das tun, was sie als Frau schon die ganze Zeit hätte tun sollen, sich der »sheer solid mystery of passivity« (Lawrence 1995, 278) hinzugeben, sich »The Master« zu unterwerfen: »It was the ancient phallic mystery, the ancient god-devil of the male Pan. Cipriano unyielding forever, in the ancient twilight, keeping the ancient twilight around him. She understood now his power with his soldiers. He had the old gift of demon-power«. Dann: »Ah, what an abandon, what an abandon, what an abandon! of so many things she wanted to abandon« (278). Als Belohnung wird auch sie in den Pantheon der selbsternannten Götter aufgenommen und darf sich fortan »Malintzi« nennen. Am Ende wird gar der Kult zur offiziellen Staatsreligion von Mexiko erklärt, das Christentum abgeschafft. Das alles soll sich in der Gegenwart zutragen.

Es ist leicht, sich über dieses Indianerspielen, diesen ausgepinselten Tag- und Machttraum des schwächlichen, von Tuberkulose ausgezehrten und mit der dominanten Frieda von Richthofen verheirateten Lawrence zu mokieren – zu offensichtlich ist die kompensatorische Funktion dieses schon zwanghaften Bramarbasierens, ein vierhundertseitiges *tall tale*, und es ist wohltuend deutlich, wenn ein aktueller Herausgeber des Romans lakonisch bemerkt, »many of Lawrence's preoccupations in *The Plumed Serpent* are plainly silly« (*Wordsworth Classics*, ohne Seitenangabe). In unserem Zusammenhang ist aber ein anderer Punkt viel wichtiger, denn man mag an *The Plumed Serpent* kritisieren, was man will, eines ist wohl unstrittig: Es handelt sich um einen Roman, bei dem Form und Inhalt vollkommen übereinstimmen. Es ist nicht nur ein Roman, bei dem die auktoriale Erzählsituation durchgehend beibehalten ist, es ist auch ein Roman, der alles andere als polyphon ist: Ob Ramón oder Cipriano spricht, ob Kate oder der Erzähler sich einmischt, man hört immer nur eine einzige Stimme – und man braucht keine begleitenden Dokumente (sie existieren), um zu erkennen, daß dies die Stimme von D. H. Lawrence selbst ist. Potentielle Gegenspieler Ramóns, wie seine Ehefrau Carlotta, dürfen von vornherein keine sinnvolle Alternative verkörpern und werden nur eingeführt, um abgeräumt zu werden. Der Erzähler gesteht seinen Figuren nicht einmal eine eigene Sprache zu – erkennbar ist immer er es, der redet, er, der die Kontrolle behält. Die Botschaft soll unmißverständlich sein, und deshalb darf nichts dem Leser überlassen bleiben, es muß alles restlos erklärt und geklärt sein. Sprache wird hier wie in einem Manifest oder Flugblatt oder Leitartikel gebraucht – und konsequent beschränkt sich die vorgeschriebene Rolle des Lesers darauf, inhaltlich zuzustimmen oder inhaltlich abzulehnen. Ganz unabhängig von seinen fragwürdigen Inhalten kann also *The Plumed Serpent* kaum als gelungener Roman bezeichnet werden, als modernistischer Roman schon gar nicht.

Aber noch dieses Beispiel eines mißglückten Romans ist recht aufschlußreich für unser Thema, die Literatur der Moderne als Marginalitäts-Phänomen; drei Überlegungen lassen sich nämlich anschließen:
1. Hat Lawrences penetrante Eindeutigkeit – im völligen Gegensatz zur hochgradigen Mehrdeutigkeit der Literatur der Moderne – möglicherweise etwas mit seiner proletarischen Herkunft zu tun? Wohl kaum. Joyce entstammte einem vergleichbaren Milieu und wurde der Großmeister der Ambiguität; zudem: Beim privilegierten *highbrow* Aldous Huxley finden wir in seinen späteren Thesenromanen das gleiche hämmernde Insistieren, immer Zeichen eines schriftstellerischen *failure of nerve*.
2. Lawrences Kritik an der modernen, technisierten Zivilisation ist lediglich dem Inhalt, nicht aber der Form nach ›modernistisch‹; die Form ist bei ihm dezidiert prä-modern, nicht avantgardistisch. Und diese Kombination – Kritik der Moderne in vormoderner, regressiver Weise – ist offenbar immer potentiell totalitär, in der Regel faschistisch, aber auch im Stalinismus nachzuweisen. Das Totalitäre des politischen Entwurfs ist dabei in der Text-Leser-Beziehung schon vorweggenommen: Man soll nur noch zustimmen, sich unterwerfen.
3. Die demonstrative Weise, auf die hier ›das Andere‹ – Mexiko, der ›primitive‹ Kult – benutzt wird *to drive a lesson home*, lenkt die Aufmerksamkeit darauf, daß hier natürlich eine obsessive Projektion aus der Kultur der Metropole vorliegt. Lawrences ›Mexiko‹ hat selbstverständlich mit Mexiko nichts zu tun, aber sehr viel mit Großbritannien in den Zwanziger Jahren. Die Funktionalisierung der Marginalität, der Peripherie, ist immer eine Sache des Zentrums. Der Blick von außen ist immer der *von innen gedachte* Blick von außen, ist Selbstinszenierung.

So ex-zentrisch sich *Ulysses, A Passage to India* und *The Plumed Serpent* auch geben (und welche Unterschiede in dieser Reihe!), Ursprung und Adressat dieser Inszenierung von Marginalität ist immer die Metropole – das Zentrum der Macht, das Zentrum der Sprache. Von diesem Punkt aus gilt es, die Marginalität des *high modernism* noch einmal zusammenfassend zu perspektivieren.

5.

Spätestens seit der Romantik stellt sich der Dichtung das Problem, daß sie eine Sondersprache, doch auch verständlich sein will. Wie kann man in einer »peculiar language« (so Wordsworth ablehnend in seinem »Preface« der *Lyrical Ballads*) schreiben und doch kommunizieren? Die Dichter kodieren um (vgl. Bode 1988, 113ff.). »[I]n order to restructure codes, one needs to rewrite messages« (Eco 1979, 104). Die Kunst ist, die Deviation so zu halten, daß sie noch entschlüsselbar, lesbar, anschließbar bleibt, sonst verliert der Schriftsteller sein Publikum, das er doch nie ›hat‹. Denn seit Literatur als Bruch der Konvention betrieben wird, gilt: Das Publikum für ein radikal neues Werk ist nie schon ›da‹. Der Schriftsteller erschreibt es sich (der von der Publikumsreaktion enttäuschte Wordsworth tröstete sich in der letzten Fassung seines »Preface« mit diesem Gedanken – ›meine Zeit wird kommen‹). Das Lesepublikum des *Ulysses* entsteht am *Ulysses*, in seiner Lektüre. Das Produkt bringt die Fähigkeit und das Bedürfnis hervor. Die von den Rändern der Sprache aus operierende Literatur der ›erschwerten Form‹ ist also notwendigerweise gesellschaftlich eine Literatur der verzögerten Wirkung.

Die modernistische Literatur ist, hieß es oben, ein Phänomen der *Ungleichzeitigkeit*. Man kann getrost hinzufügen: und kann gar nicht anders sein. Was der Konvention entgegensteht, braucht Zeit, um sich zu entfalten, Wirkung zu zeitigen. Der *räumlichen Distanz* des sich in einem »creative exile« befindlichen modernen Schriftstellers (Gurr 1981, 7) entsprechen also nicht nur ein *mentaler Abstand* zu ›seiner‹ Kultur, Gesellschaft, Heimat (vgl. Edel 1982 zu »exile as a state of mind«) und eine Poetik, die darauf setzt, ihre Wirkung aus der *sprachlichen Differenz* zu entwickeln, die zwischen ihren Hervorbringungen und der Norm besteht, zu diesen drei Manifestationen von Differenz gesellt sich vielmehr als vierte die zeitliche, die unvermeidliche des extremen Hiatus zwischen dem Erscheinen eines Werkes und seiner Wirkung. Erst wenn die Phänomene so zusammengedacht und verknüpft sind, scheint mir die Rede vom »exile [as the] essential characteristic of the modern writer« (Gurr 1981, 14) oder von »modernism['s] affinity for the marginal, the exile, the ›other‹« (Kronfeld 1996, 2) ihren vollen Sinn zu entfalten.

Der Dichter, der zwar das Englische spricht, aber *with a difference*, und nicht Engländer ist; der Dichter, der sich absetzt und aus dem Staub macht, um schreiben zu können, aber freilich für die Daheim- und Zurückgebliebenen; der Dichter, der eine Eigen-Sprache entwickelt, aber doch verstanden werden will; der Dichter, der die Wucht der konventionalisierten Sprache wie ein Judo-Kämpfer gegen diese selbst wendet und der die Sprache der Macht mit der Macht der Sprache konterkariert; der Dichter schließlich, der einen Text vorlegt, um die Welt reif für die Kunst zu machen – sie alle sind ja doch *eine* Figur. Und wie sie unabstellbar Teil der Kultur sind, gegen die sie sich stellen, so sind sie, ebenso unvermeidlich, Teil der Tradition, mit der sie brechen. Man nehme sich noch einmal T. S. Eliots »Tradition and the Individual Talent« vor, man denke an Joyces systematisches Anknüpfen an Homer, Dante und Vico, an Pounds Plündern aller kulturellen Schatzkammern, an Virginia Woolfs Beharren auf der Kontinuität schriftstellerischen Bemühens, um zu erfassen, daß sich niemand so innig mit der Tradition verweben wollte wie diese Ästhetiker des Traditionsbruchs. Und auch das kann nicht anders sein: Jedes Neue ist nur neu in bezug auf eine Tradition, die es aufnimmt, und die edelste Form der Nachfolge ist immer noch gewesen, die Vorgänger im entscheidenden Punkt zu imitieren: indem man, wie sie, nicht imitiert.

Die Zwanziger Jahre waren *das* Jahrzehnt des *high modernism*, und sie waren zugleich alles andere als sein Jahrzehnt. Als ein in mehr als einer Hinsicht *marginales* Phänomen und Phänomen der *Ungleichzeitigkeit* ist diese Literatur auf merkwürdige Weise nicht ›dort‹. Ihre Veröffentlichungsdaten – um auf den Anfang dieses Kapitels zurückzukommen – scheinen merkwürdig akzidentiell und unwesentlich: Die lange Zeit der *gestation* und der schriftstellerischen Arbeit liegt zurück (*Ulysses* und *The Waste Land* ›stammen‹ eher aus dem zweiten als dem dritten Jahrzehnt des 20. Jahrhunderts), und der Autor ist längst mit etwas anderem befaßt – die Zeit der Wirkung aber ist noch nicht gekommen. So sind die Veröffentlichungsdaten, wie jede Gegenwart, nur Schnittpunkte einer Vergangenheit, die erledigt, und einer Zukunft, die erst potentiell ist. Die Wahrheit dieser Kunst ist nicht ›dort‹ zu finden, sondern nur in der Entfaltung ihres merkwürdig differentiellen Charakters.

Mag sein, daß analog die Wahrheit der Zwanziger Jahre sich auch nicht ›dort‹ findet. Hugh Kenner zitiert Buckminster Fuller: »Heisenberg said that observation alters the phenomenon observed. T. S. Eliot said that studying history alters history [vgl. »Tradition and the Individual Talent«; CB]. Ezra Pound said that thinking in general alters what is thought about. Pound's formulation is the most general, and I think it's the earliest« (Kenner 1972, 162). Das ist natürlich eine typisch modernistische Ansicht, wie Gabriel Josipovici erläutert: »The great discovery of modernism [...] is that the past is not a solid mass, weighing down on the present, but is itself in need of reinterpretation in terms of the present. The world is not ›like this‹, it is only ›like this when I wear this particular set of spectacles‹. [...] Nothing is given, all is in need of interpretation« (Josipovici 1988, 101).

Doch diese Art von Modernismus ist, gegenwärtig, weder je ganz vergangen noch je ganz präsent: »For modernism is not only something which happened in Paris or Vienna in 1900; it is there, with its problems and possibilities, whenever and wherever an artist sits down to work« (xv) – immer und überall, ließe sich ergänzen, wo die Wahrheit der Vergangenheit als Verstehen der *Vermittlung* von Vergangenheit und Gegenwart verstanden wird.

Bibliographie

Attridge, Derek (1988), *Peculiar Language. Literature as Difference from the Renaissance to Joyce*, Ithaca–New York: Cornell University Press.
Bell, Michael (1997), *Literature, Modernism and Myth. Belief and Responsibility in the Twentieth Century*, Cambridge: Cambridge University Press.
Bergonzi, Bernard (1986), *The Myth of Modernism and Twentieth Century Literature*, Brighton: Harvester Wheatsheaf.
Bloom, Clive, ed. (1993), *Literature and Culture in Modern Britain. Volume One: 1900–1929*, London–New York: Longman.
Bode, Christoph (1988), *Ästhetik der Ambiguität. Zu Funktion und Bedeutung von Mehrdeutigkeit in der Literatur der Moderne*, Tübingen: Niemeyer.
Bradbury, Malcolm, James McFarland, eds. (1976, 1985), *Modernism 1890–1930*, Harmondsworth: Penguin.
Brown, Dennis (1989), *The Modernist Self in Twentieth-Century English Literature. A Study in Self-Fragmentation*, New York: St. Martin's.
Brown, Dennis (1990, 1991), *Intertextual Dynamics Within the Literary Group – Joyce, Lewis, Pound and Eliot. The Men of 1914*, London: Macmillan, New York: St. Martin's.
Carey, John (1992), *The Intellectuals and the Masses. Pride and Prejudice Among the Literary Intelligentsia, 1880–1939*, London: Faber & Faber.
Clarke, Peter (1996), *Hope and Glory. Britain 1900–1990*, London–New York: Allen Lane.
Compagnon, Antoine (1994), *The Five Paradoxes of Modernity*, Irvington, NY: Columbia University Press.
Conrad, Peter (1988), »A Premature Obituary« [Rezension von Kenner 1988], *Times Literary Supplement* September 9–15, 981.
DiBattista, Maria, Lucy Diarmid, eds. (1996), *High and Low Moderns. Literature and Culture 1839–1939*, Oxford: Oxford University Press.
Eagleton, Terry (1970), *Exiles and Emigrés. Studies in Modern Literature*, London: Chatto & Windus.
Eco, Umberto (1979), *The Role of the Reader. Explorations in the Semiotics of Texts*, Bloomington–London: Indiana University Press.
Edel, Leon (1982), »The Question of Exile,« in Guy Amirthanayagam, ed., *Asian and Western Writers in Dialogue. New Cultural Identities*, London: Macmillan, 48–54.
Eliot, T. S. (1920, 1972), *The Sacred Wood. Essays on Poetry and Criticism*, London: Methuen.
Eliot, T. S. (1922, 1954), *The Waste Land*, in T. S. E., *Collected Poems, 1909–1935*, London: Faber & Faber, 59–84.
Eliot, T. S. (1975, 1984), *Selected Prose*, ed. Frank Kermode, London: Faber & Faber.
Ellmann, Richard (1959, 1976), *James Joyce*, Oxford: Oxford University Press.
Eysteinsson, Astradur (1990), *The Concept of Modernism*, Ithaca–London: Cornell University Press.
Faulkner, Peter (1977), *Modernism*, London: Methuen.
Faulkner, Peter, ed. (1986), *A Modernist Reader. Modernism in England 1910–1930*, London: Batsford.
Ford, Boris, ed. (1989, 1992), *Early Twentieth-Century Britain* [The Cambridge Cultural History, vol. 8], Cambridge–New York: Cambridge University Press.
Forster, E. M. (1924, 1989), *A Passage to India*, Harmondsworth: Penguin.
Friedrich, Hugo (1956, 1979), *Die Struktur der modernen Lyrik. Von der Mitte des neunzehnten bis zur Mitte des zwanzigsten Jahrhunderts*, Reinbek: Rowohlt.
Gardner, Philip, ed. (1974), *E. M. Forster. The Critical Heritage*, London: Routledge & Kegan.
Gilbert, Sandra M., Susan Gubar (1989), *No Man's Land. The Place of the Woman Writer in the Twentieth Century*, vol. 2: *Sexchanges*, New Haven–London: Yale University Press.

Graves, Robert, Alan Hodge (1940, 1985), *The Long Week-end. A Social History of Great Britain 1918–1939*, London: Hutchinson.
Gross, John, ed. (1992), *The Modern Movement*, London: Harvill.
Gurr, Andrew (1981), *Writers in Exile. The Identity of Home in Modern Literature*, Brighton: Harvester Wheatsheaf.
Haefner, Gerhard (1990), *Klassiker des englischen Romans im 20. Jahrhundert. Joseph Conrad, D. H. Lawrence, James Joyce, Virginia Woolf, Samuel Beckett - Begründung der Moderne und Abrechnung mit der Moderne*, Heidelberg: Winter.
Havighurst, A. F. (1962, 1979), *Britain in Transition. The Twentieth Century*, Chicago–London: University of Chicago Press.
Hewitt, Douglas (1989, 1990), *English Fiction of the Early Modern Period, 1890–1940*, Harlow: Longman.
Hildesheimer, Wolfgang (1984), *The Jewishness of Mr. Bloom/Das Jüdische an Mr. Bloom*, Frankfurt/M.: Suhrkamp.
James, Henry (1904, 1992), *The Golden Bowl*, New York–Toronto: Knopf.
Josipovici, Gabriel (1977, 1988), *The Lessons of Modernism*, Basingstoke–London: Macmillan.
Joyce, James (1922, 1986), *Ulysses*, ed. Hans Walter Gabler, Harmondsworth: Penguin.
Kenner, Hugh (1972), *The Pound Era*, London: Faber & Faber.
Kenner, Hugh (1984), »The Making of the Modernist Canon,« in Robert von Hallberg, ed., *Canons*, Chicago: University of Chicago Press, 363–375.
Kenner, Hugh (1988), *A Sinking Island. The Modern English Writers*, New York: Knopf.
Kronfeld, Chana (1996), *On the Margins of Modernism. Decentering Literary Dynamics*, Berkeley–Los Angeles–London: University of California Press.
Lawrence, D. H. (1926, 1995), *The Plumed Serpent*, Ware: Wordsworth Editions.
Menand, Louis (1987), *Discovering Modernism. T. S. Eliot and His Context*, New York: Oxford University Press.
Mowat, Charles Loch (1955, repr. 1968), *Britain Between the Wars 1918–1940*, London: Methuen.
Mowat, Charles Loch (1970, 1971), *Great Britain Since 1914* [*The Sources of History. Studies in the Uses of Historical Evidence*], Cambridge: Cambridge University Press.
Nicholls, Peter (1995), *Modernisms. A Literary Guide*, Berkeley–Los Angeles: University of California Press.
Pound, Ezra (1954, 1985), *Literary Essays*, ed. T. S. Eliot, London: Faber & Faber.
Rabaté, Jean-Michel (1996), *The Ghosts of Modernity*, Gainesville, FL: University of Florida Press.
Richards, I. A. (1924, 1983), *Principles of Literary Criticism*, London: Routledge & Kegan Paul.
Seaman, L. C. B. (1970), *Life in Britain Between the Wars*, London: Batsford, New York: Putnam's.
Šklovskij, Viktor (1915, 1971), »Die Kunst als Verfahren,« in Jurij Striedter, ed., *Russischer Formalismus. Texte zur allgemeinen Literaturtheorie und zur Theorie der Prosa*, München: Fink, 3–35.
Stansky, Peter (1996), *On or About December 1910. Early Bloomsbury and Its Intimate World*, Cambridge, MA: Harvard University Press.
Stead, C. K. (1964, repr. 1977), *The New Poetic. Yeats to Eliot*, London: Hutchinson.
Stead, C. K. (1986), *Pound, Yeats, Eliot and the Modernist Movement*, Basingstoke–London: Macmillan.
Stevenson, John (1984, 1990), *British Society 1914–45* [*The Penguin Social History of Britain*], Harmondsworth: Penguin.
Stevenson, Randall (1992), *Modernist Fiction. An Introduction*, Hemel Hempstead: Harvester Wheatsheaf.

Svarny, Erik (1988), ›The Men of 1914‹. T. S. Eliot and Early Modernism, Milton Keynes: Open University Press.

Taylor, A. J. P. (1965), English History 1914–1945 [The Oxford History of England, vol. 15], Oxford: Oxford University Press.

Thomson, David (1981, 1983), England in the Twentieth Century, 1914–79 [The Pelican History of England], 2nd ed. Geoffrey Warner, Harmondsworth: Penguin.

Tratner, Michael (1995), Modernism and Mass Politics. Joyce, Woolf, Eliot, Yeats, Stanford: Stanford University Press.

Wilson, Edmund (1931, 1984), Axel's Castle, London: Fontana.

Wittgenstein, Ludwig (1921, 1971), Tractatus logico-philosophicus/Logisch-philosophische Abhandlung, Frankfurt/M.: Suhrkamp.

Woolf, Virginia (1924, 1971), »Mr. Bennett and Mrs. Brown« [Langfassung], in V. W., Collected Essays, ed. Leonard Woolf, vol. 1, London: Hogarth, 319–337.

Woolf, Virginia (1925, 1972), »Modern Fiction,« in V. W., Collected Essays, ed. Leonard Woolf, vol. 2, London: Hogarth, 103–110.

Kapitel 12

Ausblick auf die Dreißiger Jahre: von den *Golden Twenties* zu den *Pink Thirties*?

von ULRICH BROICH

Während die Zwanziger Jahre im Selbstbild und in der Sicht späterer Zeiten als ›*Golden Twenties*‹ und ›*Roaring Twenties*‹ erscheinen, ist die übliche Sicht der Dreißiger Jahre eine gänzlich andere. Diese gängige Auffassung von einem tiefgreifenden Unterschied der beiden Dekaden formuliert etwa J. C. Trewin folgendermaßen: »The Twenties were at least as gay as the Thirties would be overcast« (Trewin 1958, 9). Zugleich gehört zur stereotypen Sicht der Dreißiger Jahre die Überzeugung, daß sie, nach den eher unpolitischen Zwanziger Jahren, durch eine stärkere Politisierung und Polarisierung gekennzeichnet seien. So betont etwa Valentine Cunningham: »The pressure to ›take sides‹ in the 1930s was evidently terrific« (Cunningham 1980, 45). In zahlreichen Charakterisierungen wird festgestellt, daß die Politisierung in dieser Zeit vor allem eine Wendung nach links bedeutete. Dieses Stereotyp kommt in den Bezeichnungen ›*The Pink Decade*‹ und ›*The Red Decade*‹ (46) zum Ausdruck, aber auch in den Worten von Stephen Spender, der in dieser Zeit zu den jungen Schriftstellern gehörte, die sich zeitweise an die Kommunistische Partei annäherten, und der im Nachhinein schrieb: »The politics of this generation were almost exclusively those of the left« (Spender 1978, 13).

Nachdem dieses Buch sich eingehend mit den Zwanziger Jahren beschäftigt und dabei auch einige der gängigen Stereotypen modifiziert und differenziert hat, soll nun abschließend ein Blick auf die Dreißiger Jahre geworfen und gefragt werden, ob die übliche Sicht dieser Dekade als ›*Pink*‹ oder ›*Red*‹ zutrifft, und ebenfalls, ob die Dreißiger Jahre sich wirklich so grundlegend vom voraufgegangenen Jahrzehnt unterschieden oder ob nicht doch die Kontinuitäten charakteristischer als die Brüche waren.

1.

Rufen wir uns zunächst die wichtigsten Ereignisse und Tendenzen der Dreißiger Jahre in die Erinnerung zurück.

Es spricht einiges dafür, den Beginn dieser Epoche mit dem Schwarzen Freitag am 25. September 1929 anzusetzen. Dieser Börsenkrach hatte eine bis dahin nie dagewesene weltweite wirtschaftliche Depression und Massenarbeitslosigkeit zur Folge. Die Lage besserte sich erst nach einigen Jahren, insbesondere nachdem staatliche Investitionsprogramme, die im Geist der Wirtschaftstheorie von John

Maynard Keynes aufgelegt wurden, zu greifen begannen. Dies war nicht nur im nationalsozialistischen Deutschland, sondern auch in demokratischen Ländern der Fall und weist auf eine wachsende Tendenz zu staatlichen Eingriffen in die Wirtschaft hin.

Die zweite für diese Zeit charakteristische Tendenz ist der unerbittliche Vormarsch des Totalitarismus. In Italien hatte Mussolinis Marsch auf Rom zwar bereits 1922 stattgefunden, aber die eigentliche ›Mussolinisierung‹ Italiens (Nolte 1990, 280) erfolgte erst nach 1930. In Rußland hatte sich die kommunistische Revolution schon 1918 ereignet, aber erst seit etwa 1930 konnte Stalin in der Sowjetunion eine totalitäre Diktatur errichten und 1936 bis 1938 alle wirklichen und vermeintlichen Gegner in Schauprozessen ausschalten. Auf die ›Mussolinisierung‹ Italiens folgt also die ›Stalinisierung‹ der Sowjetunion. In Deutschland ergriff 1933 der Nationalsozialismus die Macht und begann umgehend mit der Eliminierung der anderen Parteien und der Verfolgung der Juden.

Sehr bald zeigte sich, daß insbesondere der Faschismus sich nicht mit der Abschaffung der Demokratie im eigenen Lande begnügte, sondern auch eine höchst aggressive Außenpolitik betrieb. In den Jahren 1935 und 1936 annektierte Italien Äthiopien, wogegen der Völkerbund kaum mehr als verbale Proteste mobilisieren konnte. 1936 brach der Spanische Bürgerkrieg aus, in dem die Republik durch die Sowjetunion und die faschistische Armee Francos durch Deutschland und Italien unterstützt wurden. 1938 konnte Hitler nach der Konferenz von München ohne Widerstand das Sudetenland annektieren, was ihn dazu ermutigte, im folgenden Frühjahr auch die Resttschechoslowakei zu besetzen. Im gleichen Jahr siegte Franco endgültig über die Heere der Republik. Der Faschismus schien sich also überall in einem nicht aufzuhaltenden Vormarsch zu befinden; er löste, nur 21 Jahre nach dem Ende des Ersten Weltkriegs, den Zweiten Weltkrieg aus. Als dann im August 1939 Hitler und Stalin einen Nichtangriffspakt schlossen und sich über eine erneute Teilung Polens und über die Annektierung der baltischen Staaten durch die Sowjetunion einigten, konnte es scheinen, als ob das Gesetz des Handelns endgültig an die totalitären Staaten übergegangen sei.

England und Frankreich taten lange Zeit nur wenig, um den Siegeszug des Faschismus zu stoppen. Nach der Annexion Äthiopiens konnte man sich nicht zu ernsthaften Sanktionen gegen Italien entschließen, und statt die spanische Republik aktiv zu unterstützen, beschloß man lediglich ein für beide Seiten geltendes Waffenembargo, das aber deutsche, italienische und sowjetische Waffenlieferungen nicht verhindern konnte. Heute ist nur schwer verständlich, warum die demokratischen Staaten des Westens nicht schon früher der aggressiven Außenpolitik der faschistischen Staaten Einhalt zu gebieten suchten. Gewiß mag die Kapitulation der Westmächte gegenüber Hitler bei der Konferenz in München auch darauf zurückzuführen sein, daß man sich noch nicht hinreichend gerüstet glaubte und Zeit zu gewinnen suchte. Sicher haben westliche Politiker aber auch den Faschismus unterschätzt und seine wahre Aggressivität lange Zeit verkannt. Dabei ist es erstaunlich, wie lange Mussolini von manchen westlichen Politikern, so etwa von Winston Churchill, positiv beurteilt wurde (vgl. Firchow 1980, 46f.), und es ist durchaus nicht von der Hand zu weisen, daß einzelne demokratische Politiker eine unterschwellige Sympathie für totalitäre Systeme und Politiker hegten. König Edward VIII empfand sogar starke Sympathien für den deutschen Nationalsozialismus, und es ist vermutet worden, daß sein erzwungener Thronverzicht im Jahre 1936 nicht nur auf seine Absicht, eine geschiedene Frau zu heiraten, sondern auch auf seine politische Orientierung zurückzuführen sei.[1]

Während aber in zahlreichen kontinentaleuropäischen Staaten, und keineswegs nur in Deutschland und Italien, faschistische Parteien entstanden, die sich eines beträchtlichen Zulaufs erfreuten und hier und da auch an die Macht kamen, blieben die Engländer gegen diese Tendenzen weitgehend resistent. Zwar hatte Oswald Mosley, der zuvor sowohl in der Konservativen als auch in der Labour Partei eine führende Rolle gespielt hatte, 1931 seine faschistische New Party gegründet, die schon bald von der British Union of Fascists abgelöst wurde; um die gleiche Zeit – 1930 – wurde die kommunistische Parteizeitung *Daily Worker* gegründet. Bei den Wahlen in den Dreißiger Jahren in England erhielten aber weder diese faschistischen Parteien noch die Kommunistische Partei eine nennenswerte Stimmenzahl,[2] so daß die generelle Tendenz dieser Zeit zur politischen Polarisierung beim englischen ›Mann auf der Straße‹ ohne Wirkung blieb.

2.

Ein Blick auf die englischen Intellektuellen und insbesondere auf die Schriftsteller liefert aber ein ganz anderes Bild. Dieses Bild wird bis heute durch eine junge Schriftstellergeneration bestimmt, die um 1930 die literarische Bühne betrat, die wenig Sympathien für die westliche parlamentarische Demokratie empfand und die sich zunehmend dem Marxismus annäherte. Zu dieser Gruppe gehörten insbesondere Wystan Hugh Auden, Stephen Spender, Christopher Isherwood, Louis MacNeice, Cecil Day Lewis und George Orwell. Während der schottische Lyriker Hugh MacDiarmid schon in den Zwanziger Jahren der Kommunistischen Partei beigetreten – und wieder ausgeschlossen worden – war, traten jetzt Cecil Day Lewis und Stephen Spender der Kommunistischen Partei und George Orwell der Independent Labour Party bei, wobei allerdings Lewis und Orwell bald wieder

---

[1] Anders allerdings Bloch (1990), 14f. Eine Anspielung auf die Sympathien von Mitgliedern des englischen Hochadels für den Faschismus ist die Figur Lord Darlingtons in Kazuo Ishiguros Roman *The Remains of the Day* (1989).

[2] Die Communist Party erreichte bei den *general elections* folgende Stimmenanteile: 1929: 0,2%, 1931: 0,3%, 1935: 0,1%.
Die faschistische New Party, die nur 1931 antrat, gewann 0,2% der Stimmen (nach Thorpe 1992, 127).
Die British Union of Fascists hatte 1934 ca. 50 000 Mitglieder, fiel 1935 auf 5000 Mitglieder zurück und erreichte unmittelbar vor dem Krieg noch einmal eine Mitgliederzahl von 22 500 (Webber 1984, 577).

austraten und Spender sich in kürzester Zeit von jeglicher Aktivität in der Partei abwandte.

Dieses für Schriftsteller ungewöhnliche Engagement in einer politischen Partei ist nur vor dem Hintergrund des Spanischen Bürgerkriegs verständlich, der eine große Zahl von Intellektuellen dazu veranlaßte, Partei zu ergreifen. Dies wird besonders deutlich bei einer Umfrage der *Left Review* aus dem Jahre 1937. Diese Zeitschrift wandte sich wie folgt an eine größere Zahl europäischer Schriftsteller:

> Are you for, or against, the legal Government and the people of Republican Spain?
> Are you for, or against, Franco and Fascism?
> For it is impossible any longer to take no side. (Cunningham 1986, 51)

149 Schriftsteller antworteten, davon einer zu spät; von den anderen erklärten sich 127 für die Republik, 5 dagegen, und 16 bezeichneten sich als neutral. Auch wenn dieses Ergebnis einer kritischen Überprüfung bedarf,[3] so zeigt es doch eine für Literaten außergewöhnliche Bereitschaft zur politischen Parteinahme. Einige Schriftsteller gingen noch weiter und reisten in der Zeit des Bürgerkriegs nach Spanien. Es ist zwar ein Mythos, daß sie alle aktiv auf der Seite der Republik gegen Franco gekämpft hätten – von den obengenannten Autoren tat dies nur George Orwell, der dann in *Homage to Catalonia* (1938) eindrucksvoll über sein Engagement und seine tiefe Desillusionierung berichtete –, doch zeigt bereits die Häufigkeit der Reisen nach Spanien – wie Jahrzehnte später nach Kuba – ein Engagement, das den Schriftstellern der Zwanziger Jahre völlig fern gelegen hätte.

Ebenfalls finden sich erst in den Dreißiger Jahren – und vor allem nach Beginn des Spanischen Bürgerkriegs – in größerer Zahl Gedichte, die nicht nur politische Themen direkt ansprechen, sondern auch offen in den Dienst politischer Ideologien – hier der marxistischen – gestellt werden. Wenige Autoren gingen so weit wie Cecil Day Lewis oder wie Hugh MacDiarmid. Hier eine – notgedrungen aus dem Kontext gerissene – Kostprobe aus seiner »Second Hymn to Lenin« (1935), in der MacDiarmid den schottischen Dialekt zu imitieren sucht:

> Poetry like politics maun cut
> The cackle and pursue real ends,
> Unerringly as Lenin, and to that
> Its nature better tends.
> [...]
> Unremittin', relentless,
> Organized to the last degree,
> Ah, Lenin, politics is bairns' play
> To what this maun be! (MacDiarmid 1993, 324, 328)

Man geht wohl nicht fehl, in dem Geschwätz (»cackle«), das nach MacDiarmid Dichtung und Politik aufgeben müssen, die unpolitische Lyrik vergangener Zeiten und die für die parlamentarische Demokratie essentielle Diskussion zu sehen.

---

[3] Vgl. dazu Cunningham (1980); siehe dazu auch weiter unten.

Andere Autoren betrachteten die Verbindung von Dichtung mit politischer Zielsetzung als weit problematischer und verfaßten keine Agitprop-Lyrik. Dies gilt selbst für Auden, der mit »Spain« (1937) das wohl bekannteste Gedicht der Linken zum Spanischen Bürgerkrieg schrieb. Aber auch hier ist die Härte der Parteinahme unverkennbar, einer Parteinahme gegen die Vergangenheit, die leitmotivisch mit »yesterday« angesprochen wird, und für den Kampf in der Gegenwart, auf den ebenso leitmotivisch mit »But today the struggle« Bezug genommen wird. Dabei finden sich auch die Zeilen, die den politischen Mord als Mittel im Kampf zu rechtfertigen scheinen und die Auden später bedauerte und veränderte:

To-day the deliberate increase in the chances of death;
The conscious acceptance of guilt in the necessary murder [...] (Auden 1986, 4)

Es ist aber keineswegs so, als ob die politischen Positionen der Intellektuellen der Dreißiger Jahre »almost exclusively those of the left« gewesen wären, wie Stephen Spender in der Rückschau feststellte und wie die oben erwähnte Umfrage der *Left Review* suggeriert. Valentine Cunningham hat nachgewiesen, daß die Auswertung der Umfrage mit großer Vorsicht zu genießen ist und daß Schriftsteller, die eher mit dem Faschismus sympathisierten, zum Teil nicht angeschrieben wurden, nicht antworteten oder dem falschen Lager zugeordnet wurden.

So erscheint in der Auswertung der Umfrage T. S. Eliot, seiner ausweichenden Antwort entsprechend, in der Gruppe der »Neutralen«. In der Tat hat sich Eliot in einer Zeit, als nahezu alle Schriftsteller Partei ergriffen, wiederholt gegen jede politische Parteinahme der Dichter ausgesprochen. Es kann aber nicht bezweifelt werden, daß er zeitweise gewisse Sympathien für den Faschismus empfand. William Butler Yeats, dessen Sympathien für den Faschismus in den Zwanziger Jahren eher verdeckt waren, geriet sogar, wenn auch nur für eine kurze Zeit, in eine noch größere Nähe zum Faschismus, und zwar zu seiner irischen Variante, den *Blueshirts*. Er brüstete sich damit, Ideenlieferant für die *Blueshirts* gewesen zu sein, hat wohl wenigstens einmal deren blaues Hemd getragen und schrieb sogar in ihrem Geist »Three Marching Songs« (1934), die er nach seiner endgültigen Distanzierung von ihnen überarbeitete und unter dem Titel »Three Songs to the same Tune« (1938) veröffentlichte (Stanfield 1988, 40–77). Wenn es in diesen Marschliedern »a good strong cause and blows are delight« und von den politischen Gegnern heißt: »Down, down, hammer them down« (Yeats 1984, 569), dann spricht hier ein Autor, der zwar auf der entgegengesetzten Seite des politischen Spektrums steht, der aber in gleicher Weise wie Auden Gewalt gegenüber dem politischen Gegner zu akzeptieren scheint.

In eine noch größere Nähe zum italienischen Faschismus geriet bekanntlich Ezra Pound, der sich nicht nur in seiner Prosaschrift *Jefferson And/Or Mussolini* offener als seine Kollegen für Mussolini aussprach, sondern Mussolini auch als »the Boss« (Pound 1975, 202, 626) eine positive Rolle in seinen *Cantos* zuwies.

Auch die Reaktion der englischen Autoren auf die Machtergreifung Hitlers im Jahre 1933 ist höchst interessant, kann aber hier nur an zwei Beispielen illustriert werden.

G. B. Shaw, der sich zeitlebens als Sozialist sah, spricht beispielsweise, als sich die ersten Anzeichen einer Judenverfolgung in Deutschland zeigten, in einem Brief vom 12. Mai 1933 mit einem Postskriptum vom 15. Mai an den jüdischen Regisseur Siegfried Trebitsch ein wenig selbstgefällig von Hitlers »attempt to cover up the essentially Communist character of his proclamation of compulsory labor and his nationalization of the Trade Unions (the first being pure Bernard Shawism and the second borrowed from Russia) by a senseless denunciation of Marxism« (Shaw 1988, 336). Und er nennt Göring einen Sozialisten, »who is determined to break up the big Junker estates in the east and give them to the peasants (just as Lenin did) to secure their support for Fascism« (337). Hier und anderswo zeigt sich bei Shaw in den frühen Dreißiger Jahren eine heute kaum verständliche Fehleinschätzung des Nationalsozialismus: die Überzeugung, daß die »Judenhetze«, wie sie Shaw nennt und die er zutiefst verurteilt, nur eine Tarnung für ein radikalsozialistisches Programm der Nazis sei.

Als zweites Beispiel möge Wyndham Lewis dienen. Lewis, im Gegensatz zu Shaw Antisemit und schon seit längerer Zeit Sympathisant des Faschismus, verfaßte nach einer längeren Deutschlandreise ein Buch mit dem Titel *Hitler* (1931), das 1932 auch in deutscher Übersetzung erschien. Hier gibt er zwar vor, für eine englische Leserschaft »as an exponent – not as critic nor yet as advocate« (Lewis 1931, 4) über Hitler und den Nationalsozialismus so vorurteilslos wie möglich zu berichten.[4] In Wirklichkeit ist dieses Buch eine kaum verhüllte Parteinahme für die nationalsozialistische Bewegung, für das Rassenprinzip und für Hitler, der als »Man of Peace« (32) dargestellt wird und als Politiker, der von dem für die Engländer unverständlichen, bei Kenntnis der deutschen Verhältnisse aber höchst verständlichen Antisemitismus keinen »cynical use« mache (37). Es ist begreiflich, daß Lewis sich später von diesem Machwerk zu distanzieren suchte.[5]

Wir können die politischen Orientierungen der englischen Schriftsteller in dieser Zeit abschließend wie folgt bilanzieren: Schon in den Zwanziger Jahren hatte sich die Mehrzahl der führenden englischen Schriftsteller von der parlamentarischen Demokratie abgewandt und zeitweise entweder mit dem italienischen Faschismus oder dem Marxismus-Leninismus sympathisiert. Neu ist in den Dreißiger Jahren lediglich, daß diese Sympathien jetzt weit offener geäußert werden und auch in stärkerem Maße die im engeren Sinn literarischen Werke beeinflussen. Das bis Anfang der Dreißiger Jahre zu findende Lob von Lenin *und* Mussolini und die Bezeichnung von Faschismus *und* Kommunismus als nahezu *gleichermaßen* der parlamentarischen Demokratie vorzuziehende Staatsformen durch die gleichen Autoren (vgl. Kapitel 1) ist jedoch im weiteren Verlauf der Dreißiger Jahre kaum noch anzutreffen, und die Autoren entscheiden sich in der Regel für die eine oder ande-

---

[4] Die englische Original-Ausgabe des Hitler-Buchs von Wyndham Lewis ist heute – wie auch Shaws 1927 erschienene Aufsatzsammlung *Bernard Shaw & Fascism* oder T. S. Eliots *After Strange Gods* – bezeichnenderweise selten.

[5] Am Rande sei darauf hingewiesen, daß T. E. Lawrence anscheinend kurz vor seinem Tode im Jahr 1935 einen Besuch bei Hitler plante.

re Version des Totalitarismus. Dabei spricht aus Äußerungen von Literaten wie G. B. Shaw und Wyndham Lewis, aber auch anderen ein Ausmaß an politischer Blindheit und Weltfremdheit, das es dem Leser heute schwer macht, Künstlern jemals wieder eine besondere Weitsicht oder Sensibilität in politischen Dingen zuzusprechen. Auf jeden Fall dürften wir heute, nach dem Zweiten Weltkrieg und nach Auschwitz, aber auch nach dem Archipel Gulag dazu neigen, auf die politische Orientierung vieler Intellektueller in der Zeit vor dem letzten Weltkrieg mit Unverständnis zu reagieren. Trotzdem muß man sich darum bemühen, diese politischen Tendenzen zu verstehen, ohne gleich mit akkusatorischen – oder apologetischen – Stellungnahmen auf sie zu reagieren.

Der Erste Weltkrieg wurde gerade von Intellektuellen vielfach als sinnlose Katastrophe empfunden, und die Schuld dafür lasteten englische Intellektuelle auch dem demokratischen System an. Die Zeit nach dem Krieg erschien vielen als »Waste Land«, in dem alle überkommenen Werte und Traditionen ihrer Gültigkeit beraubt waren. Hinzu kommt ein weitverbreiteter Glaubensverlust. George Steiner hat sicher nicht unrecht, wenn er die Kunst des Modernismus und den Verlust des religiösen Glaubens in eine enge Beziehung zueinander setzt: »[...] it may well be that Modernism can best be defined as that form of music, literature and art which no longer experiences God as a competitor, a predecessor, an antagonist in the long night [...]« (Steiner 1985, 1275). In dieser Zeit empfanden die Künstler eine »increasing anxiety [...] to find something firm to cling to in the apparent chaos of contemporary life«, wie Frank Chapman damals konstatierte (Chapman 1967, 164). Die pluralistische Demokratie schien einen solchen Halt nicht geben zu können, so daß die Hinwendung vieler Intellektueller zu totalitären Ideologien zumindest erklärbar wird.

Durchaus in der Minderzahl sind Schriftsteller, die sich diesem Sog zu entziehen vermochten. Dazu gehören nicht nur James Joyce und E. M. Forster, sondern auch Virginia Woolf, die in *Three Guineas* (1938) Patriarchat und Faschismus als letztlich den gleichen Gegner attackierte, aber angesichts der immer stärker drohenden Kriegsgefahr doch nur für einen konsequenten Pazifismus plädieren konnte.

Gleichzeitig findet sich seit dem Ende der Zwanziger Jahre auch eine bemerkenswerte Rückwendung zu religiösen Bindungen. T. S. Eliot konvertierte 1927 zum Anglokatholizismus, und Evelyn Waugh trat 1930 in die katholische Kirche ein. Aldous Huxley näherte sich in den Dreißiger Jahren fernöstlichen Religionen an. Überdies traten in dieser Zeit mehrere Schriftsteller auf den Plan, deren Werke zentral den religiösen Glauben zum Thema und zum Problem machten, was in den Zwanziger Jahren eher selten war. Hier seien vor allem Graham Greene mit *Brighton Rock* (1938) und *The Power and the Glory* (1940) sowie Bruce Marshall mit *Father Malachy's Miracle* (1931) genannt – Romane, welche im Geist des katholischen Glaubens geschrieben sind. Andere Autoren suchten einen solchen Halt in esoterischen Philosophien oder im Okkultismus. Dies war zwar bereits in den Zwanziger Jahren der Fall, aber auch hier verstärken sich solche Tendenzen nach 1930.

Das bedeutet, daß sich die Diskurslandschaft in den Dreißiger Jahren deutlich verändert. Politische und auch religiöse Themen treten stärker in den Vordergrund, dafür verlieren einige der in diesem Buch behandelten Themen mehr oder weniger an Bedeutung. Dies kann an dieser Stelle nicht ›flächendeckend‹ nachgezeichnet werden; statt dessen möge der exemplarische Hinweis genügen, daß nach dem in Kapitel 3 behandelten Höhepunkt des Diskurses über den Ersten Weltkrieg zwischen 1928 und 1930 dieses Thema in den 1930s wieder in den Hintergrund tritt.

3.

Wenn wir George Steiners Hypothese von der Verbindung zwischen Modernismus und Glaubensverlust ernst nehmen und wenn wir diese Hypothese sogar vom Verlust des religiösen auf den des politischen Glaubens ausdehnen, dann müßte es als fragwürdig erscheinen, ob der Modernismus überleben konnte, wenn die Mehrzahl seiner Repräsentanten sich zunehmend wieder Formen des Glaubens zuwandte.

In der Tat kann man in den Dreißiger Jahren von einem Niedergang des Modernismus sprechen. In Deutschland war dieser Niedergang nach 1933 ein aufgezwungener, da modernistische Kunst und Literatur durch die politische Führung als entartet gebrandmarkt und verfemt wurden. In England dagegen setzt die innovative und experimentelle Literatur des Modernismus keineswegs aus. In dieser Tradition steht noch Dorothy Richardson, die ihren 1915 begonnenen Romanzyklus *Pilgrimage* durch die Dreißiger Jahre bis zu ihrem Tod im Jahre 1957 fortführte. James Joyce veröffentlichte 1939 seinen über anderthalb Jahrzehnte geschriebenen, schwierigsten Roman *Finnegans Wake*, der den *Ulysses* noch überbot; und Samuel Beckett schließlich war einer der Schriftsteller der jüngeren Generation, die mit Romanen wie *Murphy* (1938) die Tradition des Modernismus noch fortsetzten. Aber auch in England war dies in den Dreißiger Jahren nicht mehr der herrschende Stil.

Bei den Schriftstellern der Linken wurde in dieser Zeit die Lyrik zur beliebtesten Gattung. Da zumindest einige der Autoren hofften, mit ihren Gedichten auch Arbeiter zu erreichen, mieden sie die Diskontinuität, die Fragmentierung und die hohe Intertextualitätsdichte von Gedichten wie *The Waste Land* und zogen zum Teil einfachere, fast volksliedartige Formen vor. Kaum einer dieser Dichter ging hier so weit wie Cecil Day Lewis, dessen vor dem Hintergrund des Spanischen Bürgerkriegs zu lesendes Gedicht »The Volunteer« (1938) folgendermaßen beginnt:

> Tell them in England, if they ask
> What brought us to these wars,
> To this plateau beneath the night's
> Grave manifold of stars –
> It was not fraud or foolishness,
> Glory, revenge, or pay:

> We came because our open eyes
> Could see no other way. (Day Lewis 1954, 190)

C. Day Lewis schrieb auch sonst agitpropartige Lyrik, die sich weit von der Komplexität früherer modernistischer Lyrik entfernte,[6] wie etwa sein Gedicht »On the Twentieth Anniversary of Soviet Power« (1938), dessen erste Strophe wie folgt lautet:

> We have seen new cities, arts and sciences,
> A real freedom, a justice that flouts not nature,
> Springing like corn exuberant from the rich heart
> Of a happier people. We have seen their hopes take off
> From solid ground and confidently fly
> Out to the mineral north, the unmapped future.
> U.S.S.R.! The workers of every land
> And all who believe man's virtue inexhaustible
> Greet you to-day: you are their health, their home,
> The vision's proof, the lifting of despair.
> Red Star, be steadfast above this treacherous age!
> We look to you, we salute you. (Day Lewis 1938, 155)

Die besten Gedichte von W. H. Auden und Stephen Spender erheben sich dagegen weit über solch platte politische Gelegenheitsdichtung und gehören zum Besten, was in der Zwischenkriegszeit an Lyrik geschrieben wurde. Aber selbst Stephen Spender räumt in der Rückschau angesichts der politischen Lyrik der Dreißiger Jahre das Gefühl ein »that we had regressed from the poetic aims of our predecessors by simplifying the tasks of poetry, even though we thought it necessary to do so« (Spender 1978, 26).

Die Schriftsteller auf der Seite der Rechten versuchten dagegen, ihr politisches Engagement aus ihrer Lyrik herauszuhalten oder in weit verdeckterer Form zum Ausdruck zu bringen. Yeats' bereits erwähnte »Three Songs to the Same Tune« stellen hier eine Ausnahme dar, sind aber auf ihre Weise dennoch typisch für eine Form der Dichtung, wie sie nur in den Dreißiger Jahren möglich war.

Die Bemühungen der Literaten der Dreißiger Jahre, wieder eine breitere Leserschaft zu erreichen, wirkten sich in besonderem Maße auf den Roman aus. In den Zwanziger Jahren hatte der modernistische Roman in seiner radikalsten Form auf kohärenzstiftende Elemente wie *plot* oder auktorialen Erzähler weitgehend verzichtet und war durch eine starke Subjektivierung und Diskontinuität gekennzeichnet gewesen. Leser, die eine spannende Handlung suchten, waren in dieser Zeit auf den Trivialroman angewiesen. Die Romanautoren der Dreißiger Jahre kehrten dagegen durchweg wieder zu traditionelleren Formen zurück.

Als erstes Beispiel soll hier Wyndham Lewis' Roman *The Revenge for Love* (1937) erwähnt werden. Dieser unmittelbar vor dem Spanischen Bürgerkrieg spielende, aber erst nach seinem Ausbruch erschienene Roman will die naive Begeisterung

---

[6] Ein typisches Beispiel ist auch »The Nabara« (1938), eine volksliedartige Ballade, in der Cecil Day Lewis eine Seeschlacht zwischen einem Schiff der Faschisten und einem Schiff der Republikaner beschreibt und die Tapferkeit der letzteren glorifiziert.

der Jugend der englischen Oberklasse für den Kommunismus und für ein entsprechendes Engagement in Spanien satirisieren; diese Intention verbindet Lewis mit einer Handlung, die der des heutigen Politthrillers nahekommt. Vom Avantgardismus des jungen Lewis ist hier nichts mehr zu spüren. Auch Graham Greenes *Brighton Rock* (1938) – das zweite Beispiel – wählt ein handlungsreiches *plot*, das dem des Kriminalromans oder *thriller* ähnlich ist, und verbindet dies mit einer religiösen Intention. Auch wenn Greenes Roman ungleich besser ist, haben beide Romane gemeinsam, daß sie einen größeren Leserkreis ansprechen wollen, wieder eine spannende Handlung verwenden und eine klar erkennbare Intention nicht scheuen.

Die formalen Wagnisse und Kühnheiten der Literatur des Modernismus werden also in dieser Zeit durchweg nicht mehr fortgesetzt. Es könnte daher scheinen, als ob das Projekt des Modernismus gescheitert sei, zumal wenn man berücksichtigt, daß die Schriftsteller der Fünfziger Jahre sich noch stärker von den Experimenten des Modernismus distanzierten und diesen als eine Sackgasse ansahen.

Man könnte aber auch noch allgemeiner von einem Scheitern der Zwanziger Jahre sprechen. Die Hoffnung, daß der Erste Weltkrieg ein »War That Will End War«[7] gewesen sei, erwies sich als trügerisch; die in den Völkerbund gesetzten Hoffnungen wurden enttäuscht; und gegen Ende der Dreißiger Jahre konnte es scheinen, als ob die Tage der Demokratie gezählt seien und die Zukunft den totalitären Regimes gehören würde.

Damit wird zugleich deutlich, daß die Dreißiger Jahre sich in Stimmung und Tendenzen von den Zwanziger Jahren unverkennbar unterschieden. Trotzdem sollte dieser Unterschied nicht überbetont werden: Es war nichts im ›geistigen Inventar‹ der Dreißiger Jahre, das nicht in der voraufgehenden Dekade, wenn auch in mehr latenter und weniger radikaler Form, bereits vorhanden gewesen wäre[8].

Bibliographie

Auden, W. H. (1937, 1986), »Spain,« in Cunningham (1986), 1–4.
Bloch, Michael (1990), *The Reign & Abdication of Edward VIII*, London: Bantam Press.
Carey, John (1992), »Wyndham Lewis and Hitler,« in J. C., *The Intellectuals and the Masses. Pride and Prejudice among the Literary Intelligentsia, 1880–1939*, London: Faber & Faber, 182–208.
Chapman, Frank (1936, 1967), Review of *New Writing*, I. Spring, 1936, in *The Criterion 1922–1939*, vol. 16: *October 1936–July 1937*, London: Faber & Faber, 162–165.
Cullingford, Elizabeth (1981), *Yeats, Ireland and Fascism*, London: Macmillan.
Cunningham, Valentine (1980), »Neutral?: 1930s Writers and Taking Sides,« in Gloversmith (1980), 45–69.
Cunningham, Valentine, ed. (1986), *Spanish Front. Writers on the Civil War*, Oxford–New York: Oxford University Press.

---

[7] So der Titel einer Aufsatzsammlung von H. G. Wells aus dem Jahre 1914; vgl. Kapitel 3.
[8] Für den politischen Diskurs wird dies durch Lucas (1997) bestätigt, der allerdings bewußt die ›radikalen‹ Autoren in den Zwanziger Jahren auf Kosten anderer Autoren in den Mittelpunkt stellt.

Cunningham, Valentine (1988), *British Writers of the Thirties*, Oxford: Oxford University Press.
Day Lewis, Cecil (1938), »On the Twentieth Anniversary of Soviet Power,« in E. Allen Osborne, ed., *In Letters of Red*, London: Michael Joseph, 154f.
Day Lewis, Cecil (1938, 1954), »The Volunteer,« in C. D. L., *Collected Poems*, London: Jonathan Cape, 190f.
Firchow, Peter (1980), »Der Faschismus und die literarische Avantgarde in England zwischen den Weltkriegen,« in Reinhold Grimm, Jost Hermand, eds., *Faschismus und Avantgarde*, Königstein/Ts.: Athenäum, 35–65.
Freyer, Grattan (1981), *W. B. Yeats and the Anti-Democratic Tradition*, Dublin: Gill and Macmillan.
Gloversmith, Frank, ed. (1980), *Class, Culture and Social Change. A New View of the 1930s*, Brighton: Harvester, Atlantic Highlands, NJ: Humanities Press.
Hynes, Samuel (1976), *The Auden Generation. Literature and Politics in England in the 1930s*, London: Bodley Head.
Lewis, Wyndham (1931), *Hitler*, London: Chatto & Windus.
Lucas, John, ed. (1978), *The 1930s. A Challenge to Orthodoxy*, Hassocks: Harvester.
Lucas, John (1997), *The Radical Twenties. Aspects of Writing, Politics and Culture*, Nottingham: Five Leaves.
MacDiarmid, Hugh (1935, 1993), »Second Hymn to Lenin,« in H. M., *Complete Poems*, ed. Michael Grieve, W. R. Aitken, vol. 1, Manchester: Carcanet Press, 323–328.
Nolte, Ernst (1963, 1990), *Der Faschismus in seiner Epoche. Action française, Italienischer Faschismus, Nationalsozialismus*, München: Piper.
Pound, Ezra (1975), *The Cantos of Ezra Pound*, New York: New Directions Books.
Pound, Ezra (1935), *Jefferson And/Or Mussolini. L'Idea Statale. Fascism As I Have Seen It*, New York: Liveright Publishing Company.
Redman, Tim (1991), *Ezra Pound and Italian Fascism*, Cambridge: Cambridge University Press.
Shaw, George Bernard (1988), *Collected Letters 1926–1950*, ed. Dan H. Laurence, London: Max Reinhardt.
Spender, Stephen (1978), »Background to the Thirties,« in S. S., *The Thirties and After. Poetry, Politics, People 1933–75*, London: Macmillan, 13–33.
Stanfield, Paul Scott (1988), *Yeats and Politics in the 1930s*, London: Macmillan.
Steiner, George (1985), »Viewpoint: A New Meaning of Meaning,« *Times Literary Supplement*, 8.11.1985, 1262, 1275–1276.
Symons, Julian (1960), *The Thirties. A Dream Revolved*, London: Cresset Press.
Thorpe, Andrew (1992), *Britain in the 1930s. The Deceptive Decade*, Oxford: Blackwell.
Trewin, John Courtenay (1958), *The Gay Twenties. A Decade of the Theatre*, London: Macdonald.
Webber, G. C. (1984), »Patterns of Membership and Support for the British Union of Fascists,« *Journal of Contemporary History*, 19, 575–606.
Williams, Keith, Steven Matthews, eds. (1997), *Rewriting the Thirties. Modernism and After*. Harlow: Addison, Wesley, Longman.
Yass, Marion (1975), *Britain between the World Wars, 1918–1939*, London: Wayland.
Yeats, William Butler (1934, 1983), »Three Songs to the Same Tune,« in W. B. Y., *The Poems. A New Edition*, ed. Richard J. Finneran, London: Macmillan, 568–571.

Zu den Autoren

VOLKER BEHRENS, Studium der Anglistik, Philosophie und Pädagogik in Kiel und Hamburg. Promotion über John Fowles' *The French Lieutenant's Woman* und seine Umsetzung in Drehbuch und Film. Mitherausgeber des Workbook zu Tennessee Williams' *Cat on a Hot Tin Roof*. Untersuchungen zum Thema Generationenkonflikte im Film, Spannungsfeld Literatur – Film, Gewaltdarstellung im amerikanischen und britischen Film, zum Oeuvre von Stephen Frears und Peter Greenaway, Veröffentlichungen zum Thema Film, TV, Hörfunk und Medienpolitik u.a. in der Fischer Filmgeschichte, verschiedenen Zeitschriften und Tageszeitungen.

CHRISTOPH BODE, geb. 1952, Professor für Englische und Amerikanische Literaturwissenschaft an der Otto-Friedrich-Universität Bamberg. Monographien (in Auswahl): *William Wordsworth und die Französische Revolution* (1977); *Intellektualismus und Entfremdung* (1979); *Lyrik und Methode* (1983); *Aldous Huxley, »Brave New World«* (1985); *Ästhetik der Ambiguität: Zu Funktion und Bedeutung von Mehrdeutigkeit in der Literatur der Moderne* (1988); *Den Text? Die Haut retten! Bemerkungen zur ›Flut der Interpretationen‹ und zur institutionalisierten Literaturwissenschaft* (1992); *»And what were thou...?«: Essay über Shelley und das Erhabene* (1992); *John Keats: Play On* (1996); *West Meets East: Klassiker der britischen Orient-Reiseliteratur* (Hrsg., 1997). Forschungsschwerpunkte: Literaturtheorie, Romantik, Moderne, Reiseliteratur.

ULRICH BROICH, geb. 1932, wurde 1967 auf einen Lehrstuhl für Anglistik an der Ruhr-Universität Bochum und 1976 an der Universität München berufen. Er war Gastprofessor an der University of Minnesota und an der Stanford University. Von 1984 bis 1986 war er 1. Vorsitzender des Verbands deutscher Anglisten. 1996 wurde ihm der OBE verliehen. Sein Arbeitsschwerpunkt ist die englische Literatur des 18. und 20. Jahrhunderts. Buchveröffentlichungen (in Auswahl): *Ironie im Prosawerk W. M. Thackerays* (1958), *Studien zum literarischen Patronat im England des 12. Jahrhunderts* (mit W. Schirmer, 1962), *Gattungen des modernen englischen Romans* (1975), *Science Fiction* (mit U. Suerbaum und R. Borgmeier, 1981), *Intertextualität* (Hrsg., zusammen mit M. Pfister, 1985), *The Eighteenth-Century Mock-Heroic Poem* (1990). Er ist Mitherausgeber von *Poetica* und *European Studies in English Literature*.

EVELINE KILIAN, Wissenschaftliche Assistentin am Seminar für Englische Philologie der Universität Tübingen. Interessen- und Forschungsschwerpunkte: britische Literatur des 19. und 20. Jahrhunderts (insbesondere Romantik, Romanautorinnen des 19. Jahrhunderts, Moderne und Gegenwartsliteratur), feministische Literaturwissenschaft/*Gender Studies*. Buchpublikationen: *Momente innerweltlicher*

Transzendenz. Die Augenblickserfahrung in Dorothy Richardsons Romanzyklus Pilgrimage *und ihr ideengeschichtlicher Kontext* (1997); Mitherausgeberin des Sammelbandes *Bildersturm im Elfenbeinturm. Ansätze feministischer Literaturwissenschaft* (1992). Derzeit Arbeit an einem Habilitationsprojekt über neuere *Gender*-Theorien und zeitgenössische Literatur.

ANTON KIRCHHOFER, geb. 1962, Wissenschaftlicher Assistent am Englischen Institut der Universität München. Studium der Anglistik, Germanistik und Romanistik in Berlin, Dublin (Trinity College) und München, danach ein Jahr Teaching Fellow an der University of Pittsburgh. 1994 Promotion. Arbeitsgebiete: Restauration bis Empfindsamkeit, Viktorianismus/Ästhetizismus, erste Hälfte des 20. Jahrhunderts. Wichtigste Arbeiten: *Strategie und Wahrheit. Zum Einsatz von Wissen über Leidenschaften und Geschlecht im englischen Roman der Empfindsamkeit* (1995); »The Foucault Complex. A Review of Foucauldian Approaches in Literary Studies« (*ZAA*, 1997). Habilitationsprojekt: Diskursgeschichtliche Analyse des kritischen und literarischen Diskurses in den zentralen viktorianischen Zeitschriften, 1860–1890.

STEPHAN KOHL, geb. 1945, Professor für englische Literaturwissenschaft an der Universität Würzburg, hat sich mit einer Arbeit über *Das englische Spätmittelalter* (1986) habilitiert. Sein Interesse für die neuzeitliche Literatur dokumentieren Arbeiten zum *Realismus* (1977) und Aufsätze zum englischen Roman der Gegenwart, zur Reiseliteratur und zur Landschafts›erfahrung‹ im wörtlichen und übertragenen Sinne. Aus dem letztgenannten Arbeitsfeld hat sich eine Beschäftigung mit Fragen der nationalen Semantisierung von Räumen zur Etablierung eines britischen Bewußtseins entwickelt. S. Kohl ist Mitherausgeber der *Anglia* und der Buchreihe *Literatur – Imagination – Realität.*

BERND LENZ, geb. 1942, schrieb seine Dissertation über Shakespeare und habilitierte sich mit einer Arbeit über den englischen Agentenroman. Drei jeweils einjährige Auslandsaufenthalte als Gastdozent an der University of St. Andrews, der University of Minnesota in Minneapolis und der University of Sussex trugen wesentlich zur Ausweitung der Gegenstandsbereiche und zur Erprobung interdisziplinärer Ansätze bei. Seit dem Ruf an die Universität Passau gilt sein Hauptinteresse dem Zusammenhang von Literaturwissenschaft und Kulturwissenschaft und den Cultural Studies, das sich u.a. in der Gründung einer neuen Zeitschrift, des *Journal for the Study of British Cultures*, niederschlug.

KLAUS REICHERT, 1938 geboren, studierte neuere Sprachen und Philosophie in Marburg, London, Berlin, Gießen und Frankfurt/M. Seit 1975 o. Professor für Anglistik/Amerikanistik an der Universität Frankfurt. Seit 1993 Direktor des von ihm mitbegründeten *Zentrums zur Erforschung der Frühen Neuzeit.* Gastprofessuren in Italien und den USA. Seine Arbeitsschwerpunkte sind die Renaissance, die Moderne und die Übersetzungstheorie. Herausgeber (mit Fritz Senn) der Frankfurter

Ausgabe der Werke von James Joyce bei Suhrkamp (1969–81) und der Werke von Virginia Woolf bei S. Fischer, bisher 16 Bände (seit 1989). Übersetzer u.a. von Shakespeare, Joyce, John Cage, Ch. Olson, Robert Creeley. Wichtigste Bücher: *Fortuna oder die Beständigkeit des Wechsels* (Suhrkamp, 1985), *Vielfacher Schriftsinn. Über Finnegans Wake* (1989), *Der fremde Shakespeare* (1998). Wieland-Preis für Übersetzung (1983), Hessischer Kulturpreis für Wissenschaft (1996).

INGRID VON ROSENBERG, Professorin für Großbritannienstudien an der TU Dresden, hat vorher an den Universitäten FU Berlin, Braunschweig, Passau und Duisburg gelehrt. Publiziert hat sie zur englischen Arbeiterliteratur (*Der Weg nach oben: englische Arbeiterromane 1945–1978*, 1979; *Alan Sillitoe: Saturday Night and Sunday Morning*, 1984), zu Themen aus dem Bereich der Kulturstudien (Aufsätze zu Stuart Hall, zum deutsch-englischen Literaturaustausch) und zur Frauenliteratur und -kultur (Wollstonecraft, Carter etc.). Außerdem ist sie als literarische Übersetzerin hervorgetreten (u.a. Austen, Wollstonecraft, Sillitoe). Ihre gegenwärtigen Forschungsinteressen liegen auf den Gebieten der Frauenliteratur und -kultur, der Kultur der Arbeit und der deutsch-britischen Kulturbeziehungen.

Abbildungsverzeichnis

S. 39: Das Britische Empire 1920;
aus Peter Wende (1985), *Geschichte Englands*, Stuttgart: W. Kohlhammer.

S. 44: Titelseite des *British Worker*;
aus *The Oxford Illustrated History of Britain* (1984), ed. Kenneth O. Morgan, Oxford: Oxford University Press.

S. 46: Ein von Streikenden lahmgelegter Bus wird abgeschleppt;
aus Julian Symons (1957), *The General Strike. A Historical Portrait*, London: The Cresset Press.

S. 48: Generalstreik in der Provinz, eine Demonstration in Crewe, Mai 1926;
aus Asa Briggs (1983), *A Social History of England*, London: George Weidenfeld & Nicolson.

S. 65: Begeisterte Kriegsfreiwillige, Southwark Town Hall, Herbst 1915;
aus *The Oxford Illustrated History of Britain* (1984), ed. Kenneth O. Morgan, Oxford: Oxford University Press.

S. 65: Ein Gefallener an der französischen Westfront;
aus *The Oxford Illustrated History of Britain* (1984), ed. Kenneth O. Morgan, Oxford: Oxford University Press.

S. 89: Umberto Boccioni, »La strada entra nella casa« (»Die Straße dringt ins Haus«), 1911;
aus Maurizio Calvesi (1987), *Der Futurismus. Kunst und Leben*, Köln: Benedikt Taschen Verlag.

S. 109: Tanzende Frauen;
aus Kristine von Soden, Maruta Schmidt, eds. (1988), *Neue Frauen. Die zwanziger Jahre*, Berlin: Elefanten Press.

S. 144: Eine mobile *Birth Control Clinic* von Marie Stopes, im Vordergrund eine Mitarbeiterin Stopes';
International Planned Parenthood Federation, London.

S. 146: Marie Stopes: Die moderne ›Wissenschaftlerin‹;
aus Marie Stopes (1995), *Married Love. A New Contribution to the Solution of Sex Difficulties*, London: Victor Gollancz.

S. 146: Marie Stopes in romantischer Pose;
aus Ruth Hall (1977), *Marie Stopes. A Biography*, London: André Deutsch Limited.

S. 223: »Kornfeld mit Krähen«, eines der letzten Gemälde van Goghs, das aller Wahrscheinlichkeit nach 1910 unter dem Titel »Cornfield with Blackbirds« auf der Post-Impressionisten-Ausstellung gezeigt wurde und heute in England als »Crows Over the Wheat Field« bekannt ist;
Van Gogh Museum, Amsterdam.

S. 254: James Joyce in Zürich;
aus Greg Vitiello, ed. (1990), *Joyce Images*, New York: Norton.

Personen- und Werkregister

Ackroyd, Peter 99
Adler, Alfred 136
Aldington, Richard 77
   Death of a Hero 76
Arbuckle, Fatty 211
Arnold, Matthew 58
Asquith, Anthony 212
   A Cottage on Dartmoor 213
   Tell England 213
Asquith, Herbert Henry 33, 35, 38 n.
Astor, Nancy 31
Attlee, Clement 36, 38
Auden, W. H. 59, 243 n., 269, 275
   »Spain« 271
Austen, Jane 127, 137

Baker, John 145
Baldwin, Stanley 33, 36–37, 43, 45, 47
Baudelaire, Charles 97, 99
Beale, G. Courtenay
   Wise Wedlock 145 n.
Beaverbrook, William Aitken 53
Beckett, Samuel 241
   Murphy 274
Beckmann, Max 227
Bell, Clive 221, 223, 224, 228
   Art 222–223
   Civilization 230
   »How to make a Civilization« 11
Bell, Vanessa 221, 224
Belloc, Hillaire
   The Cruise of the ›Nona‹ 171
Belyj, Andrej
   Peterburg 88
Bennett, Arnold 13, 134, 220, 223, 226, 244, 251
   »Is the Novel Decaying?« 220
   Piccadilly 214
Bergson, Henri 15, 23, 91, 138, 161–162, 164, 166
   L'évolution créatrice 160
Berley, Reginald
   The White Château 66, 205
Beumelburg, Werner 66
Bibel 97
Birkenhead, Frederick 43 n.

The Black Pirate 211
Blunden, Edmund
   English Poems 172
   The Shepherd 172
   To Nature 172
   Undertones of War 76, 168–169
   The Waggoner 172
Boccioni, Umberto 88, 89
Bohr, Niels 203
Bondfield, Margaret 31
Brennan, Gerald 227
Brentano, Bernard von 90
Bridges, Robert 244
   The Testament of Beauty 161
Brooke, Rupert 72
   »Peace« 63
Browning, Robert
   »Love among the Ruins« 97
Brunel, Adrian 212, 214
   The Vortex 214
Buñuel, Luis/Dali, Salvador
   Ein andalusischer Hund 212
Byron, Robert 243 n.

Cape, Jonathan 153
Carlyle, Thomas 58
Carpenter, Edward 121, 122–123, 147, 148, 152
   »Love's Coming-of-Age« 148, 152
Carter, Howard 203
Cézanne, Paul 222, 223, 225, 229, 233
Chamberlain, Joseph
   »The True Conception of Empire« 38
Chamberlain, Neville 31
Chaplin, Charlie 210
   The Goldrush 210
   The Kid 210
   The Tramp 210
Chesterton, Gilbert Keith
   The Return of Don Quixote 49
Christie, Agatha 14
   The Murder of Roger Ackroyd 169
   The Mysterious Affair at Styles 13, 14, 69, 169
Churchill, Winston 37, 40, 41, 47, 50, 76, 268

»Let Us Face the Future Together« 29–30
Coleridge, Samuel Taylor 137
　»Kubla Khan« 137
　»The Rhyme of the Ancient Mariner« 137
Collins, Michael 187
Compton-Burnett, Ivy 157
　Brothers and Sisters 169
　Pastors and Masters 169
Connolly, Sean 177
Conrad, Joseph 240 n., 241 n., 242, 244, 253 n.
Cook, Arthur James 45
Coward, Noël
　Easy Virtue 214
　The Vortex 214
Crichton-Miller, Hugh 136

Dante Alighieri 263
　Divina Commedia 97, 99
Darwin, Charles 16, 140
Dawson, Bertrand 143
Day Lewis, Cecil 206, 269, 270
　»The Nabara« 275 n.
　»On the Twentieth Anniversary of Soviet Power« 275
　»The Volunteer« 274–275
Delaunay, Emile 88
De Quincey, Thomas
　Confessions of an English Opium Eater 137
Derain, André 222
De Valera, Eamon 181, 187, 190 n., 199
Dickinson, Goldsworthy Lowes 229
Disraeli, Benjamin 58
Döblin, Alfred 88, 92, 96
　Berlin Alexanderplatz 88, 95, 99, 215
Dos Passos, John
　Manhattan Transfer 88, 91, 95, 96, 99, 100, 101, 214
　USA 215
Dostojewskij, Fjodor 127
Dujardin, Edouard
　Les lauriers sont coupés 137
Dunsany, Edward Plunkett 180 n.
Dyer, Reginald 40

Edward VII 221
Edward VIII 269

Egerton, George 111
　Keynotes 147
Einstein, Albert 23, 142 n., 157–159, 160, 162, 163
Eisenstein, Sergej
　Oktober 88
　Panzerkreuzer Potemkin 212, 213
Eliot, T. S. 11, 12 n., 20, 52–53, 54–55, 58, 72, 87, 100, 103 n., 127, 220, 240, 241, 242, 243, 244 n., 248, 249, 250, 252, 256, 259, 271, 273
　After Strange Gods 99 n., 272 n.
　Ariel Poems 239
　Ash Wednesday 239
　Criterion 208, 220
　»The Dry Salvages« 21
　»Gerontion« 166
　»The Hollow Men« 10, 239
　»Little Gidding« 249
　»Tradition and the Individual Talent« 20, 162, 263
　The Waste Land 9, 10, 12, 14, 17, 19, 51, 97–99, 101, 157, 166–168, 171, 239, 242, 249, 259, 263, 274
Ellis, Havelock 147, 152
　Studies in the Psychology of Sex 121, 122, 123 n., 124, 142 n., 147–148
Elvey, Maurice
　The Passionate Friends 214
Emmet, Robert 198

Fairbanks, Douglas 211
Falls, Cyril
　War Books 83
Fitzgerald, F. Scott
　The Great Gatsby 69
Flaubert, Gustave 125, 222, 225
Fleming, Peter 243 n.
Ford, Ford Madox
　Parade's End 72
Forster, E. M. 25, 52 n., 52, 220, 225, 242, 273
　Aspects of the Novel 161, 163
　Howards End 257
　A Passage to India 182, 243, 253, 257–260, 261
Franco, Francisco 268, 270
Frankau, Gilbert
　Peter Jackson 66–67, 83
Freud, Sigmund 15, 23, 77, 135–137, 139–140, 147, 148, 153, 160, 162, 258

Personen- und Werkregister

Zur Psychopathologie des Alltagslebens 135
Die Traumdeutung 135, 142
Fry, Roger 221, 222, 223, 224, 225, 227, 229–230, 236
Vision and Design 222, 224–225
Fuller, R. Buckminster 20, 263

Galsworthy, John 13, 52, 220, 244, 251
The Forsyte Saga 73, 157, 169
Swan Song 49
Gandhi 40
Garnett, David 227
Gauguin, Paul 222
Geddes, Patrick 141, 148
Cities in Evolution 91 n.
George V 36, 47, 49 n., 204
Gibbs, Philip
Realities of War 16–17
Giotto di Bondone 223
Gish, Lilian 211
Gladstone, William Ewart 35
Glaeser, Ernst
Jahrgang 1902 75 n.
Göring, Hermann 272
Gogh, Vincent van 222, 228
Goldsmith, Oliver 180 n.
Grand, Sarah 108 n.
Grant, Duncan 224
Graves, Robert 92, 136
Good-bye to All That 76, 80–82, 83
Greene, Graham 243 n.
Brighton Rock 273, 276
The Power and the Glory 273
A Sort of Life 47
Gregory, Maud 185 n., 190, 194 n.
Grenfell, Julian 71 n.
Grey, Sir Edward 233
Griffith, David
The Birth of a Nation 212

Haire, Norman 134
Hall, Radclyffe
The Unlit Lamp 116, 117
The Well of Loneliness 117, 123–124, 128, 152–153
Hardy, Thomas 52 n., 244
»Drinking Song« 159
Heisenberg, Werner 20, 263
Hemingway, Ernest
A Farewell to Arms 76 n., 83
Henderson, Arthur 38 n.

Henry VIII 168
Hepworth, Cecil 211
Hirschfeld, Magnus 121–123, 134, 151–152
Hitchcock, Alfred 213
Blackmail 213
Easy Virtue 213–214
Juno and the Paycock 213
The Lodger 213
The Ring 213
Hitler, Adolf 208, 230, 268, 271, 272
Mein Kampf 142 n.
Holtby, Winifred 107
Homer 253, 263
Hughes, Thomas
Tom Brown's Schooldays 67
Hull, E. M.
The Sheik 150
Hulme, T. E. 72, 127
Hutton, Isabel Elmslie
The Hygiene of Marriage 145 n.
Huxley, Aldous 72, 93, 158, 216, 243 n., 244, 261, 273
Along the Road 171, 215, 243 n.
Antic Hay 69
»Art and the Obvious« 212
Brave New World 207, 216
Do What You Will 215
Jesting Pilate 243 n.
Music at Night 212, 213
On the Margin 215
Point Counter Point 11, 96, 159, 208, 214, 244
Those Barren Leaves 207
Huxley, Julian 206
Hyde, Douglas 190

Ibsen, Henrik 111
Im Westen nichts Neues 83
Irwin, Edward 40
Isherwood, Christopher 59, 269
Ishiguro, Kazuo
The Remains of the Day 269 n.

James, Henry 126 n., 163, 240 n., 242, 247
The Golden Bowl 247 n.
James, William 118, 247 n.
The Jazz Singer 213
Jerrold, Douglas
The Lie about the War 83

Johnston, Denis
  The Old Lady says ›No!‹ 198, 199
Jones, David
  In Parenthesis 72
Jones, Ernest 135–136
  Papers on Psycho-Analysis 135
Joyce, James 23, 52, 72, 118 n., 137, 149 n., 200–201 n., 214, 216, 220, 240, 241, 242, 243 n.–244 n., 245, 247, 248, 250, 251–252, 261, 263, 273
  Dubliners 99–100, 200 n.
  Finnegans Wake 239, 259, 274
  »Ivy Day in the Committee Room« 200 n.
  Letters 99
  A Portrait of the Artist as a Young Man 100, 200 n., 226, 255
  Ulysses 9, 12, 14, 17, 51, 53, 100–101, 137–138, 139, 149 n., 157, 165, 166, 170–171, 200 n., 224, 239, 242, 245, 249, 250–251, 253–256, 259, 261, 262, 263, 274
Jung, C. G. 136
Jünger, Ernst
  In Stahlgewittern 83

Kandinsky, Wassily 15
Keaton, Buster 211
Keynes, John Maynard 225, 230, 267–268
  The Economic Consequences of the Peace 34 n., 66 n.
Keystone Cops 211
Kipling, Rudyard 244
Klein, Melanie 135–136
Kracauer, Siegfried 90
Krafft-Ebing, Richard von 151
  Psychopathia Sexualis 123

Lang, Fritz
  Doktor Mabuse, der Spieler 212
  Das Kabinett des Dr. Caligari 212
  Metropolis 88, 91, 212, 213
  Der Müde Tod 212
Lansbury, George 35 n.
Law, Bonar 33 n.
Lawrence, D. H. 11, 12, 21, 23, 49, 52 n., 55, 56–58, 72, 93, 99, 100, 101, 119–120, 124, 128, 136, 139–140, 149, 220, 240, 241 n., 242, 243 n., 244 n., 245, 254
  Aaron's Rod 239
  »Dull London« 95
  Fantasia of the Unconscious 139–140
  The Fox 120
  Kangaroo 208, 239
  Lady Chatterley's Lover 74, 124, 149, 207, 208, 209, 215, 239, 245
  Letters 11, 57, 73
  Mornings in Mexico 171
  »On Coming Home« 95
  Pansies 159
  The Plumed Serpent 57, 208, 239, 253, 260–261
  »Psychoanalysis and the Unconscious« 136
  Psychoanalysis of the Unconscious 139
  The Rainbow 73, 120, 245
  Sea and Sardinia 243 n.
  »Sun« 94
  Women in Love 73–74, 96–97, 101, 119–121, 162, 169, 208, 245
Lawrence, T. E. 272 n.
  The Seven Pillars of Wisdom 68, 79–80, 81, 82
Lawrence of Arabia 68
Le Queux, William 244
Leavis, F. R. 10
  Mass Civilisation and Minority Culture 54, 208
Lenin, Wladimir Iljitsch 12, 230, 272
Lewis, Wyndham 11, 12, 87, 103 n., 127, 230, 240, 272, 273
  Hitler 12 n., 272
  The Revenge for Love 275–276
  Time and Western Man 161, 208
Lindbergh, Charles 170
Linton, E. Lynn 107, 110
Lloyd, Harold 211
Lloyd George, David 30, 33, 35, 37, 41, 43, 203
Lubbock, Percy
  The Craft of Fiction 163

MacDiarmid, Hugh 269
  »Programme for a Scottish Fascism« 12 n.
  »Second Hymn to Lenin« 270
MacDonald, Ramsay 33–34, 35, 37, 59, 231
MacNeice, Louis 269
MacPhail, Angus 212
Mallarmé, Stéphane 249

Mann, Thomas
  Der Zauberberg 70
Manning, Frederic
  Her Privates We 76
Mansfield, Katherine
  »The Daughters of the Late Colonel« 115
  Letters 71
Marinetti, Tommaso 10, 88, 92
Markiewicz, Constance G. de 31
Marshall, Bruce
  Father Malachy's Miracle 273
Marx, Karl
  Das Kapital 142 n.
Matisse, Henri 222, 230
Maugham, W. Somerset
  Cakes and Ale 171
Meidner, Ludwig 88
Milne, A. A. 214
  Winnie-the-Pooh 214
Montagu, Ivor
  Bluebottles 214
  Daydreams 214
  The Tonic 214
Moore, G. E. 138
Moore, George 180 n.
Morrell, Ottoline 57
Morris, William 54
Morton, H. V.
  In Search of England 171
Mosley, Oswald 38, 269
Mumford, Lewis
  The City in History 92
  The Culture of Cities 91 n.
Murnau, Friedrich Wilhelm 213
  Nosferatu 212
Murry, John Middleton 71, 259
Mussolini, Benito 12, 54, 56, 203, 230, 231, 268, 271, 272

Negri, Pola 211
Nerval, Gérard de 97
Newton, Isaac 161
  Mathematische Prinzipien der Naturlehre 158
Nietzsche, Friedrich 15, 90

O'Casey, Sean 87, 178, 179, 180, 185, 191, 199, 214
  Letters 179, 195 n.
  Juno and the Paycock 191–192, 213
  The Plough and the Stars 177, 185 n., 189 n., 193–195, 200
  The Shadow of a Gunman 191–192
  The Silver Tassie 69, 76, 78–79, 185 n., 195
O'Crohan, Tomás
  An t-Oileannach (The Islandman) 198
O'Flaherty, Liam 199
  The Assassin 196–197, 198
  The Informer 195–196, 197
  »The Sniper« 195
O'Higgins, Kevin 182, 196, 197
Ortega y Gasset, José
  Der Aufstand der Massen 91
Orwell, George 55 n., 59, 269–270
  Homage to Catalonia 270
Ouida [Maria Luise Ramé] 108 n.
Owen, Wilfred 72
  »Dulce et decorum est« 63

Pabst, Georg Wilhelm
  Die freudlose Gasse 212, 213
Palme, R. 231
Pearse, Patrick 181
Picasso, Pablo 222, 230
Pickford, Mary 211
Poe, Edgar Allan 249
Pound, Ezra 10, 12 n., 20, 52, 55, 56, 58, 72, 87, 99, 103 n., 240, 241 n., 242, 245, 248, 249–250, 256, 263
  ABC of Reading 127
  Cantos 239, 249, 271
  »E. P. Ode Pour L'Election De Son Sepulcre« 72
  »How to Read« 127
  Hugh Selwyn Mauberley 239
  Jefferson And / Or Mussolini 271
Proust, Marcel 118 n., 241
  A la recherche du temps perdu 126, 138
Pynchon, Thomas 99

Rathenau, Walther 203
Raverat, Jacques 228
Raymond, Ernest
  Tell England 67–68, 78, 82, 213
Read, Herbert 71 n.
Reith, John 47, 204–206, 208
Remarque, Erich Maria
  Im Westen nichts Neues 76, 83, 84
Renn, Ludwig [Friedrich von Golßenau]
  Krieg 76 n., 80 n.

Rhys, Jean 117
  After Leaving Mr. Mackenzie 117
  Quartet 117
  Voyage in the Dark 117
Richards, I. A. 10
  Principles of Literary Criticism 215, 249 n.
Richardson, Dorothy 72, 240, 242, 246
  Pilgrimage 117, 118–119, 125–126, 274
Rimbaud, Arthur 241, 259
Rivers, W. H. R. 136
Robin Hood 211
Robinson, Lennox 185, 195, 199, 200
  The Big House 183–185, 190, 191, 195
  Patriots 191
Rohmer, Sax 244
Rosenberg, Isaac 72
Roth, Joseph 90, 95
Rouault, Georges 222
Rushdie, Salman 256
Russell, Bertrand 133, 134
  The ABC of Relativity 159
Russell, Dora 133–134, 142
Ruttmann, Walter
  Berlin, die Sinfonie einer Großstadt 88

Sackville-West, Vita 152
  All Passion Spent 152
  Family History 152
  Heritage 152
Sanger, Margret 142
Sappho 127
Sassoon, Siegfried 92
  Memoirs of an Infantry Officer 76
  »They« 140
Sayers, Dorothy
  Whose Body 70
Schauwecker, Franz 66
Schönberg, Arnold 15
Schreiner, Olive
  Story of an African Farm 111, 147
Scott, Walter 72
Sellar, Walter Carruthers/Yeatman, Robert Julian
  1066 and all That 168
Seurat, Georges 222
Shakespeare, William 53, 97
  Hamlet 19
  Richard III 213
  The Tempest 97
Shank, Edward 71 n.

Shaw, G. B. 12, 49, 54, 55 n., 111, 180 n., 207, 213, 214, 216, 230, 272, 273
  Back to Methuselah 161–162
  Bernard Shaw & Fascism 11, 272 n.
  Heartbreak House 69, 79 n.
  John Bull's Other Island 183, 190–191
  Letters 272
  Saint Joan 12
  What I Really Wrote about the War 64 n.
Sheehy-Skeffington, Hanna 177, 179, 194
The Sheik 150, 211
Shelley, Mary
  Frankenstein 137
Sherriff, R. C.
  Journey's End 69, 76, 77–78, 79
Signac, Paul 222
Simmel, Georg
  »Die Großstädte und das Geistesleben« 90
Sinclair, May 118
  The Life and Death of Harriet Frean 115–116
  Mary Olivier. A Life 115–116
Sitwell, Osbert
  Before the Bombardment 169
  »The War-Horse Chants« 64
Šklovskij, Viktor 212
  »Die Kunst als Verfahren« 246–247, 248, 249, 251
Smith, Helen Z. [Evadne Price]
  Not So Quiet 76
Smuts, Jan C. 41
Snowden, Philip 231
The Son of the Sheik 211
Spender, Stephen 59, 269–270, 271, 275
  »Background to the Thirties« 267, 275
Spengler, Oswald 55, 92, 96, 97, 99
  Der Untergang des Abendlandes 10, 90–91
Squire, J. C. 52
Stalin 268
Stark, Freya 243 n.
Stein, Gertrude 161, 224, 241, 242, 246
Stephen, Adrian 139
Stopes, Marie 23, 133, 142–151
  Enduring Passion 147, 150–151
  Married Love 142–143, 145, 147, 151
  Wise Parenthood 143
Strachey, Alix 139
Strachey, James 139
Strachey, Lytton 220, 227, 244 n.
  Elisabeth and Essex 168

Eminent Victorians 13 n.
Queen Victoria 13 n.
Suttie, Ian 136
  The Origins of Love and Hate 136
Swanson, Gloria 211
Swift, Jonathan 56, 180 n.
Symonds, J. A. 152
Synge, John Millington 178, 179, 180 n., 190
  The Playboy of the Western World 177

Tawney, R. H. 32–33
  Secondary Education for All 32
The Thief of Bagdad 211
Thomson, J. Arthur 141, 148
Tolstoj, Lew 72
Trefusis, Violet 152
Tschechow, Anton 232
Turgenjew, Iwan 232

Ulrichs, Karl Heinrich 122, 123
Upanishaden 97

Valentino, Rudolph 150, 211
Valery, Paul 241
Van de Velde, Henry
  Ideal Marriage 145 n.
Vico, Giambattista 263

Wagner, Richard
  Tristan und Isolde 97
Wallace, Edgar 244
Walpole, Hugh 134
Waugh, Evelyn 243 n., 244, 273
  Decline and Fall 169
  Labels 170, 171
  Vile Bodies 95
Webb, Beatrice 12 n.
Webb, Mary 230
Webb, Sidney 230
Wells, H. G. 11, 13, 52, 134, 213, 214, 216, 220, 226, 244, 251
  Bluebottles 214
  Daydreams 214
  The King Who Was a King. The Book of a Film 214
  Meanwhile 49, 50
  Men Like Gods 158
  The Outline of History 10, 16
  The Passionate Friends 214
  A Short History of the World 168

The Tonic 214
The War that will End War 64, 276 n.
The World of William Clissold 159, 163
Westphal, Carl 122
Wilde, Oscar 151, 153, 180 n.
Wilhelm II. 73
Wilkinson, Ellen
  Clash 50–51
Williamson, Henry
  Patriot's Progress 76
Wilson, Edmund
  Axel's Castle 241
Wilson, Woodrow 34
Wittgenstein, Ludwig
  Tractatus logico-philosophicus 203, 259
Wodehouse, P. G. 12 n., 244
  The Inimitable Jeeves 14, 70
Woolf, Leonard 52, 135, 139, 222, 229, 230–231
Woolf, Virginia 23, 24, 52, 72, 104, 107, 139, 149, 164, 165, 214, 221, 223, 240, 241 n., 242, 244, 246, 248, 263
  »Character in Fiction« 220
  »The Cinema« 212
  Diary 225, 229, 231
  Jacob's Room 17, 20, 70, 219–220, 223, 226–228, 232–234, 239, 242, 252–253
  »Kew Gardens« 226
  Letters 225, 227, 228, 236
  »The Mark on the Wall« 225–226, 228
  »Middlebrow« 204–205
  »Modern Fiction« 72, 118 n., 251–252
  »Mr. Bennett and Mrs. Brown« 15, 220–221, 224, 242 n., 252
  Mrs. Dalloway 9, 21, 70 n., 74–75, 101–102, 117, 137–138, 157, 163, 165, 170, 228, 234–235, 239, 242, 253 n.
  Night and Day 71, 112–113, 117, 118, 225
  Orlando 70, 102–103, 124–125, 128, 164, 168, 239
  Roger Fry. A Biography 221, 225
  A Room of One's Own 12, 124–125, 126, 229
  »A Sketch of the Past« 112
  Three Guineas 73 n., 273
  To the Lighthouse 70–71, 75, 113–115, 137, 165, 224–225, 229, 235–236, 239, 242
  »An Unwritten Novel« 226

The Waves 137, 138, 239, 242
The Years 242
Wordsworth, William 244 n.
»Preface« der *Lyrical Ballads* 262
Wright, Helena
The Sex Factor in Marriage 145 n.

Yeats, W. B. 11, 12 n., 52 n., 54–56, 57, 58, 72, 79, 92–94, 101, 103 n., 177–178, 179, 185, 189–190, 195, 199, 200, 240, 241, 242, 244, 271
»Easter 1916« 178, 186–189
»From Democracy to Authority« 56 n.
»A General Introduction for My Work« 93
»In Memory of Major Robert Gregory« 72
»An Irish Airman Foresees his Death« 72
Kathleen Ni Houlihan 177
»The Lake Isle of Innisfree« 93
»The Leaders of the Crowd« 189
»The Man and the Echo« 177 n.
»Meditations in Time of Civil War« 185–189, 190
Michael Robartes and the Dancer 189, 239
»Nineteen Hundred and Nineteen« 187–188
»On being asked for a War Poem« 71
Oxford Book of Modern Verse 71, 92, 93 n.
»Parnell's Funeral« 190 n.
»Sailing to Byzantium« 94
»The Second Coming« 30, 189, 239
»September 1913« 188
»Three Marching Song« 271
»Three Songs to the same Tune« 271, 275
»To be Carved on a Stone at Thoor Ballylee« 189
The Tower 168, 239
»Under Saturn« 189
A Vision 55, 188
The Wild Swans at Coole 189, 239
The Winding Stair 239

Barbara Korte / Klaus Peter Müller (eds.)
Unity in Diversity Revisited?
British Literature and Culture in the 1990s

1998, 274 Seiten, DM 96,–/ÖS 701,–/SFr 86,–
ISBN 3-8233-5192-3

Discussions of British literature and culture in the 1980s tended to emphasize fragmentation and diversity: differences of ethnicity, nationality, region, and gender. This volume of essays by British and German scholars investigates how such and related key terms have evolved in the 1990s. As British culture is heading towards the 21st century, T.S. Eliot's idea of a culture that is united in spite of its diversity appears to have gained new appeal; however, new concepts of cultural coherence and variety suggest alternatives to both modernist and postmodernist assumptions. The essays address the topic from a variety of approaches and deal with several genres (drama, poetry, novels and television plays), focusing on theoretical concepts or special subject areas, including intertextuality, the role of the imagination, the 'return of alchemy', and the literary construction of ethnic, regional, and gender-specific identities.

From the Contents: B. Korte/K.P. Müller, Unity in Diversity Revisited: Complex Paradoxes Beyond Post-/Modernism; *K. Flint,* Looking Backward? The Relevance of Britishness; *S. Mergenthal,* Englishness/Englishnesses in Contemporary Fiction; *H.W. Drescher,* Re-Viewing the Scottish Tradition in (British) Literature; *H. Nowak,* Black British Literature – Unity or Diversity? *M. Stein,* The Black British *Bildungsroman* and the Transformation of Britain: Connectedness across Difference; *R. Schäffner,* 'Identity is not in the past to be found, but in the future to be constructed': History and Identity in Caryl Phillips's Novels; *C. Sternberg,* PC TV? Ethnicity in Mainstream Television Drama (1986-1996); *B. Reitz,* 'Shedding the panty-girdle': The Women Playwrighs and the Issue of Feminism; *H. Prießnitz,* Coherence and Decentrement: Towards a Glocal Concept of English Literary Studies; *E. Reckwitz,* Intertextuality – Between Continuity and Innovation; *T. Döring,* Culture and Translation: Re-Reading Matthew Arnold; *E. Schenkel,* Exploring Unity in Contradiction: The Return of Alchemy in Contemporary British Writing; *R. Freiburg,* Imagination in Contemporary British Fiction; *J. Lucas,* Value and Validity in Contemporary Poetry; *J. Kramer,* A Note on 'Third Terms'.

 Gunter Narr Verlag Tübingen
Postfach 2567 · D-72015 Tübingen · Fax (07071) 7 52 88
Internet: http://www.narr.de · E-Mail: narr-francke@t-online.de

JOURNAL FOR THE STUDY OF BRITISH CULTURES

Edited by Jürgen Kramer, Bernd Lenz and Gerd Stratmann
In collaboration with the *British Council*

Vol. IV,1+2 (1997)

The Discovery of Britain

Guest editor: Manfred Pfister
ISBN 3-8233-9875-X

This double issue explores texts at, or beyond, the margins of literature which have served as an important medium for negotiating national and cultural self-definitions throughout the centuries: the accounts given by British travellers of their own country. Such mapping and travel writing first became a systematic project in the 16th century, where it coincided with the discovery of the New Worlds across the seas, and it has continued to discover, invent or construct what England or Britain is right down to our times. This history of the British perception of Britain is yet to be written, and the essays in this volume aim at adumbrating its larger contours by focussing on its crucial phases and turning points from the Renaissance to the post-colonial and post-modern present.

Contents: M. *Pfister*, Introduction – B. *Klein*, Plots of the Nation. The Early Modern Disovery of Britain – D. *Feldmann*, Constructions of Britishness. Eighteenth Century Domestic Travel Writing – I. *Ghose*, The Fictive Stranger – G. *Stratmann*, The Other London in the Eighteenth Century – I. *Kuczynski*, A Disourse of Patriots. The Penetration of the Scottish Highlands – *Ch. Bode*, Putting the Lake District on the (Mental) Map: Wordsworth's ‚Guide to the Lakes' – S. *Kohl*, Imagining the Country as 'The Country' in the 1830's – K. *Tetzeli v. R.*, Into Darkest England. Discovering Urban Poverty in Early Victorian England – *H.U. Seeber*, Edward Thomas and the Constructions of Englishness – S. *Schmid*, Exploring Multiculturalism. Bradford Jews and Bradford Pakistani – T. *Döring*, Discovering the Mother Country: The Empire Travels Back – M. Pfister, Interview with Patrick Wright.

The JOURNAL FOR THE STUDY OF BRITISH CULTURES
is published two times a year (April and October) with 96 pages per issue.
Subscription price year: DM 58,–/ÖS 423,–/SFr 55,–/Special price for individuals:
DM 48,–/ÖS 350,–/SFr 46,– /Single copy: DM 35,–/ÖS 256,–/SFr 35,–
Plus forwarding expenses in each case. ISSN 0944-9094

 Gunter Narr Verlag Tübingen
Postfach 2567 · D-72015 Tübingen · Fax (07071) 7 52 88
Internet: http://www.narr.de · E-Mail: narr-francke@t-online.de